suhrkamp taschenbuch
wissenschaft 1060

Bisher ist es nicht gelungen, einen einheitlichen Begriff für empirische Wissenschaften, Formalwissenschaften und normative Disziplinen zu entwickeln, der geeignet wäre, die seit dem letzten Jahrhundert aufgebrochene Kluft zwischen den Natur- und Geisteswissenschaften zu überbrücken.
Hans Lenk nimmt vorliegende philosophische Deutungen des Interpretationsbegriffs und des Interpretierens als Tätigkeit in Auswahl auf, um auf eine systematische Erfassung des konstruktiven Charakters und der praktischen Gebrauchs- und Anwendungsaspekte des Interpretierens unter dem Gesichtspunkt einer Vereinheitlichung der Problembehandlung in der Alltagserkenntnis und in den Disziplinen sowohl der Natur- wie der Geisteswissenschaften hinzulenken.
Seit zwei Jahrzehnten hat Lenk einen Ansatz der Interpretationskonstrukte beim Handlungs-, Motivations- und Vernunftbegriff konzipiert, der hier verallgemeinert wird. So wird in Anknüpfung an Kants transzendentalen Idealismus und Nietzsches perspektivische Philosophie der Interpretationen ein eigener methodologischer Interpretationskonstruktionismus entwickelt, der die methodologischen Probleme und Fragen der Konstruktivität bzw. Schemaanwendung der Interpretationen in den Vordergrund rückt. (Die Frage der Vereinbarkeit von Interpretationskonstruktionismus und Realismus wird in einem für 1994 vorgesehenen Band – *Interpretation und Realität* – genauer analysiert und beantwortet.)
Hans Lenk, geb. 1935, ist seit 1969 ordentlicher Professor für Philosophie an der Universität Karlsruhe sowie ehrenamtlich Professor für Wissenschaftstheorie der Sozialwissenschaften und Planungstheorie an der Faculté Européene des Sciences du Foncier, Straßburg, und Präsident der Allgemeinen Gesellschaft für Philosophie in Deutschland.
Buchpublikationen u. a.: *Kritik der logischen Konstanten*, 1968; *Philosophie im technologischen Zeitalter*, Stuttgart 1971, ²1972; *Erklärung – Prognose – Planung*, 1972; *Metalogik und Sprachanalyse. Studien zur analytischen Philosophie*, Freiburg 1973; *Wozu Philosophie?*, München 1974; *Pragmatische Philosophie*, 1975; *Handlungstheorien interdisziplinär* (Hg.) 4 Bände und 2 Halbbände, München 1977-1984; *Pragmatische Vernunft*, Stuttgart 1979; *Zur Sozialphilosophie der Technik*, Frankfurt 1982 (stw 414); *Eigenleistung*, Zürich–Osnabrück 1983; *Zwischen Wissenschaftstheorie und Sozialwissenschaft*, Frankfurt 1986 (stw 637); *Zwischen Sozialpsychologie und Sozialphilosophie*, Frankfurt 1987 (stw 708); *Kritik der kleinen Vernunft*, Frankfurt 1987, Taschenbuchausgabe 1990 (st 1771); *Technikbewertung. Philosophische und psychologische Perspektiven* (Hg. mit Walter Bungard), Frankfurt 1989 (stw 684); *Prometheisches Philosophieren. Zwischen Praxis und Paradox*, Stuttgart 1991; *Zwischen Wissenschaft und Ethik*, Frankfurt 1992 (stw 980).

Hans Lenk
Philosophie und Interpretation

Vorlesungen zur Entwicklung konstruktionistischer Interpretationsansätze

Überarbeitet unter der Mitwirkung von Ekaterini Kaleri

Suhrkamp

Die Deutsche Bibliothek – CIP-Einheitsaufnahme
Lenk, Hans:
Philosophie und Interpretation :
Vorlesungen zur Entwicklung
konstruktionistischer Interpretationsansätze / Hans Lenk.
Überarb. unter Mitw. von Ekaterini Kaleri. –
1. Aufl. –
Frankfurt am Main : Suhrkamp, 1993
(Suhrkamp-Taschenbuch Wissenschaft ; 1060)
ISBN 3-518-28660-9
NE: Kaleri, Ekaterini [Bearb.]; GT

suhrkamp taschenbuch wissenschaft 1060
Erste Auflage 1993

Satz und Druck: Wagner GmbH, Nördlingen
Printed in Germany
Umschlag nach Entwürfen von Willy Fleckhaus und Rolf Staudt

1 2 3 4 5 6 – 98 97 96 95 94 93

Inhalt

4 DIE PROBLEMATIK DER RADIKALEN INTERPRETATION IN DER ANALYTISCHEN PHILOSOPHIE

5 INTERPRETATION IN DEN SOZIALWISSENSCHAFTEN

6 ENTWURF EINER PHILOSOPHIE DER INTERPRETATIONSKONSTRUKTE

Vorbemerkung

Der vorliegende Band beruht auf Vorlesungen zur Einführung in die Interpretationsphilosophie, die im Wintersemester 1989/90 an der Universität Karlsruhe gehalten worden waren und für diesen Band stark überarbeitet wurden. Es folgt ein weiterer Band mit dem Titel *Interpretation und Realität*, der die Anschlußvorlesung vom Sommersemester 1990 – ebenfalls in überarbeiteter Fassung – veröffentlicht. Frau Dr. Ekaterini Kaleri danke ich für die umfangreiche und engagierte Mithilfe bei der inhaltlichen Überarbeitung und den Korrekturen sowie für die selbständige Abfassung des von ihr stark überarbeiteten, ja weitestgehend von ihr verfaßten Kapitels 2 und eines wesentlichen Teils des Kapitels 3. Frau Renate Dürr, M. A., hat nun bereits zum wiederholten Male in hingebungsvoller Mitarbeit das Skript erstellt. Dafür danke ich ihr von neuem sehr herzlich. Ohne die tatkräftigen und engagierten Mithilfen meiner Mitarbeiter(innen) wäre diese wie manche andere Veröffentlichung nicht zustande gekommen. Ihnen allen verdanke und danke ich viel.
Der Band sei dem hochbegabten, bei einem tragischen Verkehrsunfall früh ums Leben gekommenen Bruder von Frau Dr. Kaleri, *Aristotelis Trimis* (*1954-1977*), zum Gedenken gewidmet.

Hans Lenk

1 Einleitung

1.1 Platons Mythos von der Erfindung der Schrift

Diese Vorlesungsreihe sei mit einer alten Geschichte begonnen. Eine Geschichte, die bei all ihrer archaischen Einfachheit das Problem des Verstehens oder der Interpretation im Kern trifft und es in einer Weise darstellt, wie es bis in die neuzeitliche Philosophie und Methodologie nicht anders behandelt wurde. Es handelt sich um eine Geschichte aus »Phaidros«, einem der Meisterdialoge Platons. Da reden Phaidros und Sokrates über die Liebe, die der Ältere dem Jüngeren aus der Erinnerung der Seele an die geschaute Idee der Schönheit erklärt, und über die Sehnsucht der edlen Seele nach dem »Wahren«, das sie in den Ideen ursprünglich geschaut hat. Es ist gleichzeitig ein Gespräch über die Philosophie; denn es ist gerade der Philosoph derjenige, der diese Sehnsucht zu verspüren und sie zum Prinzip seines Lebens zu erheben vermag. Und es ist schließlich auch ein Gespräch über Erziehung und Bildung, über das Weitergeben der eigenen Erkenntnis, das Heranführen der jungen Seele an die Ideen durch den Lehrer, das für Platon nur im liebenden Streben des Schülers, dem Lehrer ähnlich und ihm gewachsen zu sein, gelingt; und im lebendigen Austausch des Dialogs, in dem der Lehrer den jungen Menschen aus intimer Nähe zu leiten sucht. So kommen die beiden auch auf das Schreiben, das Vermitteln des eigenen geistigen Besitzes durch geschriebene Reden, und somit auf die Problematik des Verstehens der schriftlich fixierten sprachlichen Äußerung zu sprechen. Sokrates versucht dabei Phaidros seine Gedanken anhand einer Sage beizubringen (Phaidros 274c-276e, n. d. Übers. von O. Apelt):

Sokrates: Nun also, ich habe gehört, in der Nähe von Naukratis in Ägypten sei einer von den dortigen alten Göttern gewesen, dem auch der Vogel, den man Ibis nennt, heilig war; der Gott selbst habe Theuth geheißen. Der habe als erster die Zahl und das Rechnen erfunden, auch die Geometrie und die Astronomie, ferner die Brettspiele und Würfelspiele, und schließlich auch die Buchstaben. Im weiteren habe damals Königin Thamus über ganz Ägypten regiert, und zwar in der großen Stadt des oberen Landes, die die Hellenen das ägyptische Theben nennen; den Gott aber heißen sie

Ammon. Zu diesem sei Theuth gekommen und habe ihm seine Künste vorgeführt und gesagt, man sollte diese auch den übrigen Ägyptern mitteilen. Der König fragte, was für einen Nutzen denn jede dieser Künste bringe, und als jener es erklärte, tadelte er das eine und lobte das andere, je nachdem ihm diese Erklärung gut schien oder nicht. Zu jeder dieser Künste also habe Thamus dem Theuth manches dafür und manches dagegen eröffnet; doch würde es zu weit führen, das alles zu erzählen. Als nun aber die Reihe an den Buchstaben war, sagte Theuth: »Diese Kenntnis, o König, wird die Ägypter weiser und ihr Gedächtnis besser machen; denn als ein Heilmittel für das Gedächtnis und für die Weisheit ist sie erfunden worden.« Der König erwiderte: »Kunstvollster Theuth, der eine hat die Fähigkeit, das hervorzubringen, was zu einer Kunst gehört, der andere vermag zu beurteilen, welches Maß von Schaden oder Nutzen sie denen bringt, die sie anwenden wollen. Du, der Vater der Buchstaben, sagtest nun aus Voreingenommenheit gerade das Gegenteil von dem, was sie bewirken. Denn diese Erfindung wird die Lernenden in ihrer Seele vergeßlich machen, weil sie dann das Gedächtnis nicht mehr üben; denn im Vertrauen auf die Schrift suchen sie sich durch fremde Zeichen außerhalb, und nicht durch eigene Kraft in ihrem Innern zu erinnern. Also nicht ein Heilmittel für das Gedächtnis, sondern eines für das Wiedererinnern hast du erfunden. Deinen Schülern verleihst du aber nur den Schein der Weisheit, nicht die Wahrheit selbst. Sie bekommen nun vieles zu hören ohne eigentliche Belehrung und meinen nun, vielwissend geworden zu sein, während sie doch meistens unwissend sind und zudem schwierig zu behandeln, weil sie sich für weise halten, statt weise zu sein.«

Phaidros: Sokrates, wie leicht verstehst du doch Geschichten zu erzählen, die aus Ägypten stammen oder sonst irgendwoher, wo du nur willst.

Sokrates: Es gibt aber auch Leute, mein Freund, die behaupten, die Reden der Eiche im Heiligtum des Zeus zu Dodona seien die ersten Wahrsagungen gewesen. Die damaligen Menschen, weil sie nicht so weise waren wie wir jüngere, brauchten also in ihrer Einfalt bloß auf eine Eiche oder einen Felsen zu hören, wenn diese nur wahrsagten. Dir aber kommt es vielleicht sehr darauf an, wer das ist, der etwas sagt, und woher er stammt; denn du schaust nicht nur darauf, ob sich die Sache so verhält oder nicht.

Phaidros: Du hast recht mit deinem Tadel; auch mir scheint es sich mit den Buchstaben so zu verhalten, wie der Thebaner sagt.

Sokrates: Wer also glaubt, er habe in seinen Schriften eine Kunstanweisung hinterlassen, und auch, wer diese in der Meinung aufnimmt, es werde sich aus den Schriften etwas Genaues und Sicheres ergeben, der ist wohl von großer Einfalt erfüllt und weiß in der Tat nichts von der Voraussage des Ammon; denn er meint, geschriebene Reden seien etwas mehr als eine Gedächtnisstütze für den, der das ohnehin weiß, worüber die Schriften handeln.

Phaidros: Sehr richtig.

Sokrates: Denn dieses Mißliche, Phaidros, hat eben die Schrift an sich und ist darin in Wahrheit der Malerei ähnlich. Auch deren Erzeugnisse stehen ja da wie lebendige Wesen; wenn du sie aber etwas fragst, dann schweigen sie sehr erhaben still. Genau so die Reden: du könntest meinen, sie verständen etwas von dem, was sie sagen. Willst du aber über das Gesagte noch etwas erfahren und stellst ihnen eine Frage, so sagen sie immer nur ein und dasselbe aus. Ist sie aber einmal geschrieben, so treibt sich eine jede Rede überall umher, bei denen, die sie verstehen, ganz ebenso wie bei denen, für die sie sich nicht ziemt, und sie weiß nicht, zu wem sie reden soll und zu wem nicht. Wird sie aber beleidigt und ungerecht geschmäht, so bedarf sie stets der Hilfe ihres Vaters. Denn allein vermag sie sich nicht zu ehren noch sich zu helfen.

Phaidros: Ja, auch das hast du ganz richtig gesagt.

Sokrates: Wollen wir uns denn also nicht nach einer anderen Rede umsehen, einer echtbürtigen Schwester von dieser: wie sie entsteht und wieviel besser und zu größerer Wirkung sie gedeiht als jene?

Phaidros: Welche meinst du, und wie soll sie entstehen?

Sokrates: Es ist jene, die, mit einem Wissen verbunden, in der Seele des Lernenden geschrieben wird, die sich selbst zu wehren vermag und die am richtigen Ort zu reden und zu schweigen weiß.

Phaidros: Du meinst die lebendige und beseelte Rede des Wissenden, von der man wohl die geschriebene mit Recht ein Abbild nennen darf?

[...]

Sokrates: Im Ernst wird er also seine Sache nicht ins Wasser schreiben, das heißt mit Tinte durch ein Rohr in Form von Reden aussäen, die doch nicht imstande sind, sich selbst durch das Wort zu helfen, aber auch nicht imstande, auf rechte Art die Wahrheit zu lehren.

Phaidros: Wahrscheinlich nicht.

Sokrates: Nein, sicher nicht. Sondern diese Gärtchen in Form von Buchstaben wird er offenbar nur aus Spielerei besäen und vollschreiben, und zwar so, daß er beim Schreiben einen Schatz von Erinnerungen sammelt, für sich selbst auf die Zeit hin, wo er in das vergeßliche Alter gelangt, und auch für jeden anderen, der seiner Spur folgt. Er wird sich freuen, wenn er sieht, wie sie zart gedeihen. Und wenn sich andere mit anderen Spielen abgeben, an Trinkgelagen sich begießen und was sonst noch dazu gehört, dann wird jener, glaube ich, statt dessen mit den genannten Reden spielen und seine Zeit so verbringen.

Was meint Platon mit dieser Geschichte? Offensichtlich möchte er Probleme aufwerfen, die mit der Einführung der Schrift, mit der schriftlichen Niederlegung von Gedanken auftreten. Die größte Schwierigkeit sieht er im *richtigen* Verstehen der geschriebenen Rede. In der lebendigen Dialogsituation kann der Lehrer immer

Mißverständnisse seiner Worte durch den Schüler erkennen und versuchen, sie im weiteren Gespräch auszuschalten; er kann den Schüler diskutierend so lange geistig herausfordern, bis er sich davon überzeugt, daß dieser das Gemeinte auch adäquat verstanden hat. Es soll hier nicht darüber nachgedacht werden, wie er sich davon überzeugen kann – Platon scheint das hermeneutische Problem, das im Verstehen auch mündlicher Rede liegt, noch nicht zu sehen. Außerdem geht es ihm in erster Linie um die *didaktische* Frage, und im Hinblick auf das Didaktische sieht er durchaus einen Unterschied zwischen mündlicher Vermittlung im Gespräch und schriftlicher Fixierung. Der Leser tritt der Schrift allein entgegen – ohne die kontrollierende Instanz des Urhebers –, die geschriebene Rede ist ihm und seinen Verstehensmöglichkeiten praktisch »ausgeliefert«. Das Lernen aus Geschriebenem kann den Schüler nicht vor Mißverständnissen schützen, und auch umgekehrt kann sich das Geschriebene gegen Mißverständnisse nicht wehren. Dieses Mißtrauen gegenüber dem Schriftlichen, gegenüber der fixierten »Wahrheit« oder dem fixierten Schein der Weisheit kommt besonders auch im berühmten Siebenten Brief von Platon vor.

Es ist deutlich, daß Platon, obwohl er einer der größten Schriftsteller der Weltliteratur ist, dem Schriftlichen mißtraut und durchaus sieht, daß die Schrift dazu neigt bzw. verführt, Fixiertes vorzutäuschen, und damit die eigentlichen Verhältnisse verfälscht. Denn das Geschriebene – wie der mündliche Ausdruck eigentlich auch – determiniert seinen Sinn nicht eindeutig oder strikt, hierin genau liegt seine Problematik und seine Unzulänglichkeit. Auch wenn es um mitteilbares Denken, um Erkennen, um Wahrheit geht, steht man vor dem Problem der Deutung, solange man sich im Bereich nicht normierter Sprachen befindet. Man kann Rede und Schrift »nachplappern«, wiederholen, ohne sie wirklich zu verstehen, ohne damit etwas zu *meinen*, ohne die Sinnfixierung zu leisten. Die Schrift an sich kann nicht die Erfahrung weitertreiben. Die Texte täuschen vor, etwas zu bedeuten oder etwas zu meinen; fragt man sie aber, so »schweigen sie gar ehrwürdig still«. Was sie nur ›sagen‹ können, ist immer ein und dasselbe, nämlich nur das Buchstäbliche, den bloßen Wortlaut. »Wird sie aber beleidigt und ungerecht geschmäht, so bedarf sie stets der Hilfe ihres Vaters.« Kann Schrift und Rede etwas eindeutig *Gemeintes* entsprechend fixieren? Gibt es eine an sich seiende Bedeutung, die durch die

Ausdrücke repräsentiert wird und die beim Verstehen erkundet werden muß? Wenn man heute von Interpretationen spricht, so setzt man eigentlich voraus, daß es prinzipiell verschiedene Alternativen des Verstehens geben wird, daß man eben Schrift und Rede unterschiedlich deuten kann, daß der Sinn nicht mit dem Ausdruck direkt gegeben ist, sondern trotz seines objektiven Charakters, seiner Zugehörigkeit zum Text als *sein* Sinn, von dessen Wortlaut wohl abhängig, aber doch *unter*determiniert ist und somit vom Verstehenden eher *gestiftet* als ermittelt wird. So kann denn auch für Platon nur derjenige einen Text verstehen, der in der Lage ist, (s)einen Sinnzusammenhang zu stiften oder, in Platons eigener Formulierung, der *bereits als Wissender* an den Text herangeht, sich erinnernd das Gemeinte aus ihm hervorholen kann. Es ist gerade diese vorgreifende Leistung des Verstehenden, die Platon dem schriftlich fixierten Text nur die Funktion einer Art Gedächtnisstütze (die von ihm so genannte »hypomnematische« Funktion) einräumen läßt. Und es ist gerade die *Herausforderung dieses Vorgriffs*, die er dem unerfahrenen, unwissenden, noch ungebildeten Lehrling nicht zutraut. Daß für Platon adäquates Verständnis immer nur nach dem Kriterium der Kongruenz mit der Intention des Autors aufgefaßt wird (»Hilfe des Vaters«, oder im 7. Brief: Zorn über das Mißverstehen *seiner* Lehre, also das Nicht-Treffen der von ihm *intendierten* Bedeutung), ist freilich nichts, was überraschen könnte. In diesem Punkt ist die moderne hermeneutische Reflexion erst seit dem letzten Jahrhundert einige entscheidende Schritte weitergegangen.
Gibt es bei Sprachen und insbesondere bei natürlichen Sprachen, z. B. bei der Rede und Darstellung im Alltag, überhaupt so etwas wie einen eindeutig fixierbaren Sinn? Oder ist es so, daß man hier mehrere Möglichkeiten hat, daß praktisch von Anfang an eine große Vielfalt der Deutungen besteht und auch bestehen bleibt, wenn man versucht zu analysieren? Worin besteht das, was man gemeinhin »Bedeuten« nennt, was ist diese besondere Leistung der Sprache, *sich auf etwas zu beziehen*? Das werden einige der Fragen sein, die in dieser Vorlesungsreihe behandelt werden sollen.

1.2 Der traditionelle Begriff der Interpretation und seine Anwendungsgebiete

Der Ausdruck »Interpretation« stammt bekanntlich vom Lateinischen ab. »Interpretatio« kommt vom Verb »interpretari«, das »deuten«, »aussagen«, »übersetzen«, »verdolmetschen« bedeutet. Die ursprüngliche Bedeutung ist allerdings »vermitteln«. Sie kommt deutlich in gewissen Anwendungen vor, wenn z. B. vom *interpres pacis*, dem Vermittler in Sachen Frieden, die Rede ist, also dem Friedensunterhändler, oder auch in der Religionswissenschaft bzw. in theologischen Kontexten vom *interpres divum*, also dem Vermittler, dem Boten oder Übermittler des göttlichen Wortes und Willens. Solche *interpretes* waren dann Priester, Wahrsager, Hellseher, die aus verschiedenen Zeichen die Zukunft herauslasen oder sogar Entscheidungen daraus ableiteten; so zum Beispiel die berühmten Auguren im antiken Rom, die aufgrund von Vogelflügen die zustimmende oder ablehnende Haltung der Götter zu bestimmten Entscheidungen und Vorhaben herauslasen oder aus Blitzen, Flammen, Rauchzeichen und Wolkenbildungen, gar aus den Eingeweiden von Tieren. Dem antiken Menschen ging es um seine Orientierung in der Welt, um das Herauslesen des Willens der Götter oder des Schicksals aus Zeichen. Der römische Historiker und Enzyklopädist der Naturkunde Plinius der Ältere benutzte den Ausdruck »Interpretation« bei Blitzen und Träumen. Er sprach von der »Interpretation von gesehenen Blitzen und Träumen«. Interpretation spielt hier immer eine Rolle, wenn es um die Vermittlung zwischen göttlichem, sakralem Willen einerseits und dem Handeln und Verstehen der Menschen auf der anderen Seite geht. Mit anderen Worten: dieser Zusammenhang der Vermittlung sakraler Stimmen oder des Göttlichen in den Symbol- und Verständnisbereich des Menschlichen steht am Anfang der Geschichte des Begriffs der Interpretation und seiner methodischen Verwendung.

»Interpretor«, ich interpretiere, entspricht dem griechischen Wort »ερμηνευειν«, das auch erklären, verdolmetschen, übertragen (z. B. übertragen in eine andere Sprache), vermitteln heißt, und »Interpretation« und das griechische Wort »ερμηνεια« entsprechen sich ziemlich genau in der Bedeutung. Die griechischen Wörter »ερμηνεια« und »ερμηνευειν« hängen etymologisch mit dem Namen des Götterboten Hermes zusammen, der kennzeichnenderweise der Mittler zwischen Göttern und Menschen ist. Hermes übersetzt, vermittelt Botschaften, die nicht direkt dem Menschen zugänglich sind, er macht sie somit den Menschen verständlich, übersetzt das göttliche Wort in eine dem Menschen verständliche Form. Seine in dieser Übersetzung bestehende Übermittlungs- oder Vermittlungskunst ist eben die hermeneutische Kunst, die Kunst der Auslegung, die *Hermeneutik*, wie sie auch genannt wird, die Kunst der Übertragung, der Deutung, der Interpretation. Die Kunst des Übertragens ist also eine Kunst, die in diesem Fall das Verstehen überhaupt erst ermöglicht.

Hans-Georg Gadamer hebt in der ursprünglichen Bedeutung dieser Vermittlung von göttlichem Willen und menschlichem Verständnis eine bewertende Komponente hervor, die den Begriffen der Interpretation bzw. der Hermeneia und entsprechend auch der Hermeneutik anhaftet. Das Ergebnis dieser deutenden, vermittelnden Tätigkeit ist nämlich in diesem ursprünglichen Verständnis immer eine Vorschrift oder ein wertendes Urteil. Es geht offenbar immer darum, das Wort oder den Willen der Götter oder einer übergeordneten Macht in bezug auf eine konkrete Entscheidungssituation, in der sich der fragende Mensch jeweils befand, zu vermitteln. Platon zählt die Hermeneutik sogar zu den *anweisenden*, den »imperativen« Künsten (Politikos, 807d), wie er sagt, die sich von der entsprechenden Kunst eines Königs, Normen zu setzen, nur darin unterscheidet, daß es in ihr immer ein fremder autoritativer Wille sei, der durch den Interpreten zur Geltung gebracht wird, also beispielsweise ein göttlicher Wille. Diese auf Macht- und Willensvermittlung und -konkretisierung bezogene Bedeutungskomponente im Ursprung des Interpretationsbegriffs erklärt auch die spätere zentrale Stellung und Funktion, welche die Interpretation der Heiligen Schrift, der griechischen Klassiker oder der Gesetze im juristischen Zusammenhang hat. Bei der Entstehung und Entwicklung eines hermeneutischen Problembewußtseins und auch der methodologischen Frage spielen diese Disziplinen denn auch eine wichtige Rolle in der Geschichte der Hermeneutik.

Seit der Antike bilden die Interpretation von Texten und die Reflexion über Regeln und Prinzipien dieses Vorgehens ein permanentes Thema der abendländischen Geistesgeschichte. In der Antike entwickelten sich zwei getrennte Linien der Auslegungskunst. Die *griechische* Hermeneutik entstand aus der Auseinan-

dersetzung mit den Texten der alten Dichter, vor allem Homers und Hesiods, die der jungen Generation während ihrer Ausbildung gelehrt wurden. Sie prägte den Modus der sog. allegorischen Interpretation (wie z. B. in der Stoa). Die *jüdische* hermeneutische Tradition in der Antike hatte die Auslegung des Alten Testaments zum Gegenstand und trat für die wörtliche Interpretation ein. Beide Traditionen wurden in der hellenistischen Philologie miteinander verknüpft; und aus diesen beiden Traditionen (und ebenso aus der hellenistischen) schöpfte später auch die christliche Hermeneutik der Kirchenväter. Eine zentrale Stellung erhielt die hermeneutische Diskussion im Umfeld der reformatorischen Bewegung um Luther. Melanchthon und Flacius haben hier besonders wichtige systematische Beiträge geleistet. Eine Vorbereitung des historischen Denkens in der Hermeneutik stellt Spinozas *Theologisch-politischer Traktat* dar. Obwohl Begriff und Problematik bereits in der Antike wohlbekannt waren, ist der Ausdruck ›Hermeneutik‹ als Buchtitel erst relativ spät eingeführt worden, nämlich im Jahr 1654 von J. Dannhauer in dem Buch *Hermeneutica sacra sive methodos exponendarum sacrarum literarum*, d. h., »Heilige Hermeneutik oder die Methode, die Heiligen Schriften auszulegen«. Den zentralen Traditionsstrang in der Entwicklung der Interpretations*theorie* und der Hermeneutik bildet in der Tat vor der juristischen und literarischen Hermeneutik die Theologie, speziell die Deutung der Heiligen Schriften. Später, seit dem 18. Jahrhundert, wurde die Frage nach einer Methodik und Theorie der Interpretation besonders auch in der Geschichts- und Kunstwissenschaft vorherrschend.
In den Anfängen der theologischen Hermeneutik spielte zunächst das Problem der allegorischen Interpretation insofern eine wichtige Rolle, als manche der Schriften der Bibel offensichtlich – und insbesondere das Alte Testament, z. B. das Hohelied Salomos – nicht wörtlich genommen werden konnten, sondern in allegorischer Form verstanden werden mußten. So wurde die allegorische Methode als eine besondere Methode der Interpretation theologischer Schriften aufgefaßt. Eine zentrale systematische Stellung bekam die hermeneutische Diskussion dann bei der Entwicklung des Protestantismus, wo es darum ging, die Heilige Schrift als alleinigen autoritativen Kanon und Entscheidungsinstanz über die zu findende Exegese geltend zu machen. In der Theologie kann man somit zwischen einer älteren traditionellen Kirchenväterher-

meneutik oder der Scholastikerhermeneutik und der protestantisch-reformatorischen Hermeneutik unterscheiden.
Die Kirchenväter sahen es insbesondere als ihre Aufgabe an, die Kluft zwischen Neuem und Altem Testament zu überbrücken, sowie Widersprüche und Unklarheiten im Text in bzw. zu einer einheitlichen und mit bestimmten dogmatischen Grundsätzen verträglichen Interpretation aufzuheben. Es galt vor allem das Alte Testament aus dem Geist des Neuen zu verstehen bzw. in eine *einheitliche* Deutung zu integrieren. Origines hat in seinem allegorischen Interpretationsansatz das Alte Testament als eine Allegorie auf die Lehren des Neuen zu deuten versucht und gleichzeitig drei Bedeutungsschichten für die Heiligen Schriften postuliert. In seinem Werk »περι αρχων« hat er eine frühe theoretische Darstellung hermeneutischer Fragen gegeben. Augustinus hatte in seiner Schrift *De doctrina christiana* (z. B. Kap. xv-xviii) das Problem der Vereinbarkeit des Alten mit dem Neuen Testament hermeneutisch so zu lösen versucht, daß er über die wörtliche Bedeutung des Textes einen geistlichen Sinn projizierte, in dem die Diskrepanzen der unteren Ebene wieder aufgehoben werden könnten. Die Hermeneutik des Augustinus bildet einen Höhepunkt innerhalb der älteren Hermeneutik, indem sie eine vertiefende theoretische Dimension in die Problematik des rechten Sinnverstehens einbringt. So sieht Augustinus, daß das Befolgen bestimmter hermeneutischer Regeln, von denen er eine Reihe in *De doctrina christiana* aufstellt, nicht ausreicht, um den Sinn eines Textes zu bestimmen, daß es dazu vielmehr immer einer besonderen divinatorischen Begabung des Interpreten (»caritas«), der den Sinn vorwegnehmend erfassen kann, bedarf. Auch trennt er begrifflich den Text selbst in Form seines Wortlauts von dessen Sinn. Der Sinn ist dem Text nicht inhärent insofern, als dieser nur als ein Zeichen (signum) dient, das es zu »transzendieren« gilt, um zum eigentlichen Sinn (verbum) zu gelangen (vgl. dazu Grondin 1991, 47). So wird hier ansatzweise ein hermeneutisches und methodisches Problembewußtsein geschaffen. Nach G. Ebeling sind in der Hermeneutik in den nächsten tausend Jahren nach Augustinus »keine grundlegend neuen Fragestellungen und Gesichtspunkte« mehr aufgekommen (Ebeling 1959, 249).
Aus der hermeneutischen Arbeit der Kirchenväter entstand eine Dogmatik, welche die *inhaltlichen* Prämissen der Bibelauslegung festlegte. Daraus bildete sich eine Auslegungstradition, die mit der

Zeit zu einer Art von »Selbstverständlichkeit« des Textsinns führte und den hermeneutischen Charakter der verstandenen Gehalte gleichsam verdeckte. Die reformatorische Bewegung, die sich gegen die Dogmatisierung wendete, erschien deshalb zunächst als eine Bewegung gegen das konstruktive Moment der Schriftauslegung, nämlich gegen das Herantragen des Textsinns von außen. Man solle sich von dogmatisch gesetzten inhaltlichen Prämissen befreien und auf die reine Schrift (»sola scriptura«) zurückziehen. Diese Auseinandersetzung führte jedoch bald zu der Einsicht, daß auch ein Sichhalten an den Wortlaut ein denkbar unbefriedigendes Ergebnis zeitigt, nämlich daß der Text selbst erst des hermeneutischen Aufschließens, ja, einer gewissen Konstruktion des Sinns bedarf, d. h., daß die Voraussetzung bestimmter inhaltlicher Prämissen gegeben sein muß, um zu seiner Sinnbestimmung zu kommen. Für die protestantische Theologie stellte sich die Frage nach der Entwicklung einer methodisch fundierten – exegetisch begründeten bzw. begründbaren – Dogmatik. Hermeneutik wäre somit als die methodische Grunddisziplin der Dogmatik zu verstehen.

Darin liegt schon so etwas wie ein zirkelhaftes Vorgehen. Der berühmte sog. *hermeneutische Zirkel* besteht darin, daß man schon ein bestimmtes *Vorverständnis des Ganzen* haben muß, daß man den Sinn des Ganzen schon verstanden haben muß, um Einzelnes verstehen, einordnen und deuten zu können. Man kann das Verstehen nicht an einem unfraglichen Punkt beginnen, kurz: man muß schon verstanden haben, um verstehen zu können. Es sei noch einmal an Platons Gedanke erinnert, die geschriebene Rede könne nur *als Gedächtnisstütze dem bereits Wissenden dienen*, von einem Nicht-Wissenden könne sie nicht adäquat verstanden werden. Doch wie ist das möglich? Wie kann man zu verstehen beginnen, wenn das Beginnen des Verstehens schon Verstehen voraussetzt? Die Hermeneutik hatte die Aufgabe, zu analysieren, welchen Bedingungen dieses Vorhaben genügen muß, um nicht in Willkür aufzugehen, um als wissenschaftlich ernsthafte Analyse gewürdigt werden zu können, ja, um überhaupt gewisse Allgemeingültigkeitsansprüche erfüllen zu können. Und zunächst suchte sie diese Ansprüche durch die Aufstellung einer ›richtigen‹ oder ›wahren‹ Dogmatik zu begründen. Gibt es eine Art von Allgemeingültigkeit in bezug auf solche Regeln? Ist etwa die Allgemeingültigkeit der Interpretationen nicht das Hauptproblem,

sondern die Allgemeingültigkeit der zugrundeliegenden formalen Interpretationsregeln? Ist es sozusagen eine Metatheorie, die die Hermeneutik im Auge hat bzw. leisten kann? Auch solchen Fragen werden wir uns später zu stellen haben.
Im Zuge der Renaissance kam das Interesse an antiken Schriften wieder auf, an hochrangigen Werken einer längst vergangenen Zeit, die man auch verstehen lernen wollte. Hier stellte sich insofern ein hermeneutisches Problem, als die Geschichtsentwicklung weitergegangen war und man in einer »ganz anderen Welt« als der griechischen klassischen Welt lebte. Man brauchte jetzt gleichsam eine Anleitung, Regeln, um die Literatur der klassischen Autoren verstehen zu können. Die Welt war eine andere, eine fremde Welt, die aber auch durchaus auf gemeinsamen Wurzeln der Antike ruhte. Die Aufdeckung etwa verdeckter Quellen, Wurzeln, Ursprünge, Grundzusammenhänge, das war ein Programm, das im Zuge der Renaissance-Hermeneutik besonders wichtig wurde. Auf die weitere Entwicklung der Hermeneutik in der Neuzeit wird an späterer Stelle ausführlicher eingegangen. Hier seien zunächst der Vollständigkeit halber zwei traditionelle Gebiete hermeneutischen Denkens kurz beleuchtet, die in dieser Vorlesungsreihe nicht weiter verfolgt werden. Zum einen handelt es sich um die naturphilosophische Tradition, die allerdings vom empiristisch-positivistischen Paradigma für die Naturerkenntnis seit dem 18. und verstärkt dem 19. Jahrhundert bis hin zu unseren Tagen verdrängt wurde. Zum andern handelt es sich um die Problematik der Gesetzesauslegung, die seit jeher und bis heute noch zu den zentralen Anwendungsgebieten der juristischen Hermeneutik zählt.

1.3 Die hermeneutische Metapher in der Naturphilosophie

Das Paradigma der Interpretation findet sich traditionell auch in der Auffassung von der Naturerkenntnis. Im Prinzip bildet bereits jeder naturtheologische Zugang, wie etwa der Pantheismus, eine Form einer hermeneutischen Auffassung von Naturerkenntnis; denn ein solcher Ansatz umreißt bereits das Kernproblem aller hermeneutischen Deutungskunst, nämlich die *Bestimmung von Geistigem aus dessen Objektivationen*, in seiner »Urform«

der Vermittlung zwischen einem göttlichen, alles durchdringenden bzw. ordnenden Geist und dem menschlichen Verstand. Die Auffassung von Naturerscheinungen als Zeichen, als Ausdruck eines göttlichen Ordnungs- oder Harmoniewillens oder eines göttlichen oder von Göttern gesetzten Zwecks, führt also im Grunde zu einer hermeneutischen Auffassung von der Erkenntnis der Natur; denn mit ihr stellt sich sofort das Problem der Vermittlung dieses Zwecks, des Aufsuchens dieses göttlichen Sinns oder des göttlichen Ordnungsprinzips. Auch ein Pantheismus, der keine mythischen Züge mehr trägt, wie bei Spinoza oder bei Leibniz, ist einer hermeneutischen Erkenntnistheorie nahe und setzt so etwas wie eine Ontologie voraus, die eigentlich nur unter hermeneutischem Gesichtspunkt aufgeschlossen werden kann. Schon Nikolaus von Kues oder auch Kepler, insbesondere aber Galilei und sogar auch Francis Bacon, der ein Theoretiker der modernen experimentellen Erfahrungswissenschaft, wenn auch nicht selber Erfahrungswissenschaftler, war, faßten die Naturerkenntnis ausdrücklich als eine Art *Lesen im »Buche der Natur«* auf, also als einen Interpretationsvorgang, der mit dem Vorgang des Lesens verglichen wurde bzw. werden kann – oder, wie es später bei Leibniz noch heißt, als ein *»Nachdenken der Gedanken Gottes«*. Hier lebt also der ursprüngliche Vermittlungssinn von Interpretation in spezifischer Weise weiter. Von Galilei stammt die Formulierung, »das Buch der Natur« sei in mathematischer Sprache verfaßt und nur dem zugänglich, der die mathematischen Zeichen, Zusammenhänge, Formeln verstehen, entziffern kann. Was soll es bedeuten, daß das Buch der Natur in mathematischer Sprache geschrieben ist? Wie kann es überhaupt sein, daß mathematische Strukturen in der Natur realisiert sind? Ist nicht die Mathematik eine Geisteswissenschaft par excellence, die ausschließlich mit Begriffen, mit Forme(l)n, mit Denkprodukten arbeitet? In dem Motto, das Buch der Natur sei in mathematischer Sprache geschrieben, scheint eine derartige strukturrealistische Deutung durchaus angelegt zu sein, aber das wäre doch eine naive Deutung, obwohl auch heute noch viele empirische oder theoretische Physiker dieser Meinung sind, darunter sogar auch Heisenberg – eine Meinung, die geradezu pythagoreisch – und zugleich platoni(sti)sch – ist, nämlich daß die Wirklichkeit eigentlich aus mathematischen Strukturen bzw. aus reinen Formen bestehe. Was soll das aber heißen? Handelt es sich nicht eher um eine etwas ungenaue Redeweise, die sich auf die Art und Weise bezieht, wie *wir* Wirklichkeit erfassen können, wobei dieses Erfassen ganz allgemein zu verstehen ist und nicht unbedingt ein Abbilden meinen muß. Alles das sind erkenntnistheoretische Probleme, die heute mitnichten gelöst sind und die durchaus viel differenzierter gesehen werden müssen, als es selbst unter Wissenschaftlern heute üblich ist.

Galilei war natürlich weit davon entfernt, etwa anzunehmen, daß der Mensch nun, wie Kant später meinte, der Natur ihre Gesetze vorschreibe – oder genauer, die Formen der Gesetze und auch die Formen der Wahrnehmung von Phänomenen. Dennoch sagte er (zit. n. Blumenberg 1981, 57):

> Man glaube nicht, daß es, um die tiefen Begriffe zu fassen, die in jenen Karten des Himmels geschrieben stehen, genügt, den Glanz der Sonne und der Sterne in sich aufzunehmen, [...] denn dies alles liegt auch vor den Augen der Tiere und vor denen des ungebildeten Haufens offen zutage [...].

Galilei schrieb offenbar der intellektuellen *Leistung* eine besondere Rolle bei der Erkenntnisgewinnung zu. Das Lesen im Buch der Natur enthält eine *aktive* Komponente; es ist eine *Leistung* des Lesenden. Dagegen meinte etwa Kopernikus, es genüge für die Naturerkenntnis, einfach beide Augen aufzumachen und zu schauen, sozusagen die Wahrnehmung auf sich wirken zu lassen. Das ist ein Gegensatz zu Galileis erkenntnistheoretischem Ansatz, der von einem *gezielten* experimentellen Zugriff zur Natur ausgeht. Dieser ist seinerseits immer von gewissen Vorformulierungen, von Instrumenten und nicht zuletzt von einer vorausgesetzten theoretischen Sicht abhängig und steht damit im Gegensatz zu den seinerzeit herrschenden Meinungen der Aristoteliker, die einen eher passiven Charakter der Erfahrung im Sinne eines Einwirkenlassens einer Entität auf die Sinnesorgane annahmen. Galileis Satz vom Lesen im Buch der »Natur« ist also in dem Sinne letztlich nicht passivistisch zu verstehen, wie man ihn oft aufgefaßt hat, sondern bei ihm ist durchaus der Ansatzpunkt für einen aktiven, konstruktiven Zugang in Form eines deutungsgebundenen Experimentalismus gegeben. Zwar ist die Welt selbst vom Schöpfer vorgegeben, wenn auch nicht für jedes Wesen deutbar, sie ist aber eine Art von Zeichenkombination, eine Konstellation von Zeichen, die dechiffriert, entziffert – eben »gelesen«

werden müssen. Dieses Dechiffrieren, Entziffern usw. sind aber keineswegs passive Vorgänge, sondern sie bedienen sich gewisser Verfahren und Vorformen (Vor*formungen* im wahrsten Sinne des Wortes). Es handelt sich also in gewissem Sinne um aktive Strukturierungsmaßnahmen. Man kann sagen, daß damit die Grundlage für eine konstruktive Theorie der Interpretation der Natur gegeben ist.

Ich werde später in diesem Zusammenhang, aber auch in einem viel allgemeineren Sinn von »Interpretationskonstrukten« reden. Interpretation ist in der Tat nichts bloß Passives, nicht bloß ein Sich-berieseln-Lassen, ein Einwirken von Äußerem auf offene Sinnesorgane, sondern sie ist ein aktiver und stets konstruktiver Prozeß. Dies ist ein wesentlicher Gesichtspunkt, der etwa in der Kantischen Philosophie eine entscheidende Rolle spielt und auch in der Entwicklung der experimentellen Naturwissenschaften. In der Tat ging die gesamte Entwicklung der Naturwissenschaften mit der Verfeinerung der jeweils eingesetzten Symbol- und Zeichensysteme und der Theorie- sowie Modellbildungen und *-deutungen* Hand in Hand.

Francis Bacon, der noch relativ naiv meinte, die naturwissenschaftlichen Erkenntnisse könnten durch bloße Sammlung von Einzeldaten schließlich durch einen methodischen induktiven Übergang zu allgemeinen Gesetzen führen, sprach in diesem Zusammenhang von einer Erklärung oder Interpretation der Natur durch Induktion und methodische Verallgemeinerung, die er für die einzig akzeptable Methode der Erkenntnis hielt. Bei Bacon zeigt sich aber noch etwas anderes: Es deutet sich bereits ein recht modernes methodologisches Verständnis des Vorgehens in den Naturwissenschaften an. Die »rationale Präsumption«, also die rationale, vorentwerfende Interpretation muß empirisch geprüft werden. Das heißt, das hypothetisch-systematische, logischen Regeln der Widerspruchsfreiheit verpflichtete Entwerfen muß mit dem entsprechenden Prinzip der Kontrolle durch Erfahrung konfrontiert werden, es muß sich kritischen Tests stellen; es geht um Konstruktion, Kritik und Kontrolle und deren Wechselwirkung. Um zwischen Interpretationsmöglichkeiten auszuwählen, bedarf es einer entscheidenden, kontrollierenden Instanz, deren Einbeziehung gleichwohl noch Deutungsmöglichkeiten offenlassen mag, die jedoch bestimmte Varianten aussondert. Bei der Konstruktion wie auch bei der Kritik spielt aber – nun modern gesprochen – wiederum die Interpretation selbst, die Einbettung in bestimmte Zusammenhänge, die Deutung im Kontext eine große Rolle. Das gilt erst recht dann, wenn Bewertungen bei den Kontroll- und Prüfungsprozessen eine Rolle spielen. Insgesamt wird Natur nicht mehr nur als Zeichenkonstellation gedeutet, die über sich hinaus verweist, sondern es geht vielmehr um konstruktive Zugangsweisen, um Eingriffsversuche, um viel differenziertere Fragen. Wieweit nun etwa bestimmte Vordeutungen schon in theoretische Grundkonstruktionen oder auch sogar in die Theorie eingehen, die etwa durch die Entwicklung der Meßinstrumente erst möglich werden (ein selbst wieder theorieabhängiger Prozeß), braucht uns hier nicht zu beschäftigen. Hier wäre ein sehr komplexer Zusammenhang zwischen Theorie und methodischer Praxis in den Wissenschaften zu analysieren, der weit über naive Vorstellungen, wie sie Francis Bacon noch hatte, hinausgeht und erst in der modernsten Wissenschaftstheorie unter dem Stichwort »Theoriebeladenheit der Beobachtungssätze und Meßverfahren« behandelt wird.

Die traditionellen naturphilosophischen Vorstellungen einerseits und die der Leibniz'schen Tradition verpflichtete umfassende Anwendung des Interpretationsmodells als Grundlage menschlicher Erkenntnismöglichkeit wurden jedoch im fortschreitenden 18. und endgültig im 19. Jahrhundert aufgegeben, da sich die Naturwissenschaften zunehmend an einer empiristisch-positivistischen Grundlegung orientierten. Die Hermeneutik beschränkte sich nunmehr auf das Gebiet der historischen Geisteswissenschaften. Es entwickelte sich in der Folgezeit eine weitgehende Kulturentrennung zwischen Geisteswissenschaften, einschließlich der kulturellen und literarischen Bildung einerseits und den Naturwissenschaften andererseits. Für letztere wurde gemeinhin angenommen, sie wären aus der historischen Einbettung herausgehoben und unterlägen nicht einem solchen historischen Abhängigkeitsverhältnis; das hat sich besonders in den letzten Jahrzehnten als falsch erwiesen. Auch die Naturwissenschaft hat ihre Geschichte, und die Geschichte ihrer Modelle zur Deutung der Natur zeigt, daß diese auch von einem grundlegenden Paradigma abhängig sind, von grundlegenden Beispielen, zum Teil sogar von Visionen, die zum Teil Metaphercharakter haben und die Funktion eines Paradigmas übernehmen. Lange Zeit wollte man die Welt als eine deterministisch ablaufende Maschine deuten, und das ist noch bis etwa vor einem halben Jahrhundert so gewesen. Das war durchaus im Sinne Descartes' gedacht, der glaubte, alles physische Leben laufe rein mechanisch ab, Tiere seien Automaten, und die Mechanik sei die Grunddisziplin aller Wissenschaften. Später wurde diese Modellvorstellung auf energetische, dynamische Systeme erweitert. Allerdings ist die heutige Naturwissenschaft nicht mehr auf das mechanistische Modell festgelegt. Felddisziplinen, Feldbegriffe und andere Begriffe spielen heute eine große Rolle in der Wissenschaft, bis hin zur Aufgabe oder zur Beschränkung des klassischen Determinismus in der neueren Wissenschaft, sei es in der Sozialwissenschaft, die in erster Linie statistisch vorgeht, sei es in der Mikrophysik, wo letztlich statistisch-wahrscheinlichkeitstheoretische Gesetze die Grundlage abgeben, bis hin zu der neuesten und wichtigen Variante, die noch nicht für die Deutung der Naturwissenschaft genügend ausgeschöpft ist und auch allgemein philosophisch noch nicht genügend behandelt ist, der Theorie des chaotischen Verhaltens von komplexen dynamischen Systemen. Hier scheinen sich die methodologischen Probleme zwischen Natur- und Sozialwissenschaften wieder parallel oder ähnlich zu stellen. Es wäre auch die Aufgabe einer Philosophie der übergreifenden Interpretationsansätze und -methoden, diese traditionellen Trennungen, Spaltungen und Gegenüberstellungen aufzubrechen, in sinnvoller Weise die Einsichten beider Disziplinen, soweit sie eben die Methodologie betreffen, zusammenzuführen. Das ist um so notwendiger, als inzwischen Wissenschaften entstanden sind, die notwendig von beiden Traditionen abhängig sind, etwa die Psychologie und die Sozialwissenschaften.

1.4 Zur juristischen Hermeneutik

Ein weiterer Bereich, den ich oben nur ganz kurz erwähnt habe, in dem Auslegungsverfahren von zentraler Bedeutung sind, ist der Rechtsbereich. Insbesondere stellt sich die hermeneutische Problematik bei der Auslegung durch die Anwender des Rechts, durch die Richter, welche die Auslegung von Gesetzen in der Anwendung auf konkrete Situationen vorzunehmen haben. Der Richter muß stets Gesetze, die möglicherweise viel früher verfaßt worden sind und ihm außerdem nur ein ganz allgemeines Muster oder eine Gesamtvorschrift zur Verfügung stellen, auf die konkrete Situation in seiner Zeit anwenden und ihre Aussage für den jeweiligen Einzelfall konkretisieren. In diesem besonderen Sinn muß er eigentlich auslegen und interpretieren, darin liegt notwendigerweise das interpretatorisch-hermeneutische Moment jeglicher Rechtsanwendung. Es gibt freilich auch eine theoretische Rechtsauslegung durch die Wissenschaftler; doch es ist dabei die Frage, worin denn die Authentizität der Auslegung (bzw. des Auslegers) besteht und ob sie unabhängig von der Rechtssprechung erfolgen kann. Ist das Gesetz oder der Geist des Gesetzes auf einem anderen Wege zugänglich?

Die Geschichte einer *systematischen* Auseinandersetzung mit den Grundlagen der Rechtsauslegung reicht mindestens bis ins 12. Jahrhundert – wenn nicht gar in das Römische Recht der Antike – zurück. Natürlich war die Problematik aus der Rechtspraxis, der Rechtsanwendung, seit der Antike geläufig; so gab es Streitigkeiten um die authentische Interpretation des Rechts, »interpretatio juris authentica«, die von Gesetzesgelehrten oder von Richtern zuweilen vorgenommen wurde. Auch gab es in der Antike eine Theorie der Rechtsanwendung, die weniger hermeneutisch ausgerichtet als vielmehr stark von der Rhetorik geprägt war. Aber auch Kommentare zu Gesetzeswerken gab es schon in römischer Zeit. Jedoch wurde doch wohl die grundlegende Bedeutung, welche die Interpretation für die Anwendung des Rechts besitzt, nicht erkannt. Kaiser Justinian begleitete im Jahr 533 gar die Konstitution eines neuen Gesetzbuches für das oströmische Reich mit einem generellen Verbot jeglicher Auslegung und Kommentierung der Gesetzessammlung.

Friedrich Justus Thibaut hat im 19. Jahrhundert in einer Reihe von Schriften versucht, eine Grundlegung der juristischen Auslegungslehre zu entwickeln. Zunächst wird »Auslegung« oder »Interpretatio« als etwas definiert, das eine dunkle Rede, die der Erklärung bedürftig ist, klärt und den Sinn aus Gründen entwickelt. Ein System solcher Regeln, welche die Sinndeutung von Gesetzen aus Gründen leiten, nennt Thibaut eine »hermeneutica juris«, also eine juristische Auslegungskunde oder -kunst. Er stellt insbesondere den Gesichtspunkt in den Vordergrund, daß die Absicht des Gesetzgebers bei der Interpretation gegenüber dem Wortverstand der Rede entscheidend sei; sie zu »erkennen wider den Ausdruck«, ist die Aufgabe des Kommentators des Gesetzestextes oder des anwendenden Richters. Es ist freilich zunächst die Frage,

wie man dem Wortverständnis nun auch wirklich Sinn abgewinnen kann. Da meint Thibaut, der Jurist solle zwar zunächst dem »Wortverstand« folgen, finde er aber den »Geist der Gesetze« als von dem Wortverständnis abweichend, dann soll er vorzugshalber den Geist der Gesetze achten (Thibaut 1966, 12 ff.). Entsprechend unterscheidet er zwischen einer grammatischen und einer logischen Interpretation (15 f.). Die grammatische hat es allein mit dem Wortverstand zu tun, geht sozusagen nur nach dem Buchstaben des Gesetzes und interpretiert im üblichen Sinne, während die logische Interpretation (man müßte vielleicht sagen: die juristisch-logische oder juristisch-methodische) es mit dem Grunde des Gesetzes und der Absicht des Gesetzgebers zu tun hat, und diese müssen erst durch die Auslegung gewonnen werden. Die Römer, sagt er (16), kennen diese Unterscheidung und diesen Namen nicht, allenfalls wurde dort die grammatische Interpretation, als *»interpretatio dura«* bezeichnet, als die harte Interpretation. Die eigentliche juristische Interpretation müsse aber in einem weiteren Sinne verstanden werden, und man müsse die Gesetze über ihren bloßen Wortlaut hinaus interpretieren und dazu so etwas wie die juristische Fiktion eines besonderen Willens des Gesetzgebers oder einer Absicht des Gesetzgebers konstruieren (18). Die Hermeneutik des Recht sei also gehalten, auf die Eigentümlichkeit jeder besonderen Gesetzgebung Rücksicht zu nehmen und die allgemeinen Grundsätze näher zu bestimmen, die insbesondere den Absichten des Gesetzgebers, dem Wortverstand und dem Grunde des Gesetzes *gleichzeitig* entsprechen, und solle versuchen, eine Harmonie der Auslegung nach dem Grunde des Gesetzes zu schaffen. Dies kann man nur erreichen, indem man allgemeine Muster entwickelt, die den gesetzgebenden Akt in Beziehung zu der Anwendung des Gesetzes setzen, die aber auch diese zwei Momente voneinander unterscheiden. So muß man dann auch unterscheiden zwischen der unmittelbaren *ratio legis*, also dem Verstand, der Vernunft, sozusagen dem Argument des Gesetzes, und der *ratio decidendi*, der Entscheidungsratio, die im konkreten Rechtsverfahren unter Umständen dazu führen kann, daß ein Gesetz über die eigentliche Formulierung hinaus weitergeführt, also interpretativ weiterentwickelt wird (59).
Gerade dies letztere ist für die Interpretationsproblematik ein sehr interessanter Punkt. Kann man durch Auslegung ein Gesetz erst konkretisieren und weiterführen? Kann man überhaupt dann

noch von juristischer »*Interpretation*« sprechen? Ist eine solche Interpretation dann überhaupt in bestimmte strikte und allgemein zu beachtende Regeln zu fassen? Kann sie als streng regelgeleitet bezeichnet werden? Es ist natürlich unmöglich, alle konkreten Situationen durch allgemeine Formulierung eines Gesetzes zugleich zu erfassen und ein Gesetz in derart allgemeinem Sinne zu formulieren, daß jede Kasuistik, jeder Einzelfall einfach durch Unterordnung, durch Subsumtion schon erledigt werden kann. Gesetze können also nur übergreifende Zusammenhänge klären, und diese erfordern immer wieder, die Fälle als *bestimmte* Fälle eines Gesetzes erst zu interpretieren und das Gesetz dann in dem subsumierenden Sinne der Subsumtion erst auf diese Fälle anwendbar zu machen. Konkretisierungen des Gesetzes sind also unerläßlich. Man könnte sagen, daß hierin der schöpferische, weiterführende, ja, im Grunde der aktiv-hermeneutische Charakter der juristischen Interpretation liegt, daß der Sinn nicht nur nicht unmittelbar gegeben ist, etwa im schriftlichen Ausdruck des Gesetzes, sondern daß dieser prinzipiell nicht auf Anhieb feststellbar und eindeutig ist, sondern daß es eben der Auslegungen und das heißt der Konkretisierung, der Anpassung an konkrete Situationen etwa durch die Richter und Rechtsgelehrten bedarf. Das heißt also, die Objektivität muß hier im Grunde in Verfahrensregeln und nicht in den Inhalten liegen, während eine bestimmte Ermessensfreiheit dem Richter bzw. dem Gesetzgeber oder der Institution, die für die Gesetzesauslegung zuständig ist, vorbehalten bleibt. Es ist also durchaus möglich, so etwas wie eine intersubjektive Gültigkeit, Objektivität zu erreichen, die sich aber nicht aus dem Wortlaut ablesen läßt, sondern durch die Anwendungen erst gesichert wird. Eine solche Objektivität und überindividuelle Gültigkeit ist geradezu eine Bedingung für das Funktionieren und für eine gesellschaftsweite Gültigkeit des Rechts und überhaupt für seine Leistungsfähigkeit. Der Streit der Juristen ist normalerweise kein Streit um Tatsachen, sondern um Auslegungen, um Ansichten, die aber dennoch den Anspruch erheben, zulässige oder gar richtige Auslegungen eines Gesetzes zu sein.

Ich habe früher einmal eine Diskussion mit dem damaligen Vorsitzenden des Verfassungsgerichts, Ernst Benda, geführt, der in einem Vortrag davon sprach, daß die Verfassungsmäßigkeit der Verfassung selber auch begründet werden könne. Als ich ihn fragte, wie die Verfassung selber bzw. einzelne ihrer Normen durch die Verfassung und aus der Verfassung begründet werden könnten, sagte er: »aus dem Geist der Verfassung«. Ob das nicht ein Zirkel sei, habe ich ihn gefragt. »Nein«, meinte er, es handle sich um eine bestimmte Verfahrensweise der Sinngebung, die aus *traditionellen, kulturellen Gesichtspunkten* heraus auch in der Lage sei, solche »Gummibegriffe« wie Menschenwürde objektiv gültig zu interpretieren. In einem Fernsehvortrag über *die Grundrechtsdogmatik heute* hat der Verfassungsrichter Böckenförde (Teleakademie, 29. 10. 1989, S3) genau das wiederholt; allerdings meinte er auch, da christliche Werte nicht mehr verbindlich seien, müßten bei der materialen Wertethik, etwa jener Schelers und N. Hartmanns, Anleihen gemacht werden. Rudolf Smend habe in diesem Sinne zur inhaltlichen Auslegung der Verfassung beigetragen. Er zitierte dann zustimmend den Schweizer Staatsrechtslehrer Huber, daß es im Grunde bei den Grundrechten und im Grundgesetz nicht nur um Interpretation ginge, sondern um »mehr als Interpretation«. Es gehe um Konkretion oder eher um Sinn*gebung*, statt Sinndeutung. Er schloß sich auch Alexys bekanntem Buch über die Grundrechte an, der die Grundrechte als offene Auslegungs- und konkretisierungsbedürftige Prinzipien auffaßt, die alle Rechtsgebiete durchwirken sollen. Die Frage ist freilich: Wie kann man sagen, daß hier Konkretion *mehr* als Interpretation ist und daß andererseits dann doch so etwas wie eine grundlegende Beachtung des gesetzten Rechts bzw. Verfassungskanons des Gesetzgebers bestehen bleibt?

Wie aus diesen aktuellen Beispielen ersichtlich wird, spielen in der juristischen Diskussion die Fragen der Interpretativität und der Anwendung von Interpretationsverfahren nach wie vor eine große Rolle. Die Fragen nach der Bestimmung eines festen Verfassungs- bzw. Gesetzessinnes, anhand dessen man sich mit Recht auf ein *bestimmtes Gesetz* berufen kann, und der gleichzeitigen Offenheit dieses Sinnes für je konkrete Bedingungen sind Fragen, die zu den zentralen methodischen und methodologischen Momenten der hermeneutischen Problematik hinführen.

2 Interpretation und Verstehen in der geisteswissenschaftlichen Tradition

2.1 Die Anfänge systematischer Fragestellungen in der Hermeneutik

Der Streit um die richtige Auslegung der Schrift in der Zeit der Reformation seit dem 16. Jahrhundert gab der hermeneutischen Reflexion eine Reihe von neuen Anstößen. Bis dahin ging es bei der theologischen Hermeneutik vor allem darum, die Aussagen des Alten und des Neuen Testaments miteinander verträglich zu machen und darüber hinaus in Übereinstimmung mit einer bestimmten, von der offiziellen Kirche vertretenen Dogmatik zu deuten. Die Frage nach dem *richtigen* Verstehen der Schrift wurde also in einem eher inhaltlichen Sinn gestellt; die Hermeneutik legte nur ansatzweise die methodischen, eher und mehr die *inhaltlichen* Prinzipien für die richtige Deutung fest und war auf diese Weise eng mit der Dogmatik verknüpft. Demgegenüber traten nun neue Gesichtspunkte in den Vordergrund. Gerade die Legitimation der Auslegung aus einer bestimmten Dogmatik heraus sollte angezweifelt, z. T. *ihre mangelnde Fundiertheit in der Schrift* nachgewiesen werden. Es ging darum zu klären, inwieweit der Wortlaut der Schrift selbst die Auslegung einschränken, ja vielleicht bestimmen kann und welchen Prinzipien eine Interpretation zu genügen hat, um als textadäquat zu gelten. Es waren somit Fragen, die gegenüber den traditionell hauptsächlich inhaltlich motivierten, nun den *systematischen* Charakter des Verfahrens der Interpretation zu durchdringen suchten bzw. letztlich auf eine systematische Klärung des Interpretationsbegriffs hinausliefen.

In der traditionellen Bibelexegese wurde neben der Schrift selbst auch die von der offiziellen Kirche geschaffene Deutungstradition als eine entscheidende Deutungsinstanz betrachtet. Die Schrift galt als nicht hinreichend verständlich aus sich heraus, und deswegen mußte bei der Auslegung eine durch Tradition legitimierte *Dogmatik* vorausgesetzt werden. Interpretation der Heiligen Schrift bedeute demnach, die vorliegenden Texte nach Maßgabe dogmatischer Grundsätze einheitlich zu verstehen. Dagegen vertrat der Protestantismus, auf hermeneutische Prinzipien der Patristik zurückgreifend, das sog. Schriftprinzip, welches besagt, daß die Schrift aus sich heraus verständlich sei und zur Grundlage des Glaubens gemacht werden darf, daß die Schrift in diesem Sinn die Norm des Glaubens bilden muß. Die Schrift besitzt ihren eigenen immanenten Zusammenhang, aus dem heraus sie in allen ihren Teilen verständlich werden kann, und bedarf deswegen keiner von außen herangetragenen inhaltlichen Prinzipien. Die Grundidee war, die normative Selbständigkeit der Schrift durch deren hermeneutische »Suffizienz« (durch deren Hinreichen für das Textverstehen) zu begründen (vgl. Dilthey, II, 119); es ging somit darum nachzuweisen, daß die Schrift allein für die Gewinnung von Glaubensnormen ausreichend ist. Auf diesem Postulat eines der Schrift immanenten inneren Zusammenhangs beruhen die protestantische Hinwendung zur Schrift und die Aufforderung an den Gläubigen, die Schrift zu lesen und sich um ein eigenes Verständnis ihres Sinnzusammenhangs zu bemühen. Diese protestantische Haltung in ihrer ursprünglichen, dem Widerstand gegen dogmatische Willkür entstammenden Form erwies sich jedoch schnell als *hermeneutisch naiv*. Die Formel der »sola scriptura«, das Postulat der Klarheit der Schrift an sich, konnten die katholischen Theologen leicht entkräften, indem sie auf Unvereinbarkeiten zwischen Altem und Neuem Testament, aber auch auf dunkle Stellen in den einzelnen Schriften selbst hinwiesen. Gegen diese reformatorischen Grundsätze wendete sich das bekannte Konzil von Trient, das von 1545 bis 1563 währte. Bereits im April 1546 wurde jedoch die Unzulänglichkeit der Schrift und deren Angewiesenheit auf die Deutungstradition bekräftigt. Die ursprüngliche naive Haltung wurde in der protestantischen Hermeneutik freilich weiterentwickelt und modifiziert. Nicht die Schriften selbst sind hinreichend klar, sondern die Sache (res), um die es in ihnen geht; und diese ist unter Befolgung bestimmter hermeneutischer Regeln aus ihrem eigenen inneren Zusammenhang heraus anhand der Heiligen Schriften allein zu erschließen. Die protestantische Theologie stand damit vor der Aufgabe, eine Dogmatik zu entwickeln, die sich bei einer Interpretation der Schrift als textadäquat erweisen ließe, sich als inhaltliches Prinzip der Bibeldeutung an der Schrift selbst bewähren würde.

Zunächst ging es den protestantischen Theologen darum, Regeln und Prinzipien für eine immanente Deutung der Schrift herauszuarbeiten. Dies bedeutete eine Besinnung auf *philologische* Prinzipien der Interpretation, wie sie bereits in der Rhetorik und in der humanistischen Tradition – darunter auch und besonders bei Melanchthon – entwickelt worden waren. Ein Organ für eine solche Bibelexegese lieferte Matthias Flacius Illyricus, ein Zeitgenosse Melanchthons. In seiner Schrift *De ratione cognoscendi sacras literas* von 1567 (zit. n. Flacius 1969), die nach dem Muster der damals üblichen »Schlüssel« für das Verständnis der Schrift verfaßt ist, versucht er, systematische Anweisungen für eine immanente Sinndeutung der Bibel zu entwickeln. Flacius geht ebenso wie Melanchthon durchaus auch auf die antike Rhetorik zurück und möchte – ähnlich wie die Rhetorik zum Lesen alter Schriftsteller anleitet – nun Anleitungen für die Bibellektüre, für ein sinn- und textadäquates *Lesen* geben. Es geht also nach dem Vorbild der Rhetorik und der humanistischen Philologie letztlich auch hier um eine Art von Nachbildung der den Texten zugrundegelegten Leitgedanken. Insofern wird hier eine Verbindung der biblisch-hermeneutischen Theorie mit der humanistischen Tradition der Auslegung von Texten antiker Schriftsteller hergestellt. Flacius entwickelt daraus eine Kunstlehre, indem er Schwierigkeiten der Schriftauslegung identifiziert und zu analysieren und zu lösen versucht. Dilthey schreibt dazu über Flacius:

> [...] er verschärft das Bewußtsein dieser Schwierigkeiten. Er spricht trefflich über dieselben im einzelnen: über den geringen Umfang dieser Literatur, deren Sprachgebrauch doch festgestellt werden soll, über die concise und in der Anwendung der Modi und Konjunktionen sparsame Form derselben, über die Fremdartigkeit der Sitten, den Widerspruch zwischen A[ltem] und N[euem] T[estament]. Er setzt diesen difficultatibus *remedia* [...] entgegen, welche ihre abschließende Darstellung in den *regulae cognoscendi* sacras literas erhalten (II, 120).

Es geht also um die Regeln, wie man die Heilige Schrift erkennen kann.

Aus zwei Richtungen geht Flacius an diese Aufgabe heran. Zunächst betrachtet er die Heilige Schrift mit allen ihren Texten als ein Ganzes. Dabei stellt er ihren inneren Zusammenhang in zwei Syllogismen dar. Die hermeneutische Regel, nach der die Adäquatheit des so gesetzten Schriftzusammenhangs aufgewiesen werden kann, verlangt nun, daß jede einzelne Stelle aus diesem Zusammenhang des Ganzen der Heiligen Schrift *und* in Übereinstimmung mit ihren sonstigen Parallelstellen zu erklären sei. Es geht also zunächst darum, die Schrift aus ihrer Totalität zu erfassen, deren Prämissen in einer Dogmatik festgelegt sind. Den zweiten Ansatzpunkt für die Bibeldeutung entlehnt Flacius der traditionellen Rhetorik. Beim Verständnis des Ganzen der Schrift ist der Zweck (scopus) zu berücksichtigen, den sie anstrebt. Die Erfassung der ungegliederten Grundsubstanz muß anhand von Zweckdispositionen erfolgen; man kann gleichsam nur anhand von übergeordneten Gesichtspunkten der Zweckorientierung bzw. der Aufgabe der entsprechenden Schrift auch die Deutung vornehmen. Hier wird mit dem von der antiken Rhetorik herstammenden Modell der Beziehung von Haupt und Gliedern operiert, mit der Metapher des organischen Ganzen, als das eine Schrift, wenn sie wohlverstanden wurde, erscheinen muß. So schreibt Flacius:

Es ist nämlich unmöglich, daß irgend etwas vernünftig geschrieben ist, was nicht einen sicheren Gesichtspunkt und eine gewisse Körperlichkeit (um es so auszudrücken) aufweist und bestimmte Teile oder Glieder in sich umfaßt, die nach gewisser Ordnungsweise und gleichsam Proportion sowohl untereinander als auch mit dem ganzen Körper, und zumal mit ihrem Gesichtspunkt, verbunden sind. Wenn wir nämlich so die Schrift geprüft haben, wird sie uns notwendigerweise vertrauter und durchsichtiger (97).

Flacius gibt eine Reihe technischer Anleitungen, wie dies in einer möglichst übersichtlichen, methodischen Vorgehensweise geschehen kann, so daß nichts übersehen oder einseitig überbetont wird. Diese Fülle technischer Empfehlungen ist hier weniger von Interesse. Wichtiger ist es in unserem Zusammenhang, mit Dilthey festzuhalten, daß in diesem aus der Rhetorik stammenden Ansatzpunkt formale und methodologische Aspekte des Verfahrens der Interpretation angesprochen werden, daß also Flacius hier den Keim einer Theorie der Auslegung entwickelt. In dieser Formel des organischen Ganzen, in der so aufgefaßten Beziehung zwischen Ganzem und den Teilen ebenso wie im Primat des Zusammenhangs, der Totalität der Schrift, kommt bereits der bekannte Grundsatz des »hermeneutischen Zirkels« zum Ausdruck. Die method(olog)ische Schwierigkeit, die in dieser zirkelhaften Struktur steckt, wird hier freilich noch nicht als solche gesehen. So *erweitert* Flacius die bisher hauptsächlich inhaltliche Fragestellung der theologischen Hermeneutik *um formale und systemati-*

sche Fragen des Interpretationsverfahrens, die im Ansatz den Anspruch der protestantischen Hermeneutik, textadäquat vorzugehen, begründen sollen. Nach Dilthey bleiben jedoch diese zwei Aspekte bei Flacius noch unvermittelt nebeneinander (II, 123). Sie werden nicht systematisch in einen einheitlichen Ansatz integriert. Häufig setzt sich die dogmatische Auslegung, das Beziehen einzelner Stellen auf den Gesamtzusammenhang der Schrift über das Postulat der organischen Interpretation hinweg. Hinzu kommt, das betont Dilthey auch, daß diese Exegese abstrakt und logisch, aber wenig historisch vorgeht, also die Problematik der historischen Distanz der Schriften voneinander oder die Distanz des Lesenden zu der Schrift kaum berücksichtigt.

In der Weiterentwicklung der protestantischen Bibelauslegung entstand später neben anderen Richtungen im 18. Jahrhundert die Hermeneutik des Pietismus, die eine Zwischenstellung zwischen der reformatorischen Hermeneutik und der sog. psychologischen Wendung der Hermeneutik in der Romantik einnimmt. Prominente Vertreter dieser Richtung waren etwa August Hermann Franke und Johann Jacob Rambach. Das charakteristische Moment der Hermeneutik des Pietismus ist einerseits die Verknüpfung der hermeneutischen Frage mit dem Aspekt der *Anwendung* und andererseits die Einbettung dieser Problematik in einer psychologischen Theorie der Affekte. Entscheidend ist, wie die Schrift auf jemanden wirkt und somit seine Lebenshaltung und ihn selbst verändert. Franke versucht eine Art von Affektenlehre der Interpretation zu entwickeln. Worte werden immer auch aus einem Affekt heraus geäußert und bringen diesen Affekt auch durch ihre besondere Gestalt zum Ausdruck. Um die Heilige Schrift zu verstehen, muß man ihre Worte auf den Affekt zurückführen können, dem sie entstammen. Das ist im Fall der christlichen Lehre die Liebe. Der Interpret, nach der pietistischen Einstellung in erster Linie der Prediger, muß versuchen, die Seelenhaltung der Liebe, aus der die Worte der Heiligen Schrift geschrieben sind, durch seine Auslegung den Gläubigen zu vermitteln (vgl. Dilthey XIV, 1, 619). Ähnlich schreibt Rambach (Gadamer/Boehm 1976, 62), man könne die Worte und Schriften eines Autors nicht richtig verstehen und interpretieren, wenn man nicht weiß, aus welchem Affekt sie formuliert seien: »[...] unsere Rede ist ein Ausdruck unserer Gedanken. Unsere Gedanken aber sind fast allezeit mit gewissen geheimen Affekten verknüpft, daher geben wir durch die Rede nicht nur unsere Gedanken, sondern auch unsere damit verknüpften Affekte andern zu verstehen.« Um Mißverständnisse zu vermeiden, sei es deshalb notwendig, »[...] daß man den Affekt erkenne, aus welchem die Rede geflossen und der die Worte belebt, wie demnach ein Interpret nicht nur die Verba, sondern auch intimum animum auctoris müsse suchen zu erforschen« (64).

Durch ihre Affektenlehre wandte sich die Hermeneutik des Pietismus in erster Linie gegen eine inzwischen ausgebildete protestantische Scholastik. Nicht abstrakte theologische Dogmata sind die Botschaft oder der Sinn der Heiligen Schriften, sondern ihr erbaulicher Gehalt, ihre Bedeutung *für* den Lesenden. Zur hermeneutischen Kunst gehört neben der Fertigkeit, der feinen Kunst (subtilitas) des Begreifens (subtilitas intelligendi) und des Erklärens oder Darlegens des Sinns (subtilitas explicandi) eines Textes auch die Kunst der Umsetzung des Verstandenen als eine Art Anwendung auf den Menschen selbst, auf die eigene Seele (subtilitas applicandi). Sowohl durch ihre psychologische Ausrichtung in der Affektenlehre wie auch durch die Betonung des Anwendungscharakters des Verstehens, des Momentes der Bedeutsamkeit *für* jemanden, bildete die Hermeneutik des Pietismus einen Anknüpfungspunkt für spätere Entwicklungen. Das anhebende Interesse auch für psychologische Aspekte des Verstehens in der subjektbezogenen Hermeneutik der Romantik wird in dieser Richtung thematisch vorbereitet; Hans-Georg Gadamer knüpft in seiner Heraushebung des Anwendungsmoments zu einem wesentlichen Merkmal von Sinnverstehen überhaupt unter anderem auch an die pietistische Hermeneutik an.

2.2 Ansätze zu einer allgemeinen Hermeneutik im 17. Jahrhundert (*E. Kaleri*)

Die ersten Ansätze zur Grundlegung einer allgemeinen Hermeneutik erscheinen im 17. Jahrhundert. Flacius' Hermeneutik, so sehr sie auch neue fundamentale Einsichten in die systematischen Mechanismen eines textadäquaten Verstehens beisteuerte, überwand ihre Gebundenheit an die konkret auszulegende Schrift und die darin zu überwindenden Verständnisschwierigkeiten nicht. Nun aber wird die Tendenz deutlich, die hermeneutische Proble-

matik zu verallgemeinern und sich von konkreten Texten und deren spezifischen Deutungsschwierigkeiten zu lösen. Das hermeneutische Problem wird als ein allgemeines Problem des Verstehens sprachlicher (und besonders schriftlicher) Äußerungen angesehen. Dies erfolgt allerdings zunächst *innerhalb des erkenntnistheoretischen Rahmens*, der vom *Rationalismus* des 17. Jahrhunderts abgesteckt wird. In scholastischer Tradition geht man davon aus, daß das Auslegen sprachlicher Zeugnisse dem Leser die in Büchern festgehaltene Erkenntnis anderer zugänglich macht. Nicht den Schriften selbst – geschweige denn deren Autoren – gilt also das Interesse, sondern den wahren Sachverhalten, die in ihnen bedeutet werden. Solche sind aber gemäß dem Grundsatz des Rationalismus genau solche Sachverhalte, die nach den Prinzipien der Vernunft erfaßt werden können. Nicht die Bedeutung einer Schrift schlechthin, sondern die Vernünftigkeit dessen, was sie bedeutet, ist das Ziel einer *richtigen* Auslegung. Sofern die Bedeutung von Schriften Vernunftprinzipien zu übersteigen vorgibt, wird sie unverständlich und sinnlos. So muß die Hermeneutik als die Lehre des Verstehens von in schriftlichen Dokumenten festgehaltenen Erkenntnissen als eine spezielle Disziplin der Erkenntnistheorie – und das bedeutet für das rationalistische Zeitalter: selbst als Vernunftlehre – konzipiert werden (vgl. Geldsetzer 1969, xf.; Frank in: Schleiermacher 1977, 12 ff.). Entsprechend wird sie dann auch als eine philosophische Disziplin mit propädeutischer Funktion in die Logik integriert. J. K. Dannhauer faßt als erster in seiner Schrift *Idea boni interpretis et malitiosi calumniatoris* (1630) die Prinzipien der Interpretation als logische Prinzipien auf. Als eine Teildisziplin der Logik behandelt – wie erwähnt – auch Christian Wolff die Hermeneutik in seiner *Logik* und eine Reihe weiterer Logiker wie z. B. J. Clanberg, Chr. Thomasius, F. Buddeus (vgl. Geldsetzer 1969, xf.).
Durchaus im Namen und im Dienst des Rationalismus entstanden aber auch diejenigen hermeneutischen Ansätze, die den Keim legten für die Überwindung der Schranken, die dieser in erkenntnistheoretischer Hinsicht dem hermeneutischen Denken vorschrieb.
Im Jahr 1617 erschien anonym Spinozas Schrift *Tractatus theologico-politicus* (zit. n. Spinoza 1979), die von der politisch motivierten Frage ausgeht, ob die Theologie legitimiert sei, die Freiheit des Philosophierens einzuschränken, und seinen Standpunkt

durch eine neuartige Auffassung über das Auslegen und den Sinn der Heiligen Schriften begründet. So liefert dieser theologisch-politische Traktat auch eine neue Hermeneutik, in welcher der Keim für manche spätere Entwicklung bereits gelegt ist. Spinoza spricht der Theologie eine solche das Denken bestimmende Legitimation ab, indem er die Geltung ihrer Aussagen nicht in den Bereich der Erkenntnis von Wahrheit, sondern, sofern sie ihre Aussagen aus der Auslegung der Schriften gewinnt, im Bereich der Erkenntnis von Sinn ansiedelt. So schreibt er (237):

Ja, man muß sich vor allem hüten, solange der Sinn der Schrift in Frage steht, daß man sich nicht durch eigene Erwägungen, soweit sie auf den Prinzipien natürlicher Erkenntnis beruhen (ganz zu schweigen von den Vorurteilen), dazu verleiten läßt, den wahren Sinn einer Stelle mit der Wahrheit ihres Inhalts zu verwechseln.

Bereits diese Unterscheidung zwischen Erkennen von Sinn und Erkennen von wahren Sachverhalten ist für die spätere Entwicklung hermeneutischer Reflexion von grundlegender Bedeutung. Hinzu kommt jedoch, daß für Spinoza der Sinn sprachlicher Äußerungen aus dem pragmatischen Kontext ihres Gebrauchs ermittelbar ist, und so fordert er die historische Einbettung der Deutung, d. h. ihre Einbettung in die materiale Geschichte ihrer Zeit. Kenntnis der Gesamtumstände und des historischen, sozialen und politischen Kontextes wird gefordert, insbesondere auch der jeweiligen Situation und der Lebensweise der Menschen, an die sich diese Schriften jeweils wandten, sowie der Lebensgeschichte der Autoren. Spinoza bezeichnet alle diese Einzeldaten über den sozialen, politischen, personellen Kontext der Schriften als deren »Geschichte« im ursprünglichen Sinn von bloßem »Tatsachenwissen« – dieser Sinn ist noch im Begriff der Naturgeschichte erhalten. Spinoza ist daher auch davon überzeugt, daß seine Methode der »Schrifterklärung sich in nichts von der Methode der Naturerklärung unterscheidet« (231). Die Hauptregel seiner Interpretation lautet, daß man der Schrift keine Lehre zuschreiben soll, die sich nicht mit völliger Deutlichkeit aus ihrer Geschichte ergibt. Mit dieser Wendung zum historischen Hintergrund von Entstehung, Rezeption und Auslegung der Schriften thematisiert Spinoza erstmals die historische Perspektive in der theologischen Hermeneutik. Dies geschieht, wie gesagt, paradoxerweise in einem insgesamt unhistorischen Zeitalter, wie es das an die überzeitliche Geltung der Vernunftprinzipien glaubende rationalistische Zeitalter war; doch hat der historische Standpunkt hier noch nicht den konstitutiven Stellenwert, den er in der Hermeneutik nach Schleiermacher einnimmt. Mit der Einführung des historischen Faktors versucht Spinoza vielmehr, die Tatsache mythischer, bildhafter, mystischer Inhalte der Heiligen Schriften mit dem Standpunkt einer durch die Vernunft allein zu erreichenden Erkenntnis Gottes verträglich zu machen – freilich um den Preis, den Heiligen Schriften die Mittlerfunktion bei der Erkenntnis Gottes durch die Menschen abzusprechen.

Auch treten allerdings ebenso innerhalb des rationalistischen erkenntnistheoretischen Rahmens der Zeit Bestrebungen auf, die Hermeneutik von der Logik abzukoppeln und als eine *eigenständige* propädeutische philosophische Disziplin zu entwickeln. Zu dieser zweiten Art der Grundlegung einer allgemeinen Hermeneutik auf der Grundlage psychologischer Einsichten gehört die Schrift von Johann Martin Chladenius *Einleitung zur richtigen Auslegung vernünftiger Reden und Schriften* (1742), in der eine allgemeine Hermeneutik »als eine Wissenschaft« dargestellt wird (Vorrede). Die Hermeneutik ist nach Chladenius eine »Disciplin vor sich«, deren Ort »nach der Lehre von der Seele« anzusetzen sei (97). Chladenius' exemplarisches Anwendungsgebiet ist in erster Linie das Verstehen und Auslegen »vernünftiger Reden und Schriften«. Schon die Ausrichtung der Auslegungskunst von Chladenius auf *vernünftige* Reden und Schriften verrät die rationalistische Einbindung seines Vorhabens, in dem es um die Vermittlung von *Erkenntnis durch Schriften* geht: *»Man versteht eine Rede oder Schrift vollkommen«*, schreibt Chladenius, *»wenn man alles dasjenige dabey gedenckt, was die Worte nach der Vernunft und denen Regeln der Seele in uns vor Gedanken erwecken können«* (86).

Chladenius teilt die Klasse der »vernünftigen Reden und Schriften« in »dogmatische« und »historische« ein. Darunter sind in moderner Redeweise Texte des wissenschaftlichen Diskurses in einem weiteren Sinn gemeint, und zwar theoretische einerseits und beschreibende, Fakten vermittelnde andererseits. »Historisch« meint hier genauso wie bei Spinoza gemäß dem ursprünglichen Sinn des griechischen Wortes »ιστορειν« das Erzählen, Beschreiben von Phänomenen, Begebenheiten usw.; historische Texte im modernen Sinn des Wortes gehören auch zu dieser Kategorie. Nur am Rande werden die juristische, die theologische sowie die literarische Hermeneutik berücksichtigt, da sie spezifische Regeln erfordern. Und ausgeschlossen vom Bereich der Hermeneutik werden für Chladenius alle nichtsprachlichen Ausdrucksformen. Indem Chladenius auch spezielle historische Texte im heutigen engeren Sinn zum Gegenstand seiner hermeneutischen Überlegungen macht, erweitert er die traditionelle hermeneutische Thematik um ein weiteres Gebiet und leistet Pionierarbeit für die geschichtswissenschaftliche Hermeneutik. Dies wurde in seiner späteren Schrift *Allgemeine Geschichtswissenschaft* von 1752 noch weitergeführt und vertieft. Chladenius wird aufgrund dieser Schrift als der Begründer einer geschichtswissenschaftlichen Hermeneutik angesehen.

Im Zusammenhang mit den Regeln der Auslegung solcher rein berichtender (und in diesem Sinn »historischer«) Bücher, die sowohl Beschreibungen »physikalischer« wie auch »moralischer« Geschehnisse umfassen (vgl. 182), führt Chladenius den wichtigen Begriff des »Sehe-*Punktes*« ein, den er folgenderweise definiert (187): »Diejenigen Umstände unserer Seele, Leibes und unserer ganzen Person, welche machen, oder Ursach sind, daß wir uns eine Sache so, und nicht anders vorstellen, wollen wir den Sehe-*Punkt* nennen.« Auslegungsregeln seien danach in Analogie zu den Selektionsregeln aufzufassen, die insbesondere das Material der Wahrnehmung unter einem bestimmten Gesichtspunkt perspektivisch deuten; denn bei jeder Erzählung und Geschichte, bei jedem Bericht gebe es unterschiedliche Urteile, und diese hingen vom Standort desjenigen ab, der urteilt. So muß auch beim Verstehen oder Auslegen einer Schrift zunächst der Gesichtspunkt oder die Perspektive herausgearbeitet werden, von wo aus der Autor seinen Gegenstand beschreibt. Die Beobachter einer Schlacht würden z. B. in ihrer Erzählung, in ihrem Bericht über die Schlacht keineswegs in allen Einzelheiten übereinstimmen. Es sei im Gegenteil typisch, daß man von verschiedenen Perspektiven aus verschiedene Dinge sieht und eben auch verschiedene Gesichtspunkte einnimmt und dementsprechend auch Verschiedenes als entscheidend oder wichtig hervorhebt. Die Psychologie hat dies ja heute systematisch verfolgt, etwa durch Befragungen von anwesenden Zeugen von Verkehrsunfällen, welche beschreiben sollten, was sie gesehen haben. Hierbei hat sich durchaus bewahrheitet, daß man ganz unterschiedliche Dinge sieht oder hervorhebt und immer, aus dem eigenen Gesichtspunkt, der eigenen Perspektive oder »Sehe-Punkt«, bestimmte Selektionen und Wertungen vornimmt und das Wahrgenommene in bezug auf einen bestimmten perspektivischen Gesichtspunkt ordnet.

»Aus dem Begriff des Sehe-*Puncts* folgt«, schreibt Chladenius, »daß Personen, die eine Sache aus verschiedenen Sehe-*Puncten* ansehen, auch verschiedene Vorstellungen von der Sache haben müssen; und daß diejenigen, welche eine Sache aus einerlei Sehe-*Punct* ansehen, auch einerlei Vorstellung von der Sache haben müssen« (189). Das heißt mit anderen Worten: Es gibt so etwas wie eine Art von Objektivität, aber sie ist relativ zu dem gewählten Sehe-*Punkt*. Wenn zwei Personen denselben Gesichtspunkt haben, also dasselbe Informationsmaterial und dieselbe Perspektive, dann, so meint er, müssen sie auch in ihren Urteilen und ihren Beschreibungen übereinstimmen. Berücksichtigt man die Perspektive einer Darstellung nicht, versucht man diese nicht von dem Gesichtspunkt aus zu verstehen, unter dem sie erfolgt, so kann einem eine geschilderte oder beobachtete »Geschichte« als ungereimt, widersprüchlich oder paradox erscheinen. Dies bedeutet aber nur, daß man selbst einen Gesichtspunkt bei der Erfassung dieser Sache einnimmt, unter dem gewisse Momente der betreffenden Begebenheit oder Darstellung unverständlich bleiben. Und es ist die Aufgabe einer angemessenen Auslegung, den Gesichtspunkt zu finden, unter dem eine Geschichte oder deren Erzählungen insgesamt als schlüssig erscheinen.

Damit wird der Sehe-*Punkt* als ein systematisches Prinzip der Deutung herausgestellt, das sich letztlich als eine *inhaltliche* Vorbedingung für die Deutung auswirkt, und damit wird auch klar, daß es sich bei diesem Begriff von Chladenius um nichts anderes als um eine Transformation des traditionellen Begriffs des »scopus« (Zwecksetzung, Anwendungsbereich) handelt. Die wesentliche und für die Entwicklung der hermeneutischen Diskussion maßgebliche Neuerung in Chladenius' Begriff liegt darin, daß der Gesichtspunkt nunmehr explizit als eine vom Ausleger beizusteuernde Bedingung für die Deutung aufgefaßt wird, und die Deutung, die unter je einem Gesichtspunkt erfolgt, eine unter mehreren oder gar vielen möglichen ist. Die Deutung erscheint damit *als eine Art des Umgehens mit gewissen Gegebenheiten, die unter den Bedingungen des Verstehenden oder Deutenden steht*. Freilich verlangt Chladenius, daß eine »*richtige*« Auslegung das Gelesene von dem Gesichtspunkt aus zu verstehen habe, unter dem es geschrieben wurde; doch ist dies nicht eigentlich durch unmittelbaren Bezug auf den Autor selbst – obwohl Chladenius sich häufig so ausdrückt –, sondern anhand des Geschriebenen und unter Befolgung eben der methodischen Regeln der Hermeneutik, die hier als Regeln der Vernunft und der Seele verstanden werden, *zu rekonstruieren*. Auch trennt Chladenius zumindest ansatzweise zwischen dem »Verstand« eines Textes, den sein Autor im psychologisch-biographischen Sinn gemeint oder intendiert haben mag, und dem »vollkommenen Verstand« des Textes selbst. Da das vollkommene Verstehen einer Schrift darin besteht, sich *alle* Gedanken zu Bewußtsein zu führen, welche die Worte einer Schrift »nach den Regeln der Vernunft und der Seele« in uns erwecken *können*, ist es nicht gesagt, daß sich dieser vollkommene Verstand mit den vom Autor durch diese Worte bewußt intendierten Gedanken vollkommen decken muß. Bei allen Reden und Schriften sei es »[...] zweyerley, den Sinn des Verfassers, oder den Verfasser vollkommen verstehen, und die Rede oder Schrift an sich betrachtet, vollkommen verstehen« (87). Freilich ist auch diese für die Analyse des Verstehens fremder Äußerungen wesentliche Unterscheidung zwischen Textsinn und dem vom Autor intendierten Sinn bei Chladenius zunächst noch im erkenntnistheoretischen Rahmen des Rationalismus integriert. Da es beim richtigen Verstehen um nichts anderes als um die Beachtung von Regeln der Vernunft und der Seele gehe, müßte es eigentlich das gleiche sein, den Autor zu verstehen und seinen Text zu verstehen, denn es seien dieselben Regeln, die für den Autor wie für den verstehenden Leser gelten. Daß es hier notwendig ist zu unterscheiden, erklärt Chladenius damit, daß

> [...] die Menschen *nicht alles übersehen können*, so können ihre Worte, Reden und Schriften etwas bedeuten, was sie selbst nicht willens gewesen zu reden oder zu schreiben: und folglich kan man, indem man ihre Schriften zu verstehen sucht, Dinge, und zwar mit Grund gedencken, die denen Verfassern nicht in Sinn kommen sind. Es kan auch gegenseitig geschehen, daß ein Mensch sich einbildet, seine Meynung so vorgetragen zu haben, daß man ihn vollkommen verstehen müsse, und in seinen Worten ist doch wol nicht alles anzutreffen, was seinen Sinn vollkommen zu vernehmen uns in Stand setzte (ebd.).

Daß mit dem Begriff des Sehe-*Punkts*, als desjenigen Standpunktes, unter dem eine Erzählung in allen ihren Einzelheiten einheitlich verstanden werden kann, ein fundamentales systematisches Moment jeglichen Verstehens überhaupt, gewiß noch nicht explizit dargelegt, aber doch intuitiv angenähert wird, wird klar, wenn man die Art und Weise betrachtet, in der Chladenius die Dunkelheit von Stellen charakterisiert, die durch hermeneutische Arbeit behoben werden kann. Es handelt sich um Stellen, die nicht deswegen unverständlich sind, weil etwa die überlieferten Handschriften »verdorben« seien; es wäre die Aufgabe des Kritikers, solche Dunkelheiten zu beheben. Auch wenn das Unverständnis aus mangelnder Sprachkenntnis herrührt, so ist es nicht die Aufgabe des Auslegers, sondern des Philologen, hier Abhilfe zu schaffen. Sehr häufig wird nämlich die Hermeneutik mit der Kritik und der Philologie konfundiert.

Es geschieht aber unzehlich mal, daß man auch Stellen, wo keine von diesen [...] Dunckelheiten anzutreffen ist, dennoch nicht verstehet: Denn so können z. E. Leser öffters nicht in einem Philosophischen Buche fortkommen, ob es ihnen gleich nicht an Erkäntniß der Sprache fehlet, auch das Buch gar nicht zweydeutig abgefasset ist, sondern bey behorig zubereiteten Lesern den allergewissesten Verstand hat. Eben solcher Anstoß findet sich öfters bey denen historischen Büchern, ohne daß der Verfasser, und die Einrichtung des Buches die geringste Schuld daran haben. Bei genauerer Untersuchung findet man, daß diese Dunckelheit daher rühre, weil die bloßen Worte und Sätze nicht allemal vermögend sind, den Begriff, den der Verfasser damit verknüpfft gehabt hat, bey dem Leser hervorzubringen, und daß die Erkäntniß der Sprache allein uns nicht in Stand setze, alle in derselben abgefaßten Bücher und Stellen zu verstehen (Vorrede).

Die eigentliche Arbeit des Auslegers setzt danach erst bei Texten an, die »aus keiner andern Ursache dunckel sind, als weil wir die Begriffe und Erkäntniß, welche zu ihrer Einsicht erfordert werden, noch nicht erlangt haben« (ebd.). Die Auslegung beginnt, »wenn ein Criticus und Philologus das seinige allbereit bey einem Buche gethan« habe (97). Ihre Aufgabe besteht nun darin, die Begriffe, aus denen heraus der Sinnzusammenhang einer vom Wortlaut her durchaus verständlichen Stelle oder Schrift erschlossen werden kann, zu erarbeiten. In seiner Einleitung zum Nachdruck der Schrift Chladenius' bemerkt L. Geldsetzer zu Recht, daß trotz der Herausarbeitung des Begriffs des Sehe-*Punktes* die Zirkelhaftigkeit der Auslegung hier noch nicht als Problem erkannt ist (XXII). Dennoch wäre aber zu ergänzen – und das erscheint für das gegenwärtige Thema besonders wichtig –, daß Chaldenius bei all seiner Anstrengung um hermeneutische *Regeln* immerhin das *kreative* oder *konstruktive Moment* interpretatorischer Tätigkeiten intuitiv bereits vorwegnimmt. Die Begriffe bereitzustellen, aus denen eine unverständliche Stelle verständlich wird, hat den Charakter einer *Erfindung* (517). So liefert die Hermeneutik denn auch keine *Methode* im eigentlichen Sinn, die zu sicheren Ergebnissen führt:

> Man kann zwar nicht versprechen, daß durch die Regeln der Auslege-Kunst allemal, bey jeder vorgegebenen dunckeln Stelle, der Verstand desselben ohnfehlbar werde entdeckt werden. Dieses wäre wider den allgemeinen Begriff des Erfindens, welcher allemal etwas von einem Glücksfall in sich hält. Nur wird die Erfindung erleichtert, und also in vielen Fällen zu Stande gebracht, da wir ohne diese Hülfs-Mittel unglücklich im Erfinden seyn würden (518).

Eine weitere Hermeneutik, die weniger aufgrund ihres innovativen Charakters, sondern – gemäß Diltheys Urteil – vor allem wegen ihres systematischen Aufbaus und ihrer resümierenden Leistung und nicht zuletzt wegen ihrer nachhaltigen Wirkung bemerkenswert ist, legte Siegmund Jacob Baumgarten in seinem *Ausführlichen Vortrag der Biblischen Hermeneutik* (1769) vor. Auch bei ihm spielt die traditionelle Kategorie des »scopus«, des Endzwecks einer Schrift, eine entscheidende Rolle. Das Wort ist für ihn ein zum Zweck der Mitteilung erfundenes Zeichen, Auslegungskunst die Methode, eine Folge von Gedanken zu erregen, die hervorzubringen des Redenden Zweck war. Baumgarten versucht, eine systematische Gesamtdarstellung der Hermeneutik zu geben, die aber durch den Bezug auf die Intention des Redenden bzw. des Autors psychologistische Züge annimmt und im Fall der Heiligen Schriften auf den Gedanken der Inspiration zurückgreift.

Baumgarten unterscheidet traditionsgemäß zwischen »unmittelbarem« und »mittelbarem« »Verstand« der Schrift. Der unmittelbare Verstand (Wortverstand, sensus proximus) entspricht dem wörtlichen Sinn des Textes. Ihm übergeordnet ist der mittelbare, entferntere Sinn (sensus remotior), den Baumgarten auch den mystischen Sinn nennt, der »nicht in den Worten und vermittelst der Worte zu finden ist, sondern in den Sachen, die durch die Worte bezeichnet werden« (zit. n. Gadamer/Boehm 1976, 81); so erklärt er, daß »die durch den Wortverstand bezeichneten Sachen wiederum Zeichen werden, andere Sachen zu bezeichnen und die Vorstellung derselben bei dem Leser zu erwecken«. Eine Unterscheidung zwischen verschiedenen Ebenen der Bedeutung und besonders zwischen einem wörtlichen und einem »höheren« Sinn der Schrift wird in der Hermeneutik, wie auch die bisherige Darstellung gezeigt hat, traditionell durchaus angenommen. Besonders klar kommt bei Baumgarten allerdings der Gedanke zum Tragen, daß *diese beiden Bedeutungsschichten aufeinander zu beziehen seien und eine Einheit*, »*unitas sensus*«, *bilden müßten*. Er versucht dabei sogar ansatzweise, den systematischen Zusammenhang, der zwischen den beiden Ebenen bestehen soll, zu klären. Zunächst unterliegt der mystische Verstand, da er – nicht anders als der Wortverstand – der Sinn gewisser Zeichen ist (nur daß diese Zeichen nun die durch den Wortverstand bezeichneten Sachverhalte sind), den »allgemeinen Bestimmungsgründen des richtigen Verstandes«, also den allgemeinen Regeln des richtigen Verstehens. Und er muß folglich auch genauso wie der wörtliche Sinn »in dem Zweck des Redenden gegründet sein« (82). Was nun die Beziehung zwischen den beiden Bedeutungsschichten angeht, so muß der entferntere Sachverstand »in dem unmittelbaren Wortverstande gegründet sein« (84). Damit ist ausgeschlossen, daß man von mehreren Bedeutungen der Schrift sprechen kann, wie dies in früheren Ansätzen durchaus der Fall war, die sich kaum für eine Verbindung etwa des literalen mit dem allegorischen Sinn von Texten und Textstellen interessierten und »mehrere, zuweilen nicht nur verschiedene, sogar widersprechende Auslegungen und Deutungen mancher Schriftsteller« zuließen (83). Indem hier die systematische Fundierung der »mystischen« Auslegung in der wörtlichen verlangt wird, kann nun eine »Verfielfältigung des einigen Verstandes« vermieden werden. Daraus folgt das Postulat, daß dieser »sensus mysticus« dem unmittelbaren Wortverstand niemals widersprechen noch ihm entgegengesetzt werden darf, noch auch nur davon abzutrennen, abzusondern ist. Es muß also so etwas geben wie eine Wechselwirkung oder einen Zusammenhang zwischen der entfernteren Deutung einer Schrift und der Interpretation ihrer wörtlichen Bedeutung.

Der »sensus mysticus« sei auch, so Baumgarten, eine Art Probierstein und muß in der Heiligen Schrift zum Beweis der geoffenbarten Wahrheit brauchbar sein. Das heißt, die gedeutete, mittelbare Bedeutung, der erschlossene Sinngehalt der Schrift diente dazu, die Dogmen der Kirche zu legitimieren. Die Hermeneutik der Schrift sollte damit die Dogmatik stützen. Wie aber schon dargelegt wurde, ist dieser mystische Sinn der Schrift nur aus dem in ihr verfolgten »Endzweck« und der Voraussetzung desselben erschließbar. Als solcher Endzweck, als Absicht der Autoren, ist jedoch nichts anderes als die geoffenbarte Wahrheit anzunehmen. So tritt hier – wie bereits Dilthey in seiner Darstellung heraushob – die Zirkelstruktur des Verstehens in der besonderen Form eines Zirkels zwischen kirchlicher Dogmatik und Hermeneutik der Schrift, wie sie in der Theologie seit Flacius bekannt ist, dank der systematischen Qualitäten der Darstellung Baumgartens besonders klar zutage: »Die Hermeneutik ruht auf Lehnsätzen der Dogmatik und begründet diese wiederum« (Dilthey XIV, 1, 624). Baumgartens Hermeneutik ist ein Versuch, eine systematische Einheit für das Verfahren der Interpretation im Rahmen einer Theorie zu entwickeln. Seine Schrift war einflußreich, insbesondere in der Theologie, darüber hinaus aber auch in der Interpretationstheorie und Hermeneutik allgemein.

2.3 Die Grundlegung der modernen Hermeneutik durch Friedrich Schleiermacher (*E. Kaleri*)

In den vorausgegangenen Abschnitten wurde in Grundzügen die Entwicklung hermeneutischer Fragestellungen und Ansätze von der sog. Frühgeschichte der Hermeneutik über die Epoche der Reformation und des Rationalismus bis hin an die Schwelle der modernen Hermeneutik, deren Ursprünge in der Romantik liegen, verfolgt. Der Komplex von methodologischen, sprachphilosophischen, erkenntnistheoretischen, anthropologischen und ontologischen Fragen, Aspekten und Standpunkten, der heute das philosophische Paradigma der Hermeneutik ausmacht, steht in der Tradition der Umgestaltung dieser Disziplin, die erst unter den Rahmenbedingungen der geistigen Umbrüche der Romantik möglich und initiiert wurde. Friedrich Schleiermacher ist derjenige, der in seinem Werk das *hermeneutische* Programm der Romantik am weitesten ausgearbeitet und dessen Ansatz die größte Wirkung auf die spätere Entwicklung der Hermeneutik hatte. Auch wenn Schleiermachers Hermeneutik ohne die in der dargestellten Entwicklungsgeschichte der Reflexion über die Kunst des

Verstehens geleistete Vorarbeit gar nicht denkbar wäre, so sind dennoch die von ihm im Geist der Romantik eingeführten neuen Gesichtspunkte so fundamental, daß hier von einem Neubeginn für die Hermeneutik die Rede sein kann.

Philosophiegeschichtlich ist dieser Neubeginn mit den Umwälzungen im erkenntnistheoretischen und anthropologischen Denken in Beziehung zu setzen, die durch Kants Philosophie hervorgerufen wurden, wie überhaupt die geistige Strömung der Romantik aus den neuen Möglichkeiten, über die Welt nachzudenken, entsprang, welche erst Kants Philosophie des transzendentalen Idealismus eröffnete. Schleiermacher denkt, so könnte man sagen, das hermeneutische Problem in einer nachkantischen Zeit und kommt dabei zu echten neuen Einblicken, die vor Kant gar nicht möglich gewesen wären. Wir haben sogar Grund zu behaupten, daß diese neuen Einsichten wirkungsgeschichtlich dazu geeignet waren, das philosophische Denken *auch über Kant hinauszuführen*. Denn Diltheys Philosophie schöpft unmittelbar aus Schleiermachers Denken und wurde ihrerseits zu einem wichtigen Ausgangspunkt für die späteren Ansätze einer philosophischen Hermeneutik bei Heidegger und bei Gadamer, wie noch darzustellen sein wird.

Die neuen Gesichtspunkte, die Schleiermacher einbringt und auf die im folgenden ausführlicher eingegangen werden soll, lassen sich im wesentlichen in folgende Punkte zusammenfassen:

1. die Frage nach den *Bedingungen der Möglichkeit des Phänomens des Verstehens überhaupt* und im Zusammenhang damit die Erweiterung des Gebiets der Hermeneutik,
2. auf der Basis dieser transzendentalen Grundlegung die Integration der traditionellen methodischen Postulate in einen *systematischen Zusammenhang*,
3. die Verknüpfung (bzw. materiale, erkenntnistheoretische, Begründung) des Verstehens als eines konstruktiven Unterfangens mit der Möglichkeit des *individuellen Subjekts* zu schöpferischem, produktivem Gebrauch von Sprache – und damit
4. die Bindung des Verstehens an *die Bedingungen der Historizität*, der Entstehung und Prägung durch geschichtliche Entwicklungen und Situationen sowie der Einbettung in den Zusammenhang dieser.

Man könnte die zwei ersten Punkte als formal-methodologische bezeichnen, dagegen die zwei letzten als material-erkenntnistheoretische. Schleiermachers methodologische Grundlegung der Hermeneutik basiert auf fundamentalen Einsichten über den erkenntnistheoretischen Charakter des Verstehens.

In der Frühgeschichte der Hermeneutik drängte sich ein hermeneutisches Problem immer da dem Bewußtsein als ein solches auf, wo die Selbstverständlichkeit des Verstehens fremder Äußerungen – zumal sprachlich fixierter –, und somit ein gewisser Automatismus bei der Aufschlüsselung bestimmter Arten von Botschaften nicht mehr gegeben war oder eine Tradition in der Auslegungspraxis schriftlicher Zeugnisse von menschlicher Geistestätigkeit unterbrochen oder in Frage gestellt wurde. Solche »Störungen« des Verstehens konnten etwa durch die zeitliche Distanz, die den Verstehenden von seinem Text trennte, oder durch die sprachliche Fremdheit eintreten, oder sie mochten durch einen weit verzweigten, gesellschaftshistorischen Umbruch bedingt sein. Im klassischen Altertum war es erforderlich, Homer auszulegen, in der Hellenistischen Zeit mußten die Schriften der klassischen Antike erklärt werden. In der Zeit des Humanismus und der Renaissance mußten sowohl die griechische Sprache wie auch der geistige Gehalt der Werke der Klassiker neu erschlossen werden. Vor hermeneutischen Problemen standen christliche Theologen, als es galt, gewisse Unvereinbarkeiten zwischen Altem und Neuem Testament unter einheitlichen Glaubensgrundsätzen zu integrieren; und vor den gleichen hermeneutischen Schwierigkeiten standen schließlich auch die Theologen der Reformation, welche aus ihrem Anliegen heraus, die Inhalte der überlieferten Dogmatik und Auslegungstradition anzuzweifeln und willkürliche Deutungen zu bekämpfen, die Hinwendung zu den Schriften selbst propagierten. Das geschriebene Wort erforderte an jeder Stelle eine Auslegung, der Sinn der Schrift, die Einheit ihrer Aussage, erschloß sich nicht von alleine, nicht anhand des bloßen Verständnisses des Wortlauts ihrer Texte.

In enger Fühlung mit den jeweils konkreten Schwierigkeiten entstanden so *Regeln*, welche das Vorgehen bei der Erklärung von dunklen Stellen oder bei der Erschließung eines einheitlichen Sinns leiten sollten; oder es wurden als Hilfe allgemeine inhaltliche Prämissen formuliert, von denen die Interpretation bestimmter Texte auszugehen hätte. Alle diese speziellen Hermeneutiken, die auf diese Weise entstanden, haben den Charakter praktischer Anleitungen zur Lösung konkreter Aufgaben. Sie sind eng an ihren jeweiligen Gegenstand gebunden; ihre Regeln entstammen der angesammelten Erfahrung in der Auseinandersetzung mit den betreffenden Texten und sind für die Interpreten von *praktischem* Nutzen. Sie sind Hilfsmittel, die den Interpreten in die Lage versetzen sollen, schwierige Stellen zu verstehen. Wenn etwa die Lehre vom »scopus« fordert, einzelne dunkle Stellen aus der Absicht, den gesamten Mitteilungszweck, der durch einen Text erfüllt werden soll, zu verstehen, so wird die Kenntnis desselben bereits vorausgesetzt; oder es wird dazu auf das möglicherweise weniger problematische Verstehen anderer Stellen verwiesen. In der Regel halfen hier die verschiedenen Dogmatiken, welche die inhaltlichen Prämissen des Verstehens einer bestimmten Schrift lieferten. So fordert Flacius, daß jede einzelne Stelle einer Schrift aus dem Verständnis des Ganzen zu verstehen sei, dieses aber auch umgekehrt aus dem Verständnis der einzelnen Stellen sich zu einem einheitlichen Sinn fügt. Auch wenn Flacius' Scharfsinn in diesem Zirkel ein wesentliches systematisches Moment von Interpretation erfaßt hat, die Frage, wie ein solches Verfahren *möglich* ist, wird auch von ihm nicht gestellt. Das gleiche Problem taucht in der bekannten hermeneutischen Technik der Parallelstellen auf. Problematische Stellen in einem bestimmten Text sollen entsprechend anderen Stellen mit ähnlichem Wortlaut aus demselben Text oder aus anderen Werken des Autors verstanden werden. Doch auch diese Stellen müßten ja *erst verstanden* werden.

Ferner, wenn Spinoza in seinem *Theologisch-politischen Traktat* für ein adäquates Verstehen der Schriften die genaue Kenntnis des Lebens, der Sitten, der Persönlichkeit usw. der Verfasser der einzelnen Bücher fordert, so leitet er den Interpreten *thematisch* zu einem angemessenen Verstehen an. Er sagt ihm, was er *inhaltlich* zu berücksichtigen habe, um angemessen zu verstehen. Wie aber dieses Verstehen selbst vor sich geht, ist ihm nicht problematisch – noch weniger freilich die Frage, daß das Leben, die Sitten, die Persönlichkeit der Verfasser selbst *auch erst verstanden* werden müßten, um für die Interpretation überhaupt benutzt zu werden, daß auch sie aus nichts anderem als aus verschiedenen sprachlichen oder sonstigen Zeugnissen erschlossen werden müßten.

In allen diesen Fällen wird einfach schon *Verstandenes* herangezogen, um *Unverstandenes zu verstehen*. Das Verstehen selbst wird aber in seiner Eigenheit als Verfahren, Kunst oder gar als Vermögen der Sinnerschließung nicht thematisiert.

Genau an diesem Punkt setzt Friedrich Schleiermacher seine Kritik an den traditionellen Hermeneutiken und seine Frage nach der *Grundlegung einer allgemeinen Hermeneutik als einer Kunstlehre* an. Die traditionellen Darstellungen der Hermeneutik basieren auf der bloßen Erfahrung ihrer Autoren im Umgang mit den Texten, schreibt er; sie erscheinen »[...] als Sammlungen von einzelnen aus jenen Beobachtungen der Meister zusammengetragenen Regeln [...]« (Schleiermacher 1974, 124), und der einzige Garant für ihren Geltungsanspruch ist – da sie jeglicher theoretischer Grundlegung entbehren – die philologische und hermeneutische Qualität ihrer Autoren (vgl. ebd.). Seine persönliche Motivation, nach den Grundlagen des Verstehens zu fragen, erklärt Schleiermacher wie folgt (123, Anm. 4):

> Als ich vor nunmehr beinahe 25 Jahren in Halle anfing exegetische Vorlesungen über die Neutestamentischen Schriften zu halten fand ich es unerläßlich mir selbst über die Principien des Verfahrens eine möglichst genaue Rechenschaft abzulegen. [...] Es fehlte freilich nicht an Anweisungen zur Auslegung, und Ernestis institutio interpretis für das Product einer tüchtigen philologischen Schule geltend genoß eines großen Ansehens und viele darin aufgestellte Regeln zeigten sich auch sehr brauchbar, aber es fehlte ihnen selbst die rechte Begründung, weil die allgemeinen Principien nirgends aufgestellt waren und ich mußte also meinen eigenen Weg einschlagen.

Die Frage, mit der Schleiermacher an das Problem der Hermeneutik herangeht, ist die Frage nach allgemeinen Prinzipien der Auslegung, und er versteht sie im Sinne Kants als Frage nach den Bedingungen der Möglichkeit von Auslegung, Interpretation, Verstehen. Ähnlich wie Kant fragt er also, *wie Verstehen möglich ist.* Aus der Beantwortung dieser Frage wird sich erst der Stellenwert der verschiedenen methodologischen Regeln des Verstehens beurteilen, deren Ort innerhalb einer Systematik der Interpretation bestimmen lassen. Zwar haben wir in den vorausgegangenen Abschnitten immer wieder wesentliche Beiträge zur Entwicklung einer Systematik der Interpretation hervorgehoben: Die Erfassung der Teil-Ganzes-Beziehung durch Flacius, der Gedanke eines erst nach Maßgabe vorausgesetzter, auf den Inhalt eines Textes zu projizierender Begriffe einheitlich erfaßbaren Sinns bei Chladenius, der Gedanke der historischen Relativität des Verstehens bei Spinoza und nicht zuletzt der Anwendungscharakter des Sinnverstehens in der pietistischen Hermeneutik wurden genannt. Sie alle wurden aber erst aus dem heutigen Standpunkt als Fortschritte beurteilt. In ihrer eigenen historischen Perspektive betrachtet sind sie durch nichts als notwendige Momente der Interpretation oder des Sinnverstehens *begründet*. Sie sind Leistungen, die sich der Genialität ihrer Urheber verdanken.

Aufgrund dieser grundlegenden Fragestellung, die auf die Erfassung des hermeneutischen Phänomens als solchen ausgerichtet ist, gilt Schleiermacher als der Begründer einer allgemeinen Hermeneutik. Er hat aus einem Gewirr spezieller Praktiken, sachgebundener praktischer Anleitungen und Ad-hoc-Vorschriften das Problem des *Verstehens selbst als ein allgemeines, erkenntnistheoretisches und methodologisches Problem offengelegt*, das immer da auftritt, wo es gilt, Äußerungen als Zeichen für einen darin zum Ausdruck kommenden geistigen Gehalt zu erfassen. Der Geltungsanspruch der hermeneutischen Methode beschränkt sich nicht nur auf bestimmte Schriften und Texte, sondern gilt für alle Sprachverwendung; jede Art von Kommunikation sei Gegenstand der Hermeneutik. Die Auslegungskunst sei sehr viel weiter zu fassen als nur bezogen auf Werke des klassischen Altertums oder der christlichen Tradition. Es geht um »etwas größeres«, sagt er (126), woraus jene speziellen Anwendungen »nur Ausflüsse sind«. Zwischen christlicher und antiker Hermeneutik zu unterscheiden, ist systematisch irrelevant, ebenso müßte man dann auch eine orientalische Hermeneutik einführen und eine romantische Hermeneutik usw. Eine solche Differenzierung der Hermeneutik nach Gegenständen oder Epochen ist eine Äußerlichkeit und täuscht darüber hinweg, daß das Verstehen eine fundamentale Funktion jeglicher Sprachverwendung ist. So führt bei Schleiermacher die radikale Frage nach dem Verstehen überhaupt zu einer Erweiterung des Gebiets der Hermeneutik auf jede Art von Sprachverstehen. Schon der erste Spracherwerb des Kindes ist ein solches hermeneutisches Unterfangen: »Jedes Kind kommt nur durch Hermeneutik zur Wortbedeutung«, schreibt Schleiermacher aphoristisch (40). Die verstehende Leistung des Kindes beim ersten Spracherwerb (die Situation ist in wesentlichen, wenn auch nicht allen Zügen ähnlich der in der zeitgenössischen Sprachphilosophie als »Situation der radikalen Interpretation« bezeichneten (vgl. Kap. 4)) ist strukturell nicht verschieden von derjenigen bei den höheren Formen des Verstehens: »Aber beim Lichte betrachtet«, schreibt Schleiermacher (140), »befinden wir uns in jedem

Augenblick des Nichtverstehens noch in demselben Falle wie sie [sc. die Kinder], nur der Maaßstab ist kleiner«.

Nun hat es, wie im vorigen Abschnitt bereits ausgeführt wurde, schon seit dem 17. Jahrhundert durchaus Versuche gegeben, die Hermeneutik in ähnlich allgemeinem Sinn als Disziplin des Verstehens sprachlicher Äußerungen überhaupt – »vernünftiger Reden und Schriften« bei Chladenius – aufzufassen. Es ist also gewiß nicht nur die Verallgemeinerung der Problematik, weshalb Schleiermacher die ausgezeichnete Stellung in der Entwicklung der Hermeneutik eingeräumt wird. Nach Auffassung jener Hermeneutiken erfolgte die Rekonstruktion des Sinns einer Rede oder einer Schrift nach Maßgabe der Vernünftigkeit des Gesagten. Das Kriterium für verstehbare und bedeutbare Sachverhalte sind die Regeln der Vernunft. Die Auslegung rekonstruiert aus dem Gesagten nach den Regeln der Vernunft die *Gedanken*, die durch die sprachlichen Ausdrücke *repräsentiert werden*. Die Sprache selbst, der sprachliche Ausdruck, ist gegenüber diesem Prozeß der Gedankengenerierung und -erfassung etwas Äußerliches, sie ist nur das Instrument der Vermittlung. Das Bedeutete ist jedem prinzipiell gleichermaßen zugänglich. Im zweiten, aus dem Nachlaß veröffentlichten Band des *Lebens Schleiermachers* schreibt Dilthey über diese älteren Auffassungen (XIV, 703): »Zusammenreihung und Sprache haben für den Autor nur das Interesse des Instrumentes. Ist die Absicht erreicht, hat man die einzelnen Gedanken in sich, die der Autor übertragen wollte, so ist das Instrument überflüssig.« Die logische Interpretation von Christian Wolff liege, meint Dilthey, noch auf der Linie dieser Anschauung, nur daß der logische Zusammenhang einer Schrift nunmehr nicht als eine ihr transzendente Instanz aufgefaßt werde: »Es ist freilich die denkbar dürftigste Vorstellung von dem Innern des Menschen, es als einen logischen Mechanismus zu betrachten, [...] mit der sich aus der Behandlung historischer Schriften nichts machen ließ. Daher diese denn auch nicht über die Forderung, daß man die Sätze verstehen müsse, hinauskommt« (703 f.). Gemeinsam ist diesen Auffassungen, daß der geistige Gehalt, der durch eine sprachliche Äußerung bedeutet wird, als identisch unter jeglichen individuellen Bedingungen – der Zeit, des Ortes, der Person usw. – gedacht wird und als solcher dem Verstehen eher als Gegenstand der *Analyse* entgegentritt.

Im Gegensatz zu dieser Auffassung und ihren sprachphilosophischen Voraussetzungen steht nun die *synthetische* Hermeneutikauffassung Schleiermachers und der Romantik. Schleiermacher geht davon aus, daß die »symbolisierende Tätigkeit« des Geistes den Charakter einer *schöpferischen Synthese* hat, in der nicht etwa Gedanken bezeichnet, sondern überhaupt erst generiert werden. Unter »Gedanke« meint Schleiermacher nicht nur das, was heute in logischer Terminologie vielleicht als »Proposition« bezeichnet werden könnte; sondern auch der *Begriff* als ein intellektuelles Schema, durch das ein Subjekt sich auf einen Gegenstand beziehen kann, ist bereits auch ein Gedanke und Ergebnis einer solchen synthetischen und symbolisierenden Leistung (vgl. Schleiermacher 1977, 443 ff.). Überhaupt scheint Schleiermacher keine andere Möglichkeit *der sinnhaften Diskriminierung* anzuerkennen als die der synthetischen Leistung der symbolisierenden Tätigkeit des Geistes. »[...] Gedanke und Sprache gehen überall ineinander über, und die eigenthümliche Art, den Gegenstand aufzufassen, geht in die Anordnung und somit auch in die Sprachbehandlung über«, die *poietische* Funktion ist somit die fundamentale Bedeutungsfunktion der Sprache und der so hervorgebrachte Ausdruck hat Stilcharakter (Schleiermacher 1974, 104). Sprache als System wird danach nicht als ein starres Instrument der Bezeichnung, sondern eher als ein plastisches Material vorgestellt, das sich stets in immer neuen schöpferischen Akten zum Ausdruck immer neuer Bedeutungen weiterbilden läßt. Das abstrakte sprachliche System ist nicht ein Regelwerk a priori, das die Form der Sprachanwendungen determiniert, sondern es besteht nur durch diese und vermöge dieser. Diese Auffassung ist nichts anderes als die auf den spezielleren Bereich der Sprachphilosophie übertragene sog. *ästhetische* Weltauffassung der Romantik: Das abstrakte System wird nicht als etwas An-sich-Seiendes gedacht, sondern es »erscheint« in der *konkreten Form* seiner Anwendungen; oder in der erläuternden Formulierung Diltheys (XIV, 664):

> Das Eigentümliche des Gedankens liegt also darin, daß dem Absoluten nichts als pure Verwirklichung des in ihm Liegenden zugeschrieben wird; es liegt in der Übertragung der Idee der Darstellung künstlerischer Bildung auf dessen Tun. So wirkt also die ästhetische Anschauung der Dinge bis in das erste Eingreifen des Ursprungs hinab.

Das Subjekt dieser schöpferischen, in konkreten Äußerungen sich vollziehenden symbolischen Tätigkeit ist aber für Schleiermacher das *konkrete historische Individuum*, und das Prinzip seiner synthetischen Leistung die individuelle Einheit der Person. Sprache wird hier »[...] in ihrer Objectivität als der Prozeß der Gedankenerzeugung, als Function des geistigen Einzellebens [...]« aufgefaßt (Schleiermacher 1974, 141). Gerade dieses Moment der fundamentalen Stellung der synthetischen, produktiven, Sprache und Sinn in wechselseitiger Abhängigkeit stiftenden Leistung der Individualität hebt Schleiermacher hervor, wenn er nun den »*Mißverstand*« zur Grundsituation bei der Konfrontation mit einer fremden Äußerung erklärt (82). Wenn Sinn nämlich seinem Wesen nach als Funktion eines individuellen Inneren aufgefaßt wird, so tritt in der fremden Äußerung, im fremden Ausdruck, dem Aufnehmenden zunächst etwas seiner Individualität Fremdes und Unverständliches entgegen. Die »laxere Praxis« in der traditionellen Auslegungskunst, die davon ausgeht, »daß sich das Verstehen von selbst ergiebt« und die hermeneutische Aufgabe lediglich in der Vermeidung von Mißverstand sieht, basiert auf der nach Schleiermacher irrigen Vorstellung von der »Identität der Sprache und der Combinationsweise in Redenden und Hörenden« (ebd.). Er selbst tritt aber für eine »strengere Praxis« beim Auslegen ein. Sie basiert auf der Annahme der *Differenz* der Sprache und der Kombinationsweise beim Redenden und Hörenden und geht entsprechend davon aus, »daß sich das Mißverstehen von selbst ergiebt und daß Verstehen auf jedem Punkt muß gewollt und gesucht werden« (ebd.). Individuelle, in die Einheit des Einzellebens integrierte, sinnstiftende Akte bilden also das Fundament der Sprachlichkeit, und es gibt *keine Sinninstanz*, die von diesem Prozeß der Sprach*bildung* unabhängig wäre. Was aber Ausdruck der Individualität eines Inneren ist, muß als unübertragbar betrachtet werden; wie auch Dilthey im zweiten Band des *Lebens Schleiermachers* schreibt, »ohne diese Unübertragbarkeit wäre die Verschiedenheit der Individuen ihrem Wesen nach aufgehoben« (XIV, 694). Es stellt sich deshalb die Frage, wie Verstehen unter diesen Bedingungen möglich, wie der so aufgefaßte Sinn überhaupt kommunizierbar ist.

Nun geht aber Schleiermacher nicht von einem *unbedingten* Begriff der Individualität aus; hierin müssen die bisherigen Ausführungen, die vor allem das Moment der Freiheit bei der sinnstiftenden Tätigkeit des Symbolisierens hervorheben, um eine weitere Dimension ergänzt werden. Das Individuum ist nicht absolut gesetzt, sondern immer als individuelle Gestaltung eines Allgemeinen, im Sprachgebrauch Schleiermachers auch: eines »Identischen«, aufgefaßt. Mit dem Individuellen ist immer auch ein Allgemeines als formaler Grund seiner Individualität – im Sinne von Bedingung der Möglichkeit oder auch, moderner gesprochen, von theoretischer Struktur – mitgesetzt. Dieses Allgemeine oder Identische ist aber nach Schleiermacher seinerseits auch nicht als a priori und absolut zu denken, sondern *historisch*. Hierin liegt der wesentliche Unterschied Schleiermachers zum Idealismus der Romantik wie z. B. Fichtes und Schillers. Das Individuum verwirklicht nicht eine apriorische Idee des Menschen oder des Sittlichen, sondern die ihm inhärierende Idee ist ebenso *Produkt seiner Geschichte* und in diesem Sinn eine immanente und keine transzendente Idee. Denn es ist mit seiner geistigen Tätigkeit und seinem Leben in einem *sozialen Prozeß der Dialektik* eingebettet, d. h. des Umgangs, der Auseinandersetzung und des Streits mit anderen Individuen, in dem erst die für eine Gemeinschaft gültigen Sachverhalte abgestimmt werden, und in dem auch das Allgemeine als die konstante ihnen inhärente Form oder, methodologisch gesprochen, als ihre theoretische Grundlage mitgesetzt wird. Auf der Grundlage der Dialektik entsteht aus dem je einzelnen Individuum die Gemeinschaft und aus dem Einzelleben die Einheit des Lebens und die Identität der Vernunft. Doch alle diese idealen Einheiten *einschließlich der Vernunft* werden nun in ihrer gegenseitigen Abhängigkeit vom historischen Individuum selbst historisch und wandelbar. Hierin liegt der Grundgedanke der hermeneutischen Vernunftkritik, auf dem dann vor allem Dilthey in der *Einleitung in die Geisteswissenschaften* aufbaut. Die abstrakte Form kann prinzipiell durch individuelle schöpferische Akte überschritten werden, welche sich dialektisch, im Prozeß der intersubjektiven Konfrontation innerhalb einer Gemeinschaft, bewähren und damit die Form verändern können. Der Verfasser eines Textes *arbeitet* so nach Schleiermacher *an und in der Sprache mit*, »denn er bringt theils Neues hervor in ihr [...], theils erhält er das was er wiederholt und fortpflanzt« (Schleiermacher 1974, 103). Manfred Frank verdichtete diese Einsicht in ein von der Etymologie des Wortes »Text« motiviertes, sprachlich etwas zu gewollt wirkendes, aber doch konsequent durchgeführtes Bild (in: Schleiermacher 1977, 31):

Kann es doch vom einen bis zum anderen Ende des geschichtlichen Universums keine Allgemeinheit geben, deren Ökonomie unbeschränkt wäre und deren Struktur nicht die Einheit dieser bestimmten Bewegung festhielte, welche die Häkelnadel einer individuellen Sinnerschließung zu diesem historischen Zeitpunkt auf den Faden ausführt, aus dem sie verwoben ist.

Schleiermacher spricht in diesem Zusammenhang von »Denkgemeinschaft« (vgl. 29); doch im Prinzip ließe sich auch von einer Lebens- und Handlungsgemeinschaft sprechen, wenn – wie ebenso Frank ausführt – für Schleiermacher der »Gedanke« nichts anderes als »das unmittelbare Sichselbsterhellen des ›Handelns‹« sei (30). Dieser Gedanke, der hinsichtlich der aktuellen Diskussion um die Priorität von Sprache und Handeln bei der Konstitution von Sinn besonders interessant ist (vgl. Kap. 3 und Kap. 4), kann hier nicht weiterverfolgt werden. Ebenso kann hier auf das gesamte System der Philosophie Schleiermachers nicht eingegangen werden. Hier soll die Darstellung vor allem auf die Konsequenzen dieser anthropologischen und sprachphilosophischen Theorie für die Grundlegung der Hermeneutik konzentriert werden.

Die Einbettung der individuellen sprachlichen Produktion in den Prozeß einer sozialen Dialektik gewährleistet also auf dem Gebiet des Historischen eine Art Objektivität in der Form eines *für alle Mitglieder einer Gemeinschaft identischen* formalen und semantischen Apparats; Schleiermacher spricht hier interessanterweise von *Schematismus* (vgl. z. B. Schleiermacher 1977, 443-467). Auf dem Gebiet der Sprache besteht dieser Schematismus in einem Netz von Kategorien, Begriffen und Regeln, das in einem weiten Sinn als *Grammatik* bezeichnet werden kann, welches die Mitteilung, die konkrete Rede ermöglicht. »Es gibt keine Denkgemeinschaft, die ihren dialektischen Konsens nicht ipso facto in der Grammatik eines ›Sprachkreis(es)‹ [...] niederlegte, d. h. also einen Bewandtnis- oder Zeichenzusammenhang kodifizierte, durch welchen sie ihre gesellschaftliche Synthesis vollzieht« (Frank in: Schleiermacher 1977, 29f.). Dieser abstrakte, allen Mitgliedern einer »Denkgemeinschaft« gemeinsame Apparat *enthält jedoch nicht auch die Regeln seiner Anwendung in der Rede*. Die *konkrete Anwendung* des sprachlichen Systems in der (mündlichen oder schriftlichen) Rede zum Zweck der Mitteilung ist das Produkt der je individuellen synthetischen Sprachbehandlung des Redenden oder Schreibenden; sie entstammt derjenigen intellektuellen Funktion, die Schleiermacher das »Gefühl« nennt und – wie oben schon gesagt wurde – unübertragbar ist. »Gefühl« sollte hier *nicht* im Sinn des Emotionalen mißverstanden werden; es ist die Bezeichnung für die synthetische, sinnkonstituierende Funktion des Geistes in einem konkreten Individuum (vgl. Dilthey, XIV, 694).

Genau an diesem Punkt setzt nun für Schleiermacher die Aufgabe der Hermeneutik an. Sie hat zwischen Identischem und Eigentümlichem einer individuellen Rede zu vermitteln oder, anders gesagt, sie hat das Nicht-Mitteilbare einer Rede kommunizierbar zu machen, und das kann nur bedeuten: abermals durch ein Allgemeines zu vermitteln. »Die Einheit des Lebens und die Identität der an die einzelnen verteilten Vernunft würde aufgehoben, wenn das Unübertragbare nicht wieder ein Gemeinschaftliches und Mitteilbares werden könnte«, schreibt Schleiermacher in seiner Ethik (zit. n. Dilthey XIV, 696). Der Interpret ist also aufgerufen, *die individuelle, schöpferische Behandlung von Sprache in der Rede nach dem Prinzip ihrer Synthese zu einer Einheit aufzuschlüsseln*. Dies ist nicht auf dem Weg der Analyse zu erreichen, er hat vielmehr ebenso eine synthetische Leistung zu erbringen, wie sie der Urheber der Rede auch geleistet hat. So ist das Verstehen bei Schleiermacher als Umkehrung des Redens aufzufassen; *dessen Möglichkeit liegt in der fundamentalen Möglichkeit des Individuums, durch synthetischen Gebrauch von Sprache (u. U. auch neue) Sinnzusammenhänge symbolisch darzustellen; als deren Umkehrung ist das Verstehen mitbegründet*. Die Kunst zu reden und zu verstehen stehen einander gegenüber: »Die Zusammengehörigkeit besteht darin, daß jeder Akt des Verstehens ist die Umkehrung des Aktes des Redens; indem in das Bew(ußtsein) kommen muß welches Denken der Rede zum Grunde gelegen« (Schleiermacher 1974, 76). Genau diese enorme synthetische Leistung erbringt das Kind beim ersten Spracherwerb; sie ist seine erste Tätigkeit auf dem Gebiet des Denkens und Erkennens, und es ist, »als belächelten wir die falschen Anwendungen, welche die Kinder [...] von den aufgenommenen Sprachelementen machen, nur, um uns über dieses Uebergewicht einer Energie, welche wir nicht mehr aufzuwenden vermögen, zu trösten oder auch dafür zu rächen« (140). Doch auch über diese radikale Verstehensleistung hinaus ist jedes Ausgleichen von Unverstand, jede Aneignung von

fremdem Sinn prinzipiell nur durch eine synthetische, gleichermaßen sinnstiftende Leistung des Verstehenden möglich.
So läßt sich auf dieser Grundlage auch das *kunstmäßige Verstehen*, d. h. das Verstehen, welches theoretisch begründet ist und nach bestimmten, sich daraus ergebenden Regeln vorgeht – und dies war das Anliegen Schleiermachers z. B. in bezug auf die Hermeneutik des Neuen Testaments –, als »Nachconstruktion der gegebenen Rede« nach gewissen, aus dieser theoretischen Grundlegung sich ergebenden Vorschriften bestimmen (83). Diese rekonstruktiv(istisch)e These erscheint für das Thema unseres Buches besonders wichtig; sie wurde oft in historischen Hermeneutikdarstellungen übersehen. Auch Dilthey definiert den Begriff des kunstmäßigen Verstehens im Sinne Schleiermachers als »Kunstlehre der Nachkonstruktion«, die somit »Nachbildung des ganzen Prozesses, durch den ein Werk entsteht, in Regelform« ist (XIV, 707). Durch dieses »in Regelform« deutet Dilthey an, daß das *kunstmäßige* Verstehen durchaus nicht bloß eine *Wiederholung* des schöpferischen Aktes durch den Interpreten ist. Ein solcher Akt wäre ebensowenig kommunizierbar wie der ursprüngliche schöpferische Akt des Urhebers einer Rede. Schleiermacher spricht denn auch immer nur davon, daß es gilt, »[...] von dem Zustand der Gedankenerzeugung, in welchem der Autor begriffen war, ausgehend jenen schöpferischen Act richtig nachzubilden, wie das Bedürfniß des Moments auf den dem Autor lebendig vorschwebenden Sprachschaz grade so und nicht anders einwirken konnte [...]« (138). Von einem Nachbilden oder Nachkonstruieren ist also die Rede und *nicht* von einem identischen Akt. Mitteilbar kann aber das Neue, das sein Urheber in Form einer schöpferischen synthetischen Sprachverwendung zu einer neuen Einheit des Ausdrucks gestaltete, nur werden, wenn es abermals durch ein Allgemeines vermittelbar wird. Der Interpret hat also den konkret vorliegenden Ausdruck einer Mitteilung auf die Prinzipien seiner Einheit zurückzuführen, das heißt, er hat einen Schematismus zu entwerfen, von dem aus die einzelnen sprachlichen Elemente einer Rede als Glieder eines einheitlichen Ganzen erscheinen. Und so läßt sich auch im Sinne einer Nachkonstruktion auf der Grundlage einer durch den Interpreten entworfenen abstrakten Struktur die Formulierung Schleiermachers verstehen: »ich verstehe nichts was ich da nicht als nothwendig einsehe und construiren kann« (31). So wird also bei Schleiermacher das Ver-

stehen überhaupt, und damit auch das kunstmäßige, als *synthetischer Prozeß* durch seine Theorie der Sprachproduktion sprachphilosophisch begründet, *nicht* jedoch das kunstmäßige Verstehen als ein eben dem Schöpferakt gleicher Akt oder als dessen Umkehrung im psychologischen Sinn dargelegt. In diesem Sinn fügt Schleiermacher der obigen Erklärung hinzu, das Verstehen nach dieser letzten Maxime sei eine »unendliche Aufgabe« (ebd.). Die von Schleiermacher geleistete philosophische Grundlegung des Verstehens betrachtete Dilthey überhaupt als dessen »Hauptverdienst« hinsichtlich der Hermeneutik; nämlich, daß sie »*[...] auf eine zusammenhängende philosophisch-historische Anschauung von Sprache und Geist, sofern sie den Prozeß der Produktion erklärt und somit den der Reproduktion begründet, gebaut wurde*« (XIV, 709).

Eine Reihe von bereits in früheren Ansätzen aus praktischer Erfahrung formulierten hermeneutischen Verfahrensregeln lassen sich nun methodologisch beurteilen und systematisch integrieren.

1) Unhintergehbarkeit der Divination

Da jedes Verstehen einer individuellen Sprachverwendung ähnlich wie beim Produzierenden auch beim Aufnehmenden eine schöpferische, synthetische Leistung erfordert, ist auch das *kunstmäßige* Verstehen auf einen solchen Akt angewiesen, durch den die Einheit der fremden Rede *divinatorisch*, sozusagen *in kongenialer Eingebung*, *vorweggenommen* und zum Prinzip der Deutung gemacht wird. Schleiermacher spricht hier von der »divinatorischen Methode«, der er eine »komparative« an die Seite stellt. Während die divinatorische Methode auf die ganzheitliche und produktive, entwerfende Erfassung eines individuellen Zusammenhangs ausgerichtet ist, wird in der komparativen die zu verstehende Rede zunächst unter bekannte Strukturen, Bedeutungen und Schemata subsumiert, so daß ihre Individualität als mögliche Abweichung zum Vorschein kommen mag. Dieses Vergleichen mit bekannten, bereits verstandenen Reden und Sprachformen bringt zwar eine objektive Komponente in die Interpretation ein; dennoch bleibt die divinatorische Funktion die fundamentale Funktion beim Verstehen. Sie läßt sich durch jene nicht ersetzen, schreibt Schleiermacher, denn »[...] wo sollte auch für das vergleichende Verfahren der erste gegebene Punkt herkommen, wenn er nicht in den eigenen Versuchen gegeben ist« (Schleiermacher 1974, 136). Die divinatorische Vorwegnahme der individuellen Einheit einer Rede ist das »Ursprüngliche«, in dem sich die Seele auch im Fall des Verstehens als »ganz und eigentlich ein ahnendes Wesen« bewährt (140); es handelt sich um »die innere Beweglichkeit zur eigenen Erzeugung, aber mit der ursprünglichen Richtung auf das Aufnehmen von Andern« (ebd.). Diese der produktiven synthetischen Fähigkeit des Redenden korrespondierende synthetische Fähigkeit des Aufnehmenden ist auf jeder Ebene des Verstehens erforderlich – von der fundamentalen des ersten Spracherwerbs, über der »bloß« grammatischen bis hin zu der des technischen (oder psychologischen) Verstehens. Wo immer auch sich ein Nicht-Verstehen einsetzt, »wir können immer nur mit derselben divinatorischen Kühnheit beginnen« (ebd.). Es ist ein »profetisches« (83, Anm. 9) Vorwegnehmen, ein »Errathen« (132) des Strukturzusammenhangs einer Rede, aus dem heraus der Aufbau ihrer Einheit als eines geschlossenen Ganzen versuchsweise rekonstruiert werden kann. Jeder neue Verstehensansatz einer Rede kann nur von einem solchen Entwurf ausgehen.

2) Der hermeneutische Zirkel

Die Unabdingbarkeit eines solchen divinatorischen, also vorgreifenden oder vorgreiflich konstruierenden, Zugangs zum Sinn einer fremden Rede erklärt nun die seit der Antike gesehene eigentümliche dynamische Beziehung von Teilen und Ganzem einer Rede beim Verstehen. Von Friedrich Ast wurde sie wohl erstmals durch die Figur des Zirkels beschrieben (vgl. Dilthey, XIV, 708). Schleiermacher erklärt diese Figur zum durchgreifenden Prinzip aller Hermeneutik, dem nun volles Recht angetan werden müsse (Schleiermacher 1974, 141); schon die ersten Operationen beim kunstmäßigen Verstehen könnten ohne Anwendung dieser Figur nicht zustande gebracht werden, und viele spezielle hermeneutische Regeln lassen sich darauf zurückführen (141 f.). Schleiermacher schildert z. B. in der zweiten seiner Akademiereden (vgl. 141-156), wie der »Sprachwerth« (142) eines Wortes an einer gegebenen Stelle aus dem vorwegzunehmenden Sinnzusammenhang des Satzes und umgekehrt dieser aus den Sprachwerten der einzelnen sprachlichen Elemente sich ergibt; wie der Sinn eines Satzes aber auch seinerseits als ein Einzelnes im gleichen Wechselwirkungsverhältnis zum Sinnzusammenhang der ganzen Rede steht und so aus weiteren umfassenden Struktur-Vor-würfen wie z. B.

Gattungsbegriffen bestimmt werden muß. Ebenso muß der Sinnzusammenhang einer Rede oder eines Werkes bei der sog. psychologischen Interpretation aus dem gesamten Lebenszusammenhang des Urhebers verstanden werden; denn die Rede ist als Tat ihres Urhebers wiederum ein Einzelnes »und bildet mit seinen anderen Thaten zusammen das Ganze seines Lebens« (147), und schließlich ist der Lebenszusammenhang jedes einzelnen im Geist seiner Epoche integriert. Auch hier besteht eine wechselseitige Bedingtheit bei der Bestimmung dieser Einheiten. Es ist hier nicht von Interesse, auf die besonderen Fälle solcher Teil-Ganzes-Beziehungen einzugehen. Wichtig ist es vielmehr hervorzuheben, daß es sich hier um eine *wechselseitige Bedingtheit* handelt und entsprechend um einen *zirkelhaften Begründungszusammenhang*. Dieser wird erklärlich aus dem divinatorischen, vorwegnehmenden Ausgangspunkt des hermeneutischen Unterfangens, in dem es darum geht, den einzelnen sprachlichen Elementen einer Rede »Sprachwerte« in gegenseitiger Abhängigkeit so zuzuordnen, daß die Einheit der Rede auf den hypothetisch vorweggenommenen Sinnzusammenhang hin konstruiert werden kann. Daß ein solches konstruktives Unterfangen an gewissen immanenten Unvereinbarkeiten des aufgebauten Systems scheitern kann, ist wohl offensichtlich. Die Interpretation kann dann durch einen neuen Entwurf erneut ansetzen.

3) Nicht-Nachweisbarkeit und Unendlichkeit der Interpretation

Aus einer solchen Auffassung des Verstehens, die es als ein von der Spontaneität des Geistes des Aufnehmenden ausgehendes, konstruierendes Verfahren darstellt, folgt aber auch, daß man hier, beim Ziel angekommen, dennoch keine Gewißheit über die Wahrheit der (Re)konstruktion des Sinns der fremden Rede haben kann. Hierin korrigiert Schleiermachers Hermeneutik auf der Grundlage ihrer sprachphilosophischen Annahmen zweifellos frühere Auffassungen. So legt er in den Akademiereden gegen die Forderung Fr. A. Wolfs Protest ein, »daß die Gedanken des Schriftstellers mit nothwendiger Einsicht sollen aufgefunden werden« (131). Von einer notwendigen Einsicht könne hier nicht die Rede sein; von einem »Stützpunkt« im Text aus könne eine andere Deutungshypothese »wahrscheinlich gemacht« werden als von einem anderen (132). Selbst auf dem Gebiet der Textkritik, welche Schleiermacher in wechselseitiger Bedingtheit mit der Hermeneutik sieht, kommt es vor, »daß Andere dem Resultat einer gründlichen Untersuchung nichts anderes entgegenzusetzen wissen, als daß noch Möglichkeiten bleiben, daß es anders gewesen sei«: Interpretation gründet sich eben auf »[...] das Errathen der individuellen Combinationsweise eines Autors, welche anders geartet in der gleichen geschichtlichen Position und der gleichen Form des Vortrags doch ein anderes Resultat würde gegeben haben« (ebd.). Die Konstruktivität des Verfahrens begründet hier also die Möglichkeit mehrerer gleichermaßen korrekter oder berechtigter Interpretationen. Dies führt Schleiermacher dazu, die Interpretation als eine unendliche Aufgabe zu betrachten (s. o. S. 57). Daß ein Werk immer von einem anderen Zeitpunkt und damit auch von anderen historischen und *individuellen* persönlichen Umständen aus durch einen Interpreten ausgelegt werden kann, eröffnet prinzipiell immer neue Möglichkeiten des Verstehens, welche die Aufgabe der Interpretation als eine unendliche erscheinen lassen, »weil es ein Unendliches der Vergangenheit und Zukunft ist, was wir in dem Moment der Rede sehen wollen« (84).

Das Postulat der Unendlichkeit der Interpretation erhält allerdings bei Schleiermacher noch eine tiefere Dimension. Das Verstehen führt, wie ausführlich dargelegt wurde, auf dem Weg des »Hineinbildens« (Schleiermacher 1977, 447) einer Ganzheitsstruktur in ein Unbestimmtes zur Auffassung einer individuellen Einheit als eines geschlossenen Ganzen. Es macht damit die *Anschauung von Individuellem*, als einer Konkretisation eines Allgemeinen, überhaupt erst möglich. Doch aufgrund dieses konstruktiven Momentes ist diese Konstitution bzw. Anschauung eines Individuums prinzipiell als unendlich variierbar und neu konzipierbar zu denken (vgl. 1974, 78). Das Individuelle – nun als ein dem Subjekt transzendentes Objekt gedacht – erscheint hiernach als nie vollkommen erfaßbar oder – wie Schleiermacher in einem anderen Zusammenhang in bezug auf »die größten [...] Werke schöpferischen Geistes« sagt, als »ins unendliche gegliedert und zugleich im einzelnen unerschöpflich« (146). Die traditionelle Vorstellung der Nicht-Erkennbarkeit des Individuums erfährt so durch die hermeneutische Transformation eine philosophische Begründung.

Zusammenfassend können wir sagen, daß in der Hermeneutik Schleiermachers bereits alle wesentlichen Momente der modernen Hermeneutikauffassung enthalten oder angelegt sind: so etwa die

Abhängigkeit des Verstehens vom individuellen Subjekt, seine historische Bedingtheit und soziale und pragmatische Eingebundenheit, die Nicht-Entscheidbarkeit und die Nicht-Abschließbarkeit von Interpretationen sowie die Unmöglichkeit, das Verfahren der Interpretation restlos zu methodisieren. Durch die Theorie der schöpferischen synthetischen Leistung des Individuums bei der Sinnkonstitution und der ihr korrespondierenden, ebenso entwerfenden, synthetischen Leistung beim Verstehen lieferte Schleiermacher eine sprachphilosophische und erkenntnistheoretische Begründung einer Reihe von Momenten von Verstehen und Interpretation, die zwar in ihrer systematischen Relevanz früher schon erkannt worden (so z. B. im Begriff der *caritas* bei Augustin, des *scopus* und der *Wechselwirkung* von Teilen und Ganzem, dem Begriff des *Sehe-Punktes* bei Chladenius), jedoch nicht in Hinsicht auf ihre Bedeutung für eine Erkenntnistheorie des Sinnes oder sinnhaltiger Formen ausgewertet worden waren. Es fehlte eben nach den Worten Schleiermachers die »rechte Begründung« (s. o. S. 48). *Die moderne Hermeneutik beginnt also mit der erkenntnistheoretischen Grundlegung der konstruktiven Momente von Verstehen und Interpretationen.*
Schleiermacher wurde häufig als der Vertreter – und Begründer – einer sog. psychologischen Interpretationstheorie angesehen, in der das Verstehen des Sinns fremder Äußerungen bzw. literarischer Werke durch kongeniale Einfühlung in das Seelenleben des Urhebers bzw. des Autors begründet werde. Insbesondere wurde sein Begriff der Divination in diesem Sinne ausgelegt. Heinz Kimmerle stellte gegen Ende der fünfziger Jahre die These auf, Schleiermachers Denken entwickelte sich von einem ursprünglich »technischen« hin zu einem psychologischen Interpretationsansatz (vgl. Kimmerle in: Schleiermacher 1974, 14-24). Diese These zu Schleiermachers Hermeneutik, ebenso wie die These der kongenialen Einfühlung wurde inzwischen in der Forschung angegriffen (vgl. Frank in: Schleiermacher 1977, 52 ff.). Tatsache ist allerdings, daß Schleiermachers Hermeneutik in diesem Sinn durchaus rezipiert und trivialisiert wurde. Nach den Ausführungen in diesem Kapitel erscheint eine solche Deutung als nicht stichhaltig; zumindest sind gewisse Differenzierungen erforderlich.
1. Divination wurde hier nicht als die Fähigkeit des Interpreten, durch Intuition das individuelle synthetische Prinzip der Äuße-

rungen eines anderen (sein »Gefühl«) zu *treffen*, erklärt, und noch weniger als die Fähigkeit, einfühlend in die Seele eines anderen einzudringen. Auf die technische Bedeutung des Ausdrucks »Gefühl« wurde oben schon hingewiesen (vgl. S. 55). Divination meint hier entsprechend die dem individuellen synthetischen Akt der Produktion korrespondierende Disposition des Subjekts, eine ähnliche synthetische Leistung auch beim Aufnehmen fremder Äußerungen zu erbringen. *Der divinatorische Zugang begründet somit nicht etwa die Richtigkeit der Interpretation, sondern überhaupt erst ihre Möglichkeit im Sinne einer transzendentalen Bedingung.*

2. Im übrigen verbleibt Schleiermacher, was das Verstehen einer fremden Individualität angeht, streng auf dem hermeneutischen Standpunkt. Zwar müßte man, um das Werk eines Autors als ein Einzelnes in das Ganze seines Lebenszusammenhangs interpretierend einzufügen, das Innere des Autors erst kennen – und das erscheint ohnehin im strikten Sinne nicht möglich –, doch um diesen Lebenszusammenhang zu erkennen, stehen uns nichts anderes als seine Reden, Schriften und überhaupt seine Lebensäußerungen zur Verfügung (vgl. z. B. Schleiermacher 1974, 44, 84). Ein unmittelbarer Zugang zum anderen wird nicht erwogen; nach Franks Zeugnis kommt der Begriff der »Einfühlung« bei Schleiermacher überhaupt nicht vor (Frank in: Schleiermacher 1977, 47).

3. Was nun den hermeneutischen Standpunkt selbst angeht, so vertritt Schleiermacher unmißverständlich die These der prinzipiellen *Differenz* der Sprache (bzw. nach heutiger Sprechweise des Sprachrepertoires bzw. der Bedeutungszuordnungen oder Verwendungsweisen) beim Redenden und Hörenden. Diese These bildet, wie bereits ausführlich dargelegt wurde, die Grundlage für seine Auffassung vom Verstehen als Verstehen des Individuellen und vom Primat des »Mißverstands«.

Unter systematisch-methodologischem Gesichtspunkt gibt es also zunächst nichts in der Struktur des Verstehens bzw. der Interpretation, was die Kongruenz der Konstruktion beim Redenden und Hörenden gewährleistete. Wie schon gesagt wurde, liegt es an der Einbettung der individuellen Produktion in einen Prozeß sozialer Dialektik, daß sich letztlich ein von allen Mitgliedern einer Gemeinschaft geteilter, allerdings zeitlich bedingter und historisch wandelbarer »Schematismus« herausbildet, der aber immer durch einen individuellen schöpferischen Akt überschritten werden kann. In einem solchen Fall, etwa wenn ein Autor durch ein literarisches Werk eine echte sprachschöpferische, innovative Leistung erbracht hat, *weshalb er dann auch meistens zunächst unverständlich bleibt*, ist sogar der Interpret gefordert, durch die Kreativität der »*eigenen Erzeugung*« (s.o. S. 58) die Prinzipien der Einheit des neuartigen Ausdrucks zu konstruieren und explizit zu machen und damit ein Instrument für die intersubjektive Nachvollziehbarkeit eines Werkes überhaupt erst zu liefern. Dies gibt aber keine Gewähr, daß er damit die Intention des Autors getroffen hat – jedenfalls keine andere als den Nachweis, daß seine Konstruktion im fraglichen Text (und eventuell in noch umfassenderen Einheiten) konsistent durchführbar ist.

Schleiermacher unterscheidet zwar zwischen einer *grammatischen* (objektiven) Interpretation, welche eine Rede einerseits in ihren spracherhaltenden Momenten (»historisch«) wie auch in ihrer sprachschöpferischen Leistung erschließt, und einer *psychologischen* (subjektiven, technischen), welche eine Rede in ihrer spezifischen sprachlichen Gestaltung auf den ihr zugrundeliegenden Gedanken ihres Urhebers hin interpretiert, die Rede eher als einen Akt »fortlaufender Gedankenerzeugung« betrachtet (Schleiermacher 1974, 137; vgl. auch 1977, 33 f.). Hier aber einen Gegensatz aufzubauen, wäre wohl unangemessen, da beide Perspektiven bei der Interpretation eines Werkes zu einer Einheit aufgehoben werden müßten (Schleiermacher 1974, 86). Es trifft aber zweifellos zu, daß Schleiermacher in bezug auf beide interpretatorischen Zugangsweisen die Forderung stellt, daß sich eine *adäquate* Interpretation der Konstruktion des Autors anzunähern hat; Voraussetzung dafür ist, daß sich der Interpret sprachlich, historisch und psychologisch auf den Stand des Autors zu stellen hat: »Vor der Anwendung der Kunst muß hergehen, daß man sich auf der objectiven und subjectiven Seite dem Urheber gleichstellt« (84). Vor dem Hintergrund des Gesamtzusammenhangs seines Ansatzes kann aber eine solche Kongruenz von Produktion und Nachkonstruktion nicht mehr als systematisches Prinzip des Verstehens bzw. der Interpretation angesehen werden. Denn sowohl für das grammatische wie für das psychologische Verstehen gelten ja die in den obigen drei Punkten (vgl. o. S. 61 f.) zusammengefaßten systematischen Thesen, die einen diesbezüglichen Skeptizismus bedeuten. Die Forderung der Annäherung an den Autor ist deshalb eher als eine *inhaltliche*, einschränkende Adäquatheitsbedingung für die Interpretation zu verstehen, die unter der Voraussetzung des prinzipiell und systematisch gebotenen Skeptizismus erfolgt, ohne ihn auszuschalten. Entsprechend vorsichtige Formulierungen finden sich denn auch bei Schleiermacher durchaus: So spricht er davon, daß sich der Interpret in die ganze Verfassung des Schriftstellers »*möglichst*« hineinversetze (Schleiermacher 1974, 132), oder daß er sich in den anderen »*gleichsam*« verwandle (105). Darüber hinaus – und das ist wohl das schwerer wiegende Argument – läßt Schleiermacher beim psychologischen Verstehen die Möglichkeit zu, einen Autor besser zu verstehen, als er sich selbst verstanden hat (83 f., 138). Auch dies ist eine Konsequenz aus seiner These der prinzipiellen Differenz der Sprache beim Redenden und Hörenden und bestätigt ein weiteres Mal, daß die psychologische Interpretation nicht auf das bloße Nachvollziehen der Bewegung der Seele des Autors in einem biographischen Sinn reduziert werden darf.

2.4 Verstehen als grundlegendes Prinzip der Geisteswissenschaften bei Wilhelm Dilthey (*E. Kaleri*)

Wilhelm Dilthey ist ein Philosoph der Jahrhundertwende, dessen Bedeutung in der Wirkung, die sein Denken auf spätere Philosophen sowie geisteswissenschaftliche und philosophische Richtungen hatte, zwar offenkundig und allgemein erkennbar wird, dessen Werk aber in seinem Umfang und seiner Reichweite wissenschaftlich noch nicht hinreichend erschlossen und ausgewertet ist. Zum Teil haben wohl eine Reihe äußerer Umstände zu diesem Defizit beigetragen, zum Teil liegen die Gründe aber auch schon im Werk selbst. Dilthey zögerte zu Lebzeiten, seine philosophischen Gedanken, solange sie keine endgültige, ausgereifte Form erhalten hatten, publik zu machen und veröffentlichte deshalb – im Vergleich zum vollen Umfang seiner Arbeit, wie sie erst aus dem Nachlaß bekannt wurde – eher wenig. Zu zwei seiner wichtigsten Werke, nämlich *Das Leben Schleiermachers* (1870) und *Einleitung in die Geisteswissenschaften* (1883), gab er die geplanten zweiten Bände schließlich nicht zur Veröffentlichung. In den Jahren zwischen 1883 und 1905, die etwa die mittlere Periode seines Schaffens ausmachen, veröffentlichte er eine Reihe von

Abhandlungen, die als Vorarbeiten zum zweiten Band der Einleitung in die Geisteswissenschaften gedacht waren. Durch die Jugendgeschichte Hegels (1905) leitete er eine Renaissance der Hegelforschung ein; seine Aufsatzsammlung *Das Erlebnis und die Dichtung* (1906) erregte Aufsehen und hatte in der Literaturwissenschaft eine nachhaltige Wirkung. Zu Lebzeiten wurde er in erster Linie als Philosophiehistoriker bekannt. Auch nach seinem Tod setzte eine umfassendere systematische Rezeption seines Werkes erst spät ein, ja man könnte durchaus sagen, daß sie noch in unseren Tagen eher in den Anfängen steckt. Die Zeit des Nationalsozialismus bildet hierbei eine nachhaltige Zäsur, da Dilthey aufgrund seines politischen Profils an den Universitäten kaum mehr Beachtung fand und etliche seiner Schüler emigrierten. Ähnlich diskontinuierlich entwickelte sich auch die Edition des Gesamtwerks. Seit 1990 liegt eine mit zwanzig Bänden vorerst abgeschlossene Ausgabe vor, die allerdings nicht das Produkt einer einheitlichen Konzeption ist. Vielmehr wurde die unmittelbar nach Diltheys Tod im Jahr 1911 von seinen Schülern besorgte und 1931 abgeschlossene achtbändige Werkausgabe in den dazwischen liegenden weiteren sechzig Jahren zunächst unregelmäßig und erst ab 1960 systematisch durch die Herausgabe weiterer Nachlaßschriften und Vorlesungen erweitert. Bedingt durch ihre uneinheitliche Konzeption bietet sie heute ein zwar dringend notwendiges, aber doch eher unhandliches Instrument für die Forschung. Neben diesen äußeren Bedingungen der Rezeption Diltheys liegt aber die Schwierigkeit einer eingehenden Gesamtwürdigung durchaus auch in der Struktur seines Denkens und der Form seiner Darbietung selbst. Es handelt sich um ein vielschichtiges und zugleich weitgefächertes, auf historische Ansätze ebenso wie auf zeitgenössische Anregungen und Richtungen präzise eingehendes und anknüpfendes – mitunter sich auch in speziellen Untersuchungen verlierendes – und in einer stetigen Folge von Umgestaltungen sich entfaltendes Werk, dem noch etliche Züge von Unausgereiftheit anhaften, wie z. B. verwickelte begriffliche Distinktionen, unstetige Terminologie, unausgewogene Behandlung verschiedener Fragen und Probleme. Es dokumentiert zwar eine gewaltige intellektuelle Anstrengung, welche eine bemerkenswerte Entwicklung durchlief, sich in vielen eingehenden Einzeluntersuchungen und Teilfragen aufhielt, schließlich aber doch fragmentarisch blieb. In seiner Vielfältigkeit und Unübersichtlichkeit bot es sich für einen Rezeptionseklektizismus und einseitige reduktionistische Interpretationen geradezu an. Entsprechend wurde Dilthey mal als der Begründer einer geisteswissenschaftlichen Methodologie, mal als der Vertreter einer psychologischen, dann wieder einer geisteswissenschaftlichen Methode des Verstehens literarischer Werke, mal als Begründer einer verstehenden Psychologie gedeutet; oder man verwies auf positivistische Einflüsse, insbesondere auf seine Rezeption von John Stuart Mills Logik, auf dessen Bezeichnung »moral sciences« auch der Name »Geisteswissenschaften« zurückgeht, den Dilthey allerdings mit gewissen Vorbehalten übernimmt (I, 5). Sein Ruhm als Philosophiehistoriker wurde bereits erwähnt. Das sind aber alles Einzelaspekte und Einzelleistungen seiner philosophischen Arbeit, die doch in einen größeren Zusammenhang zu integrieren wären, wenn man seinem Denken gerecht werden wollte. Eine Gesamtdarstellung des Denkens Diltheys, die ihren Namen in diesem Sinne auch verdiente, liegt aber heute noch nicht vor. Die nachfolgende kurze Darstellung kann sich deshalb weniger auf ein klares, in der Forschung bereits herauskristallisiertes geschlossenes Bild Diltheys beziehen; sie muß eher selbst als ein Annäherungsversuch angesehen werden, der weniger auf vollständige Darstellung von Einzelthematiken ausgerichtet ist, sondern möglichst im Zusammenhang die Entwicklung des Denkens Diltheys hin zum hermeneutischen Standpunkt in der Philosophie verfolgt.

Diltheys philosophisches Denken beginnt mit einem umfassenden Studium der Philosophie Schleiermachers. Bereits 1860 erhielt er den Preis der Schleiermacherstiftung für seine Abhandlung über *Das hermeneutische System Schleiermachers in der Auseinandersetzung mit der älteren protestantischen Hermeneutik*; 1864 wurde er mit einer Arbeit zu Schleiermachers Ethik promoviert; 1867 erschien der erste Band von *Das Leben Schleiermachers*. In Schleiermachers Philosophie, welche Dilthey im Gegensatz zum gängigen Urteil seiner Zeit besonders aufwertete, erkannte er eine Denkhaltung, auf der aufbauend es möglich erschien, nicht nur metaphysische Letztbegründungen des Geistes, sondern auch Kants transzendentalphilosophischen Standpunkt eines *reinen* Subjekts und den nachkantischen objektiven Idealismus zu überwinden. Dilthey geht, anknüpfend an die Diskussion seiner Zeit über das Leib-Seele-Problem, davon aus, daß die Phänomene geistiger Tätigkeit einen eigenständigen Erfahrungsbereich bilden (vgl. 1, 4-21). Menschliche geistige Tätigkeit ist zwar wesentlich an die Bedingung der Leiblichkeit gebunden, doch sie läßt sich nicht auf physische Phänomene reduzieren und entsprechend naturwissenschaftlich erfassen. In der naturwissenschaftlichen Sicht werden die Gegenstände als vom Subjekt unabhängig bestehende Gegenstände der äußeren, durch Sinneswahrnehmung vermittelte Erfahrung vorgestellt. Auf diese Art von Erfahrung lassen sich aber geistige Phänomene nicht adäquat zurückführen. Dilthey verweist hier u. a. auf Du Bois-Reymond, nach dem es aus naturwissenschaftlicher Sicht »nie zu begreifen« wäre, »[...] wie einer Anzahl von Kohlenstoff-, Wasserstoff-, Stickstoff-, Sauerstoffatomen nicht sollte gleichgültig sein, wie sie liegen und sich bewegen« (zit. n. 1, 13). Dilthey bindet so das Phänomen des Geistigen an die Erfahrung des eigenen Bewußtseins. Geistige Gehalte werden *als solche* durch *innere*, nicht durch die Sinne vermittelte Wahrnehmung erfaßt; sie sind damit dem Bewußtsein nicht nur auf eine andere Weise gegeben; sondern *in ihnen besteht Bewußtsein überhaupt*. Damit wird auch der Unterschied zwischen Natur- und Geisteswissenschaften als der Unterschied markiert zwischen denjenigen Disziplinen, welche die als äußere vorgestellte Welt zum Gegenstand haben, und denjenigen, deren Gegenstand die Erfahrung der Einheit des Bewußtseins ist. *Eine erkenntnistheoretische Grundlegung der Geisteswissenschaften müßte somit transzendentale Bedingungen der Erfahrung des Selbstbewußtseins herausarbeiten*. Genau dies ist das Hauptanliegen der Philosophie Diltheys. *Verstehen* ist dabei der Modus der Nachkonstruktion solcher Erfahrung.

Ebenso wie Schleiermacher betrachtet auch Dilthey das konkrete historische Individuum als das Subjekt der geistigen Welt; und ebenso wie bei Schleiermacher sind es die individuellen *synthetischen* – und in diesem spezifischen Sinn: schöpferischen – Akte des Bewußtseins, durch die Sinn oder Bedeutung (zwischen beiden wird im vorliegenden Zusammenhang begrifflich nicht unterschieden) hervorgebracht wird. Die *geistige Welt* besteht in ihrer Objektivität nur als Resultat der Auseinandersetzung, Interaktion und Kommunikation, kurz der Lebensgemeinschaft, solcher Individuen; durch diese ihre Bindung ist sie selbst historisch bedingt. Das Geistige ist demnach ein wesentlich historisches Phänomen; und eine Grundlegung der Geisteswissenschaften wird damit den Charakter einer *Kritik der historischen Vernunft* annehmen, wie

Dilthey sein Vorhaben auch tatsächlich bezeichnete (vgl. Widmung in I sowie VII, 358).
Deutlich wird allerdings hierbei, daß der Gegenstandsbereich des Verstehens gegenüber Schleiermacher wesentlich erweitert wird. Nicht nur von Sprache und sprachlicher Äußerung ist hier die Rede, sondern Verstehen ist die Art und Weise, in der jede Art *individueller geistiger Tätigkeit* erfaßbar wird. Wenn schon für Schleiermacher die sprachliche Äußerung eine Einheit mit den übrigen »Thaten« eines Individuums bildete und entsprechend das Verstehen sprachlicher Äußerungen in der Einheit der »Erkenntnis« der ganzen Person aufzuheben war, so wird hier in konsequenter Weiterführung seiner Gedanken eben die »Erkenntnis« des gesamten Individuums als hermeneutische Aufgabe erklärt. Nicht nur in der Rede, sondern im gesamten Handeln einer Person äußert sich nach Dilthey deren individuelle Synthesis der Wirklichkeit und genau in dieser individuellen Synthesis besteht das Individuum als Inbegriff einer Lebenseinheit. Als fundamentale Form solcher Synthesis betrachtet Dilthey das Handeln (vgl. Anz 1982, 66). Sein Anliegen ist, die Geisteswissenschaften als »Wissenschaften vom handelnden Menschen« (XVIII, 19ff.) auf der Grundlage des Verstehens theoretisch zu begründen.
Wie bereits gesagt wurde, betrachtet Dilthey seine Frage als eine transzendentale im Sinne der kritischen Philosophie Kants. Damit lehnt er metaphysische Letztbegründungen des Geistigen ab. Die gesamte Geschichte der Metaphysik ist für Dilthey der historische Beweis für die Inadäquatheit des Anspruchs, die Möglichkeit menschlicher Welterfassung aus absolut wahren Prämissen mit Notwendigkeit abzuleiten. Denn entweder verarmte unter diesem Anspruch der Gehalt der Metaphysik so, daß sie ihrer Grundlegungsaufgabe menschlicher Wirklichkeitserfahrung nur unzureichend entsprach – indem sie z. B. lediglich einen logischen Zusammenhang als Grundlage menschlicher Erfahrung anerkannte –, oder aber »[...] die Beweise erwiesen sich als unzureichend, indem sie das, was der Verstand an der Erfahrung festzustellen vermag, zu überschreiten strebten. So wurde die Metaphysik ein Tummelplatz von Trugschlüssen« (I, 396). Der erste Band der *Einleitung in die Geisteswissenschaften* liefert denn auch eine Geschichte dieser am falschen Anspruch scheiternden metaphysischen Ansätze.
Dilthey ging zunächst davon aus, daß eine solche Grundlegung

einen psychologischen Standpunkt einnehmen müßte, denn die Psychologie hat als Seelenlehre das Ganze der Tatsachen des Bewußtseins zum Gegenstand (vgl, I, 408). Diese Aufgabe könnte jedoch *nicht* eine *erklärende* Psychologie übernehmen, welche psychische Zustände nach naturwissenschaftlicher Art aus einer begrenzten Anzahl von Elementen, die in einem Gesetzeszusammenhang integriert sind, logisch abzuleiten sucht (V, 158). Diltheys Argument gegen eine erklärende Psychologie kann folgendermaßen rekonstruiert werden. Bei der naturwissenschaftlichen Sicht wird das Bewußtsein als ein einem Beobachter gegenüberstehender Gegenstand der Analyse vorgestellt; das bedeutet aber, daß in der Konstruktion eines solchen Beobachters ein weiteres Subjekt vorausgesetzt wird; eine Grundlegung des Phänomens des Bewußtseins durch eine naturwissenschaftliche Psychologie müßte so zu einem Regreß führen. Das Seelenleben kann also nicht als bewußtseinsunabhängiger Gegenstand gedacht werden, der durch das Medium spezifischer Erkenntnisvermögen für mich erkennbar wird, sondern *das Seelenleben besteht gerade darin, daß ich es innewerde*. »Wenn ich mich traurig fühle, so ist dies Gefühl von Traurigkeit nicht mein Objekt, sondern indem dieser Zustand mir bewußt ist, ist er für mich da, für mich, als welchem er eben bewußt ist« (V, 197).
In diesem Innewerden ist Seelenleben aber in der Form einer unteilbaren Einheit unmittelbar gegeben. Dilthey bezeichnet die Form, in der innere Tatsachen »in der unteilbaren Einheit einer Funktion« (V, 170) erfahren werden, als das »Erleben« und den Inhalt dieser inneren Erfahrung als das »Erlebnis«.

In ihm ist Zusammenhang gegeben, während die Sinne nur ein Mannigfaltiges von Einzelheiten darbieten. Der einzelne Vorgang ist von der Totalität des Seelenlebens im Erlebnis getragen, und der Zusammenhang, in welchem er in sich und mit dem Ganzen des Seelenlebens steht, gehört der unmittelbaren Erfahrung an (V, 172).

Während wir den Sinneserregungen Verbindung und Zusammenhang unterlegen müssen, so Dilthey, *erleben* wir beständig Verbindungen und Zusammenhänge in uns unmittelbar. Dies beginnt bereits mit der einfachen Empfindung einer Farbe als solcher – unabhängig davon, wie diese Empfindung physiologisch-biologisch zustande kommt: »als inneres Phänomen angesehen ist sie unteilbar« (V, 170). Das Erlebnis solcher Einheit läßt sich auf immer höheren Ebenen, in immer höheren Formen des Seelenlebens weiter verfolgen; immer wird eine neue »höhere« Einheit erlebt. Als Paradigma eines solchen Erlebnisses von Zusammenhang dient Dilthey die Selbstbiographie. Man erfaßt das eigene Leben als eigenes und eines nur in Form eines Zusammenhangs unter bestimmten inhaltlichen Prinzipien und nicht als eine beliebige Streuung von Momenten. Die gleiche Struktur des in sich geschlossenen Ganzen weisen höhere individuelle Formen wie Gesellschaften und historische Epochen auf.

Für die geforderte Grundlegungsaufgabe ist deshalb eine Psychologie erforderlich, die in umgekehrter Richtung als die naturwissenschaftliche verfährt, nämlich vom Zusammenhang ausgeht, der im Erlebnis unmittelbar gegeben ist, und diesen in seinem inneren Aufbau, seiner inneren Struktur *beschreibt, zergliedert*. Eine solche Psychologie würde nicht von elementaren Bestandteilen aus versuchen, Psychisches aufzubauen, sondern ihren Gegenstand bildete der »entwickelte Mensch« und das »fertige vollständige Seelenleben« (v, 169). Entsprechend müßte eine so konzipierte Psychologie Formeln, Kategorien und Begriffe für die Beschreibung solcher übergreifender Systeme liefern. Dilthey legte 1894 in seiner Abhandlung *Ideen über eine beschreibende und zergliedernde Psychologie* einen solchen Entwurf vor, in dem er ein Modell einer solchen Disziplin entwirft. Außer diesem als synchronisch zu bezeichnenden Strukturzusammenhang ist nach Dilthey das Seelenleben auch in einem diachronischen Sinn in sich zusammenhängend erlebbar. Auch im zeitlichen Verlauf wird das Seelenleben unter der Kategorie der *Entwicklung* als Einheit erlebt. Auf weitere Einzelheiten dieses Entwurfs soll hier allerdings nicht eingegangen werden, zumal Dilthey gegen Ende seiner Schaffensperiode seine Gesamtkonzeption in entscheidenden Punkten modifizierte.

Offensichtlich trägt diese erste Konzeption nämlich stark psychologistische Züge. In den späten Jahren seines Lebens versucht Dilthey das Verstehen nicht mehr auf psychologischer, sondern auf hermeneutischer Basis zu begründen. Z. T. erkannte er selbst bereits in der Abhandlung von 1894 Schwierigkeiten, die sich im psychologistischen Ansatz ergeben. Auch wenn man z. B. davon ausgeht, daß das Selbstverstehen auf psychologischer Grundlage als möglich erwiesen werden kann, so ist es nicht klar, wie das Verstehen des Fremden und gar in seiner Individualität möglich

sein soll, da das Verstehen als Nacherleben ebenso ein Vorgang der eigenen inneren Wahrnehmung ist. Die beschreibende und zergliedernde Psychologie stellt ja ihrerseits mit dem Strukturzusammenhang des ausgebildeten Seelenlebens ein allgemeingültiges Strukturgesetz zur Verfügung (v, 175). Diltheys Lösung in den *Ideen*, daß das Verstehen von Fremdem auf einem Analogieschluß basiere, in dem wir unser eigenes Seelenleben auf das fremde übertragen, stellt die Erfassung von Individualität letztlich auch in Zweifel. Auch die Frage nach der Nachweisbarkeit und Mitteilbarkeit des als unmittelbar gegebenen apostrophierten Zusammenhangs erhält im Rahmen dieser auf der inneren Wahrnehmung basierenden Grundlegung keine befriedigende Antwort.
In den im Nachlaß gefundenen Entwürfen zu einzelnen Kapiteln des zweiten Bandes der *Einleitung in die Geisteswissenschaften* wird ein veränderter Ansatz dokumentiert, in dem der psychologische Standpunkt aufgegeben wird. Nicht das Erleben oder die Erlebnisse eines Subjekts selbst sind danach der Gegenstand der Geisteswissenschaften, sondern die *Lebensäußerungen* desselben. Was dem Verstehenden immer nur vorliegt, sind Gegenstände der äußeren Wahrnehmung, die aber als *Ausdruck* eines geistig-seelischen Zusammenhangs hervorgebracht wurden. Das Leben manifestiert sich in einer Reihe von sinnfälligen Hervorbringungen, die im Verstehen als Lebensäußerungen zu rekonstruieren sind. Dilthey spricht hier von Objektivationen des Lebens (vii, 146 ff.). Erst durch sie wird für die Geisteswissenschaften Geistiges überhaupt erfaßbar. Das Verstehen nimmt hier also den Charakter einer hermeneutischen Aufgabe an, den es im psychologischen Ansatz nicht hatte.
Hinsichtlich der jeweils zu erbringenden hermeneutischen Leistung unterscheidet Dilthey nun zwischen *elementaren* und *höheren Formen des Verstehens*. Bei den elementaren Formen des Verstehens handelt es sich um Äußerungen und Äußerungsformen, bei denen die Beziehung zwischen Ausdruck und dem dadurch ausgedrückten Geistigen durch die traditionelle Einbettung in das gemeinsame Leben einer Gemeinschaft regelmäßig – und dann geregelt, regelgemäß – geworden ist. Der Ausdruck wird direkt ohne Rückgang auf den ihn hervorgebrachten Lebenszusammenhang in seiner Bedeutung verständlich (vii, 208). Die Regelmäßigkeit der Verbindung deutet auf eine den Individuen einer Gemeinschaft bestehenden Gemeinsamkeit hin: Im elementaren

Verstehen wird die Bedeutung einer Lebensäußerung dadurch verstanden, daß diese einer »Sphäre der Gemeinsamkeit, einem Typus«, zugeordnet wird. Als Beispiele führt Dilthey Umgangsformen, den Gebrauch von Handwerkszeug, aber auch die Einrichtungen menschlicher Domizile, die Gestaltung öffentlicher Plätze usw. an. Bei den elementaren Formen des Verstehens handelt es sich also nicht um ein Verstehen von individuellem, sondern von gemeinsamem Sinn, anhand seiner durch Herkommen und Tradition in einer Gemeinschaft ausgebildeten Äußerungsformen. Dilthey bezeichnet »die mannigfachen Formen, in denen die zwischen den Individuen bestehende Gemeinsamkeit sich in der Sinnenwelt objektiviert hat«, als den *»objektiven Geist«* (VII, 208). Er umfaßt über die Bereiche, aus denen die obigen Beispiele stammen, hinaus »Sitte, Recht, Staat, Religion, Kunst, Wissenschaften und Philosophie« (ebd.).

Bei den höheren Formen des Verstehens geht es dagegen darum, die Bedeutung von Lebensäußerungen aus dem Ganzen des Lebenszusammenhangs einer Person zu verstehen. Der Übergang von der (den) gegebenen einzelnen Lebensäußerung(en) zum gesamten Lebenszusammenhang hat den Charakter eines »Induktionsschlusses«; sein Ergebnis ist deswegen prinzipiell nur wahrscheinlich. Im Unterschied zur früheren psychologistischen Haltung begegnet Dilthey hier der Möglichkeit, das Erleben einer anderen Person tatsächlich nachzuvollziehen, aus prinzipiellen, formalen Gründen skeptisch. Auch in den Fällen, bei denen es darauf ankommt, eine fremde Person richtig einzuschätzen, etwa um die eigenen Erwartungen danach auszurichten, kann dieser Schluß auf den ganzen Lebenszusammenhang nur mit Wahrscheinlichkeit gezogen werden. Aber es gibt noch eine Reihe von Fällen höherer Verstehensformen, wo es gar nicht auf das Verstehen des Seelenzusammenhangs eines anderen, etwa des Urhebers der Äußerungen, ankommt. Die im Verstehen hergestellte Relation besteht dort einfach zwischen *Ausdruck* und *Ausgedrücktem*. So verhält es sich etwa mit der Dichtung. Das Verstehen ist dort »nur auf den Zusammenhang gerichtet, in dem die einzelnen Teile eines Werkes, wie sie nacheinander zur Auffassung kommen, ein Ganzes bilden« (VII, 211). »Das lyrische Gedicht ermöglicht so in der Aufeinanderfolge seiner Verse das Nacherleben eines Erlebniszusammenhanges: nicht des wirklichen, der den Dichter anregte, sondern dessen, den auf Grund von ihm der Dichter einer idealen Person in den Mund legt« (VII, 214). Gerade ein großes Kunstwerk »will vom Autor überhaupt nichts sagen« (VII, 207). Hier ist der psychologische Standpunkt endgültig aufgegeben. Zwar besteht das Verstehen in einem Nacherleben oder Nachbilden des einem Ausdruck zugrundeliegenden Zusammenhangs; und dieser Zusammenhang ist von der *Form* des Erlebnisses, d. h. eines in gegenseitiger Abhängigkeit der Teile voneinander zusammengefügten Ganzen; doch dies ist *nicht* mehr als psychischer Vorgang beim Verstehenden, sondern lediglich in seiner *Leistung* »für unsere Aneignung der geistigen Welt« relevant (VII, 215).

Nun ist das Verstehen, ähnlich wie es schon von Schleiermacher vertreten wurde, selbst als Verstehen von Individuellem, nur mittels allgemeiner Formen möglich. Zu den Aufgaben einer Grundlegung der Geisteswissenschaften gehört es nach Dilthey somit, solche *allgemeine Formen* des Zusammenhangs, auf dessen Grundlage Verstehen individueller Lebenseinheiten überhaupt möglich ist, zu entwickeln. Dilthey versucht tatsächlich, eine Reihe von Kategorien des Lebens aufzustellen, die er skizzenhaft als abstrakte Strukturbegriffe einführt und erklärt (VII, 228 ff.). Die Kategorien des Lebens stellen, entsprechend den Kategorien der Natur in der naturwissenschaftlichen Erkenntnistheorie, Bedingungen der Möglichkeit für die Erfahrung der geistigen Welt dar. Ausgehend vom Begriff des Lebens, den er als abstrakten Strukturbegriff erklärt, »der die Grundlage für alle einzelnen Gestalten und Systeme, die an ihm auftreten, für unser Erleben, Verstehen, Ausdrücken und vergleichendes Betrachten desselben enthält« (VII, 229), führt Dilthey eine Reihe weiterer Kategorien wie *Struktur*, *Teil-Ganzes*, *Wert*, *Bedeutung*, *Entwicklung*, *Wesen* usw. auf. Die Kategorie der Bedeutung ist dabei die fundamentalste Kategorie; mit den Worten Diltheys: sie ist die »umfassende Kategorie, unter welcher das Leben auffaßbar wird« (VII, 232).

Zum Schluß sei auf drei Konsequenzen eingegangen, die Diltheys *lebensphilosophische Erweiterung des Verstehens* auf der Grundlage des individuellen Subjekts für die Konzeption und das Verständnis von *Philosophie* hatte. Dilthey erkannte diese Konsequenzen deutlich, diskutierte sie ausführlich und erhob sie sogar zum *Grundgedanken seiner Philosophie*. Damit initiierte er die Wendung der Hermeneutik zu einem eigenständigen transzendentalphilosophischen Ansatz, an den später Heidegger und Gadamer anknüpfen. In erster Linie handelt es sich a) um eine Vertiefung der erkenntnistheoretischen Fragestellung, b) um den Aufweis des immanenten, nicht apriorischen, Charakters philosophischer Begründungen und c), damit zusammenhängend, um den Aufweis der Historizität philosophischer Erkenntnis.

zu a: Indem Dilthey die Ebene des Lebens als einer Bewußtseinsschicht aufdeckt, in der Wirklichkeit allererst als Einheit der inneren Wahrnehmung, also im »Erlebnis«, erfahren wird, dringt er mit seinem Denken in eine erkenntnistheoretische Schicht vor, die der Ebene der Subjekt-Objekt-Trennung, an der die erkenntnistheoretische Frage traditionellerweise ansetzt, noch vorausliegt. Auf der Ebene des Lebens steht das Objekt dem Subjekt nicht als ein Äußeres, von diesem Unabhängiges gegenüber, sondern beide bilden eine Einheit, da der erfahrene Gegenstand nur als Erlebniszusammenhang gegeben ist und umgekehrt gerade in diesem Erlebniszusammenhang oder der höherstufigen Einheit solcher Einzelerlebnisse das individuelle Selbstbewußtsein des Subjekts besteht. Die traditionelle Trennung von Immanenz des Bewußtseins und Transzendenz des Gegenstandes ist so, nach Dilthey, nicht der fundamentalste Punkt menschlicher Erfahrung, sondern eine systematisch spätere Abstraktion, die vielleicht Bedingung für die Möglichkeit wissenschaftlicher Erkenntnis und ihrer vorwissenschaftlichen Formen ist, die aber selbst auf der Basis einer grundlegenden Schicht der Welterfassung erfolgt bzw. gedacht werden muß. Nimmt man diese Trennung als eine nicht weiter hintergehbare Anfangssituation an, wie es bei Kant noch der Fall ist, so kann es nie gelingen, eine Brücke zwischen dem Bewußtsein *von den Dingen*, also den Phänomenen und *den Dingen selbst* zu schlagen.

Die traditionelle Erkenntnistheorie gerät tatsächlich dadurch in Schwierigkeiten, daß sie auf ihre Voraussetzungshaftigkeit nicht reflektiert. Diltheys Beispiele für solche immanenten Schwierigkeiten sind die Begriffe der *Substanz* und der *Kausalität*. Noch bei Kant werden sie als apriorische Formen der Intelligenz aufgefaßt. Gerade diese beiden Begriffe lassen sich aber mit den Mitteln logischer Analyse nicht vollständig klären, sie sind der Intelligenz nicht »gänzlich durchsichtig«; doch dies müßte gerade der Fall sein, wenn sie *reine* Kategorien des Verstandes, wie etwa der Begriff der Identität wären. *Substanz* und *Kausalität* bewahren jedoch, im Moment des *notwendigen inneren Zusammenhangs*, den ihr Begriff enthält, immer einen »dunklen Kern«, der weder in sinnliche noch in Verstandeselemente auflösbar sei (vgl. I, 398 ff.). Wenn Philosophie die transzendentale Frage nach den Bedingungen der Möglichkeit menschlicher Welterfahrung stellt, so hat sie nun an der Ebene des Lebens anzusetzen. »Der *Grundgedanke meiner Philosophie* ist«, schreibt Dilthey (VIII, 17), »daß bisher noch niemals die ganze, volle, unverstümmelte Erfahrung dem Philosophieren zugrunde gelegt worden ist, mithin noch niemals die ganze und volle Wirklichkeit«.

Zu b: Wenn also Philosophie die Prinzipien menschlicher Welterfassung zu bestimmen hat, dann müssen es nach Dilthey Prinzipien des Lebens sein. Da aber Leben nur unter dem Modus des *Verstehens* erschlossen werden kann, ist das Verstehen auch die genuine Methode der Philosophie. Das bedeutet, die Formen, welche die Philosophie als Bedingungen der Möglichkeit der von ihr jeweils erfaßten Erfahrungsbereiche herausarbeitet, können nicht a priori abgeleitet werden, sondern sind immanente Prinzipien der jeweiligen Erscheinungen. Sie haben interpretativen Charakter, d. h., sie sind *Formen*, durch welche der jeweilige Bereich menschlicher Lebensäußerungen zu einem geschlossenen Ganzen organisiert bzw. systematisiert werden kann, welches aber nicht mit Notwendigkeit, sondern bei vielen alternativen Möglichkeiten *konstruktiv* entsteht. So versteht Dilthey auch die von ihm vorgeschlagenen Kategorien des Lebens als immanente Prinzipien, die das »Wesen« des Lebens selbst ausmachen und nicht etwa von außen darauf angewandt werden (VII, 232).

Zu c: Entsprechend kann die Philosophie, betrieben als Grundlagendisziplin, welche die »[...] *letzten Begriffe*, zu welchen die *Erfahrungswissenschaften gelangen*, zu einem *vorstellbaren Ganzen verknüpfen* will«, unter dieser Voraussetzung »weder die Relativität des Erfahrungskreises, den diese Begriffe darstellen, noch die des Standorts und der Verfassung der Intelligenz, welche die Erfahrungen zu einem Ganzen vereinigt, jemals überwinden« (I, 403). So schreibt Dilthey (ebd.):

Nun hat die Vorstellung von diesen Bedingungen sich mit der Zunahme unserer Erfahrungen geändert. So war ein Zusammenhang der Veränderungen nach Gesetzen, der heute die Erfahrungen zu einem System verbindet, dem Altertum nicht bekannt. Daher hat eine solche Vorstellung von Bedingungen immer nur eine relative Wahrheit, d. h., sie bezeichnet nicht eine Realität, sondern »entia rationis«, Gedankendinge, welche die Herrschaft des Gedankens und des Eingreifens über einen gegebenen eingeschränkten Zusammenhang von Phänomenen ermöglichen. Stellt man sich eine plötzliche Erweiterung menschlicher Erfahrung vor, dann würden die Entia rationis, welche die Bedingungen dieser Erfahrungen ausdrücken sollen, sich ihrer Erweiterung anpassen müssen; wer kann sagen, wie weit dann die Veränderung greifen würde?

Und ebenso kann die Metaphysik »die eingeschränkte Subjektivität des Seelenlebens« (i. O. z. T. hervorgehoben) nicht überwinden:

Eine einheitliche Vorstellung vom Subjekte des Weltlaufs kommt nur durch die Vermittlung dessen, was das Seelenleben hineingibt, zustande. Dieses Seelenleben ist aber in beständiger Entwicklung, unberechenbar in seinen weiteren Entfaltungen, an jedem Punkte geschichtlich relativ und eingeschränkt und daher unfähig, die letzten Begriffe der Einzelwissenschaften in einer objektiven und endgültigen Weise zu verknüpfen (1, 404).

Sofern Philosophie als ihre Aufgabe die Herausarbeitung von Bedingungen der Möglichkeit der Erfahrung ansieht, muß sie also selbst auf Individuelles und Historisches Bezug nehmen und gelangt also selbst unter die Bedingung der Historizität.
Würdigt man nun Diltheys Beitrag zur Philosophie der Interpretation sowie zur philosophischen Hermeneutik, so ist festzuhalten, daß dieser weniger in der Ausarbeitung eines geschlossenen Systems liegt, welches dann als theoretische Grundlage und als Bezugspunkt der späteren hermeneutischen Reflexion diente. Seine Bedeutung liegt eher in der Initiation neuer Gedanken in der Philosophie und der Eröffnung neuer Wege für die Hermeneutik, die von den Späteren durchaus aufgenommen und um ein gutes Stück weiter ausgebaut wurden; sie liegt also in erster Linie in der Wirkungsgeschichte seines Werkes. Diese läßt sich in knapper prägnanter Form mit den Worten von H. Anz auf folgende Formel bringen (1982, 59):

Ohne Diltheys Darstellung der Geschichte der Hermeneutik und ohne seine umdeutende Aufnahme hätte die Hermeneutik Schleiermachers schwerlich den Charakter eines Paradigmas gewonnen; ohne sein unablässiges erkenntnistheoretisches Bemühen, das ›Verstehen‹ zur Grundlage aller »Wissenschaften vom handelnden Menschen« und der »geschichtlich-gesellschaftlichen Wirklichkeit« zu machen, wäre Heideggers Entwurf einer »existenzialen Hermeneutik« wohl kaum möglich gewesen; ohne seine gegen Metaphysik und spekulativen Idealismus gerichtete Grundlegung der Geisteswissenschaften gäbe es gewiß nicht Gadamers Versuch, die philosophische Hermeneutik als ›prima philosophia‹ zu entfalten.

3 Interpretation als philosophisches Prinzip

3.1 Nietzsches Philosophie des Perspektivismus

Nach Dilthey (IV, 211) wurde die Interpretation der Welt aus ihr selber im letzten Jahrhundert immer mehr zum Stichwort aller freien Geister, sie wurde in freierer Form von Schopenhauer, Feuerbach, Richard Wagner und Nietzsche als *philosophische* Methode übernommen. Eine Philosophie, für die das Konzept der Interpretation von fundamentaler Bedeutung ist, ist Nietzsches Philosophie des Willens zur Macht. Auch wenn der Ausdruck »Interpretation« selbst im veröffentlichten Werk nicht so häufig vorkommt – im Nachlaß ist er allerdings in besonders wichtigen Stellen gut belegt –, nimmt der Gedanke vom grundlegenden Charakter interpretativer Prozesse für alle Seins- und Weltkonstitution eine zentrale Stelle in seiner Philosophie ein. Die Auffassung von der Interpretativität aller Weltkonstitution ist bei Nietzsche pragmatisch eingebettet, insofern der Wille zur Macht einzelner Machtzentren und insofern also Macht»subjekte« es sind, wovon alle Interpretation ihren Ausgang nimmt. Gleichzeitig ist sie mit einem erkenntnistheoretischen Perspektivismus und Relativismus verbunden, der schließlich zu einem ontologischen radikalisiert wird. Interpretation wird hier zum ersten Mal – im Unterschied zur hermeneutischen Tradition – als ein universelles philosophisches und sogar metaphysisches Prinzip aufgefaßt. Das ist eine wesentliche und wirkungsgeschichtlich entscheidende Erweiterung des Begriffs der Interpretation, der allerdings bei Nietzsche, wie zu zeigen sein wird, in diesem umfassenden Sinn noch ziemlich vage bleibt. Auf diesen radikalen philosophischen Ansatz, der eher fragmentarisch und entsprechend dem Sprachstil Nietzsches häufig bildhaft oder in Aphorismen vorliegt und zu einem großen Teil auch erst aus dem Nachlaß rekonstruiert werden kann, wird nun im folgenden näher einzugehen sein.

In der *Fröhlichen Wissenschaft* sagt Nietzsche unter dem Titel *Unser neues »Unendliches«* (V 2, 308)*:

* Nietzsche wird hier nach der kritischen Gesamtausgabe, hg. v. G. Colli u. M. Montinari durch Angabe von Abteilung, Band u. Seite zitiert.

Wir können nicht um unsre Ecke sehn: es ist eine hoffnungslose Neugierde, wissen zu wollen, was es noch für andre Arten Intellekt und Perspektive geben könnte: zum Beispiel ob irgend welche Wesen die Zeit zurück oder abwechselnd vorwärts und rückwärts empfinden können (womit eine andre Richtung des Lebens und ein andrer Begriff von Ursache und Wirkung gegeben wäre). Aber ich denke, wir sind heute zum Mindesten ferne von der lächerlichen Unbescheidenheit, von unser Ecke aus zu dekretieren, daß man nur von dieser Ecke aus Perspektiven haben dürfe. Die Welt ist uns vielmehr noch einmal ›unendlich‹ geworden: insofern wir die Möglichkeit nicht abweisen können, daß sie unendliche Interpretationen in sich schliesst. Noch einmal fasst uns der große Schauder – aber wer hätte wohl Lust, dieses Ungeheure von unbekannter Welt nach alter Weise sofort wieder zu vergöttlichen? Und etwa das Unbekannte fürderhin als »den Unbekannten« anzubeten? Ach, es sind zu viele ungöttliche Möglichkeiten der Interpretation mit in dieses Unbekannte eingerechnet, zu viel Teufelei, Dummheit, Narrheit der Interpretation – unsre eigene menschliche, allzumenschliche selbst, die wir kennen ...

Nietzsche bringt diesen hier in ontologischem Vokabular gefaßten Gedanken der Interpretativität an anderer Stelle in einen erkenntnistheoretischen Zusammenhang, insbesondere in der Auseinandersetzung mit den positivistischen und empiristischen Strömungen der Philosophie. So sagt er ausdrücklich in seinem Nachlaß aus den achtziger Jahren (VIII 1, 323):

Gegen den Positivismus, welcher bei dem Phänomen stehen bleibt ›es giebt nur Thatsachen‹, würde ich sagen: nein, gerade Thatsachen giebt es nicht, nur Interpretationen. Wir können kein Factum ›an sich‹ feststellen: vielleicht ist es ein Unsinn, so etwas zu wollen. ›Es ist alles subjektiv‹ sagt ihr: aber schon das ist Auslegung, das ›Subjekt‹ ist nichts Gegebenes, sondern etwas Hinzu-Erdichtetes, Dahinter-Gestecktes. – Ist es zuletzt nöthig, den Interpreten noch hinter die Interpretation zu setzen? Schon das ist Dichtung, Hypothese. Soweit überhaupt das Wort »Erkenntniß« Sinn hat, ist die Welt erkennbar: aber sie ist anders deutbar, sie hat keinen Sinn hinter sich, sondern unzählige Sinne ›Perspektivismus‹.

Die beiden zitierten Passagen machen hinreichend deutlich, daß es Nietzsche um einen fundamentalen Standpunkt der Interpretativität und Perspektivität von Erkenntnis und Leben überhaupt geht, daß seine Darstellung eine Art *Perspektivismus als philosophischen Gesamtentwurf* liefert. Man erinnert sich dabei durchaus an Leibniz' Idee, daß die Welt aus Monaden zusammengesetzt ist, daß jede Monade ihre eigene Perspektive hat, die Welt auf ihre spezielle perspektivische Weise spiegelt und daß die unterschied-

lichen Perspektiven der Monaden in einer gleichsam vorgeordneten Harmonie, einer prästabilierten Harmonie, zueinander finden und passen.
Für Nietzsches Interpretationsgedanken ist allerdings ein weiteres Moment von zentraler Bedeutung (ebd.):

Unsre Bedürfnisse sind es, *die die Welt auslegen*: unsre Triebe und deren Für und Wider. Jeder Trieb ist eine Art Herrschsucht, jeder hat seine Perspektive, welche er als Norm allen übrigen Trieben aufzwingen möchte.

Diesen »Trieb«, den Nietzsche zumindest allem Lebendigen zuspricht, nennt er den »Willen zur Macht«:

Der Wille zur Macht interpretirt: bei der Bildung eines Organs handelt es sich um eine Interpretation; er grenzt ab, bestimmt Grade, Machtverschiedenheiten. Bloße Machtverschiedenheiten könnten sich noch nicht als solche empfinden: es muß ein wachsen-wollendes Etwas da sein, das jedes andere wachsen-wollende Etwas auf seinen Werth hin interpretirt. (...) In Wahrheit ist Interpretation ein Mittel selbst, um Herr über etwas zu werden. (Der organische Prozeß setzt fortwährendes Interpretiren voraus.) (VIII 1, 137f.).

Nietzsche faßt also das Interpretieren als ein Sich-Bemächtigen, als den Ausdruck des grundlegenden Triebes und Willens zur Macht, zur Machtvergrößerung, zur Machtausweitung auf. Jedes Machtzentrum versucht, sich der Welt gemäß seinen Bedürfnissen interpretierend zu bemächtigen, und das macht gleichzeitig die Perspektivität und Relativität aller Interpretation aus. An anderen, freilich verstreuten Stellen geht Nietzsche ausdrücklich auf den »notwendigen Perspektivismus« ein, indem er das realistische Selbstverständnis sogar auch bei den Naturwissenschaftlern als unkritisch entlarvt. In der Atomtheorie z. B. sei das Atom, das die Physiker ansetzten, ebenso wie alles andere »nach der Logik jenes Bewußtseinsperspektivismus« erschlossen. Insofern sind seiner Meinung nach die Atome »selbst eine subjektive Fiktion«. Zwar war die damalige Atomtheorie noch sehr spekulativ; doch für nicht spekulative Entitäten, als welche Atome heute aufgefaßt werden, würde Nietzsche seinen interpretationistischen Perspektivismus ebenso vertreten. Er fährt fort:

Dieses Weltbild, das sie [sc.: die Physiker, H. L.] entwerfen, ist durchaus nicht wesensverschieden von dem Subjektiv-Weltbild: es ist nur mit weitergedachten Sinnen konstruiert, aber durchaus mit unseren Sinnen... Und zuletzt haben sie in der Konstellation etwas ausgelassen, ohne es zu wissen: eben den notwendigen Perspektivismus, vermöge dessen jedes

Kraftzentrum – und nicht nur der Mensch – von sich aus die ganze übrige Welt konstruiert, d. h. an seiner Kraft mißt, betastet, gestaltet... Sie haben vergessen, diese Perspektiven-setzende Kraft in das ›wahre Sein‹ einzurechnen – in der Schulsprache geredet: das Subjekt-sein. Sie meinen, dies sei ›entwickelt‹ hinzugekommen; – aber noch der Chemiker braucht es: es ist ja das Spezifisch-Sein, das bestimmt So-und-so-Agieren und -Reagieren, je nachdem.

Der Perspektivismus ist nur eine komplexe Form der Spezifität. Meine Vorstellung ist, daß jeder spezifische Körper danach strebt, über den ganzen Raum Herr zu werden und seine Kraft auszudehnen (– sein Wille zur Macht:) und alles das zurückzustoßen, was seiner Ausdehnung widerstrebt. Aber er stößt fortwährend auf gleiche Bestrebungen anderer Körper und endet, sich mit denen zu arrangieren (»vereinigen«), welche ihm verwandt genug sind: – so konspirieren sie dann zusammen zur Macht. Und der Prozeß geht weiter... (VIII 3, 165).

Den Gedanken von der Perspektivität und Interpretativität auch naturwissenschaftlicher Erkenntnis hat Nietzsche in *Jenseits von Gut und Böse* betont, wo er sagt (VI 2, 31):

... und darum ›hoch das Naturgesetz!‹ – nicht wahr? Aber, wie gesagt, das ist Interpretation, nicht Text; und es könnte Jemand kommen, der mit der entgegengesetzten Absicht und Interpretationskunst, aus der gleichen Natur und im Hinblick auf die gleichen Erscheinungen, gerade die tyrannisch-rücksichtenlose und unerbittliche Durchsetzung von Machtansprüchen herauszulesen verstünde – ein Interpret, der die Ausnahmslosigkeit und Unbedingtheit in allem »Willen zur Macht« dermassen euch vor Augen stellte, daß fast jedes Wort und selbst das Wort ›Tyrannei‹ schliesslich unbrauchbar oder schon als schwächende und mildernde Metapher – als zu menschlich – erschiene; und der dennoch damit endete, das Gleiche von dieser Welt zu behaupten, was ihr behauptet, nämlich dass sie einen ›nothwendigen‹ und ›berechenbaren‹ Verlauf habe, aber nicht, weil Gesetze in ihr herrschen, sondern weil absolut die Gesetze fehlen, und jede Macht in jedem Augenblicke ihre letzte Consequenz zieht. Gesetzt, daß auch dies nur Interpretation ist – und ihr werdet eifrig genug sein, dies einzuwenden? – nun, um so besser.

Ebenso gibt es auch im Bereiche des menschlichen Handelns sowie auf dem Gebiet von Sitte und Moral keine absoluten Sachverhalte. So existieren für Nietzsche etwa auch gar keine moralischen Phänomene, wie er ebenfalls schon in *Jenseits von Gut und Böse* sagt: »Es giebt gar keine moralischen Phänomene, sondern nur eine moralische Ausdeutung von Phänomenen...« (VI 2, 92). Später, in seinem Nachlaß schreibt er nochmals: »Mein Hauptsatz: es giebt keine moralischen Phänomene, sondern nur eine moral⟨ische⟩ Interpretation dieser Phänomene« (VIII 1, 147). Das ist übrigens eine paradoxale Formulierung, wenn man nur eine Interpretation dieser Phänomene als moralisch ansehen kann, so muß man wohl »diese Phänomene« erst einmal als vorgegeben unterstellen – und ist diese Vorgegebenheit selbst nicht auch eine Tatsache, die wieder nur als ein Deutungsphänomen aufzufassen wäre usw.? Dieser »gleiche Gedanke« spiegelt sich jedenfalls in einem anderen Satz wider: »Daß der *Werth der Welt* in unserer Interpretation liegt (– daß vielleicht irgendwo noch andere Interpretationen möglich sind als bloß menschliche –) daß die bisherigen Interpretationen perspektivische Schätzungen sind, (...) – dies geht durch meine Schriften.« (VIII 1, 112). »Kurz, Das Wesen des Dings ist auch nur eine *Meinung* über das ›Ding‹« (VIII 1, 138). Oder wir könnten sagen: Es ist perspektivisch geprägte Interpretation. »Die ›*Essenz*‹, die ›*Wesenheit*‹ ist etwas Perspektivisches und setzt eine Vielheit schon voraus. Zugrunde liegt immer: ›Was ist das für *mich*?‹ (für uns, für alles, was lebt usw.)« (ebd.). Allerdings versteht Nietzsche das Interpretieren als einen fortwährenden Prozeß:

Man darf nicht fragen: ›wer interpretirt denn?‹ sondern das Interpretiren selbst, als eine Form des Willens zur Macht, hat Dasein (aber nicht als ein ›Sein‹, sondern als ein Prozeß, ein Werden) als ein Affekt.

Und weiter:

Die Entstehung der ›Dinge‹ ist ganz und gar das Werk der Vorstellenden, Denkenden, Wollenden, Erfindenden. Der Begriff ›Ding‹ selbst ebenso als alle Eigenschaften. – Selbst ›das Subjekt‹ ist ein solches Geschaffenes, ein ›Ding‹ wie alle Andern: eine Vereinfachung, um die Kraft, welche setzt, erfindet, denkt, als solche zu bezeichnen, im Unterschiede von allem einzelnen Setzen, Erfinden, Denken selbst. Also das Vermögen im Unterschiede von allem Einzelnen bezeichnet: im Grunde das Thun in Hinsicht auf alles noch zu erwartende Thun (Thun und die Wahrscheinlichkeit ähnlichen Thuns) zusammengefaßt (VIII 1, 138 f.).

Hier ist auch das Pragmatische oder Pragmatistische, das bei Nietzsche vorhanden ist und bereits in allen vorherigen Zitaten anklang, klar ausgedrückt. Es gibt weder Dinge noch Erscheinungen unabhängig von uns und unseren Handlungen, sondern alles wird in unsere Handlungs- und Interpretationswelt integriert, es ist abhängig von diesem jedem Seienden, insbesondere jedem Lebendigen, innewohnenden Willen zur Macht. Alles Leben, alles Seiende will existieren, sich erhalten, sich ausdehnen, will in diesem Sinn »Macht«, will sich anderes einverleiben, um überleben und größer werden zu können. Daß diesen Gedanken allerdings eine Art Macht*metaphysik* zugrunde liegt, läßt sich bereits jetzt erahnen, wird aber später noch ausführlicher dargelegt.

Wenn man Nietzsches These nun auch auf *seinen* Ansatz anwenden würde, so wäre auch dieser selbst als ein bloßes Interpretationsmodell anzusehen. Nietzsche denkt allerdings anscheinend nicht so raffiniert, daß er das Interpretieren selbst wieder hinterfragt, sondern das interpretierende Denken ist für ihn die Basis, eine Erkenntnisweise, die gleichsam das interpretative Modell erst zu erklären und zu verstehen gestattet. Er problematisiert nicht mehr sein eigenes Interpretationsmodell, das auf der Willen-zur-Macht-Theorie aufbaut, obwohl er das konsequenterweise eigentlich tun müßte. Er wendet seinen interpretationistischen Ansatz nicht explizit genug auf sein eigenes Denken an, vermeidet also die detaillierte, ausdrückliche und konsistente methodische Selbstanwendung, obwohl sie ihm vielleicht vorschwebte und im Rahmen des methodologischen Ansatzes liegt. Dies kann man ihm also – aber nur mit gewissem Recht – methodologisch-kritisch vorhalten.

Soweit also zunächst eine Sammlung teils wörtlicher, teils paraphrasierender Zitate aus Nietzsches Werk, in denen sich der Ansatz eines Perspektivismus dokumentiert, der radikal verstanden wird und sich auf sämtliches Handeln, sämtliche Erkenntnis, auf das Leben überhaupt bezieht. Er wird so radikalisiert, daß dabei nicht nur menschliche Subjekte, sondern alle Organismen und sogar auch das Anorganische als Machtzentren mit deren Interpretations-Aktivität einbezogen werden. Subjekte werden ohnehin zu Interpretationsprodukten, sind selber nur Interpretationsergebnisse, man könnte sagen: selbstinterpretierende Interpretationskonstrukte. Die Frage wäre nun: Wie kann das überhaupt paradoxienfrei gedacht werden? Deutlich wird jedenfalls, wie Nietzsche seine Theorie des Willens zur Macht hier einordnet und als die einzige Basis für diese perspektivistische Philosophie der Interpretation versteht. Freilich wird auch inhaltlich deutlich, daß er sein eigenes Machtmodell nicht kritisch genug hinterfragt. Es ist natürlich sehr schwierig, etwa von toten Dingen einen »Willen zur Macht« zu behaupten und ihnen ein »Behauptungsstreben« zuzuordnen und dieses wiederum im Sinne einer Interpretation zu verstehen. Bei solchen Schwierigkeiten muß man sich allerdings vor Augen halten, daß hier keine systematisch aufgebaute Philosophie vorliegt. Die meisten der obigen Zitate stammen aus Texten, die nicht von Nietzsche selbst veröffentlicht wurden, sondern es sind unsystematische Nachlaßnotizen, die aber trotzdem provokativ, anregend und ideenreich sind – zum Weiterdenken einladen.

Man müßte gegenüber Nietzsches Machtphilosophie sicherlich kritisch auch hervorheben, daß es beim Interpretieren etwa im üblichen Sinne des Textinterpretierens, nicht notwendigerweise im wörtlichen Sinn um ein »Herr-Werden« über anderes geht, sondern daß dieses Interpretieren als »Herr-Werden« eigentlich nur eine metaphorische Wendung ist: Wenn ich etwas interpretiere, etwas verstehe, werde ich allenfalls in einem sehr uneigentlichen Sinne »Herr« darüber; ein solches uneigentliches »Herr-Werden« im Sinne eines verstehenden »Erfassens« (!) würde dann aber im Grunde schon jedes Erkennen der äußeren Welt betreffen, auch das bloß kontemplative oder grundlagenwissenschaftliche Erkennen. Insofern geht das »Erfassen« und das Interpretative dabei schon über das Muster der bloßen Textinterpretation hinaus, wird sozusagen »projizierend« – aktiv, konstruktiv und auch konstitutiv. (Wie wird der physikalische Kosmologe erkennend »Herr« über die ca. zwanzig Milliarden Jahre Vergangenheit des Universums oder über die ebenso vielen Lichtjahre Raumausdehnung? Allenfalls recht metaphorisch.) Das wörtlicher verstandene »Herr-Werden« über die Welt durch die Mittel der Wissenschaft ist oft sehr indirekt, erst sekundär als Folge der wissenschaftlichen Technik zu verstehen, aber es ist nicht explizit in dem Interpretationsprozeß und dem Verstehen selbst schon enthalten, es ist nur eine Folge der späteren Anwendung dessen. Selbstverständlich gibt es hier fließende Übergänge, aber wenn man das Interpretieren bei Nietzsche als Machtstreben oder Machtvergrößerung oder als Ausdruck des »Willens zur Macht« in diesem umgangssprachlich wörtlichen Sinne versteht, dann sitzt man allzu unkritisch einer – vordergründigen – Metapher auf und verkennt womöglich die fundamentale Ebene, auf die Nietzsche das Willen-zur-Macht-Geschehen ansetzt. Deshalb sollte man sich die *fundamentale* Bedeutung des Willens zur Macht bei Nietzsche stets vor Augen halten; dann ist freilich nicht erst die Technik ein Sichbemächtigen und Erkenntnis nicht etwa bloß im übertragenen Sinn ein Herr-Werden. Nimmt man die pragmatische Einbettung von Interpretation als Willen-zur-Macht-Geschehens ernst, dann folgt notwendig die Zielgerichtetheit und somit Werthaftigkeit jeder – auch der sog. bloßen oder reinen Erkenntnis. Man sieht allerdings hier schon, daß die philosophische Interpretationstheorie in diesem Ansatz sehr radikal ist und bis in den Kern der Metaphysik hineinreicht.

Es ist, wie schon gesagt, bei Nietzsche nicht sehr systematisch von Interpretation und Perspektivität die Rede, aber man versteht, wie dieses interpretationistische Modell doch seine Schriften durchzieht. Er sieht den Interpretationismus als seine Grundmethodologie an, auch als Methodologie der Philosophie generell. Über allem steht die Einsicht, daß man interpretiert, wenn man überhaupt denkt, Begriffe anwendet oder zu verstehen, zu beschreiben sucht, und auch schon, wenn man handelt. Das Handeln ist immer abhängig von Perspektiven, von Deutungen; es geschieht notwendig vom Blickwinkel und Standpunkt des Handelnden aus. Es ist also gar nicht abzulösen vom Interpretieren und Denken – und umgekehrt. Beides – Interpretieren und Handeln – sind, wie man früher sagte, »Wechselbegriffe«: zwar nicht bedeutungsgleiche, aber notwendig aufeinander angewiesene Begriffe. Interpretieren ist einerseits ein Handeln; man muß etwas in einen bestimmten Verstehensrahmen einordnen. Und andererseits ist jedes Handeln nach Nietzsche ein Interpretieren, ja, nicht nur jedes Handeln, sondern sogar jedes Geschehen überhaupt ist für Nietzsche ein Interpretieren.

Nietzsche spricht vom »interpretativen Charakter alles Geschehens« (VIII 1, 115). (Wieder ein Wort, das sehr weit reicht und die Frage aufwürfe, wie es zu verstehen ist. Ist das Wort nicht gänzlich unverständlich? Redet hier ein ›Verrückter‹?) Doch hier scheint er das Interpretieren als ein – eher symbolisches oder verstehendes – Handeln mit der Interpretationsgeprägtheit, Interpretationsimprägniertheit (wie ich gerne sage) jeglicher Erfassung von Geschehen zu verwechseln oder zu verwischen. Kann man sagen, daß das, was der nur interpretationsgebundenen darzustellenden Tatsache an sich entspricht, z. B., daß die Erde sich um die Sonne dreht, interpretativen Charakter hat? Ist das Geschehen als das von unseren Erfassungsweisen noch unabhängig – selbstverständlich nur in Interpretationsgebundenheit erfaßbar – zu postulierende »Urgeschehen« interpretativ – nichts anderes also als Ausdruck unserer interpretatorischen Tätigkeit? Können wir nicht, müssen wir nicht – gerade als Handelnde, die auf externe, von uns selber nicht gesetzte Widerstände stoßen: also als Realisten oder als Akteure in einer sperrigen »Welt« – die wir freilich nur interpretativ erfassen und verstehen können – zwischen dem bloß durch Interpretation Zustandegekommenen, also dem rein Projizierten, und dem von uns und unseren Satzungen und Projektionen Unabhängigen unterscheiden (das wir seinerseits freilich nur in interpretationsimprägnierten Formen, Auffassungsweisen usw. bezeichnen und zu beschreiben suchen können)? Natürlich ist der interpretationistische Ansatz hier nicht im Sinne eines interpretationistischen Idealismus zu verstehen, der absolut gesetzt würde, sondern eher in dem Sinne, daß wir überhaupt nur eben in methodischer und formierender Abhängigkeit von unserem interpretativen Vorgehen, in Abhängigkeit von Perspektiven und Interpretationen sprechen, denken, etwas beschreiben und erfassen können. Wir können vielleicht sagen – und darauf wird zurückzukommen sein –, daß alles Geschehen *als Erfaßtes* und *Erfahrbares* interpretationsimprägniert ist. Jegliche Erkenntnis ist interpretationsimprägniert. Das bedeutet jedenfalls nicht, daß dieses Geschehen lediglich ein Produkt unserer interpretatorischen Tätigkeit sei. Es geht also nicht darum, einen absoluten Interpretationsidealismus im strikten Sinne zu entwickeln, sondern um die Einsicht, daß wir alles, was wir erfassen können, grundsätzlich nur in Abhängigkeit von der Interpretationstätigkeit, von unseren Begriffen, von unserer Sprache, von unseren Verständnisvorgängen und von der Einbettung in unser Handlungssystem auffassen können. Insofern könnte man also von dem interpretativen Charakter jedes Denkens, Erkennens, Erfassens und Handelns sprechen; und in diesem schwächeren, indirekten Sinne auch von der Abhängigkeit des *beschriebenen* Geschehens oder der *erfaßten* Dinge, soweit es bzw. sie von Begriffen, von Denkmustern, von Formen erfaßt werden. Die *Formen* und Erfassungsweisen sind interpretationsabhängig, die Formen sind interpretationsimprägniert, sonst können wir darüber hinaus nichts sagen. Ja, jedes erkennende »Be-greifen« von Dingen, von Geschehen, von Prozessen und Ereignissen, von Welt überhaupt ist selbst notwendig »begrifflich« und insofern abhängig von unseren Denkkategorien, von Formen, sprachlichen Mustern, Rastern, usw. Insofern geht in diese zweite Stufe der erkennenden und (be)handelnden Erfassung stets auch der interpretative Charakter ein. Aber das Interpretative bezieht sich auf die Seite der Darstellung, auf die »subjektive« Seite der Erfassung (wobei die Subjekt-Objekt-Trennung als solche natürlich auch ein analytisch-methodologisches Interpretationsmodell erkenntnistheoretischer Art darstellt). Man kann sagen, daß solche »formalen« Darstellungsbegriffe so geartet sind, daß auch sie etwas Interpretationsunabhängiges meinen, bezeichnen, denotieren. Selbst dieses Modell des Meinens, des Bezeichnens, der Bezugnahme ist freilich – wie jenes der Subjekt-Objekt-Trennung selber wieder auf einer höheren Stufe interpretativ zu hinterfragen: Es ist auch ein Interpretationsmodell. Doch man darf das Denotieren, das mit dem Begriff stattfindet, nicht verwechseln mit dem interpretativen Charakter, der notwendig jedem Begriff als solchem anhängt. Man kann die Welt nur in Formen faßbar machen, die interpretativ geprägt sind, dennoch könnte es sein, daß dasjenige, was gemeint ist, von den Begriffen, die diesen Formen folgen, doch in einer gewissen Weise unabhängig ist (selbst wenn es nur interpretativ ausgegrenzt werden kann). Und dennoch ist auch diese Auffassung selbst auf höherer, erkenntnistheoretischer Stufe interpretationsimprägniert.

Ein weiteres Moment von Nietzsches Interpretationsphilosophie, das in den obigen Zitaten auch schon angedeutet wird – und worin sich die Interpreten Nietzsches auch einig sind –, ist, daß hier Interpretation oder der Prozeß der Interpretation als ein universalontologisches Grundprinzip aufgefaßt wird. So deuten Nietzsche jedenfalls Günter Abel, Josef Simon und auch Johann Figl in seiner Arbeit *Interpretation als philosophisches Prinzip* (1982). Figl deutet allerdings Nietzsches Interpretationstheorie im wesentlichen als hermeneutischen Prozeß – wohl nicht ganz zutreffend, wenn man Hermeneutik nach dem traditionellen Muster des Lesens versteht. Nietzsche geht es stets um aktivistische Konstruktionen in pragmatischer Absicht, um ein pragmatisches Grundprinzip. Doch Figls Interpretationen von Nietzsches Text sind recht treffend und kennzeichnend. »Das Sein interpretiert« ist für Figl (208) das Zentralwort Nietzsches. »Das Sein selbst« sei nach Nietzsche »ein deutender Prozeß« (209). Diese Aussage Figls gibt in Kurzform den Grundgedanken seiner Nietzsche-Deutung wieder. Derartige Formulierungen kommen zwar bei Nietzsche gelegentlich vor, aber, wie erwähnt, neigt er eher dazu zu formulieren, daß »der Wille zur Macht interpretiert«. Die Macht(erweiterung) ist für Nietzsche das entscheidende ontologische Grundprinzip und das Auslegungsprinzip ist eine Weise der Konkretisierung des Willens zur Macht, besser: Auslegung und Interpretation werden eben als Prozeß einer, wenigstens symbolischen, Machterweiterung aufgefaßt. Man könnte in diesem Sinne sagen: Existieren und Weiterexistieren ist Interpretieren. Nietzsche selbst sagt, daß »Interpretieren selbst als eine Form des Willens zur Macht, Dasein hat, aber nicht als ein ›Sein‹, sondern als ein Prozeß, ein Werden als ein Affekt« (VIII 1, 138). Das ist ein wichtiges Wort, Nietzsche greift also auf eine Prozeßontologie zurück und versucht auf diese Weise seine Theorie des »Willens zur Macht« näher auszugestalten. Sein Selbst ist gleichsam ein deutender Prozeß. Das führt natürlich dazu, daß auch das Interpretieren selbst als Prozeß, als eine Entität aufgefaßt werden muß oder ontologisch als Prozeßentität zu deuten ist; es ist dann nicht nur eine Methode des denkenden Auslegens, was es für Nietzsche zweifellos auch ist, man denke etwa an das Zitat: »Das vernünftige Denken ist ein Interpretiren nach einem Schema, welches wir nicht abwerfen können« (VIII 1, 198). »Welches wir nicht abwerfen können« heißt, daß wir zum Interpretieren geradezu verurteilt sind: Wir müssen unsere Welt strukturieren, (re)konstruieren oder gar z. T. konstituieren, indem wir sie durch bestimmte interpretative Konzepte, Schemata zurechtmachen, ordnen. Dies kann auch so gedeutet werden, daß wir gar nicht anders können, als gewissen Interpretationen zu folgen.

Für Nietzsche ist es charakteristisch, daß er die Auslegung und Entwicklung des Leiblichen selbst als Interpretationsprozeß auffaßt. »Das Sein interpretiert« auch im Leiblichen; ja, das Leibliche ist bei Nietzsche ein entscheidender Gesichtspunkt, wie überhaupt auch die Wertschätzung des Lebens. Es ist im Grunde eine Art von pragmatisch orientierter und in gewissem Sinne aufgrund ungeschickter Terminologie oftmals auch als biologistisch mißverstandener Lebensphilosophie, gleichzeitig eine Philosophie der Erweiterung von Bemächtigungs- und Funktionsmöglichkeiten, der Unterwerfung der Welt unter das eigene interpretative Konzept – einschließlich der symbolischen Bemächtigungsmöglichkeiten.

Aber Nietzsche geht sogar noch weiter: Er sagt in einem berühmten Zitat: »Der interpretative Charakter alles Geschehens. Es giebt kein Ereigniß an sich. Was geschieht, ist eine Gruppe von Erscheinungen, *ausgelesen* und zusammengefaßt von einem interpretirenden Wesen« (VIII 1, 34). Das Interpretieren wird also als repräsentatives und umfassendes Geschehen betrachtet; alles Geschehen, jedes Ereignis, alles prozessuale Geschehen in der Welt, nicht nur unter dem Gesichtspunkt des Menschlichen, wird als interpretativ aufgefaßt – und zwar nicht bloß im Sinne eines Gleichnisses oder einer Metapher. Das Interpretieren wird überdehnt zu einer ontologischen Gesamtprozessualität, die weit darüber hinausgeht, daß man nur erkenntnistheoretisch alle Dinge und Fakten unter dem Gesichtspunkt der Interpretation bzw. der durch Interpretation geleiteten Konstruktion denkt. Nietzsche geht also viel weiter: Das Interpretieren wird ontologisch aufgefaßt. Interpretation ist damit ein vom Subjekt, bzw. genauer gesagt: von Machtzentren jeder Art, ausgehender Prozeß, und die interpretierte Realität ist im Grunde von diesen Machtzentren unter dem Gesichtspunkt ihres Perspektivismus geradezu geschaffen. Die Interpretation legt nicht nur die Welt aus, sondern sie *schafft* im Grunde die ausgelegte Welt, es handelt sich dann also um eine perspektivische Welt, die unter dem Gesichtspunkt eben der Interpretationskonstrukte gesehen wird. Die Welt selbst ist nichts anderes als, wie Nietzsche sagt, »nur ein Wort für das Gesammtspiel dieser Aktionen. *Die Realität* besteht exakt in dieser Partikulär-Aktion und Reaktion jedes Einzelnen gegen das Ganze« (VIII 3, 163). Nun kann man natürlich einwenden: Dann muß das Ganze ja als Widerpart, als Gegenwurf irgendwie doch bereits vorhanden sein. Wenn es gleichsam von den Interpretationen unter dem Perspektivismus erst geschaffen würde, könnte es natürlich nicht notwendig so sein, daß immer erst »*gegen*« dieses Ganze interpretativ-konstituierend eine Realität entworfen wird. Wenn ich dabei das interpretative Gesamtspiel in die Ganzheit einordne, gegenüber dem Ganzen profiliere, dann muß dieses Ganze bereits verfügbar, »vorgegeben« sein. Offensichtlich setzt Nietzsche also doch so etwas wie einen kosmischen Hintergrund oder eine Gesamtexistenz – wie auch jeweils eine aktionistisch-quasibiologistische Einzelexistenz der verschiedenen Machtzentren voraus – oder, was ich eher glaube, er bleibt letztlich hinsichtlich seiner eigenen Machtinterpretation naiv. (Er trennt auch nicht zwischen ontologischen, kosmologischen und quasibiologi(sti)schen Hypostasierungen.) Er sieht seine Theorie des »Willens zur Macht« jedenfalls nicht als ein bloßes Interpretationsmodell an. (Es ist übrigens als ontologisches bzw. kosmologisches ein fragwürdiges Interpretationsmodell, darauf komme ich noch zu sprechen.) Mit anderen Worten: Nietzsche selbst zieht seinen methodischen Ansatz nicht ganz folgerichtig durch; er entwickelt diesen zwar in Aperçus, aber er bleibt schließlich doch inkonsequent, wenn er letztlich eine *Metaphysik* des Willens zur Macht vertritt, der Machtzentren, die sich ausdehnen wollen, die Welt in sich einzuverleiben streben bzw. sich der Welt herrschend aufdrängen, und sei es nur durch symbolische Aktionen, durch Benennung oder durch Theorie, durch Erklärung, durch Wissenschaft usw. Nietzsches Adaptation der Machtzentrenontologie bleibt letztlich naiv, die Übertragung einer politisch-sozialen Metapher auf das kosmische Weltgeschehen und die zugrundeliegende Ontologie. Was man noch einräumen muß, ist, daß diese Machtzentren bei Nietzsche keineswegs traditionelle Subjekte im Sinne der herkömmlichen Subjektphilosophie sind, etwa im Sinne des Idealismus oder des transzendentalen Idealismus oder des erkenntnistheoretischen Ansatzes der Trennung von Subjekt und Objekt. »Das ›Subjekt‹«, so sagt Nietzsche ausdrücklich, »ist eine Fiktion – als ob viele *gleiche* Zustände an uns die Wirkung Eines Substrats wären...« (VIII 2, 131): Es kommt erst zustande durch »Gleich*setzen* und Zurecht*machen*«, wird gemacht, ist selbst ein Interpretationsprodukt oder ein Interpretationskonstrukt. Zugleich soll aber der Mensch Instanz und Initiator der Auslegung – als der Auslegende – und der Gegenstand einer Auslegung sein, als Subjekt eben. Die Frage ist, kann man dies überhaupt widerspruchsfrei oder zirkelfrei denken? Kommt man nicht im Grunde auf eine Art von Zirkelhaftigkeit zurück? Figl z.B. äußert »schwerwiegende Bedenken gegenüber Nietzsches Theorie der Subjektkonstitution durch Selbstinterpretation« (1982, 144), eben wegen dieser doppelten Ausgestaltung des Interpretierens: Einerseits ist das Subjekt das Interpretierende, das handelt, indem es interpretiert. Andererseits ist das Subjekt selbst ein Interpretationskonstrukt; das Ich, der Mensch, die Person wird gleichsam als ein sekundäres Konstrukt im Zusammenhang mit den sonstigen Machtauffassungen aufgefaßt; Nietzsche sieht Machtzentren sich um ein bestimmtes Zentrum herum organisieren, z.B. um einen organischen Leib. Die Auffassung der Person, des Ich, des Selbst, des Subjektes als einer Einheit ist sozusagen ein sekundäres Interpretationskonstrukt – übrigens eine Idee, die auch im englischen Empirismus gängig war. Für Hume bedeutet die Kontinuität der Person und deren mentale Existenz nur die diesbezüglichen Vorstellungen und deren Abschwächungen der Erinnerungsbilder von Gespeichertem: im Grunde also nichts anderes als eine Bündelung von Ideen, insbesondere von sinnlichen Eindrücken, Wahrnehmungskonzepten, Wahrnehmungserlebnissen usw., und auch bei ihm ist deren Einheit so etwas wie ein sekundäres Konstrukt. In der Tat erleben wir unsere Person ja nicht *unmittelbar* als Einheit, als ein Ich, sondern, was wir »im Bewußtsein« erleben, sind Ströme von Bewußtseinsereignissen und -inhalten, die auftauchen und vergehen, vorüberhuschen, z. T. zeitlich verharren – aber keine durchgängigen Konstanten. Es scheint also so zu sein, daß das Subjekt oder das Ich auch in der Erfahrung erst sekundär gleichsam nach Art einer Halluzination vor dem »inneren Auge« auftaucht.

Ich glaube nicht, daß diese Doppeldeutigkeit des Interpretierens in bezug auf das Subjekt und die Person notwendig zu einem Widerspruch oder zu einem Zirkel führt, obwohl Figl darin das Widerspruchsvolle betont und Abel (1984, 162 ff.) darin geradezu einen notwendigen Zirkel sieht, worauf an späterer Stelle (Kap. 6) ausführlicher einzugehen sein wird. Abel spricht von der Zirkelhaftigkeit, von dem ontologischen Zirkel des Interpretierens, dem »geschehens-logischen Interpretations-Zirkel« überhaupt. Das Interpretationsgeschehen ist nach Abels Ansicht von vornherein zirkelhaft und erzeugt sich sozusagen aus dem dynamischen Geschehen/Konstituieren/Konstruieren selbst. Ich glaube nicht, daß das so gesehen werden *muß*, erstens weil man die Interpretationen auch als methodologische Instrumente sehen kann und zweitens, weil man, z. B. in bezug auf die Subjektinterpretation und -konstitution, verschiedene Stufen und Rückbezüge zwischen diesen annehmen kann: der Interpretationsgegenstand einer Stufe kann unter dem Gesichtspunkt einer anderen Stufe durchaus wieder als interpretierendes Agens, als Ich-Interpret(ationszentrum), gedacht werden – obwohl es eben ansonsten selbst ein nur interpretativ zu erfassendes Konstrukt ist. Aber das wird nur dadurch zu erkaufen sein, daß man letztlich auf den ontologischen Standpunkt verzichtet. Das interpretative Konstrukt ist dann etwas Analytisches, etwas, das die Erkenntnistheorie kennzeichnet und prägt und ontologische Aussagen über die reale ontische Existenz ausschließt – erst recht Aussagen über das Interpretieren als prozessual ontisches Dasein, wie etwa Figl und Abel Nietzsche interpretieren. Natürlich ist richtig, daß bei Nietzsche in gewisser Weise ein Antiessentialismus vorweggenommen ist, der fast wittgensteinianisch klingt, insofern »das ›Wesen‹ fehlt«, wie er sagt (VII 1, 257). Wesen wird auch erst interpretativ konstruiert als ein essentiell vom Interpretationsprozeß abhängiges Konstrukt. »Das ›Wesen‹ von Welt und Dingen wird seinem Sein nach im Horizont auslegender Subjektivität bestimmt« (Figl 1982, 116) und kann also nur in bezug auf das Interpretieren, auf das prozessuale interpretative dynamische Werden verstanden werden. Das Interpretiertsein selbst, so deutet Figl (ebd.), ist die einzige Basis, die wir haben: Die Tatsache des Interpretiert-Seins sei »für das Sein der Dinge fundamental«. Das Interpretieren wird demnach nach Nietzsche zur universellen ontologischen Basis. Dennoch möchte ich die notwendige Konstitutivität des Interpretierens stets auf das »Erfassen«, (»Behandeln«, Erkennen, Ausgrenzen usw.) beziehen, nicht auf das Ontische, auf »das Sein« schlechthin (außer im Falle echt interpretationsproduzierter Entitäten wie z. B. sozialer oder abstrakter). (Ob das noch eine gerechtfertigte Nietzsche-Auslegung ist, mag dahingestellt bleiben: Dessen Texte können wohl nicht bis zur endgültigen Klarheit präzisiert werden.)

Auch ist die Unterscheidung etwa zwischen Theorie und Handlung, zwischen dem intellektuellen Abbild oder dem theoretischen Konstrukt einerseits und der realen Basis andererseits, wie immer sie gemeint oder auch erfaßt sein kann, von den beiden genannten Nietzsche-Interpreten nicht genügend ausgearbeitet und gewahrt. Manche meinen, diese Unterscheidung sei gerade die Crux und man müsse von Bedingungen solcher Unterscheidung oder gar der diesbezüglichen Unterscheidbarkeit überhaupt absehen. Das scheint etwa die Auffassung von Abel zu sein, auf deren Diskussion im sechsten Kapitel wiederum verwiesen sei. Ich glaube nicht, daß man solch einen ontologischen Entwurf im Ernst vertreten kann. Wenn man Nietzsche so interpretieren kann – und das darf man wohl –, dann kann man ihn jedenfalls in dieser Hinsicht nicht verteidigen. Das heißt, hier muß man über Nietzsche hinausgehen. Der Interpretationsprozeß kann nicht verdinglicht, verontologisiert werden, er kann nicht sozusagen das A und O der gesamten Ontologie und Metaphysik darstellen, sondern er ist im wesentlichen ein analytisches Instrument, als solches charakteristisch für die Möglichkeit der Erkenntnis – und auch der darüber hinausgehenden Erfassungsmöglichkeiten des Menschen überhaupt, also eine *erkenntnistheoretische* Grundkategorie oder Grunddynamik. Interpretieren ist methodologisch gesprochen das Grundmittel, dessen wir uns bedienen müssen, dem wir nicht entgehen, nicht entsagen können: Es verwendet u. a. ein »*Schema, welches wir nicht abwerfen können*« (Nietzsche VIII 1, 198). Wir können nicht nichtinterpretativ erkennen, denken oder irgend etwas erfassen. Insofern kann es sich allenfalls darum drehen, einen transzendentalen Interpretationismus zu entwerfen, wenn man das Problem erkenntnistheoretisch und nicht nur methodologisch auffaßt, aber ein solcher Ansatz führt nicht notwendig zu einer Metaphysik der Interpretation, die das Interpretationsgeschehen selbst totalisierte und ontologisierte, wie es etwa die beiden genannten Interpreten bei der Deutung von Nietzsches Texten versuchen. Dabei möchte ich gar nicht bezweifeln, daß diese Ausdeutung von Nietzsches Entwurf richtig ist, aber die damit vertretene Position kann hier nicht beibehalten werden.

Nietzsche verwendet den Ausdruck ›Interpretation‹ mehrdeutig; daher muß man die Texte etwas näher hinterfragen und differenzieren. So bezeichnet er alles Auswählen, alles Vereinfachen des Komplexen, das Außer-acht-Lassen des Überflüssigen und Redundanten oder auch die Gleichmachung des Unähnlichen und des Verschiedenen als »Interpretation«. Andererseits ist für Nietzsche sogar die Assimilation, durchaus im biologisch-leiblichen Sinne verstanden, ein Interpretieren. Assimilation als Angleichung an das Organische, an den eigenen Leib. Nietzsche schreibt:

> Der Trieb der Assimilation, jene organische Grundfunktion, auf der alles Wachsthum beruht, paßt sich, was es aus der Nähe sich aneignet, auch innerlich an: der Wille zur Macht fungirt in diesem Einbegreifen des Neuen unter den Formen des Alten, Schon-Erlebten im Gedächtniß noch-Lebendigen: und wir heißen es dann – ›Begreifen‹! (VII 3, 363).

Mit anderen Worten, er sieht auch das Assimilieren auf der organisch-biologischen Ebene als ein inneres Geschehen der Interpretation an, und die Entwicklung eines Organismus ist für ihn selbst ein Interpretationsprozeß. Das Leibliche interpretiert, und die Machtzentren interpretieren durchaus auch in diesem leiblichen Sinne. Also sieht man, daß Nietzsche selbst in gewisser Weise eine Überdehnung des Begriffs des Interpretierens vornimmt – weit über die traditionelle analytisch-hermeneutische oder auch über die hier angezielte erfassungsmethodologische Bedeutung hinaus.

Das führt dazu, daß manche Unklarheiten in seiner Philosophie verbleiben, insbesondere eben die Unklarheit der Deutung und Unterscheidung zwischen dem ontologischen und dem erkenntnistheoretischen Bereich. Assimilieren wird nun selbst aufgefaßt als »Logisieren« – davon spricht Nietzsche gelegentlich auch – also als eine Art Hineininterpretieren, ein Unter-Schemen-Bringen. So ist es sowohl als ein Erkenntnis-Schema, ein logisches oder ein wahrnehmungskategoriales, wie auch als ein biologisches Schema gemeint. Für uns besteht nach Nietzsche eine Nötigung, Schemata in das Geschehen selbst hineinzulegen. Das gilt schon auf der biologischen Ebene. Hier hat er durchaus recht, aber die Nötigung bezieht sich auf unser Erfassen, Erkennen, Handlungskonzipieren usw. Analoges gilt auch auf der Ebene der verstandesmäßigen Funktionen: »Unsre subjektive Nöthigung, an die Logik zu glauben, drückt nur aus, daß wir, längst, bevor uns Logik zum Bewußtsein kam, nichts gethan haben, *als ihre Postulate in das Geschehen hineinlegen*« (VIII 2, 82). (Das ›Hineinlegen‹ ist natürlich mehrdeutig, metaphorisch; vornehmlich bezieht es sich auf die Konzepte, die wir uns vom Geschehen machen, also auf Erfassungsweisen und deren Ergebnisse.) Assimilieren als Interpretieren wird als vorbewußtes Schematisieren aufgefaßt und bietet damit eine allgemeine dynamische prozessuale oder methodische Grundlage jeder möglichen, auch der vernünftigen und logischen, Schematisierung überhaupt. Es ist deutlich, daß mit dieser Auffassung von Assimilieren ein Perspektivismus und ein Pluralismus einhergeht: Jede Interpretation ist ja abhängig von bestimmten je verschiedenen Bedürfnissen, die sich zu perspektivischen Zentren verdichten, sie ist bezogen auf ein und wird vorgenommen von einem Interpretationszentrum. Nur so können Interpretationen gefaßt und erfaßt werden. Somit entsteht natürlich das Problem der Pluralität und der pluralistischen Relativität der Interpretationszentren, die sich gegenseitig und ebenso ihre »Erfassungen« aufeinander beziehen müssen. Das ist ein Problem, das vielfach auch in den Diskussionen über Nietzsches Perspektivismus auftaucht, z. B. in den Arbeiten von Volker Gerhardt (1989) und Alexander Nehamas (1983), die, z. T. kritisch gegenüber Nietzsche, die Problematik des Perspektivismus ausreizen. Der Perspektivismus, der zunächst ein immanenter Perspektivismus genannt werden kann, wird dann zu einer Position, die keine allgemeine Grundlage, kein Allgemeines, das allen Perspektiven zugrunde liegt, erlaubt: Es gibt auch keine übergeordnete Perspektive mehr, die allen Perspektiven etwa gemeinsam wäre, sondern es ist im Grunde nur noch möglich, immer relativistisch die Perspektiven der einzelnen Interpretationszentren aufeinander zu beziehen. Es gibt für Nietzsche nichts *hinter* der jeweiligen interpretativen Perspektive, »kein Sein«, als dessen Interpretation oder Schein »der Schein reflektiert werden könnte« (Simon 1986, 71). Nietzsche selber sieht allerdings nicht – jedenfalls nicht exoterisch (Simon 1986, 65) –, daß das Interpretieren selbst, sein eigenes perspektivistisches Modell, auch nur ein Interpretationsmodell, eben ein erkenntnistheoretisches und handlungstheoretisches i. w. S., vielleicht transzendentales oder anthropologisches ist und nur als ein solches aufgefaßt werden kann. Seine These, daß es keine Tatsachen und auch keine moralischen Phänomene gebe, sondern nur entsprechende Interpretationen, ist natürlich auch eine Behauptung, die selbst nur interpretativ – modellhaft – gemeint sein kann. Mit anderen Worten: Nietzsche selbst läßt wohl den immanenten Perspektivismus seines Ansatzes nicht in einen transzendentalen übergehen, er fällt hinter sein eigenes Modell zurück, indem er dieses nicht ernst genug nimmt, indem er es nicht auf seine eigenen Thesen anwendet. Die Metapher, so Nehamas' Interpretation, ist eine gefährliche, eine mißverständliche Metapher, insbesondere wenn sie zu einem totalen Relativismus verkommt. Gerhardt meint sogar, daß man hier von einer Art von Paradoxie des Interpretierens bzw. des Perspektivismus sprechen kann: »*Es gibt* [sc: nach Nietzsche, H. L.] *kein Kriterium, das uns erlaubte, die Wahrheit des Perspektivismus zu erweisen*« (1989, 269). Aber wenn man die Erkenntnis des Perspektivismus aufrechterhält, wie Nietzsche das tut, so ist das doch letztlich notwendig außerhalb des Perspektivismus gedacht. Mit einer Interpretation oder einer Perspektive, die man einnimmt oder entwickelt, beansprucht man selbst, außerhalb dieser Interpretation oder Perspektive zu stehen, sagt Gerhardt (265) gegenüber Nietzsche; mit der Behauptung: ›Alles ist perspektivisch!‹ stehe man »notwendig *außerhalb* jeder Perspektive!« Das gilt insbesondere für einzelne Perspektiven, etwa die rationale usw. Ich glaube, daß auch dies etwas zu kurzschlüssig gesehen ist. Auch dieses Problem kann durch die Methode der Stufungen von Perspektiven und Interpretationsansätzen gelöst werden. Daß man eine Perspektive einnimmt, kann durchaus interpretativ verstanden werden – eben unter einer höher geordneten Interpretationsperspektive; das ist durchaus denkbar und würde nicht notwendig zu einer Paradoxie führen.

Jedenfalls ist klar, daß Nietzsche das Perspektivische oder die Interpretation als die Grundbedingung allen Lebens versteht. Er hat übrigens, in *Jenseits von Gut und Böse*, behauptet, daß diese Perspektive des Perspektivismus im Grunde so etwas wie ein kritisches Instrument ist und zur Entwicklung einer kritischen Metaphysik gebraucht wird – nämlich in dem Sinne, daß bestimmte Thesen abgewehrt werden sollen: So ähnlich, wie Kants Metaphysik eine kritische Metaphysik ist, so soll hier z. B. eine Substanz- und Kausalitätsontologie abgelehnt, in prozessuale Interpretationsperspektiven aufgelöst und jeglicher Dogmatismus aufgehoben werden. Jedenfalls, meint Gerhardt (273) mit Recht, kann man den »spekulativen Dynamismus der Lehre vom ›Willen zur Macht‹« nur unter dem Gesichtspunkt einer *praktischen* kritischen Metaphysik verstehen: »Die Vorteile des Perspektivismus als einer Grenzbehauptung kritischer Metaphysik« sind »letztlich nur *praktischer* Natur«. Mit anderen Worten, es handelt sich hier allenfalls um eine Art von anthropologischer Perspektive, die insbesondere dann auch auf Probleme der Verantwortlichkeit des Wesens auszudehnen ist – auch Nietzsche sprach vom »stolze(n) Wissen um das außerordentliche Privilegium der *Verantwortlichkeit*« (VI 2, 310) des Menschen. Letztlich laufe der Perspektivismus also auf eine Art Moralkritik hinaus, meint Gerhardt (276): »*In der Selbstgesetzgebung des ›souveränen‹ Menschen wird der Perspektivismus Nietzsches praktisch*«. Der Mensch ist sozusagen zu einer Selbstinterpretation, zur Perspektivenentwicklung in bezug auf sich selbst verurteilt; der Interpretationismus endet in einer Praxis der Selbstgestaltung, Selbstdeterminierung, Selbstbestimmung, Selbstinterpretation, Selbstverantwortlichkeit. Das ist natürlich eine These, die mit Nietzsches Plan einer praktisch-dezisionistischen Überwindung der traditionellen Moral, der Umdeutung aller Werte usw. zusammengeht. Doch auch hier ist er nicht ganz konsequent insofern, als er dann doch wieder die Wertschätzung des Lebens absolut setzt, den »Leitfaden des Leibes« (II, 635) u. ä. Aber wichtig ist – nach meiner Lesart jedenfalls –, daß das Anthropologische in diesem Zusammenhang zu betonen ist: »Alle Abstraktion schafft Gestalten nur nach dem Bild des Menschen«, sagt Gerhardt (280). Es handelt sich also im

Grunde um eine Art Anthropomorphismus, um eine Theorie der notwendigen Gebundenheit alles menschlichen Erkennens und Denkens an die menschliche Perspektive. »Der Perspektivismus erweist sich damit als eine Anthropo-logie«, schließt Gerhardt (281), »als eine begriffliche Selbstauslegung des Menschen, der in allem stets nur sich selber findet«. Es ist also letztlich eine Theorie der Selbstbegrenzung des Menschen, bzw. der Selbststützung des Menschen. Dieser findet im Grunde nur Möglichkeiten, Deutungen aus Selbstdeutungen heraus zu entwickeln bzw. auf Selbstdeutungen zu beziehen; und alle Kategorien, die er entwickelt, sind letztlich menschlich, menschengemacht, anthropomorph in diesem Sinne. Das ist sicherlich richtig, man kann insoweit ohne weiteres zustimmen, und ich denke auch, daß Nietzsches Philosophie zum großen Teil auch als philosophische Anthropologie oder als anthropologische Projektion gelesen und verstanden werden kann oder gar muß. Doch sind noch einige kritische Bemerkungen zur inhaltlichen These Nietzsches zu machen, bevor wir nochmals zur Methodologie kommen.

Von der Pluralität der Perspektiven und von Nietzsches Standpunkt, daß es sich bei der Perspektivenvielfalt um Machtzentren handelt, um Interpretationszentren, die entsprechend dem »Willen zur Macht« jeweils alles unter ihrer Perspektive anordnen, einordnen, konstruieren, aneignen usw. war bis jetzt immer die Rede. Nun scheint mir aber diese Fixierung auf das Modell der Macht, auf die Machtmetaphorik, eine einseitige Einstellung zu sein. Man kann zwar das individuelle, soziale, biologische Leben durchaus unter dem Gesichtspunkt etwa der Ausweitung von Macht sehen, doch das ist sicherlich eine recht einseitige Interpretation; das individuelle Leben z. B. braucht nicht unbedingt nur unter dem Gesichtspunkt der Machterhaltung, Machterweiterung gesehen werden.

Nietzsche erweist sich insgesamt – trotz seiner Radikalkritik am christlichen und substantiellen Denken – als ein abendländischer Philosoph par excellence, der unter dem Gesichtspunkt der Herrschaft über die Welt und die Natur, über andere, über das Leben, über das Soziale generell, seine Philosophie entwickelt und absolut setzt: Er vertritt im Grunde, obwohl er sich ja als der selbststilisierte Antichrist versteht, so etwas wie eine ausgedehnte Dominium-terrae-Ideologie unter dem Gesichtspunkt der Machterweiterung, des Willens zur Macht: das aber ist typisch abendländisch. Nietzsche also als ein typischer abendländischer Philosoph, der sich in die Herrschafts-Handlungs-Manipulations-Ideologie einpassen läßt? Das Machtmotiv ist zweifellos nicht das einzige Motiv – das wissen auch die Sozialpsychologen; sie reden etwa vom Affiliationsmotiv, vom Eingliederungsmotiv, vom Bedürfnis, zu kommunizieren, sich mit anderen Menschen einig zu fühlen, in einem anderen »aufzugehen« ohne Machtstrebungen (wenigstens ohne deren Überwiegen). Ferner untersuchen die Sozialpsychologen das Motiv, etwas Besonderes zu (er)schaffen, zu leisten, ohne nun direkt Herrschafts- oder Machtansprüche daran zu knüpfen. Auch gibt es noch z. B. die Motive des Helfens und Dienens, die natürlich eng mit dem Affiliationsmotiv und mit Mitleid verbunden sind. Mit anderen Worten: das Machtmotiv ist keineswegs der einzige der anthropologisch wichtigen Antriebe, und man wird es schwer haben, z. B. das Motiv des Dienens ausschließlich unter dem Gesichtspunkt der perversen Machtorientierung zu interpretieren, wie Nietzsche es angesichts etwa der »Sklavenmoral« des Christentums immer wieder versucht. In gewissem Sinne kann man dieses ethische Motiv des Helfens, Dienens, des Mitleidens, das ja von Schopenhauer besonders betont wurde – und Nietzsche ist bekanntlich sehr von Schopenhauer beeinflußt –, für unvereinbar mit Nietzsches reinem Machtmotiv halten.

Dies könnte dazu führen, daß ein Denker und Ethiker wie Albert Schweitzer als eine Art zentraler, ja, säkularer Gegenspieler von Nietzsche aufgefaßt wird. In der Tat ist Nietzsche für Schweitzer wohl der entscheidende intellektuelle Gegner. Schweitzer setzt sich in seiner Ethik mit ihm auseinander, wie insbesondere in seinem leider bis jetzt noch nicht veröffentlichten Nachlaß klar wird. Schweitzer und Nietzsche – die beiden großen Gegenspieler, wobei Nietzsche der weit originellere und produktivere Denker ist, aber Schweitzer der eindrucksvollere aus ethischer Sicht, ohne freilich seinerseits eine umfassende originelle Theorie und einen solchen Ansatz entwickelt zu haben.

Zurück zu anderen anthropologischen Grundmotiven: Daß man sich einordnet in eine Ganzheit oder ein dynamisches System, ja, in einen Kosmos, daß man versteht, sich im Spiel mit anderen in den Rhythmus des Geschehens einzuordnen, im Spiel sozusagen des Lebens und des Daseins mitschwingen möchte –, das sind auch Gesichtspunkte, die nicht auf das Machtmotiv zurückgehen müssen. Das Leben als Spiel oder gar als Tanz aufzufassen, das ist ein Gesichtspunkt, der in vielen östlichen Weltinterpretationen schon seit antiken Zeiten eine große Rolle spielt, denkt man etwa nur an zenbuddhistische Entwürfe. Insofern stellt sich heraus, daß das Machtmotiv oder der Wille zur Macht, den Nietzsche so favorisiert, letztlich doch ein typisch abendländisches Herrschermotiv ist, das ihn in seinen Auffassungen auf den Standpunkt des Beherrschens einschränkt. Mit anderen Worten, Nietzsches Grundmotiv ist von ihm vielleicht deswegen als zentrales Motiv gewählt worden, weil er letztlich doch dogmatisch von einem allumfassenden obersten Prinzip oder von einem einzigen Fundament ausgehen wollte, dem der Bemächtigung (sei diese nun real oder symbolisch verstanden): Er hat sich damit freilich den Zwang eingehandelt, alles unter diesem Gesichtspunkt interpretieren zu müssen, und gelangt dann zu entsprechenden Einseitigkeiten bzw. Widersprüchen.

Es wäre viel sinnvoller, glaube ich, auch im Abendland noch andere Motive zu entwickeln oder vielleicht wahr- bzw. wiederaufzunehmen: etwa das von Platon beschriebene Motiv des Eros – also die These, daß das, was der Mensch eigentlich begehrt, im letzten Grunde die Gemeinschaft mit einem anderen Wesen, einem anderen Menschen (oder Gott) ist, mit dem man eben bislang keine Gemeinschaft hatte. Selbst das sog. »Begehren« nach dem, was man nicht »besitzt«, *braucht* sich nicht stets als machtförmig zu erweisen: So ist es ja schon von Platon in seinen Dialogen gelegentlich ausgedrückt worden (im *Symposion*, aber auch im *Lysis* oder im *Phaidros* – das sind die Dialoge, die in erster Linie sich um den Eros, die Liebe im weitesten Sinne des Wortes, die Strebung, sich mit anderen zu vereinen, drehen). Das »Besitzen« ist natürlich eine schlechte Deutung und Übersetzung, die schon im typisch abendländischen Sinne gesehen werden kann. Liebe kann aber nicht und das Begehren nach dem Zusammensein braucht nicht als »Besitzenwollen« interpretiert zu werden; eine solche Deutung wäre schon quasi Nietzscheanisch. Letztlich ist das eigentliche Moment bei Platon ja die Liebe zum Schönen, die als eine Stufenfolge durchlaufen werden muß – vom körperlich Schönen bis hin zur Anschauung der Idee des Schönen selbst. Das Schöne ordnet sich nicht dem Nützlichen, bloß Effektiven unter, das übrigens bei Platon keinen Ideenstatus neben dem Wahren, Schönen, Guten erreicht, sondern offenbar dem letzteren spezifizierend untergeordnet wird. Schönheitsliebe mündet für Platon schließlich in die Liebe zur Weisheit, also in die Philosophie, die nach Platon jeden Menschen prägt, der überhaupt erkennt oder den Erkenntnisdrang hat und unter dem Gesichtspunkt der Orientierung an Ideen leben möchte. Diese Orientierung ist natürlich kein Motiv der Macht; insofern hat Nietzsche Schwierigkeiten, dieses Streben als Machtmotiv zu interpretieren, er muß es daher als ein perverses Machtmotiv – das sozusagen unter Verzicht auf eigentliche Macht befolgt wird – interpretieren: Wenn man nicht wirkliche Macht haben kann, muß man sich gleichsam auf symbolische Bemächtigung, auf Erkenntnis einschränken und glauben, daß man durch Erkenntnis letztlich sich die Welt strukturiert und ordnet, was dann wiederum für Nietzsche indirekt die Befriedigung eines Machtmotivs bedeutet. Aber auch dies dürfte sich als zu kurz gegriffen erweisen; wie gesagt, es gibt noch andere Motive.

Mir scheint eigentlich das Motiv des rhythmischen Spieles des Lebens, ja, wenn man so will, das Streben nach dem Mitschwingen, das Motiv des Tanzes, mindestens ebenbürtig oder gleich fruchtbar zu sein wie das Motiv der Macht. Im Grunde kann man natürlich auch »Machtspiele« und »Ellenbogenspiele« usw. formal ähnlich wie erotische Spiele einordnen; auch sie sind dann sozusagen als quasi-ästhetisierte Spielereien aufgefaßt, so ernst sie manchmal werden können und so folgenreich sie auch oft sind.

Man muß also letztlich auch *inhaltlich* über Nietzsche hinausgehen, kann aber trotzdem viele seiner Einsichten als anregend ebenso und wichtig wie richtig werten; er ist in der Tat ein großer origineller Denker und Ideengenerator gewesen, der viele originäre Einsichten gewonnen hat, auch avant la lettre gar eine analytische Philosophie der Sprache und des Antiessentialismus entwickelt hat, was allerdings erst sehr viel später erkannt wurde. Wenn die analytischen Philosophen ihren Nietzsche gut gelesen hätten, dann hätte man sehr viel früher sehen können, daß Nietzsche auch ein analytisch anregender Philosoph von hohen Graden gewesen ist, der viele Erkenntnisse vorweggenommen hat, welche die analytischen Philosophen erst in der zweiten Phase ihrer Entwicklung, also praktisch nach der Kritik und Widerlegung des Neopositivismus der ersten Jahrzehnte, erreicht haben. Nietzsche ist insofern auch mit Wittgenstein zu vergleichen, und manches, was Wittgenstein geschrieben hat, konnte man tatsächlich bei

Nietzsche vorher schon lesen (wie anderes auch bei Lichtenberg, Schopenhauer, Mauthner und Christian Morgenstern)! Für Nietzsche ist es nicht so sehr die Sprache, sondern es sind allgemeiner die perspektivischen Formen der Interpretation, die quasi eine transzendentale gegenstandskonstituierende und erkenntnisermöglichende Funktion einnehmen. Die Sprache liefert uns im Grunde auch nur ein Interpretationsgerüst, Interpretationsmechanismen und -prozesse. Man könnte sagen, das interpretationistische Modell oder die perspektivistische Sicht Nietzsches ist allgemeiner, umfaßt letztlich die gesamte sprachphilosophische Sicht mit und ist insofern vom methodologischen Gesichtspunkt aus vielleicht also systematischer und interessanter als die sprachphilosophischen Varianten, wie sie in den letzten Jahrzehnten besonders entwickelt wurden.

3.2 Das hermeneutische Moment in Martin Heideggers Analytik des Daseins (*E. Kaleri*)

Mit Martin Heidegger und Hans-Georg Gadamer wenden wir uns nun zwei Philosophen zu, die abermals an die hermeneutische Tradition anknüpfen. Geistesgeschichtlich gehören sie zu einer Zeit, da die Rezeption Nietzsches und die Wirkung seiner Philosophie sich bereits entfaltet hatte. Nietzsches Denken gehört zu den geistigen Voraussetzungen ihrer – wie auch noch unserer – Zeit. Die zweite, erweiterte Ausgabe des Willens zur Macht zählt Heidegger selbst, ebenso wie die damals in Angriff genommene Ausgabe von Diltheys *Gesammelten Schriften*, zu den für ihn entscheidenden geistigen Ereignissen, die in die »erregenden Jahre zwischen 1910 und 1914« fielen (vgl. Pöggeler 1963, 25 f.). Heidegger sieht in Nietzsches Philosophie, mit der er sich seit den dreißiger Jahren intensiv in Lehre und Forschung auseinandersetzt (vgl. GA 43, 44, 47, 49, 52), das Ende der Metaphysik (vgl. Heidegger 1961).* Für Gadamer bildet Nietzsches Kritik am Bewußtseinsbegriff eine der philosophischen Grundlagen des Den-

* Heideggers Werke werden nach den im Literaturverzeichnis angegebenen Ausgaben zitiert; *Sein und Zeit* ist durch SZ, die übrigen Bände der Gesamtausgabe sind durch GA abgekürzt; aus anderen Ausgaben zitierte Schriften werden durch das Erscheinungsjahr gekennzeichnet.

kens des 20. Jahrhunderts überhaupt (vgl. Gadamer GW 4, 11 ff.).
Heidegger ist einer der ersten Philosophen, die sich mit Diltheys Philosophie eingehend auseinandersetzen und diese auch in einigen wesentlichen Zügen weiterführen. Er knüft an Diltheys Offenbarung des Lebens als der primären Schicht, worin sich Wirklichkeit allererst konstituiert und damit auf fundamentaler Ebene Welt erfaßt wird, an (vgl. GA 20, 19 ff.). Auch wenn seine Frage dabei eine ontologische ist – im Unterschied etwa zu Diltheys erkenntnistheoretischer Fragestellung – geht er ähnlich wie dieser davon aus, daß die Philosophie, selbst um ihre abstraktesten Fragen zu beantworten, wie die Frage nach dem Sinn von »Sein«, beim je einzelnen Individuum und der gesamten »Faktizität« seiner Seinsweise anzusetzen hat und dabei nicht anders als »hermeneutisch«, in einem noch zu klärenden Sinn, vorgehen kann. Sein Hauptwerk *Sein und Zeit* (1927, zit. n. 1979) stellt den Versuch dar, diese im Dienst der Philosophie stehende hermeneutische Aufgabe einzulösen. Auf seine Beziehung zu Dilthey geht Heidegger selbst im eigens diesem Thema gewidmeten § 77 von *Sein und Zeit* ein; allerdings gehen die dort gegebenen Erläuterungen über einige allgemeine, nicht besonders ausgeführte Hinweise, die sich zudem an Äußerungen des Grafen Yorck orientieren, nicht hinaus. Auch für den heutigen Stand der Forschung gilt aber, daß die systematischen und wirkungsgeschichtlichen Beziehungen zwischen Diltheys und Heideggers hermeneutischer Philosophie noch nicht umfassend genug und endgültig aufgeklärt sind. Die noch sehr divergierenden Thesen dazu und überhaupt zur Stellung Heideggers innerhalb der philosophischen Hermeneutik, die in der Diskussion vertreten werden (vgl. Figal 1988, Grondin 1991, Ineichen 1991), sind wohl ein Indiz dafür, daß die Rezeption beider Philosophen noch nicht das Stadium einer gewissen Ausgereiftheit erreicht hat. Daß dies bei Dilthey durchaus der Fall ist, wurde oben schon bemerkt; in etwas geringerem Maß gilt das gleiche aber auch von der Philosophie und dem Werk M. Heideggers.
Im Zusammenhang und aus der Perspektive der Ausführungen in diesem Buch, ließe sich Heideggers Anknüpfen an Dilthey vielleicht folgenderweise in groben Zügen umreißen:
a) Ähnlich wie Dilthey und gemeinsam mit ihm in Kants wirkungsgeschichtlicher Traditionslinie stehend verbindet Heidegger

die philosophische Grundlegungsaufgabe mit einer Einsicht in die Strukturen, die dem Bewußtsein immanent sind. Bei Heidegger wird dieses Konzept freilich in die Figur des *Daseins* fortentwikkelt: Nicht nur wird die Kategorie des »Seins« »in allem Erkennen, Aussagen, in jedem Verhalten zu Seiendem, in jedem Sich-zu-sich-selbst-verhalten« vorausgesetzt (SZ 4); das Subjekt aller dieser Tätigkeiten, das wir Menschen sind, hat vielmehr für Heidegger *selbst einen Bezug zur Frage nach dem Sein* (vgl. 8); es ist gegenüber anderem Seienden gerade dadurch *ontisch* ausgezeichnet, daß es sich in seinem Sein versteht (vgl. ebd.). Seiendes, dem es in seiner Art zu sein um sein Sein geht, das also einen Bezug zu seinem Sein hat, nennt Heidegger das »Dasein«. Das Dasein *ist* »in der Weise eines Verstehens von Sein« (ebd.). In diesem Sinn sagt Heidegger auch, die »ontische« Auszeichnung des Daseins liege darin, »daß es ontologisch *ist*« (ebd.). Die traditionelle philosophische Frage nach dem Sinn von Sein kann deshalb nicht gleichermaßen fundamental an jeder beliebigen Art von Seiendem ansetzen, sondern muß bei der Frage nach dem Sein dieses ausgezeichneten Seienden, also des Daseins, ihren Ausgang nehmen (6 ff.). So wird die philosophische Grundlegungsaufgabe an eine *Analytik des Daseins* gebunden.

b) Mit Dilthey macht Heidegger ferner den Schritt über Kant hinaus, indem er bei dieser Analyse des Daseins nicht von einem speziellen Bereich, wie etwa Kant von dem der Naturerkenntnis, sondern von einer fundamentaleren Schicht ausgeht, nämlich der gesamten Faktizität des Lebens. Noch konsequenter als Dilthey arbeitet Heidegger die Fundamentalität dieser Schicht, *ihre Vorgängigkeit gegenüber jeder Art diskursiver Erkenntnis* und ihre Struktur heraus.

c) Und schließlich geht er selbst *über Dilthey hinaus*, indem er die Aufgabe einer philosophischen Grundlegung des Phänomens der Welt nicht mehr im Sinne der Erkenntnistheorie, sondern als *Ontologie* auffaßt. Denn das Sein von Seiendem ist zwar nicht absolut, sondern nur als »Gefragtes«, also in Abhängigkeit von einer Instanz, die danach fragt (vgl. 5 ff.), nämlich dem Dasein, und in Abhängigkeit von einer bestimmten Hinsicht, in der danach gefragt wird, faßbar. Diese Abhängigkeit gehört unabdingbar zur Struktur der Frage nach dem Sinn von »Sein«. Dennoch handelt es sich aber um das Sein von Seiendem *als an sich gedachtem* und nicht in Relation zu anderem, das dabei offengelegt wird.

Aufgrund dieser Abhängigkeit von der Perspektive des Fragenden ist bei Heidegger die ontologische Frage auch keine metaphysische mehr; eine immanente Ontologie erscheint hier möglich. Heidegger versteht seine Ontologie als Phänomenologie, deren Methode jedoch, anders als bei seinem Lehrer Husserl, eine Hermeneutik sein müßte (vgl. dazu 34-39). Wohl in Anspielung auf Dilthey, den seine eigene Einsicht in die fundamentale Rolle des historischen individuellen Lebens schließlich zu der Auffassung führte, Philosophie sei auf der Grundlage geschichtswissenschaftlicher Begriffsbildung möglich, schreibt Heidegger (10):

So ist z. B. das philosophisch Primäre nicht eine Theorie der Begriffsbildung der Historie, auch nicht die Theorie historischer Erkenntnis, aber auch nicht die Theorie der Geschichte als Objekt der Historie, sondern die Interpretation des eigentlich geschichtlich Seienden auf seine Geschichtlichkeit.

Mit anderen Worten, die Aufgabe einer philosophischen Grundlegung der geschichtlichen Welt besteht vor allem darin, *einen Begriff der Geschichtlichkeit* oder des *Geschichtlichen* überhaupt erst theoretisch zu entwickeln. Entsprechend deutet Heidegger auch schon Kants Leistung um (10 f.):

So beruht denn auch der positive Ertrag von Kants *Kritik der reinen Vernunft* in der Herausarbeitung dessen, was zu einer Natur überhaupt gehört, und nicht in einer ›Theorie‹ der Erkenntnis. Seine transzendentale Logik ist apriorische Sachlogik des Seinsgebietes Natur.

Zum Begriff des Verstehens stößt Heidegger in seiner Analytik des Daseins vor. Als primäre ontologische Bestimmung des Daseins betrachtet er das »In-der-Welt-Sein«; aus der Entwicklung des Begriffs dieser »a priori notwendigen Verfassung des Daseins« (53) gewinnt Heidegger die Grundlagen für seine Theorie des Daseins. Dies erfolgt in folgenden Schritten: zunächst wird der darin enthaltene Begriff des »In-seins« erklärt, dies führt weiter zu einer Offenlegung gleichermaßen eines fundamentalen Zugs der Seinsweise des Daseins *und* der innerweltlich begegnenden Dinge und letztlich zur Entwicklung seines Begriffs von Welt überhaupt. Der systematische Zusammenhang, den Heideggers Analyse des Phänomens des In-der-Welt-Seins offenlegt, weist dabei eine Struktur auf, die mit gewisser Berechtigung als hermeneutisch bezeichnet werden kann. Auf jeden Fall läßt sich der Faden zurückverfolgen, der Heideggers Position mit genuin hermeneutischen Standpunkten und insbesondere mit Gedanken, die zuerst von Dilthey erwogen wurden, verbindet. Im Hinblick auf diese bestehenden Zusammenhänge läßt sich seine Philosophie durchaus im Sinne einer Transformation und Weiterentwicklung hermeneutischen Gedankenguts verstehen. Die nachfolgende kurze Darstellung soll vor allem diese hermeneutischen Momente bzw. ihre Transformation in Heideggers Philosophie herausarbeiten. Entsprechend ihrer Fragestellung erhebt sie dann auch nicht den Anspruch, eine erschöpfende Rekonstruktion des Ansatzes Heideggers zu liefern. Weder wird auf die Beziehung seiner Philosophie zu anderen Schulen eingegangen – wie etwa der phänomenologischen und der existenzialistischen –, noch wird seine eigene hermeneutisch-philosophische Leistung, nämlich die temporale Auslegung des Verstehens als des Seins des Daseins, dargelegt. Bereits im einleitenden Kapitel von *Sein und Zeit* schreibt Heidegger (13): »Zum Dasein gehört aber wesenhaft: Sein in einer Welt.« Das »In-sein« in dieser Bestimmung ist *nicht* im Sinne einer räumlichen Relation zu verstehen; es stellt nicht eine räumliche Beziehung zwischen zwei voneinander unabhängigen Seienden, nämlich dem Dasein und der Welt, her. Es bedeutet vielmehr die besondere Art und Weise, in der das Dasein seine Beziehung zum ihm begegnenden Seienden versteht; diese Beziehung charakterisiert Heidegger als *Sorge*: *das In-der-Welt-Sein des Daseins hat die Struktur der Sorge um ... oder des Besorgens*. Als verschiedene Weisen dieses Besorgens zählt Heidegger »zutunhaben mit etwas, herstellen von etwas, bestellen und pflegen von etwas, verwenden von etwas, aufgeben und in Verlust geraten lassen von etwas, unternehmen, durchsetzen, erkunden, befragen, betrachten, besprechen, bestimmen ...« auf (56 f.). Bei allen diesen Tätigkeiten, die spezielle *Konkretisationen* der Seinsweise des Daseins darstellen, interessiert hier *nicht* die relationale Oberflächenstruktur der sprachlichen Fassung, sondern vielmehr ihre »ontologische« Grundstruktur, also die ihnen allen gemeinsam zugrunde liegende und das Sein des Daseins auf fundamentaler Ebene charakterisierende Struktur. Sie weist nach Heidegger den Charakter der *Sorge* um ..., des Sich-Richtens oder Sich-Beziehens auf etwas um des eigenen Seins willen auf. Daß Sorge ein Sich-Richten auf etwas um des eigenen Seins willens sei, ist aber nicht im alltäglich trivialen Sinn der Sorge um das eigene (Über)Leben, sondern in einem ontologischen Sinn zu verstehen; dies muß nun erläutert werden.

Heidegger legt diese Grundstruktur und ihre ontologische Bedeutung für das Dasein, für die Art und Weise, wie Dasein sein Sein versteht, in folgender Weise auseinander: Daß die primäre Seinsweise des Daseins der *(be)sorgende* Umgang ist, bedeutet zunächst, daß sich ihm ein anderes Seiendes primär im Modus einer *Dienlichkeit* für es selbst oder einer Bewandtnis, die es damit für das Dasein hat, als Seiendes zeigt. Ein nicht-daseinsmäßiges Seiendes begegnet innerweltlich nur in dem Sinne, daß es im Modus einer Bewandtnis für das Dasein konstituiert wird (83). Die primäre Seinsweise des nicht-daseinsmäßig Seienden ist demnach die Dienlichkeit oder Bewandtnis oder wie Heidegger auch sagt, die »*Zuhandenheit*«, das heißt: das Zu-etwas-sein (69). Nach dieser engen Festlegung des Begriffs des »In-seins« kann man übrigens Heidegger zufolge nicht sagen, daß nicht-daseinsmäßiges Seiendes *in* der Welt sei; es *begegnet* lediglich *innerweltlich als etwas*, das in seiner Art zu sein *auf etwas, worum willen es als solches ist, angewiesen ist* (83 f.). Die Struktur des »Um-zu«, des Seins *zu* etwas, ist also »konstitutiv« für das nicht-daseinsmäßige Seiende, das damit prinzipiell den Charakter des *Zeugs* hat. Die innerweltlich begegnenden Dinge weisen danach eine immanente strukturelle Zweckhaftigkeit auf; das bedeutet, sie werden primär in Ansehung eines Um-zu, oder eines Zweckes *als Dinge* ausgemacht bzw. »entdeckt«. Da der besorgende Umgang als *primäre Seinsweise* des Daseins aufgefaßt wird, so bedeutet dies aber umgekehrt auch, daß das Dasein primär in der Weise *ist* oder gerade dadurch *als Dasein konstituiert wird*, daß sich ihm Dinge gemäß seines (be)sorgenden Umgangs als *dienlich zu etwas* zeigen. Denn die ihnen jeweils immanenten, konstitutiven Zwecke sind eben nichts anderes als *Funktionen der Sorge des Daseins*. Indem sich das Dasein in seiner (be)sorgenden Seinsweise auf Zwecke hin ausrichtet, *verhält* es sich nicht nur zu den Dingen, sondern gleichzeitig zum eigenen Sein selbst. Die Zwecke, die es ›ins Auge faßt‹, sind letztlich *seine* Zwecke, genauer gesagt: der Zweck*zusammenhang*, innerhalb dessen sich ihm die Dinge »entdecken«, ist die ihm, als einem Seienden, das einen Bezug zu seinem Sein herstellt, konstitutiv zugrunde liegende Einheit. So kann Heidegger schreiben (84): »Das primäre ›Wozu‹ ist ein Worum-willen. Das ›Umwillen‹ betrifft aber immer das Sein des *Daseins*, dem es in seinem Sein wesenhaft um dieses Sein selbst geht.« Indem das Dasein sich (be)sorgend Dinge erschließt, bezieht es sich auch auf das eigene

Sein oder verhält es sich auch zum eigenen Sein. Diese Möglichkeit des Daseins, sich zum eigenen Sein zu verhalten oder anders ausgedrückt: sich zu bilden, die wesenhaft zum Dasein gehört, nennt Heidegger »Existenz« – insofern »existiert« nach ihm nur daseinsmäßig Seiendes –; und die Begriffe, durch welche die strukturellen Momente dieses Verhaltens sowie seine verschiedenen Formen erfaßt werden, nennt er »Existenzialien« (vgl. 12 f.). (Den traditionellen philosophischen Begriff der Kategorie behält Heidegger nur als Bezeichnung für Bestimmungen der Seinsweise des nicht-daseinsmäßig Seienden bei.) Es sei noch darauf hingewiesen, daß Heidegger zwar vom »Um-zu«-Charakter der Dinge, jedoch – anders als wir oben formuliert haben – nicht von Zwekken spricht; dies geschieht, einerseits um den fundamentalen Charakter seiner Erörterung hervorzuheben, die an einer aller diskursiven Erfassung *vorausliegenden* Ebene ansetzt, andererseits wohl auch um die *dem Ding immanente* Um-zu-Struktur zum Ausdruck zu bringen und das Mißverständnis eines bereits ausgestatteten, Zwecke setzenden Subjekts, das sich ebenso feststehender Dinge bedient, zu vermeiden. Da Zwecke das sind, worauf Dinge in ihrer konstitutiven Abhängigkeit vom besorgenden Umgang des Daseins *verweisen*, spricht Heidegger eher von »Verweisung« und der »Verweisungsganzheit« oder dem »Verweisungszusammenhang«, in der/dem sich Dinge als solche entdecken lassen (z. B. 68, 70, 83 ff.). »Seiendes ist darauf hin entdeckt«, schreibt Heidegger (84), »daß es als dieses Seiende, das es ist, auf etwas verwiesen ist«.

Mit der Einführung der Begriffe des Daseins als des *Worum-willen der innerweltlich begegnenden Dinge* und der innerweltlichen Dinge als *zu etwas Seiender* in wechselseitiger Abhängigkeit voneinander bestimmt Heidegger nicht zuletzt auch seinen Begriff von *Welt*.

a) Es handelt sich zunächst um einen Begriff, der auf der Grundlage der *Praxis* aufgebaut ist. Welt besteht danach in der aus dem (be)sorgenden Umgang des Daseins, also aus der menschlichen Praxis, resultierenden Verweisungsganzheit der Dinge. In der im Wintersemester 1925/26 gehaltenen Logik-Vorlesung schreibt Heidegger in eben diesem Sinn *des Primats der Praxis* (GA 21, 144):

[...] was zuerst – in einem noch zu bestimmenden Sinne – »gegeben« ist, ist das zum Schreiben – zum Aus- und Eingehen, – zum Beleuchten – zum Sitzen, d. h. Schreiben, Aus- und Eingehen, und dgl. sind etwas, worin wir uns von vornherein bewegen: was wir kennen, wenn wir uns auskennen und was wir lernen, sind diese Wozu.

Heidegger entwickelt zwar seine Theorie des nicht-daseinsmäßig Seienden am Paradigma der Gebrauchsgegenstände; doch diese dienen ihm nur als die geeignetsten Beispiele, um seine Gedanken zu veranschaulichen. Prinzipiell gilt aber, daß jeglicher Gegenstand, »Seiendes« überhaupt, wie oben zitiert wird, zunächst unter dem Modus der Bewandtnis oder der »Zuhandenheit« entdeckbar wird, »Zuhandenheit« also die ursprünglichere Seinsweise der Dinge gegenüber der puren *Vorhandenheit* der erkenntnistheoretischen Relation ist. Weltverständnis entsteht zunächst im handelnden Umgang; dort erst werden Dinge ausgemacht und zwar als *zu etwas (dienlich) seiende*. Dies ist keine begrifflich-diskursive Erkenntnis von/über Dinge. Die »Relation« und »Relate« des Um-zu, des Um-willen, des Womit einer Bewandtnis sind auf dieser primären Ebene der Lebenspraxis »nichts Gedachtes, in einem ›Denken‹ erst Gesetztes, sondern Bezüge, darin besorgende Umsicht als solche je schon sich aufhält« (SZ 88), mit anderen Worten, es sind Bezüge, die aufgrund der Struktur des Handelns selbst bestehen. Heidegger verweist auf das griechische Wort für Ding πραγμα, das in seiner Herkunft aus dem Verb πραττω, in seiner Verwandtschaft mit dem Substantiv πραξις, gerade diese *»pragmatische« Bedingtheit der Konstitution von Gegenständen* zum Ausdruck bringt.
(Be)sorgender Umgang und damit einhergehendes Weltverständnis ist allerdings bei Heidegger nicht als eine Art solipsistischer Vorgang auf ein je einzelnes Dasein bezogen. Vielmehr gehört zu den wesenhaften Bestimmungen des Daseins das »Mitsein« (117 ff.), das heißt, das Verstehen eines anderen Seienden ebenso als eines »Worum-willen« der innerweltlichen Dinge, und zwar so, daß dieser Andere »[...] seinem eigensten Sein-Sinn entsprechend In-Sein in derselben Welt« ist (123). Daß »Mitsein« als daseinsmäßiges Sein *in derselben Welt* aufzufassen ist, bedeutet aber, daß sich jedem Welt aus demselben Verweisungszusammenhang heraus erschließt. Dies wiederum ist nur im Sinne einer Gemeinsamkeit des praktischen Verhaltens, eines gemeinsamen Handelns bzw. Handlungssystems möglich oder wenigstens aus einem strukturgleichen. Praxis bedeutet hier also die sich in einer Gemeinschaft herauskristallisierende *Gemeinsamkeit des Handelns*.

b) Es handelt sich ferner um einen Weltbegriff, der jenseits der traditionellen Trennung zwischen Subjekt und Objekt liegt (57):

Der Mensch ›ist‹ nicht und hat überdies noch ein Seinsverhältnis zur ›Welt‹, die er sich gelegentlich zulegt. Dasein ist nie ›zunächst‹ ein gleichsam in-sein-freies Seiendes, das zuweilen die Laune hat, eine ›Beziehung‹ zur Welt aufzunehmen. Solches Aufnehmen von Beziehungen zur Welt ist nur möglich, *weil* Dasein als In-der-Welt-sein ist, wie es ist. Diese Seinsverfassung entsteht nicht erst dadurch, daß außer dem Seienden vom Charakter des Daseins noch anderes Seiendes vorhanden ist und mit diesem zusammentrifft. ›Zusammentreffen‹ kann dieses andere Seiende ›mit‹ dem Dasein nur, sofern es überhaupt innerhalb einer *Welt* sich von ihm selbst her zu zeigen vermag.

In zweierlei Hinsicht wird bei diesem Modell die traditionelle Subjekt-Objekt-Trennung überwunden: Zum einen dadurch, daß die Perspektive der erkenntnistheoretischen Relation überhaupt in Richtung auf eine systematisch vorzuordnende Schicht transzendiert wird; und zum anderen, indem aufgewiesen wird, daß in fundamentalontologischer Hinsicht eine analytisch-systematische Trennung des Begriffs eines handelnden Subjektes vom Begriff der seinem Handeln dienlichen Dinge nicht durchführbar ist. Dinge sind hier in ihrem Um-zu-Charakter systematisch mit der Bildung des handelnden Subjekts als solchen verbunden; und unabhängig vom handelnden, (be)sorgenden Umgang des Daseins sind Dinge gar nicht entdeckbar. Daß gerade diese Schicht des (be)sorgenden Umgangs die fundamentalere Schicht des Weltbezugs ist, zeigt sich nicht zuletzt darin, daß erst auf ihrer Grundlage die erkenntnistheoretische Relation als möglich aufweisbar ist. Die erkenntnistheoretische Beziehung des Subjekts zu Gegenständen, die in der Terminologie des obigen Zitats eine Form des »Zusammentreffens« des Daseins mit anderen Seienden wäre, wird überhaupt erst möglich, weil der Gegenstand primär schon als Bezugsgegenstand des Daseins im Hinblick auf die Zweck-Struktur des Lebensumgangs konstituiert wird.

c) Es handelt sich schließlich, worauf bisher nicht hinreichend explizit hingewiesen wurde, um einen holistischen Weltbegriff, in dem die Bestimmung eines Seienden aus seiner Dienlichkeit zu etwas immer auf die Dienlichkeit eines weiteren Seienden zu etwas verweist; anders gesagt: ein Seiendes ist als Zuhandenes nur entdeckbar unter Voraussetzung des gesamten Verweisungssystems, innerhalb dessen es dem Dasein begegnet.

Zeug ist in seiner Zeughaftigkeit entsprechend immer aus der Zugehörigkeit zu anderem Zeug: Schreibzeug, Feder, Tinte, Papier, Unterlage, Tisch, Lampe, Möbel, Fenster, Türen, Zimmer. Diese ›Dinge‹ zeigen sich nie zunächst für sich, um dann als Summe von Realem ein Zimmer auszufüllen. Das Nächstbegegnende, obzwar nicht thematisch Erfaßte, ist das Zimmer, und dieses wiederum nicht als das ›Zwischen den vier Wänden‹ in einem geometrischen räumlichen Sinne – sondern als Wohnzeug. Aus ihm heraus zeigt sich die ›Einrichtung‹, in dieser das jeweilige »einzelne« Zeug. Vor diesem ist je schon eine Zeugganzheit entdeckt (68 f.).

Und an späterer Stelle formuliert Heidegger abstrakter (85): »Bewandtnis selbst als das Sein des Zuhandenen ist je nur entdeckt auf dem Grunde der Vorentdecktheit einer Bewandtnisganzheit.« Diese gegenseitige Bedingtheit von Bewandtnis und Bewandtnisganzheit bildet für Heidegger die Grundlage für das Phänomen des hermeneutischen Zirkels.

d) In innersystematischer Hinsicht ist Welt für Heidegger eine grundlegende *Form*, in der *das Dasein sich zu seinem Sein verhält*; Dasein bildet sein Sein im praktischen Umgang, indem es sich als Träger, im Sinne des Worum-willen, eines Verweisungssystems der Dinge versteht. In diesem Sinn ist Welt ebenso wie In-der-Welt-sein ein Existential. Aus methodologisch rekonstruierender Sicht könnte man wiederum sagen, die von Heidegger herausgearbeitete wesenhafte Struktur von Welt, also sein Begriff der »Weltlichkeit« (83-88), steckt den strukturellen *Rahmen* ab – oder dimensioniert und schafft damit den Raum –, innerhalb dessen die Begriffe des Daseins und des Dings in gegenseitiger Abhängigkeit voneinander bestimmbar werden. Mit diesen »Raum-Metaphern« kommt diese methodologische Erläuterung allerdings dem Heideggerschen Gebrauch des Begriffs des »In-seins« als Bestimmung der Beziehung des Daseins zur Welt bemerkenswert nach. Wenn das Dasein dadurch Bezug auf sein Sein nimmt oder auf sich verweist, daß es sich Dinge in ihrer Dienlichkeit zu etwas und damit in ihrer Verweisung auf etwas zeigen läßt, so ist danach Welt das strukturelle Raster, innerhalb dessen solche Verweisungen überhaupt erst möglich sind. Damit wird auch Heideggers berühmte Chiffre zum Begriff der Welt verständlich (86): »Das Worin des sichverweisenden Verstehens als Woraufhin des Begegnenlassens von Seiendem in der Seinsart der Bewandtnis ist das Phänomen der Welt.«

Nach dieser Vorbereitung ist es nun relativ leicht, die Frage zu diskutieren, inwiefern dieses Modell hermeneutische Züge oder jedenfalls eine gewisse hermeneutische Erbschaft trägt. Die Besonderheit von Heideggers Ansatz liegt im Gedanken, daß das praktische Verhalten, das, was er den (be)sorgenden Umgang des Daseins nennt, die fundamentale Ebene bildet, auf der ein Seinsverständnis, also das Bewußtsein, *daß etwas ist*, primär hergestellt wird. Nicht im Modus der erkenntnistheoretischen Beziehung zur Welt entdeckt ein Subjekt primär die Gegenstände, denen es sich dann im Handeln bedient, sondern umgekehrt im Handeln und unter der Bedingung seiner Ausgerichtetheit auf etwas werden primär Gegenstände als »Zuhandene« erschlossen. Im handelnden Umgang des Daseins *erschließt sich ihm primär etwas als etwas* unter dem Gesichtspunkt des »Wozu« seiner Dienlichkeit. Ein Ding, so das immer wieder benutzte Beispiel Heideggers, erschließt sich dem Handelnden im entsprechenden Gebrauch schon als ein Zeug zum Hämmern; »das Hämmern selbst entdeckt die spezifische ›Handlichkeit‹ des Hammers« (86). Das »Wozu« der Dienlichkeit bzw. das, woraufhin etwas als etwas letztlich erschließbar wird, muß aber dem Gebrauchenden *im voraus erschlossen sein*, anders läßt sich das Besorgen oder das Handeln gar nicht ausführen. Das bedeutet aber: als in der Welt Seiendem, im weiter oben dargelegten Sinn, ist dem Dasein das, woraufhin etwas als innerweltlich begegnendes Seiendes sich zeigt, vorgängig erschlossen. Heidegger nennt dieses »vorgängige Erschließen dessen, woraufhin die Freigabe des innerweltlichen Begegnenden erfolgt« *das Verstehen von Welt*; und die *Als-Struktur* der auf diese Weise sich zeigenden Dinge eine *hermeneutische*. Mit welcher Berechtigung hier die hermeneutische Begrifflichkeit in Anspruch genommen wird, um Strukturen des praktischen Verhaltens zu erfassen, ist allerdings zunächst unklar. G. Figal (1982, 91) spricht sogar davon, daß Heidegger dem Begriff des Verstehens durch diese Verankerung in der Praxis eine »antihermeneutische Wendung« gebe. Es ist also im folgenden zu fragen, in welchem Sinn diese handelnde Aneignung von Welt nach Heidegger ein Deuten ist.

Ohne Zweifel handelt es sich hier nicht um Verstehen von Sprache oder von Rede; Weltverständnis als Sich-Auskennen oder Vertrautsein mit dem, woraufhin Dinge im besorgenden Umgang sich zeigen, wird hier als eine *praktische, aller sprachlichen Bewältigung vorgelagerte Disposition des Daseins* aufgefaßt. Dennoch

sind diesem Umgehen-Können nach Heidegger gewisse »*theoretische*« und das heißt wohl *formgebende, schematisierende Züge immanent*. In seiner Ausgerichtetheit auf ein Um-zu, im Worumwillen einer Verweisungsganzheit legt das praktische Verhalten bereits eine *Sicht*, eine Perspektive, fest, welche als Bedingung für die Entdeckbarkeit von Dingen als von dieser Sicht her konstituierbaren Einheiten dient. Es ist das praktische Verhalten selbst, dem eine solche Sicht zugrunde liegt; bereits im Gebrauch wird das Um-zu eines Dings und damit die Sicht, unter der es sich als etwas zeigt, »unterstellt«; »je zugreifender es gebraucht wird«, schreibt Heidegger (SZ 69), »um so ursprünglicher wird das Verhältnis zu ihm, um so unverhüllter begegnet es als das, was es ist, als Zeug.« Und er fährt kurz darauf fort (ebd.): »Der gebrauchend-hantierende Umgang ist aber nicht blind, er hat seine eigene Sichtart, die das Hantieren führt und ihm seine spezifische Sicherheit verleiht.« So ist nach Heidegger (ebd.) das praktische Verhalten »[...] nicht ›atheoretisch‹ im Sinne der Sichtlosigkeit, und sein Unterschied gegen das theoretische Verhalten liegt nicht nur darin, daß hier betrachtet und dort *gehandelt* wird, und daß das Handeln, um nicht blind zu bleiben, theoretisches Erkennen anwendet, sondern das Betrachten ist so ursprünglich ein Besorgen, wie das Handeln seine Sicht hat.« Als ersten hermeneutischen Zug dieses Modells ließe sich somit die Festlegung einer Sicht oder einer Perspektive angeben als eines der Faktizität des handelnden Umgangs immanenten Strukturmomentes.
Diese Perspektivität ist aber *nicht die okulare Perspektivität der Standortgebundenheit eines Beobachters*. Indem sie von der Eingebundenheit der Dinge im Worum-willen des Besorgens herrührt, ist sie *nicht* etwa für die *Erscheinung* (an sich seiender) Dinge maßgeblich, sondern für das Sein der *innerweltlich begegnenden Dinge* – und anders begegnen Dinge gar nicht! – *mitkonstitutiv*. Die Dinge erscheinen hiernach primär nicht einem Subjekt unter gewissen Perspektiven, sondern sie *sind* das, als was sie unter der Sicht des Wozu bzw. des Worumwillen entdeckt werden. Wenn nach Heideggers Formulierung der »theoretische« Zug in der Struktur des praktischen Verhaltens darin besteht, daß eine Sicht in der Form eines impliziten Wozu bzw. eines Worum-willen festgelegt wird, so könnte man sagen, daß dieses primäre Erschließen von etwas als etwas eine der Struktur des praktischen Verhaltens immanente implizite »theoretische« Leistung sei.

Freilich sind mit »theoretisch« in beiden Fällen nur Strukturen und Systematisierungen gemeint, die dem praktischen Verhalten selbst zugrunde liegen und nicht etwa Resultate einer gezielten diskursiven oder gar wissenschaftlichen Betrachtung. Der Aufweis von etwas als etwas im Sinn der primären Konstitution auf der Grundlage der Praxis ist nach Heidegger ein Vorgang, der in systematischer Hinsicht *vor* aller Aussage liegt. In diesem Sinn unterscheidet er zwischen dem *hermeneutischen Als*, das vorprädikativen Charakter hat, und einem *apophantischen Als*, dessen Aufweis von etwas als etwas (etwa einer Tafel als schwarz) semantisch im Sinn der Prädikation bei wahrheitsdefiniten Aussagen rekonstruiert werden könnte (also im Beispiel als eine Aussage »die Tafel ist schwarz«). Aussagen in diesem Sinn sind wahr oder falsch je nachdem, ob das, was in ihnen vom Subjekt ausgesagt wird, zutrifft oder nicht. Von einem Zutreffen oder Nicht-Zutreffen von Bestimmungen zu sprechen, ist nur möglich, wenn das Subjekt der Aussage bereits zugänglich geworden ist. Die Prädikation der theoretischen Aussagen der Wissenschaft und deren Anspruch auf Wahrheitsdefinitheit ist erst danach auf der Grundlage eines vorgängigen Zugangs zum Subjekt dieser Aussagen möglich. Gerade dies, die primäre Erschließung eines Dings in seiner *Wirklichkeit* innerhalb einer Welt, leistet der hermeneutische Aufweis von etwas als etwas nach Heidegger (vgl. GA 21, 143 ff., SZ 153 ff.).

Die »theoretische« Leistung besteht nun darin, daß etwas Unbestimmtes nun als eine *bestimmbare Einheit* erschlossen wird; das Prinzip dieser Einheit ist das Wozu der Dienlichkeit; auf dieses hin wird etwas primär als eine bestimmbare Einheit, *als etwas* erschlossen. Die Struktur von Heideggers hermeneutischem Als ist somit die der impliziten, d. h. nicht begrifflich-ausdrücklichen Konstitution eines Individuums unter dem Prinzip der Einheit eines funktionalen Zusammenhangs. *Strukturell das gleiche* leistet allerdings auch das Verstehen sprachlicher Äußerungen, wie in Kap. 2 ausführlich dargelegt wurde (vgl. auch Kap. 3.3). Ein Text *bedeutet etwas*, sofern es gelingt, seine einzelnen Komponenten in einen funktionalen Zusammenhang auf eine Einheit hin zu integrieren. Die von Heidegger beschriebene Struktur des praktischen Verhaltens weist also im Phänomen der Erschlossenheit von etwas als etwas eine Analogie zum Verstehen einer sprachlichen Äußerung auf. Gerade diese Analogie bildet wohl für Heidegger das

Motiv, die Weise der primären Erschlossenheit von innerweltlich Seiendem als eine »hermeneutische« zu bezeichnen. Heidegger sieht diese Analogie durchaus selbst. Unter Hinweis auf Platons Bestimmung der Rede als Rede von etwas (λογος τινος) im *Sophistes* erklärt er, daß Rede im Hinblick auf etwas, was sie bedeutet, »*zu einem* Wortganzen zusammengesetzt« werde (159, vgl. auch GA 21, 142 f.). Im Phänomen der Erschlossenheit von etwas als etwas wird – freilich in einer allem Sprachverstehen vorausliegenden Weise, nämlich im praktischen Beherrschen des Woraufhin – ebenso etwas »auf etwas hin verstanden« (159). Diese Analogie zwischen der Konstitution von Bedeutung im sprachlichen Verstehen und der Erschlossenheit von etwas als etwas im praktischen Verhalten ist für Heidegger nicht zufällig. Im Woraufhin der Erschließbarkeit von Dingen, in dem, was er auch den Verweisungscharakter der als »Zuhandener« erschlossenen Dinge bezeichnet, sieht er den Ursprung des Phänomens der Bedeutung. Indem die Dinge als »zuhandene« immer im Modus der *Verweisung auf etwas* erschlossen sind, *bedeuten* sie; und die Verweisungsganzheit, die je eine Welt ausmacht, nennt Heidegger die »Bedeutsamkeit« (87). Kurz darauf erklärt er (ebd.):

Die Bedeutsamkeit selbst aber, mit der das Dasein je schon vertraut ist, birgt in sich die ontologische Bedingung der Möglichkeit dafür, daß das verstehende Dasein als auslegendes so etwas wie ›Bedeutungen‹ erschließen kann, die ihrerseits wieder das mögliche Sein von Wort und Sprache fundieren.

Und in seiner Logikvorlesung vom Wintersemester 1925/26 erklärt er diese Fundierungsrelation folgenderweise (GA 21, 151, Anm.):

In dem primären Verstehen des Zutunhabens-mit ist das Verstandene oder Be-deutete aufgeschlossen. Damit ist dem Verstehen selbst die Möglichkeit zugewachsen – den Aufschluß, das ›Resultat‹ gleichsam für sich zu nehmen und zu verwahren – das Resultat des Bedeutens ist je eine Bedeutung, nicht etwa eine sogenannte übliche Wortbedeutung, sondern dieser primären Bedeutung kann jetzt ein Wort zufallen.

Heidegger führt diese Problematik sowohl in *Sein und Zeit* als auch in den aus der zeitlichen Umgebung seines Hauptwerks stammenden Vorlesungen nicht besonders aus. Auch diese knappen Hinweise dokumentieren aber den Versuch, das Phänomen der Sprachlichkeit und des Verstehens von sprachlich vermittelter Bedeutung in der Struktur des Handelns bzw. des praktischen Verhaltens oder des (be)sorgenden Umgangs als der fundamentalen Seinsweise des Daseins zu fundieren.

Nachdem nun die Bezüge zu hermeneutischen Figuren und Denkmodellen etwas näher betrachtet wurden, kehren wir auf Heideggers Behandlung des Verstehens und dessen existenziale Bedeutung zurück. Auch hier geht es uns primär darum, Transformationen hermeneutischer Gedanken zu verfolgen. Das Verstehen wurde weiter oben als ein praktisches Beherrschen des Wozu oder der Bewandtnis innerweltlich begegnender Dinge aufgefaßt. Damit ist nichts anderes gemeint als eine Disposition des Daseins, das, woraufhin ein Ding dienlich ist, im gebrauchenden Umgang vorwegzunehmen. Da Bewandtnis immer innerhalb einer Bewandtnisganzheit erschließbar ist, so bedeutet das Verstehen, daß man im Handeln in der Lage ist, die Verweisungsganzheit, innerhalb der sich jeweils ein Ding als zu etwas Seiendes erschließt, zu überblicken bzw. vorwegzunehmen. Vorwegnahme hat aber in diesem pragmatischen Zusammenhang des *praktischen Verhaltens* den Charakter des *Entwurfs*. Es liegt am Dasein selbst, wie es sich Dinge zu etwas dienlich macht und woraufhin es sein Verhalten ausrichtet. Gerade der Um-zu-Charakter des (be)sorgenden Umgangs, als der fundamentalen Seinsweise von Dasein, räumt dem Dasein ontologisch die Möglichkeit ein, sein Sein aus Möglichkeiten entwerfend zu wählen. Das Dasein kann prinzipiell in vielerlei Weise sein; es hat die Freiheit, sein Sein zu entwerfen. Gerade hierin besteht die es gegenüber allen Seienden auszeichnende Existenzialität, nämlich in der Möglichkeit, sich zum eigenen Sein zu verhalten. »Der Entwurf«, formuliert Heidegger in diesem Sinn, »ist die existenziale Seinsverfassung des Spielraums des faktischen Seinkönnens« (145). So ist das Verstehen in innersystematischer Hinsicht nach Heidegger ein Existenzial. Es erfaßt den Modus der *Möglichkeit*, in dem das Dasein sich zu seinem Sein verhält.

Dem Verstehen als *praktischer* vor-sprachlicher Erschlossenheit des Woraufhin einer Verweisungsganzheit stellt Heidegger die *Auslegung* zur Seite. Während das in der Struktur des praktischen Verhaltens festgelegte Verstehen der Entwurf eines Verweisungszusammenhangs auf Möglichkeiten hin ist, d. h. eher ein abstraktes Gerüst liefert, werden in der Auslegung die im Verstehen ent-

worfenen Möglichkeiten »*ausdrücklich*« erfaßt; Heidegger sagt hierfür auch: »*artikuliert*« und »*ausgebildet*« oder »*ausgearbeitet*« (198 f.). Mit diesen Bezeichnungen bringt er zweierlei zum Ausdruck: zum einen, daß Auslegung in einem bestimmten Sinn auf Verstehen basiert; sie macht den im Verstehen entworfenen Verweisungszusammenhang *begrifflich*; sie artikuliert ihn oder macht ihn in diesem Sinn ausdrücklich. Zum anderen, daß sie bei aller Fundiertheit im Verstehen, ein eigener *systematischer Vorgang* ist, der durch das Verstehen nicht determiniert wird.
Daß Auslegung nun im Verstehen basieren soll, ist eine vage Ausdrucksweise, die näher bestimmt werden sollte. Zunächst scheint das Verstehen die materiale Grundlage zu bilden, auf der die Auslegung überhaupt erst möglich wird. So schreibt Heidegger, das im Verstehen Erschlossene sei immer schon so zugänglich, daß an ihm sein »als was« ausdrücklich abgehoben werden könne (149). Die Auslegung »[...] wirft nicht gleichsam über das nackte Vorhandene eine ›Bedeutung‹ und beklebt es mit einem Wert, sondern mit dem innerweltlichen Begegnenden als solchem hat es je schon eine im Weltverstehen erschlossene Bewandtnis, die durch die Auslegung herausgelegt wird« (150). In Umkehrung des traditionellen hermeneutischen Sprachgebrauchs erklärt er (148): »Auslegung gründet existenzial im Verstehen, und nicht entsteht dieses durch jene.« Diese existenziale Abhängigkeit der Auslegung vom Verstehen bringt Heidegger in der von ihm sogenannten Vor-Struktur des Verstehens zum Ausdruck. Die Erschlossenheit von Welt im Verstehen, die sich aus der Struktur des praktischen Verhaltens ergibt, bildet eine Vorgabe für die Aufgabe der Auslegung. Alle Auslegung bewegt sich danach in dieser gekennzeichneten Vor-Struktur. Das Auszulegende muß zuvor im Verstehen erschlossen sein. Auslegung von Sinn oder von Bedeutung ist demnach nur möglich, weil das Verstehen die Struktur der *Erschlossenheit eines Woraufhin oder Wozu des Handelns* hat. Die Auslegung macht den im Woraufhin des Handelns nur impliziten Sinn begrifflich faßbar. Auch diese begriffliche Artikulation von Sinn in der Auslegung ist logisch nicht von der Form der Aussage. Bereits im schlichten Sehen *von etwas* liegt eine solche artikulierende Auslegung (149): »Das schlichte Sehen der nächsten Dinge im Zutunhaben mit... trägt die Auslegungsstruktur so ursprünglich in sich, daß gerade ein gleichsam *als-freies* Erfassen von etwas einer gewissen Umstellung bedarf. Das Nur-noch-vor-sich-Ha-

ben von etwas liegt vor im reinen Anstarren als *Nicht-mehr-verstehen.*« Wenn wir *etwas* sehen, so sehen wir immer etwa einen Tisch, einen Stuhl, ein Haus, einen Baum; und das heißt, wir sehen bereits etwas als einen Tisch, einen Stuhl, ein Haus, einen Baum.

Daß andererseits aber Auslegung gegenüber dem Verstehen ein eigenständiger systematisierender Vorgang ist, kommt in verschiedener Hinsicht zum Ausdruck. So schreibt Heidegger, die Auslegung sei keine bloße »Kenntnisnahme des Verstandenen, sondern die Ausarbeitung der im Verstehen entworfenen Möglichkeiten« (148). Sie ist auch »nie ein voraussetzungsloses Erfassen eines Vorgegebenen« (150), sondern, so wäre wohl hinzuzufügen, eher ein in sich strukturierter Systematisierungsvorgang. Als wesentliche Strukturmomente dieses Systematisierungsvorgangs nennt Heidegger: »Vorhabe«, »Vorsicht« und »Vorgriff« (152). Was mit diesen Chiffren gemeint ist, läßt sich etwa folgenderweise erläutern: a) Die Auslegung nimmt sich einen Gegenstandsbereich vor, der als das Auszulegende gilt (»Vorhabe«). Dieser Gegenstandsbereich liegt zur Auslegung immer nur als bereits verstandener vor, d.h. er wird strukturell von der Art einer Bewandtnisganzheit sein. b) Auslegung erfolgt nur, indem eine Sicht *vorwegnehmend* festgelegt wird, woraufhin der Gegenstandsbereich ausgelegt werden soll (»Vorsicht«). Sie ist wohl angemessenerweise in der Form der Einheit eines funktionalen Zusammenhangs zu denken und gewährleistet die Auslegung zu einer Einheit. c) Auslegung setzt die vorgängige Entscheidung für eine bestimmte Begrifflichkeit voraus, die auf das Auszulegende nach Maßgabe der zugrundegelegten Sicht angewandt wird (»Vorgriff«). Das Auszulegende wird dabei begrifflich faßbar. Auch wenn diese Bestimmungen technisch nicht hinreichend spezifiziert werden, läßt sich sagen, daß Auslegung hier als zumindest *strukturgleicher* Vorgang zum traditionellen hermeneutischen Vorgang der Textauslegung oder der Interpretation augefaßt wird (vgl. 152). Der weiter oben dargelegten Strukturgleichheit des im Verstehen erschlossenen Dings als eines »Zuhandenen« mit der unter dem Gesichtspunkt der funktionalen Einheit erfaßbaren Bedeutung der Rede (als Rede von etwas; λογος τινος) entspricht hier also die strukturelle Gleichheit zwischen dem Auslegen von Verstandenem und dem Auslegen des Sinns sprachlicher Werke. Die Verbindung ist hier ebenfalls über den Begriff der Bedeutsamkeit herstellbar: Das Auslegen des

Woraufhin des im Verstehen Entschlossenen ist ein Auslegen der Bedeutsamkeit einer Bewandtnisganzheit auf eine bestimmte Bedeutung oder ihren Sinn hin.

Auf der Grundlage des Gesagten ließe sich die Auslegung vielleicht am angemessensten als eine begrifflich-theoretische Rekonstruktion des im Verstehen Erschlossenen charakterisieren. Am Beispiel des hier analysierten Alltagsverstehens von Welt würde dies bedeuten, die Auslegung rekonstruiert begrifflich das im praktischen Verhalten sich ausbildende Phänomen des In-der-Welt-Seins. Das Ergebnis einer solchen Auslegung wäre das Verfügen über eine explizite oder aber auch nur implizite (nicht schon sprachlich gefaßte) Alltagstheorie der Welt.

In der obigen Darstellung zeigte sich, daß Heideggers philosophischer Ansatz durchaus im Sinn einer Transformation der hermeneutischen Philosophie und insbesondere als ein Weiterentwickeln einiger Gedanken von Diltheys Philosophie des Lebens verstanden werden kann. Im Unterschied zu Diltheys methodologisch-erkenntnistheoretischer Fragestellung bettet Heidegger jedoch die hermeneutische Thematik in eine Ontologie ein. Die Einheit von Subjekt und Objekt ist hier nicht mehr in der Einheit des Erlebnisses gegeben, sondern sie ist ontologische Bestimmung des Seins von Dasein als In-der-Welt-Seins. Ebenso im Unterschied zu Diltheys Standpunkt, der im Begriff des Erlebens als fundamentaler Form der Welterschließung den idealistischen Zug des Standpunkts Kants im Prinzip bewahrt, liefert Heidegger mit dem Begriff des In-der-Welt-Seins und des Besorgens eine *pragmatische* Grundlegung des Verstehens. Hatte Dilthey bereits das Handeln zum fundamentalen Gebiet des Verstehens erklärt, so geht es Heidegger nicht mehr um ein Verstehen von Handeln, sondern um ein Verstehen *durch* oder *im* Handeln als der grundlegenden Schicht der Erschließung von Welt. In seiner Verbindung dieser Deutungsschicht mit dem Phänomen der Bedeutsamkeit, stellt er, allerdings nur ansatzweise, eine systematische Beziehung zwischen Sprach- und Handlungsverstehen her. Man könnte hier vielleicht – sieht man von weiteren philosophischen Ansätzen ab, deren Anregungen Heideggers Philosophie, wie zu Beginn gesagt wurde, ebenso integriert – von einer ontologischen Deutung und einer pragmatischen Begründung des Phänomens des Verstehens sprechen. Die vorstrukturierende, etwas als etwas bereits konstituierende Leistung des Handelns, sein nicht »atheoretischer«

Charakter, könnte als schematisierend-interpretierende Aktivität aufgefaßt werden, wie sie im sechsten Kapitel dieses Buches ausgearbeitet wird.

3.3 Die Universalität der Hermeneutik bei Hans-Georg Gadamer

(*E. Kaleri*)

Mit Heideggers Wendung zu einer Hermeneutik der Faktizität menschlicher Lebensäußerung und der dabei herausgearbeiteten transzendentalen Stellung des Verstehens und dessen Bedeutung für die Bildung eines Seinsverständnisses überhaupt erfuhr die hermeneutische Problematik, wie im vorigen Abschnitt gezeigt wurde, eine entscheidende Vertiefung. Von nun an kann man von einer *philosophischen Hermeneutik* sprechen, das heißt, von einer Hermeneutik, die mit dem Anspruch eines grundlegenden philosophischen Ansatzes auftritt. In gleichem Zug mit ihrer ontologischen Vertiefung verlor die Hermeneutik jedoch ihren traditionellen Ort als Grundlagenwissenschaft oder Methodologie der Geisteswissenschaften. Für Heidegger ist das Verstehen im Sinne *einer* Erkenntnisart – etwa der geisteswissenschaftlichen, im Gegensatz zur naturwissenschaftlichen der Erklärung – lediglich ein abkünftiger Modus des primären, in der Praxis verankerten Verstehens, in dem ein seinverstehendes Seiendes überhaupt erst konstituiert wird (SZ 143). Dennoch konnte diese Wendung keinen radikalen Bruch bedeuten, erwuchs doch die fundamentalontologische Dimension der Hermeneutik schrittweise aus der Auseinandersetzung mit der Frage nach den Grundlagen *geisteswissenschaftlichen* Verstehens und der erkenntnistheoretischen Fundierung der Interpretation, wie die Entwicklung des Denkens Diltheys und das Anknüpfen Heideggers an dessen Gedanken bezeugt. Wenn Heidegger die ontologische Bedeutung des Verstehens heraushebt und sich dabei bewußt von Diltheys erkenntnistheoretisch-methodologischer Sicht abwendet, so ist damit die Frage nach den Grundlagen des geisteswissenschaftlichen Verstehens nicht eigentlich ausgeräumt, sondern *nur neu gestellt*. Zu fragen wäre nämlich, wie dieses primäre Urphänomen des Verstehens mit dem verstehenden Vorgehen in den Geisteswissenschaften zusammenhängt; inwiefern es legitim ist, in beiden Fällen von

Verstehen bzw. Auslegung und Interpretation zu sprechen; oder anders gesagt: *wie läßt sich vor dem Hintergrund der ontologischen Grundlegung des Verstehens durch Heidegger nun von der verstehenden Erkenntnisweise der Geisteswissenschaften sprechen*? Aber auch in einer zweiten Hinsicht verlor die Hermeneutik in Heideggers Ansatz scheinbar ihre traditionellen Bindungen. Indem Heidegger den *deutenden* Charakter der Vorstrukturierung bzw. der primären Erschließung von Welt *im Handeln* hervorhob, entfernte sich die Hermeneutik von der Problematik des Verstehens sprachlicher Zeichen und Äußerungen (z. B. von Texten), aus der sie historisch gerade hervorging. Auch hier gälte es also zu vermitteln.

Diese Fragen der Vermittlung zwischen der primären Ebene der Erschließung von etwas als etwas und der methodologischen Ebene geisteswissenschaftlicher Erkenntnisformen beschäftigten bereits Heidegger selbst. Im vorigen Abschnitt wurde ausgeführt, wie über den Begriff der Bedeutsamkeit eine Brücke von der Ebene der praktisch erschlossenen Welt zur Sprachlichkeit und zur Sprache geschlagen wird. Intensiv beschäftigt Heidegger die Stellung der Sprachlichkeit im Prozeß des Verstehens dann auch in den späten Jahren. Die Problematik wiederum einer fundamentalontologischen Fundierung des geisteswissenschaftlichen Verstehens bzw. von Diltheys »historischer Vernunft« wird im zweiten Abschnitt von *Sein und Zeit* in einem eigenen Kapitel (SZ, 5. Kap.) thematisiert. Heidegger behandelt diese beiden seiner eigenen Thematik nächstliegenden Fragen allerdings nur kurz und eher in andeutenden Skizzen. Seine späten Schriften, die auf eine Wendung seines Denkens in bezug auf die Stellung der Sprache (»Kehre«) verweisen, sind zudem schwer verständlich und wurden häufig kontrovers gedeutet.

Hans-Georg Gadamers hermeneutische Philosophie, der nun die nachfolgenden Ausführungen gelten, hat ihren Ausgangspunkt im wesentlichen in der Philosophie Heideggers. Sein breit angelegtes, in vielen Einzeluntersuchungen partikulärer Aspekte verweilendes und ursprünglich mit einer gewissen z. T. noch anhaltenden Irritation aufgenommenes Hauptwerk *Wahrheit und Methode*, gewinnt am ehesten seine innere Einheit, wenn man die Perspektive seines Fragens vor dem Hintergrund des Denkens Heideggers zu erfassen sucht. Vor diesem Hintergrund läßt es sich nämlich in seinem Hauptanliegen als eine eigenständige Weiterführung der

Reflexion in Gestalt der beiden oben erwähnten, sich aus Heideggers Transformation der Hermeneutik ergebenden Fragen, nämlich zur Stellung des *geisteswissenschaftlichen* Verstehens einerseits und der Sprache und Sprachlichkeit andererseits verstehen. Parallel zur systematischen Entwicklung seiner Themen wendet sich allerdings Gadamer, seinem eigenen Prinzip der Wirkungsgeschichte folgend, auch der philosophischen Tradition zu, indem er die entsprechenden historischen Standpunkte kritisch sichtet, z. T. auch umdeutet und jedenfalls integrierend oder abgrenzend zur eigenen Position in Beziehung bringt. Damit schafft er ein äußerst komplexes Bild einer Systematik, welche ihrer wesentlichen Historizität bewußt, die Sachverhalte, um die es ihr geht, *in produktiver Auseinandersetzung mit deren Geschichte gewinnt* und diese ihre historische Bedingtheit explizit zur Darstellung bringt. Daß diese historischen Rückblicke in ihrer Bezogenheit auf Gadamers eigenes philosophisches Anliegen ihren Gegenstand manchmal überstilisieren, indem sie nur die dafür relevanten Aspekte hervorheben, ist dabei eine weitere Eigenart von Gadamers Darstellungsstrategie, die für eine gewisse Irritation sorgte. Auch hat zuweilen diese stark perspektivische und zielgerichtete Darstellung historischer Positionen, sofern sie als solche nicht erkannt wurde, in der Folgezeit zu einer einseitigen Rezeption dieser Ansätze selbst beigetragen – so z. B. bei der Deutung der romantischen Hermeneutik oder auch Diltheys. Diese Art der Rezeption wird allerdings nicht nur jenen historischen Ansätzen nicht gerecht, sondern letztlich auch nicht der Darstellung Gadamers. Am besten versteht man die historischen Teile von *Wahrheit und Methode* nämlich, wenn man sie *nicht* als umfassende philosophiegeschichtliche Exkurse liest, sondern als integrale Bestandteile des Werkes in ihrer *Funktion* für seine Aussage auffaßt. In der nachfolgenden Darstellung wird allerdings aus Einfachheitsgründen auf die historischen Auseinandersetzungen Gadamers wenig eingegangen; sie konzentriert sich in erster Linie auf die systematischen Gesichtspunkte seiner Hermeneutik, zumal im vorliegenden Abriß der hermeneutischen Tradition das Hervorgehen der neuen Fragen aus älteren Lösungen ohnehin verfolgt und dargestellt wird. Allerdings weicht die historische Würdigung einzelner Philosophen und Ansätze aus der Sicht dieser Darstellung von Gadamers Auffassungen teilweise ab.

Gadamer geht in der Folge Heideggers von einem Begriff des

Verstehens aus, der systematisch auf einer grundlegenderen Ebene anzusiedeln ist als auf der Ebene der Wissenschaft, ihr – wie er im Vorwort zur zweiten Auflage von *Wahrheit und Methode* schreibt (2, 439)* – »[...] vorausliegt und sie zu ihrem Teile möglich macht«, und der sich nicht auf einen partikulären Seinsbereich, sondern »an das Ganze der menschlichen Welterfahrung und Lebenspraxis« richtet (ebd.). So können die zwei ersten Teile von *Wahrheit und Methode*, in denen es – laut Titel – zunächst um die »Freilegung der Wahrheitsfrage an der Erfahrung der Kunst« und dann um die »Ausweitung« dieser Frage auf das »Verstehen in den Geisteswissenschaften« geht, als der Versuch angesehen werden, auf der Grundlage dieses umfassenden und grundlegenden Verstehensbegriffs nun das geisteswissenschaftliche Verstehen neu auszuweisen. Der dritte Teil, in dem es, ebenso gemäß seinem Titel, um die »ontologische Wendung der Hermeneutik am Leitfaden der Sprache« geht, gilt der Frage nach der Stellung der Sprachlichkeit im Prozeß des Verstehens. Ausgewiesen wird der geisteswissenschaftliche Verstehensbegriff im wesentlichen anhand folgender Momente:

1. Durch *Abgrenzung vom Begriff der Methode*. Damit wird das Verstehen – gegenüber dem in festen Regeln fixierten methodischen Vorgehen – als eine Erkenntnisweise charakterisiert, die nicht oder nicht erschöpfend in Regeln gefaßt werden kann.
2. Durch Aufweis der genuinen erkenntnismäßigen Leistung des Verstehens im *Erkennen von etwas als etwas*. Damit wird die Einheit zwischen einerseits dem »Erkennen« und andererseits dem Sein des hermeneutisch erschlossenen Seienden herausgearbeitet, das heißt also die Einheit zwischen Verstehen und Konstitution. Am Beispiel des Kunstwerks entwickelt Gadamer denn auch eine Ontologie des geisteswissenschaftlichen Gegenstandes, in der er die Seinsweise dieser Art von Seiendem darlegt.
3. Durch Herausarbeitung des *Anwendungscharakters* des geisteswissenschaftlichen Verstehens. Damit wird die prinzipielle Eingebundenheit des geisteswissenschaftlichen Verstehens in ein Traditionsgeschehen erfaßt, was sowohl seinen *Erfahrungs*charakter wie auch seine wesentliche *Historizität* bedingt.

* Zitiert wird nach der im Literaturverzeichnis angegebenen Werkausgabe. Die Zahlen in Klammern beziehen sich auf Band und Seitenzahl dieser Ausgabe.

Gadamers Abgrenzung des Begriffs des Verstehens als geisteswissenschaftlicher Erkenntnisweise vom Begriff des *methodischen* Vorgehens der Wissenschaft wurde häufig als eine Ablehnung jeglicher Gebundenheit der Geisteswissenschaften an jegliche Regeln der Wissenschaftlichkeit und als eine Öffnung hin zur Beliebigkeit ihrer Aussagen gedeutet und entsprechend kritisiert. Seine Erklärung bereits in der Einleitung (1, 2), geisteswissenschaftliches Verstehen sei im Sinne einer Erfahrungsweise zu explizieren, in der sich »Wahrheit« kundtue, die nicht mit den methodischen Mitteln der Wissenschaft verifiziert werden könne, erschien als Preisgabe jeglichen kritischen Maßstabs in dieser Gruppe von Wissenschaften, die damit aber ihren Wissenschaftscharakter preisgäben. Eine solche Kritik geht allerdings am eigentlichen Anliegen des Werkes vorbei, wie Gadamer selbst in der Einleitung zur zweiten Auflage von *Wahrheit und Methode* erklärt (vgl., 1, 2 f.). Ihm geht es nicht um die Entwicklung einer Kunstlehre des Verstehens, in der es gälte, Regeln einer wissenschaftlich korrekten Vorgehensweise und Maßstäbe für die Angemessenheit des Verstehens zu formulieren, und er bestreitet nicht, daß die einzelnen hermeneutischen Disziplinen, wie andere Wissenschaften auch, über solche Regeln verfügen. Ähnlich wie Schleiermacher stellt er in bewußter Abgrenzung seines Anliegens gegenüber solchen methodischen Fragen die fundamentale Frage nach dem *erkenntnistheoretischen Ort* des geisteswissenschaftlichen Verstehens überhaupt – nach Gadamers Formulierung die Frage, was denn die Geisteswissenschaften »mit dem Ganzen unserer Welterfahrung« verbinde (1, 3) –, nur daß nun dieser Ort innerhalb des von Heidegger abgesteckten konzeptuellen Rahmens zu suchen ist. Auf dieser neuen, durch Heidegger geschaffenen Reflexionsgrundlage kann der schon bei Droysen und Dilthey formulierte Anspruch der methodologischen Autonomie der Geisteswissenschaften gegenüber den Naturwissenschaften in angemessener Form behandelt und begründet werden. Wenn nun die Vorgehensweise des Verstehens in den Geisteswissenschaften von den methoden der »positiven« Wissenschaften abgegrenzt wird, so besagt es vor diesem Hintergrund: *Wenn* das Ziel aller Methode in der Wissenschaft darin besteht, Regeln festzulegen, nach denen es möglich ist, Aussagen zu formulieren, deren Wahrheit *durch unabhängige empirische Überprüfung* feststellbar ist, so ist das geisteswissenschaftliche Verstehen keine Methode.

Sofern die Geisteswissenschaften unter dem Einfluß der herrschenden, naturwissenschaftlich orientierten Wissenschaftstheorie auch das Verstehen als eine Methode im obigen Sinne mißverstanden haben, so geht es Gadamer darum, »ein falsches Denken über das, was sie sind, zu berichtigen« (ebd.). Falls sich hier die Prämisse als zu stark erweisen sollte, was ein Umdeuten im methodologischen Selbstverständnis der Naturwissenschaften bedeuten würde, müßte die Autonomiethese überprüft und gegebenenfalls differenzierter formuliert werden. In Wirklichkeit ist ja ein solches Umdenken seit längerem im Gange, ohne daß es bis jetzt konkrete Ergebnisse in der Frage eines methodologischen Vergleichs von Natur- und Geisteswissenschaften gezeitigt hätte.

Gadamers Philosophie begründet den methodologischen Unterschied zwischen Geistes- und Naturwissenschaften, indem sie den *unterschiedlichen erkenntnistheoretischen Ort* von Verstehen – bzw. der Auslegung oder der Interpretation – und von den auf die Aufstellung empirischer Hypothesen abzielenden Verfahrensweisen der Naturwissenschaften herausarbeitet. Nicht um einen Unterschied der Methoden geht es hier in erster Linie, der ja als solcher unmotiviert wäre, sondern letzterer resultiert lediglich aus den *unterschiedlichen Erkenntnisfunktionen* in den zwei Wissenschaftsbereichen. Gadamer spricht von der »Differenz der Erkenntnisziele« (2, 439); unmißverständlicher und frei von der Suggestion eines wählenden, Ziele setzenden Subjekts wäre es, von verschiedenen Erkenntnisfunktionen zu reden. Während die naturwissenschaftliche Erkenntnis die Gegenstände, von denen sie handelt, als unabhängig von ihr seiend voraussetzt und damit ihre Aussagen hinsichtlich ihres Zutreffens auf die entsprechenden Sachverhalte überprüfen kann, ist das Verstehen »*niemals*« in ähnlicher Weise *das Verhalten eines Subjekts zu einem gegebenen Gegenstand, sondern es gehört zum Sein dessen, was verstanden wird* (2, 441). So ist der Erkenntniswert des Verstehens die Erschließung der Sache selbst, und diese primäre Erkenntnisfunktion der Konstitution eines Gegenstandes ist nach Gadamer eben *nicht restlos methodisierbar*. In seiner Verflochtenheit mit dem Sein dessen, was verstanden wird, kann das Verstehen der wissenschaftlichen Forderung einer linearen Überprüfung gar nicht nachkommen, und der von ihm erschlossene Sachverhalt ist nicht in der Form der Satzwahrheit rekonstruierbar. Die Nähe zu Heideggers Konzeption von Verstehen und Auslegung wird hier bereits deutlich.

Geisteswissenschaftliches Verstehen wird als eine elaborierte Form des von Heidegger am Beispiel des Verstehens der Alltagswelt herausgearbeiteten *Konstitutionsprozesses* aufgefaßt. Erkenntnistheorie und Ontologie fallen auf dieser primären Ebene zusammen, oder anders gesagt: die erkenntnistheoretische Frage erhält auf dieser Ebene eine ontologische Antwort.

Entsprechend dieser Einsicht fragt Gadamer im ersten Teil von *Wahrheit und Methode* nach der Seinsweise des hermeneutisch erschlossenen Gegenstandes und versteht sie gleichzeitig als eine Frage nach dem systematischen Charakter des Verstehens. Seinen Standpunkt entwickelt er am Beispiel einer Ontologie des Kunstwerks. Als paradigmatisch für die Seinsweise des Kunstwerks gilt ihm wiederum die Seinsweise des Spiels. Daß Gadamer gerade das Spiel als Paradigma wählt, ist historisch bedingt. Es geht ihm darum, diesen für die Ästhetik traditionell wichtigen Begriff umzudeuten und von seinen Funktionen innerhalb der Genie-Ästhetik Kants und Schillers zu befreien. Gadamer geht davon aus, daß die herrschende zeitgenössische Ästhetik in der Tradition der Ästhetik Kants und Schillers steht, welche die Möglichkeit eines ästhetischen Bewußtseins im Geschmack als dem besonderen Vermögen eines unmittelbaren geniun ästhetischen Genußerlebnisses begründet, dem auf der Seite der Produktion die unbewußte Schöpfungskraft des genialen Künstlers entspricht. Gadamer unterzieht diesen Ansatz einer scharfen Kritik, indem er ihm die radikale Subjektivierung des ästhetischen Gegenstandes und die Auflösung seiner Realität im punktuellen, privaten Erlebnis vorwirft (vgl. 94 ff.). Sein eigener Ansatz wendet sich entschieden gerade gegen diese herrschende Ästhetiktradition. Spiel als »Leitfaden« seiner »ontologischen Explikation« des Kunstwerks (107) ist für Gadamer nicht das Modell für das Verhalten oder die Gemütsverfassung des Schaffenden oder Genießenden, wie bei Kant und Schiller, es veranschaulicht nicht »die Freiheit einer Subjektivität, die sich im Spielen betätigt, sondern die Seinsweise des Kunstwerks selbst« (ebd.).

Als »Leitfaden« für die Explikation der Seinsweise des Kunstwerkes dienen Gadamer vor allem folgende zwei Momente des Spiels: zum einen seine *Angewiesenheit auf das Gespielt-Werden*, zum andern das Moment der »*(Selbst-)Darstellung*«. Ein Spiel liegt überhaupt erst vor, wenn es von Spielern gespielt wird; ohne Bezug auf den konkreten Vollzug durch die Spielenden kann man, so Gadamer, nicht von einem Spiel sprechen. Trotz dieser Angewiesenheit auf das Gespielt-Werden läßt aber die Seinsweise des Spiels nicht zu, »daß sich der Spieler zu dem Spiel wie zu einem Gegenstande verhält« (108). Das bedeutet: wenn Spieler ein Spiel spielen, so steht ihnen das Spiel, *das* sie ja spielen – trotz der irreführenden transitiven grammatischen Konstruktion – nicht als ein Gegenstand gegenüber, zu dem sie sich verhalten. Vielmehr kommt *das Spiel selbst* gerade durch das Spielen zustande: Das Subjekt des Spielens ist das Spiel selbst und nicht etwa der Spielende, so wie dies in der Redewendung, etwas (z. B. ein Drama, ein Roman) spiele dort und dort und dann und dann, zum Ausdruck kommt (109). Gadamer spricht hier vom *medialen Sinn* des Verbs »spielen« (ebd.). Entsprechend ist das Spiel nicht vom Bewußtsein derer, die es spielen, abhängig. Das Spiel besteht bereits im *Vollzug einer Bewegung* als solcher ohne wesentlichen Bezug auf ein reflektierendes Subjekt. Dieses Moment der Bedeutung von »Spiel« ist es nach Gadamer, das z. B. auch unser (uneigentliches) Sprechen vom »Spiel der Wellen« legitimiert (vgl. ebd.).

Gadamer nennt die besondere Art und Weise, in der das Spiel im Vollzug einer Bewegung zustande kommt, »Darstellung«. Im Gespielt-werden durch die Spieler kommt das Spiel *zur Darstellung* (108). Der Gebrauch dieses Begriffs wird nachvollziehbar, wenn man die Frage stellt, woran denn ein Spiel erkannt wird oder wie sich ein Spiel von einem anderen Spiel unterscheidet oder wodurch etwas als ein Spiel bestimmt wird. Gadamers Antwort lautet: durch die besondere *Ordnung* und die *Regeln*, welche die Spielbewegung »vorzeichnen« (112). Spiel liegt als eine besondere Ordnung von Bewegung vor. Diese Ordnung ist immer ein ideelles Prinzip der Gestaltung, ein ideelles Muster, das ein konkretes Spielen, ein konkreter Bewegungsvollzug realisiert. In Anlehnung an F. G. Jünger spricht Gadamer hier vom »Geist« des jeweiligen Spiels (ebd.). Nicht das Muster selbst wird in konkreten Spielen sichtbar, sondern die konkrete Spielbewegung *stellt* dieses Muster *dar*, verweist darauf, insofern sie erst auf dieses Muster hin als eine so und so geordnete Bewegung erfaßbar wird. »Die Regeln und Ordnungen, die die Ausfüllung des Spielraums vorschreiben«, schreibt Gadamer (ebd.), »machen das Wesen eines Spiels aus«. Auch hier ist es nicht so, daß etwa *die Spieler* das Spiel darstellen;

auch hier gilt der *Primat des Spieles gegenüber dem Bewußtsein des Spielenden* (110), und in diesem Sinn stellt sich in der Realisierung einer bestimmten Bewegung das Spiel *selbst* dar, oder es kommt selbst zur Darstellung.

Beim *menschlichen Spiel* nun wird die Ordnung der Bewegung nach Gadamer durch eine Aufgabe bestimmt, die im Spiel zu lösen sei, oder ein Ziel, das im Spiel erreicht werden soll. So ist das Gestaltungsprinzip des menschlichen Spiels ein Zweck-Prinzip; die Spielbewegung erhält von ihrer Ausgerichtetheit auf dieses Ziel hin ihre Ordnung. Freilich ist der Zweck, auf den das Spiel hinausläuft, nicht ein realer Zweck der Spielenden, sondern ein Zweck der Form nach, nämlich als Bezugspunkt der Spielbewegung, und somit dem Spiel *immanent* ist: »Der wirkliche Zweck des Spieles«, schreibt Gadamer (113), sei gar nicht die Lösung der konkreten Aufgaben, sondern »die Ordnung und Gestaltung der Spielbewegung selbst«. Die Spieler spielen auf dieses Ziel hin; sie nehmen es in der Gestaltung ihrer Bewegung bereits vorweg. Gerade aufgrund seiner finalen Struktur unterscheidet sich das menschliche Spiel von einem spielerischen Vorgang dadurch, daß es immer als ein *abgeschlossenes, abgrenzbares Ganzes, als eine individuelle Entität* realisiert wird; das heißt, im menschlichen Spiel wird immer etwas gespielt. Auch hier spricht Gadamer von Selbstdarstellung: die von der zu lösenden Aufgabe her strukturierte Spielbewegung stelle die Aufgabe dar, oder: »das Gelingen einer Aufgabe ›stellt sie dar‹« (ebd.). Hatte die Darstellungsfunktion des bloßen Vorkommens eines spielerischen Vorgangs noch den Charakter eines Erkennen-Lassens eines beliebigen Musters der Bewegung, so kann hier von Darstellung in einem viel spezifischeren Sinn gesprochen werden: Im menschlichen Spiel kommt *etwas* zur Darstellung, d. h. eine in sich geschlossene Einheit. Der finale Aufbau bedingt die sinnhafte Form des menschlichen Spiels; die Darstellungsfunktion hat hier die Form des Bedeutens; das Muster, auf das die realisierte Spielbewegung verweist, weist die Struktur eines Individuums auf.

Auf der Grundlage dieser phänomenologischen Analyse der Seinsweise des Spiels kann nun Gadamer zur ontologischen Explikation des Kunstwerks als einer abkünftigen Art des menschlichen Spiels übergehen. Die Besonderheit der darstellenden Funktion im künstlerischen Spiel erklärt Gadamer mit folgenden Worten (114f.):

Alles Darstellen ist nun seiner Möglichkeit nach ein Darstellen für jemanden. Daß diese Möglichkeit als solche gemeint wird, macht das Eigentümliche im Spielcharakter der Kunst aus. Der geschlossene Raum der Spielwelt läßt hier gleichsam die eine Wand fallen [...]. Das Kultspiel und das Schauspiel stellen offenkundig nicht in demselben Sinn dar, wie das spielende Kind darstellt. [...] Spiel ist hier nicht mehr das bloße Sichdarstellen einer geordneten Bewegung, noch auch das bloße Darstellen, in dem das spielende Kind aufgeht, sondern es ist, ›darstellend für...‹. Diese allem Darstellen eigene Anweisung wird hier gleichsam eingelöst und wird für das Sein der Kunst konstitiutiv.

Hier liegt ein Bedeuten also nicht nur der Form nach, sondern auch in seiner pragmatischen Charakteristik vor. Die darstellende Funktion des Kunstwerks bringt als eine besondere Art des menschlichen Spiels den Zuschauer – bzw. Betrachter, Rezipienten – an die Stelle des Spielers (115). Selbst beim Schauspiel kommt es nicht mehr darauf an, ob die Spielenden selbst die Spielbewegung zu einem Ziel hin erfassen, sondern der Zuschauer soll dies leisten. In der Regel werden freilich auch die Schauspieler dazu in der Lage sein, sonst könnten sie ihre Rolle nicht ›gut‹, d. h. gemäß deren Funktion im Hinblick auf die Einheit des Schauspiels, spielen. So kommt das Kunstwerk erst durch eine besondere synthetische Leistung des Rezipienten zu seiner Einheit; das Kunstwerk erhält seine Einheit und Geschlossenheit, so eine der Formulierungen Gadamers, gerade aufgrund seines »Offenseins« zum Rezipienten hin (114f.). Die räumliche Anordnung des Theaters mit der zum Zuschauer hin offenen Bühne versinnbildlicht deshalb für Gadamer am augenfälligsten diese systematische Angewiesenheit der Kunst auf den Rezipienten.
Das Erfassen der Einheit des künstlerischen Ausdrucks ist aber das Verstehen des Sinns. Der Zuschauer leistet hier, was oben im Zusammenhang mit der allgemeinen Betrachtung des Spiels als Angelegenheit einer methodologisch ausgerichteten Rekonstruktion dargestellt wurde: Er erfaßt das Kunstwerk von einer Form her, die das Prinzip seiner Einheit ist. Die ideelle Gestalt, aufgrund derer das Kunstwerk seine Bestimmtheit erhält, wird hier vom Rezipienten beigesteuert; »in ihm«, schreibt Gadamer (115), »wird das Spiel gleichsam zu seiner Idealität erhoben«. Gadamer nennt dieses Erfahren des Kunstwerks *als eines solchen* die »*Verwandlung ins Gebilde*« (116). Mit dem Ausdruck »Gebilde« bezieht sich Gadamer auf die Geschlossenheit des Kunstwerks, auf

dessen Seinsweise als ein in sich strukturiertes, gegliedertes, gleichwohl – aufgrund der Funktionalität all seiner Glieder auf den immanenten Zweck hin – *unteilbares* konkretes Ganzes und in diesem Sinn als *Werk* (ebd.). Mit dem Ausdruck »Verwandlung« versucht Gadamer dagegen zu umschreiben, daß durch den Prozeß des Verstehens eine synthetische Leistung erbracht wird, welche gegenüber den einzelnen Komponenten, die darin eingehen, etwas Neues hervorbringt. Das Werk besteht nicht bloß aus den sinnfälligen Teilen seines materiellen Vorkommens, es ist auch nicht ein Zustand im Bewußtsein des Rezipienten, sondern es ist eine eigenständige identifizierbare Entität, nämlich *das*, *als was* es durch den Rezipienten verstanden wird: »Verwandlung [...] meint, daß etwas auf einmal und als Ganzes ein anderes ist« (116); oder auch (118): »Der Begriff der Verwandlung soll also die selbständige und überlegene Seinsart dessen, was wir Gebilde nannten, charakterisieren.« »Selbständig« ist das Werk, sofern der Maßstab für die Stichhaltigkeit des Verstehens nicht extern ist, sondern in der Vollständigkeit und Geschlossenheit der Konstruktion, die beim Verstehen als Einheitsprinzip für dieses Werk entworfen wird, liegt. Dies ist im weiter oben zitierten Satz Gadamers (vgl. S. 126), das *Gelingen* der Aufgabe stelle sie dar, gewiß mitgemeint. Das Gebilde, schreibt Gadamer an anderer Stelle (117), hat »[...] sein Maß in sich selbst gefunden und bemißt sich an nichts, was außerhalb seiner ist«. Das Werk steht gegenüber der Mannigfaltigkeit, deren Einheit es darstellt, ontologisch auf höherer Stufe. Auch der in der Ästhetik wichtige Begriff der *Mimesis* ist nun in diesem Sinn zu verstehen; mimetisch ist die Kunst, *nicht* weil in ihr bereits bekannte Dinge oder Sachverhalte nachgeahmt oder in irgendeiner Form abgebildet werden, so daß das Kunstwerk ein Zeichen für diese Sachverhalte wird; sondern mimetisch ist die Kunst, insofern sie *darstellend* ist, das heißt, das Kunstwerk unter Prinzipien erfaßt wird, welche es zu einer neuen Einheit konstituieren, es also auf einen jeweils zu erschließenden neuen Sinn *verweist* (vgl. 118 ff.). Hierin liegt denn auch das schöpferische Moment in der Kunst und die Herausforderung an den Verstehenden.

Aus den obigen Ausführungen wird nun klar, daß das, was sich im Verstehen erschließt, nicht ein Merkmal oder eine Eigenschaft ›des Kunstwerks‹, keine Erkenntnis über einen gegebenen Gegenstand sein kann, sondern das Kunstwerk selbst ist nämlich insofern, als erst unter der Bedingung des Verstehens das, was jeweils vorliegt, *als* Kunstwerk erfaßbar wird. Das Verstehen sagt deshalb nichts *über* geisteswissenschaftliche Gegenstände aus, sondern erschließt den geisteswissenschaftlichen Gegenstand selbst, indem es ihn *konstituiert*. Da das Kunstwerk bzw. der geisteswissenschaftliche Gegenstand nur durch den verstehenden Vollzug *als solche sind*, spricht Gadamer davon, daß Verstehen Erkenntnis des »Wesens« (120) oder auch der »Wahrheit« (116 ff.) sei. Die Verwandlung ins Gebilde ist nach Gadamer »Verwandlung ins Wahre« (118), da sie die Sache selbst konstituiert. »Wahrheit« meint hier freilich nicht mehr die Wahrheit eines empirischen Satzes, sondern das Wort wird in einem ursprünglichen Sinn der »Ent-deckung«, oder »Offen-legung« oder der griechischen »αληθεια« gebraucht. Die Sache, die hier in diesem Wesen offengelegt wird, ist allerdings keine transzendente Entität im Sinn eines vom erfassenden Subjekt unabhängigen Seienden; zu ihrem Sein gehört wesentlich das vom Rezipienten beigesteuerte ideelle Prinzip ihrer Auslegbarkeit. Gleichwohl ist aber im Verstehen auch die Subjektivität des Verstehenden offensichtlich nicht unabhängig von dem, was verstanden wird. Sofern das Verstehen neuen Sinn erschließt, bildet sich in gleichem Zug der Struktur- und Sinnzusammenhang, der die Einheit des aufnehmenden Bewußtseins, d. h. die Subjektivität des Verstehenden, ausmacht, immer mit. Dies bedeutet, da auch die Subjektivität nur in der Einheit ihren Bestand hat, sie bildet sich im Verstehen prinzipiell *als Ganzes* um.

Gadamers Ontologie des Kunstwerks verfolgt innerhalb der Ästhetik das Ziel, den *Erfahrungs*charakter des Verstehens von Kunst aufzuweisen und sich damit gegen die radikale Punktualität des Verstehens als bloßen Erlebens und die damit verbundene Ent-Substanzialisierung des ästhetischen Gegenstandes in der traditionellen Ästhetik zu wenden. Die von ihm aufgedeckten Züge einer Ontologie des Kunstwerks haben jedoch paradigmatischen Charakter für die Seinsweise des Gegenstandes geisteswissenschaftlicher Erkenntnis überhaupt. Indem Gadamer zeigt, wie im Verstehen das Kunstwerk unter Zugrundelegung einer bestimmten abstrakten Struktur (in Diltheys Diktion: eines »Allgemeinen«) als ein »Gebilde« erfaßbar wird, weist er letztlich dessen prinzipielle Intelligibilität nach. Nicht Unmittelbarkeit ist damit das Prinzip des Zugangs zum ästhetischen Gegenstand, sondern das Werk wird über die ihm immanente Form prinzipiell *vermit-*

telbar. Indem das Verstehen diese gestaltende Leistung erbringt, hat es, in systematischer Hinsicht jedenfalls, Erfahrungs- und nicht etwa bloß Erlebnischarakter.

Es gehört allerdings zur Struktur der hermeneutischen Erfahrung, daß sie *produktiven* Charakter hat, daß die Formen, unter denen Sinn immer neu erfaßt wird, nicht zu einem dem Menschen a priori verfügbaren Repertoire gehören, sondern in immer neuer antizipativer oder schöpferischer Leistung des Verstehenden zustande kommen. Unter dieser Voraussetzung stellen sich für eine Explikation des geisteswissenschaftlichen Verstehens als einer genuin hermeneutischen Form der *Erfahrung* eine Reihe weiterer Fragen. Es sind dies die Fragen, wie das derart von der entwerfenden Tätigkeit eines Subjekts abhängige Verstehen – kaum der Punktualität des bloßen Erlebens entkommen – nun die Gefahr der Privatheit abzuwehren vermag, welche seinen Erfahrungscharakter wieder aufheben würde; ferner die Frage nach der Kontinuität, der Beharrlichkeit oder der Identität des geisteswissenschaftlichen Gegenstands, der durch seine »Offenheit« für die Synthese durch den Verstehenden nun prinzipiell verschiedene Möglichkeiten des Verstehens zuläßt; und schließlich die Frage nach den materialen Bedingungen der entwerfenden Leistung des Verstehenden. Diese Fragen behandelt Gadamer im zweiten und dritten Teil von *Wahrheit und Methode*. Und er beantwortet sie, indem er auf die Einbettung des je individuell-subjektiven Verstehens oder der einzelnen Subjektivität in die übergreifenden Strukturen der Geschichte verweist.

Der einzelne entwickelt seine Subjektivität nicht in Selbstproduktion als ein isoliertes Individuum, sondern er bildet sie integriert in einer Welt, die sich ihm von Anfang an als eine *gedeutete* überliefert. Sie liefert ihm im Modus der Tradition die Sinngehalte und Formen, die er sich zu eigen macht und mit denen er sich aus seiner eigenen existenziellen Situation heraus auseinandersetzen wird, das heißt aber, aus denen heraus er versuchen wird, in produktiver Auseinandersetzung seiner eigenen existenziellen Herausforderung gerecht zu werden. »In Wahrheit gehört die Geschichte nicht uns«, schreibt Gadamer (281), »sondern wir gehören ihr. Lange bevor wir uns in der Rückbesinnung selber verstehen, verstehen wir uns auf selbstverständliche Weise in Familie, Gesellschaft und Staat, in denen wir leben.« Dies entspricht etwa dem Grundsatz der sinnhaften Vorstrukturiertheit von Welt in der

Praxis bei Heidegger, welche durch die Auslegung eine begriffliche Interpretation erhält. Für die Ebene des *geisteswissenschaftlichen* Verstehens tritt nun bei Gadamer in diesem Zusammenhang der Begriff des *Vorurteils* und der *Tradition* auf. Geisteswissenschaftliche Gegenstände sind uns in Traditionen ihrer Deutungen gegeben. Es gibt kein unmittelbares, direktes Verstehen einer sinnhaltigen Form, sondern – dies war schon immer als die Problematik des hermeneutischen Zirkels erkannt – verstanden wird etwas nur unter der Voraussetzung, unter dem vorwegnehmenden Entwurf einer bestimmten Ausdruckstendenz, einer einheitlichen Gestalt, die das Verstehen *im jeweiligen Gegenstand durchzuführen* sucht. In polemischer Abgrenzung gegenüber aufklärerischen, objektivistischen Standpunkten, in denen ein voraussetzungsloses oder vorurteilsfreies Verstehen propagiert werden, spricht Gadamer hier vom hermeneutischen Sinn und der Unumgänglichkeit des »Vorurteils«. Der Vorstrukturierung von Welt in der gemeinsamen Praxis im Fall des Alltagsverstehens von Welt entspricht nun auf der Ebene des geisteswissenschaftlichen Verstehens das Verstehen auf der Basis einer Tradition. Der Verstehende steht immer in einer *Tradition des Verstehens* oder der Deutung eines Gegenstandes, und sie bedingt die Möglichkeit auch seiner eigenen Deutung. Jede geleistete Deutung eines historischen Gegenstandes schränkt den Spielraum neuer Deutungen insofern ein, als diese in Beziehung zu den vorgängigen gebracht werden müssen. Jedes neue Verständnis erfolgt in Form einer produktiven, innovativen Auseinandersetzung mit der jeweiligen Deutungstradition. Eine Deutung, die in *keiner* Weise an die Tradition des Verstehens eines geisteswissenschaftlichen Gegenstandes anknüpft, ist nicht etwa ›originell‹, sondern unterbricht die Kontinuität, das Sein dieses Gegenstandes als solchen; es ist nicht mehr möglich zu sagen, *wovon* nun die Rede ist; der extreme Fall, an keinerlei Tradition anzuknüpfen, ist nicht möglich, denn dies mündete letztlich in die Privatheit von Sprechen und Denken. »Die Zugehörigkeit zu einer Tradition«, schreibt Gadamer, ist »hermeneutische Bedingung« des Verstehens (296). Dadurch bewahrt das Verstehen einer historischen Erscheinung über die Vielheit der möglichen Deutungen und deren historisch-individuelle Standortgebundenheit hinweg seinen inneren Zusammenhang. Durch die Bedingung der systematischen Querverbindung aller Deutungsansätze einer historischen Erscheinung untereinander wird letztlich die Geschlossenheit (Einheit) des dadurch konstituierten sinnhaften Gebildes gewährleistet. Der geisteswissenschaftliche Gegenstand als solcher, ein literarisches Werk, ein Gemälde, ein Gesetz usw., besteht also nach Gadamer in der historischen Kontinuität und im systematischen Zusammenhang seiner Deutungsansätze untereinander. Damit nimmt das Verstehen aber – und entsprechend auch das *Sein des hermeneutisch erschlossenen Gegenstandes* – wesentlich *Geschehenscharakter* an. In diesem Sinn spricht Gadamer zuweilen vom Verstehen als einem »Einrücken in ein Überlieferungsgeschehen« (295).

Gadamer spezifiziert dieses Überlieferungsgeschehen, als das sich Verstehen manifestiert, indem er es um einen zentralen Aspekt erweitert, nämlich um das von ihm formulierte *Prinzip der Wirkungsgeschichte*. Es handelt sich um den Aspekt der *Anwendung*. Das Verstehen ist danach nicht die rein theoretische Erkenntnisangelegenheit, als die es, jedenfalls nach Gadamers Deutung, die Verstehenstheorie der historischen Schule aufgefaßt hat. Das historische Interesse betrachtet seinen Gegenstand im Verstehen nicht indifferent und erkennt in diesem Sinn auch keine objektive Wahrheit über ihn, die dann über Zeiten hinweg ihre Gültigkeit als Erkenntnis behielte. Im Gegenteil, ein historischer Gegenstand wird von jedem neuen Standpunkt aus erneut in seiner Bedeutung und in ihrem Gesamtzusammenhang interpretiert. Erschlossen wird jeweils die Bedeutung der/einer Geschichte *aus den Fragen* oder den *Hinsichten* heraus, unter denen sie dem Verstehenden für seine konkrete existenzielle Situation bedeutsam wird. Die Hinsicht, unter der ein Text in seiner Einheit erschlossen wird, kann hier, gerade im Hinblick auf den Anwendungscharakter des Verstehens, als eine *Frage* aufgefaßt werden, die sich aus dem Lebenshorizont des Verstehenden stellt. Denn Fragen ist nie ohne Zielrichtung, nie ohne die Bindung an ein Anliegen, sich nach etwas auszurichten, möglich: »Im Wesen der Frage liegt, daß sie einen Sinn hat«, schreibt Gadamer (368), »Sinn aber ist Richtungssinn. Der Sinn der Frage ist mithin die Richtung, in der die Antwort allein erfolgen kann, wenn sie sinnvolle, sinngemäße Antwort sein will«. Unter Anlehnung an die vom englischen Philosophen R. G. Collingwood entwickelte Logik von Frage und Antwort charakterisiert Gadamer das Verstehen als Verstehen der Antwort, die ein Text auf eine Frage hin gibt. Die Rekonstruktion der Frage, aus der sich der Sinn eines Textes als Antwort verstehen läßt, gehe aber in »unser eigenes Fragen« oder in »ein wirkliches Fragen« über (380); gerade hierin liegt der Anwendungscharakter des Verstehens begründet, wodurch es »[...] immer mehr ist als ein bloßes Nachvollziehen einer fremden Meinung« (381). Der Standpunkt des Fragenden ist nach Gadamer der *Bedeutungshorizont*, der auf ihn durch *Überlieferung* und *überlieferte Deutungen* seines Gegenstandes gekommen ist. Er bestimmt die hermeneutische Situation des Verstehenden, indem er einerseits *die Möglichkeiten neuen Fragens* mitbedingt; andererseits überschreitet die neue Frage, die entsprechend auf neue Antwort ausgerichtet ist, gerade diesen Horizont. Indem also der Verstehende aus diesen seiner Situation entspringenden Fragen heraus die überlieferte Geschichte neu deutet, stellt er eine Kontinuität oder eine dynamische Einheit zwischen Vergangenheit, Gegenwart und Zukunft her. Die Vergangenheit wirkt hier in ihrer Bedeutsamkeit auf die Gegenwart, und die Gegenwart funktionalisiert die Bedeutung der Vergangenheit aus ihren neuen Fragen heraus um und gestaltet damit den neuen Horizont, aus dem heraus neues Fragen möglich wird. Gadamers Begriff der »Horizontverschmelzung« (312) kann in diesem Sinn der Kontinuitätsherstellung expliziert werden. Es ist gerade dieser Gedanke der Vermittlung zwischen Vergangenheit, Gegenwart und Zukunft, der später von P. Ricœur speziell für das Gebiet des Handelns aufgegriffen und weitergesponnen wird (vgl. Kap. 3.4). Paradigmatisch für den prinzipiellen Anwendungscharakter des geisteswissenschaftlichen Verstehens ist für Gadamer die *juristische Hermeneutik* in ihrer praktischen Gesetzesanwendung. Auch der Jurist faßt seinen Deutungsgegenstand als eine »Klasse von Überlieferung« (338), d. h. eine Klasse überlieferter Anwendungen oder Deutungen, auf, an die er durch seine eigene, auf die aktuelle Situation zugeschnittene Anwendung anzuknüpfen hat. Das Verstehen erfolgt hier als eine produktive Anwendung der Überlieferung auf die neue Situation; der Verstehende steht einer Überlieferung gegenüber, zu der er sich im Verstehen verhält, d. h. in Heideggers Terminologie: zu der er durch seinen Verstehensentwurf in eine existenzielle Beziehung tritt. Man könnte so auch sagen, das Verstehen historischer Sachverhalte involviert bereits deren Wirkung; die hermeneutische Situation im geisteswissenschaftlichen Verstehen ist gleichzeitig eine abkünftige *existenzielle Situation* im Sinne Heideggers. Erst im Prinzip der Wirkungsgeschichte findet sich die Grundlage für die prinzipielle Möglichkeit wiederholbarer, immer neu anzusetzender Deutungen menschlicher Werke.

Es ist nun ein wesentlicher Punkt der philosophischen Hermeneutik Gadamers, diesen Vorgang der Horizontverschmelzung wesentlich als einen sprachlichen und Verstehen somit als eine wesentlich sprachgebundene Funktion anzusehen. Zunächst ist die Sprache nach Gadamer das »Medium« hermeneutischer Erfahrung, und dies in zweierlei Hinsicht.

Einerseits ist *der historische Gegenstand immer ein sprachlich vermittelter*, vorzugsweise sogar ein schriftlich fixierter. Diese These ist eine Konsequenz aus Gadamers Prinzip der Wirkungsgeschichte und der Tradition. Konstituiert sich der historische Gegenstand immer erst im Verstehen und hat er sein Sein in der Traditionskette immer neuer Deutungsansätze, so muß das Verstehen selbst in einer Form der Objektivation vorliegen bzw. festgehalten sein, um für neue Deutungen zugänglich zu sein. Wenn der geisteswissenschaftliche Gegenstand immer als gedeuteter ein solcher ist, so läßt er sich nicht auf die bloßen ›archäologischen Funde‹ reduzieren: Nicht als »Überbleibsel« ist der geisteswissenschaftliche Gegenstand gegeben, und dieses ›Weitergeben‹ erfolgt sprachlich in der geleisteten Deutung (vgl. 393 ff.). Nicht zufällig, schreibt Gadamer, beginnt die *historische* Zeit erst dann, wenn von einer bestimmten Kultur auch schriftliche Zeugnisse existieren.

Andererseits ist der *hermeneutische Vollzug selbst ein sprachlicher Vorgang*. Damit vertritt Gadamer die These einer *Einheit zwischen Verstehen und Auslegen*. Die sprachliche Fassung des Verstandenen in Form einer Interpretation oder Auslegung ist keine nachträgliche Umsetzung des Verstehens. Als Erfahrung wurde das Verstehen bereits oben im Sinne eines *artikulierten* Vorgangs dargelegt, und es wurde bereits darauf hingewiesen, daß genau hierin seine prinzipielle Intelligibilität und Vermittelbarkeit liegt. Die Sprache ist dabei das Medium solcher Vermittlung. Dadurch ist die Auslegung nicht erst ein Mittel der Reflexion, in dem ein mentaler Vorgang oder Zustand, nämlich das Verstehen, in Sprache umgewandelt und fixiert wird, sondern das Verstehen selbst erfolgt prinzipiell in der Form der Auslegung; Verstehen und Auslegung bilden im hermeneutischen Phänomen eine »unauflösliche Einheit« oder, anders gesagt, *alles Verstehen ist begrifflich* unabhängig davon, ob es tatsächlich in schriftlicher Form oder

überhaupt als sprachlicher Ausdruck festgehalten wird oder nicht (407; vgl. 402 ff.). So ist die Sprache das Gemeinsame, durch das der geisteswissenschaftliche Gegenstand und das Verstehen – beides bildet ohnehin eine Einheit – über Zeiten und einzelne Individuen hinweg vermittelbar und überlieferbar werden.
Wenn aber von der Sprache als »Medium hermeneutischer Erfahrung« und der »Begrifflichkeit alles Verstehens« (407) die Rede ist, so ist dies vor dem Hintergrund des bisher Gesagten in einem bestimmten Sinn zu verstehen, der einen bestimmten sprachphilosophischen Standpunkt impliziert. Denn Verstehen wurde als ein wesentlich *produktiver* Vorgang dargelegt, in dem nicht nur bereits bekannter Bezug aktualisiert wird, sondern auch eine bis dahin noch nie ›gesehene‹ Sache konstituiert und dem Erfassen zugänglich wird. Sprache muß entsprechend – sei es die Sprache der Poiesis oder aber die Sprache der Auslegung – als ein Medium betrachtet werden, in dem sich *alles*, und das heißt insbesondere, *auch neuer Sinngehalt*, neuer Sachverhalt, sagen und vermitteln läßt. Eine solche Funktion der Sprache, wie sie im hermeneutischen Phänomen erkannt wird, ist aber nicht verträglich mit sprachphilosophischen Positionen, die von einer wesentlich instrumentellen Funktion der Sprache ausgehen. Eine Sprachphilosophie, welche Sprache als ein Zeichensystem betrachtet, durch das auf ein »wohldefiniertes und damit vorgewußtes Sein« (416) Bezug genommen wird, kann diese Produktivität des Verstehens und des Sprachgebrauchs, der alles »umgreifen« könne, »was je Gegenstand werden kann« (408), nicht erfassen. Mit Blick wohl auf die Sprachphilosophie des logischen Atomismus, für die die Sprache ein solches Benennungssystem bildet, meint Gadamer, daß es nur unter der Voraussetzung einer solchen sprachunabhängigen, diskreten, vorstrukturierten Welt äußerer Dinge möglich wurde, Sprache von ihren Inhalten zu trennen und in Form bloßer formaler Kalküle zu beschreiben (vgl. 408). Das Wort als ein Zeichen für ein ihm gegenüber liegendes vorgefertigtes Ding ist damit für Gadamer »die Abstraktion des Verweisens selbst« (417). Eine Sprachtheorie, die dem hermeneutischen Phänomen gerecht wird, müßte demgegenüber die produktive Funktion der Sprache, ihre Fähigkeit, in das bisher noch nicht Sagbare immer weiter vorzudringen, berücksichtigen. Eine solche Sprachtheorie muß nach Gadamer die »Einheit von Denken und Sprache« anerkennen (380).

Wenn wir uns an das halten, was in Wort und Rede und vor allem auch in jedem Gespräch mit der Überlieferung, das die Geisteswissenschaften führen, geschieht, müssen wir anerkennen, daß darin beständig Begriffsbildung vor sich geht. Das soll nicht etwa heißen, daß der Interpret neue oder ungewöhnliche Worte gebraucht. Aber der Gebrauch der gewohnten Worte entspringt nicht dem Akte der logischen Subsumption, durch den ein Einzelnes unter das Allgemeine des Begriffs gebracht würde. Wir erinnern uns vielmehr, daß Verstehen stets ein Moment der Applikation einschließt und insofern eine beständige Fortentwicklung der Begriffsbildung vollbringt. Das müssen wir auch jetzt bedenken, wenn wir die dem Verstehen eigene Sprachlichkeit von den Voreingenommenheiten der sogenannten Sprachphilosophie befreien wollen. Der Ausleger bedient sich nicht der Worte und Begriffe wie der Handwerker, der die Werkzeuge in die Hand nimmt und fortlegt. Wir müssen vielmehr die innere Durchwebtheit alles Verstehens durch Begriffliches erkennen und jede Theorie zurückweisen, die die innige Einheit von Wort und Sache nicht wahrhaben will (407).

Die Verweisungsfunktion der Sprache ist nicht mehr im Sprachsystem, sondern in der situationsgebundenen Rede angelegt, und sie besteht, im Sinne der oben erläuterten Funktion der Darstellung oder der Mimesis »[...] im Meinen einer einheitlichen Meinung über die Sachen und nicht in den einzelnen Worten« (389). Nicht das Modell der »Interpretation« eines Sprachkalküls kann das Bedeuten durch den sprachlichen Ausdruck erklären, sondern das Modell *des Verstehens der Rede* – also das Modell des Gesprächs –, in dem der Text seinen Verweisungs- und Bezugscharakter erst dadurch erhält, daß er in seiner Einheit als Antwort auf eine Frage verstanden wird.
Die Darstellung dürfte klar gemacht haben, inwiefern Gadamers Hermeneutik in Heideggers Tradition steht. Sie weist die ontologische Bedeutung des Verstehens auch für das Verstehen in den Geisteswissenschaften nach. Hatte Heidegger diese seinskonstituierende Funktion des Verstehens auf der fundamentalen Ebene des primären Verstehens der Alltagswelt aufgezeigt, so verweist Gadamer über seinen fundamentalen Charakter hinaus nun auf seinen *universalen* Gestaltungsanspruch, indem er die ontologische Bedeutung des Verstehens (bzw. der Interpretation) auch auf der Ebene der Geisteswissenschaften darlegt. Das Phänomen des Verstehens als Konstituierung von etwas als etwas »[...] durchzieht nicht nur alle menschlichen Weltbezüge. Es hat auch innerhalb der Wissenschaft selbständige Geltung und widersetzt sich dem

Versuch, sich in eine Methode der Wissenschaft umdeuten zu lassen« (1, 1). Im Prinzip der Wirkungsgeschichte und im Anwendungscharakter des Verstehens bewahrt Gadamer strukturell das *praktische* Moment der Hermeneutik Heideggers sowie, freilich in einem abkünftigen Modus, den »Zeug«-Charakter des hermeneutisch erschlossenen Gegenstands. Entsprechend seiner programmatischen Erklärung in der Einleitung des Werkes, war es Gadamers Anliegen, »Erfahrung von Wahrheit, die den Kontrollbereich wissenschaftlicher Methodik übersteigt, überall aufzusuchen, wo sie begegnet, und auf die ihr eigene Legitimation zu befragen« (ebd.). In seiner Universalität tritt das Verstehen vor dem Hintergrund des Anliegens Gadamers mit dem Anspruch verbunden auf, die kognitive Funktion zu bilden, in der überhaupt Sinn, insbesondere auch neu geschaffener Sinnzusammenhang, erfaßt wird, und zwar in der Form der Konstitution eines einheitlichen Ganzen. Aufgezeigt hat dies Gadamer allerdings nur für den Bereich der Geisteswissenschaften. Es schiene aber nicht abwegig, diese Frage, nämlich nach der Wirksamkeit des *hermeneutischen*, nicht vollständig methodisierbaren *Musters* des Aufweisens *von etwas als etwas*, auch an die Naturwissenschaften zu stellen (vgl. dazu Kaleri 1992 u. i. Dr.). Mit seinem Aufweis der Universalität der Sprache als Trägers der Überlieferung und Bedingung des Verstehens begründet Gadamer allerdings den Universalitätsanspruch der Hermeneutik auf radikale Weise. Sprachlich gebundenes Verstehen ist danach die primäre Funktion der Weltkonstitution und Welterfahrung überhaupt. Daß dieser Standpunkt nicht unumstritten in der Diskussion ist, wird später deutlich werden. In Kap. 5 wird ein neuerer Versuch vorgestellt, der gegenüber dem hermeneutischen Primat der Sprache nun den Primat des Handelns beim Prozeß der Weltkonstitution und Welterfahrung vertritt.

1.4 Zur hermeneutischen Philosophie Paul Ricœurs

Zum Schluß dieses Kapitels sei noch kurz auf den hermeneutischen Ansatz P. Ricœurs eingegangen, der zur Zeit zunehmend Beachtung findet und diskutiert wird. Ausgehend von einer Philosophie des Willens wandte sich P. Ricœur dem hermeneutischen Denken erst allmählich zu. Beschäftigte er sich zunächst mit speziellen hermeneutischen Fragen wie z.B. mit der Hermeneutik des Symbols und der Metapher, so übernahm er bald den hermeneutischen Ansatz als methodologische Grundlage zur Explikation des psychoanalytischen Verfahrens, ferner als Bezugspunkt in seiner Auseinandersetzung mit strukturalistischen Interpretationsansätzen in der Literaturwissenschaft und schließlich zur Rekonstruktion des Verstehens von Handlungen nach dem Muster des Textverstehens. Vor allem in diesem letzten Punkt einer Verknüpfung des Verstehens nicht-sprachlicher Intentionalität mit dem Verstehen sprachlich fixierter Äußerungen liegt die originelle Leistung seiner Philosophie, die er schließlich in den 80er Jahren in seinem dreibändigen Werk *Zeit und Erzählung* zu einem gewissen Abschluß bringt.

Bereits in den 70er Jahren entwickelte Ricœur eine Theorie der Handlungsinterpretation nach dem Modell des Interpretierens von Texten. In diesen ersten Ansätzen bewegt sich seine Fragestellung in erster Linie auf der methodologischen Ebene; es gilt nachzuprüfen, a) inwieweit »[...] das Konzept des Textes als ein gutes Paradigma für das sogenannte Objekt der Sozialwissenschaften [...]« anzusehen ist und b) inwieweit »[...] die Methodologie der Textinterpretation als ein Paradigma der Interpretation auf dem Gebiet der Humanwissenschaften im allgemeinen [...]« zu gebrauchen sei (1978, 83).

Unter »Text« versteht Ricœur dabei die *geschriebene* Rede, deren strukturelle Merkmale und Verstehensbedingungen er von denen der gesprochenen abhebt, wie Ricœur überhaupt – und dies ist eine Eigenart seines Hermeneutikverständnisses – die hermeneutische Aufgabe erst in den spezifischen Problemen des Verstehens *schriftlich* fixierter Rede ansiedelt (vgl. ebd.). Die Radikalität der hermeneutischen Frage, wie sie etwa bereits Schleiermacher im Verstehen jeglicher sprachlicher Äußerung erkannte und, aus einer anderen Richtung kommend, heute auch die analytische Sprachphilosophie im Problem der radikalen Interpretation (vgl. Kap. 4) sieht, scheint Ricœurs Fragestellung dagegen nicht zu berühren. Gegenüber der mündlichen Kommunikation weist die schriftliche Fixierung der Rede folgende Besonderheiten auf (84 ff.):

1) Während mündliche Rede immer als *Ereignis* zu einer bestimmten Zeit in einer bestimmten Situation stattfindet, aus der heraus sie außer ihrem propositionalen Gehalt noch ihre illoku-

tionäre und perlokutionäre »Bedeutung« erhält, löst sich der schriftliche Text der Möglichkeit nach von einer solchen zeitlich-situativen Gebundenheit. Hinzu kommt, daß in der schriftlichen Notation sich die illokutionäre bzw. perlokutionäre Bedeutungskomponente weniger gut bzw. kaum ausdrücklich machen läßt.

2) Der geschriebene Diskurs löst sich von der in der Gesprächssituation immer vorhandenen Bindung zum Sprecher und dessen Intention. Eine »Dissoziation von Wortbedeutung und Intention« (89) ist hier das Ergebnis bei der Fixierung des Diskurses.

3) Der schriftlich fixierte Diskurs trennt sich prinzipiell auch vom in der mündlichen Rede immer gegebenen Bezug auf die Umwelt der Gesprächssituation. Mit dieser Loslösung des Textes vom »ostentativen Bezug« der mündlichen Rede verliert allerdings das geschriebene Wort nicht die Disposition des Bezugs schlechthin. Auch ohne Einbettung in eine konkrete Situation ist der Text seiner Möglichkeit nach in dem Sinn verweisend, daß er zwar nicht mehr auf eine aus Situationen zu definierende Umwelt Bezug nimmt, wohl aber eine Welt als Subjektum seines internen Verweisungsschemas erschließt. Eine Welt ist in diesem Sinn für Ricœur »das Ensemble der durch die Texte eröffneten Bezüge« (90); und er fährt fort: »So sprechen wir von der Welt der Griechen, nicht um in irgendeiner Weise die Situation derer zu bezeichnen, die dort lebten, sondern um die nichtsituativen und überdauernden Bezüge zu bezeichnen, die von nun an als mögliche Seinsweisen, als symbolische Dimensionen unseres Seins in der Welt verfügbar sind.«

4) Schließlich löst sich die schriftlich fixierte Rede auch von ihrer Bindung an den Adressaten der Gesprächssituation. Die Ausgerichtetheit des Diskurses auf den Gesprächspartner wird hier statt dessen dadurch eingelöst, daß der Text nunmehr »an jeden adressiert ist, der lesen kann« (91).

Diese vierfache Offenheit des Textes bedingt nach Ricœur seinen *»Lesbarkeit-Charakter«* (92) bzw. die hermeneutische Situation der Interpretation, die nun darin besteht, die nichtostentativen Bezüge des Textes so herauszuarbeiten, daß die Sache, *wovon* der Text handelt, als eine mögliche Welt erschließbar wird. »Einen Text verstehen heißt«, schreibt Ricœur (113), »seiner Bewegung vom Sinn zum Bezug, von dem, was er sagt, zu dem, wovon er handelt, folgen«: Der Text hat in dieser seiner Offenheit *Aufforderungscharakter*; er fordert den Leser auf, die im sprachlichen

Ausdruck realisierten Strukturen »[...] zum Ausgangspunkt einer neuen Weltsicht zu nehmen und in einer bestimmten Weise zu denken«. »Zum Ausgangspunkt nehmen« ist freilich ein denkbar vager Ausdruck; auf jeden Fall ist wohl damit gemeint, daß diese Bezüge nicht etwas Feststehendes sind, was die Bedeutung des Textes in eindeutiger Weise determinierte. Ein Text ist ein »offenes Werk« (99), dessen Bedeutung sich auf einer »*tiefensemantischen*« Ebene (vgl. 112 ff.) – vermittelt über die strukturelle Analyse des Textes – erschließt. Was dabei erschlossen wird, ist dann freilich »[...] nicht eine fremde Erfahrung, sondern es ist ein Ergebnis unserer Bemühung, eine in den Bezügen des Textes angedeutete Welt ins Bewußtsein zu heben. [...] Einen Autor besser zu verstehen, als er sich verstanden hat, heißt, die in seinem Diskurs eingeschlossenen Bewußtseinskräfte über den Horizont seiner eigenen existenziellen Erfahrung hinaus zu entfalten« (113).

Nun läßt sich nach Ricœur der *sinnhafte* Charakter auch von Handlungen gemäß der hier dargelegten Disposition der *Lesbarkeit* schriftlich fixierter Rede explizieren. Ricœurs Hauptthese lautet, daß sinnhaft orientiertes Handeln nur unter der Bedingung zum Untersuchungsgegenstand für die Wissenschaft werden könne, »daß eine Objektivation vor sich geht, wie sie bei der schriftlichen Niederlegung des Diskurses erreicht wird« (92). Maßgeblich ist also auch hier die Loslösung der Handlung von ihrer situativen Eingebundenheit in Form einer Art intentionaler Exteriorisierung, eine »Loslösung des *Sinnes* vom *Ereignis* der Handlung« (93). In ähnlicher Weise wie die Fixierung eines Textes werden Handlungen über die zeitliche Erscheinung des Handlungsereignisses hinaus in den bleibenden Spuren, die sie hinterlassen, fixiert. Diese *Spuren*, die dem Wissenschaftler als »Dokumente menschlichen Handelns« (96) zugänglich sind, dienen ihm als Notation, anhand der er den Sinn oder den »propositionalen Gehalt« einer Handlung, wie dieser etwa in einem »Handlungssatz« (93) festgehalten werden könnte, interpretieren kann. Ähnlich wie der Text lösen sich die derart verobjektivierten Handlungen von der Situation ihres Vollzuges und entsprechend *auch von den Intentionen ihrer Akteure*. Die hinterlassenen Spuren verkörpern einen Handlungssinn, der nicht mehr in psychologischer Hinsicht auf den Akteur verweist, sondern aus ihnen selbst zu interpretieren ist, ihnen also immanent oder, in Ricœurs Formulierung, »von innen heraus gewachsen« (97) ist; die hinterlassenen

Spuren erhalten so *Werk*-Charakter. Spuren menschlichen Handelns sind für den Sozialwissenschaftler in ihrer Intentionalität nicht als persönliche Äußerungen des Akteurs nach dem Modell einer geglückten Verständigung zwischen zwei Partnern zu erschließen, sondern als *Werk*, das seine Bedeutung im Gesamt seiner historischen Einbettung erhält. Auch der Weltbezug der Handlung, der nach Ricœur in ihrer *Relevanz* für die konkrete Ereignissituation besteht, verselbständigt sich, sobald die Handlung aus ihren zeitüberdauernden Objektivationen erfaßbar wird.

Die Bedeutung eines wichtigen Ereignisses übersteigt die sozialen Bedingungen seiner Produktion und kann in neuen sozialen Kontexten wiedererweckt werden. Seine ›Bedeutung‹ ist ›dauerhafte Relevanz‹ und, in einigen Fällen, allgegenwärtige Relevanz (98).

So läßt sich das menschliche Handeln aufgrund seiner Objektivationen als ein Text oder ein offenes Werk betrachten, das, von neuen Standpunkten bzw. von neuen sozialen und historischen Kontexten aus, immer nach neuen Interpretationen verlangen wird, welche seinen Sinngehalt bestimmen. »Alle entscheidenden Ereignisse und Taten«, schreibt Ricœur (99), »stehen auf diese Weise der praktischen Interpretation durch die gegenwärtige *Praxis* offen. Menschliches Handeln ist sozusagen jedem zugänglich, der *lesen kann*. Weil der Bedeutungsgehalt eines Ereignisses in dessen zukünftigen Interpretationen liegt, kann die Interpretation der Zeitgenossen in diesem Prozeß keine bevorzugte Sonderstellung für sich beanspruchen.«

Durch diese tiefensemantische Interpretation nach dem Modell der Interpretation von Texten, das weit über das Verstehen von Fremdseelischem und einer entsprechenden Identifikation mit Autorintentionen hinausgeht, wird – ähnlich wie bei Gadamer, nun aber explizit auch auf die Handlungswissenschaften ausgeweitet – eine dynamische Potenz des Textes zur Erschließung neuer Weltdeutungen angenommen. In seinem Spätwerk *Zeit und Erzählung* geht Ricœur nun aber über die Thematik Gadamers hinaus – nämlich im Rahmen einer eigenen philosophischen Interpretationstheorie, welche diesen dynamischen Prozeß systematisch aufzuwickeln sucht. Den Schlüssel hierfür liefert ihm der Begriff der Narration, die als sprachlich vermittelbare Struktur zum Vehikel wirkungsgeschichtlicher Zusammenhänge in den Sozialwissenschaften wird. Die narrative Konfiguration ist das Bindeglied zwischen der – durch die Struktur des Handelns »präfigurierten« Zeit und ihrer »Refigurierung«, d. h. der strukturierenden Rückerschließung durch den Rezipienten oder Leser, die eine »Neugestaltung der Welt der Handlung im Zeichen der Fabel« leisten soll (1988 I, 122).

Mit der Verknüpfung von Handlung und Narration tun sich eine Reihe von Parallelen, Gemeinsamkeiten, ja »narratologischen« Strukturidentitäten zwischen Geschichtsschreibung und Fiktionserzählung auf, wobei beide Textformen Ergebnis einer gleichartigen Konfigurationstätigkeit auf der Grundlage der »Welt« der Handlung angesehen werden.

Ausgehend von der These, daß die Aristotelische Mimesis im Gegensatz zur bloß passivistischen Nachahmung bei Platon ein schöpferisches Prinzip der Weltbeschreibung und Welterschließung darstellt, versucht Ricœur mit dem Begriff der narrativen Konfiguration durch die produktive Einbildungskraft, also in Gestalt der strukturierenden Ordnungsfunktion von »Fabeln« (die über bloße aneinanderreihende »Stories« hinausgehen) eine zeitliche Synthesis des »Heterogenen« zu kennzeichnen, die sowohl der Geschichtsschreibung wie der fiktionalistischen epischen bzw. der spezifisch auch im Roman vorfindlichen Kompositionsordnung entspricht.

Ricœur geht von einer pränarrativen Mimesis I aus, die einem Vorverständnis der Welt des Handelns entspricht. Sie ist die vorgängige Kompetenz, eine Handlung in der Alltagspraxis als solche zu erkennen, die Bedeutung oder den Sinn einer Handlung oder, wie Ricœur formuliert, deren »symbolische Vermittlungen« (90) überhaupt erfassen zu können. Eine solche Kompetenz ließe sich in einer Art *Semantik der Handlung* erläutern; dies entspricht etwa den Analysen und Rekonstruktionen, wie sie Ricœur im ersten hier referierten Aufsatz über den Text als Modell für Handlung und Handlungsverstehen selbst skizziert hat. Mimesis II stellt dagegen die narrative Transformation dieses Vorverständnisses in eine »Fabel« mit einer bestimmten Ordnungskomposition und Sinnstruktur dar. In diesem Sinne spricht Ricœur von »einer konfigurierten Zeit« nach der »präfigurierten« des Vorverständnisses und vor der »refigurierten«, die sich durch den Leser oder Rezipienten einstellt und somit eine Vermittlerrolle zwischen der ersten und der dritten Phase, der Mimesis I und III, übernimmt. Die letztere bezieht sich auf die Rezeption durch den Aufnehmenden; dieser bezieht nun die in der syntagmatischen Ordnung der Mimesis II zusammengefügte narrative Gestalt nun wiederum schematisierend und strukturierend auf seine Handlungen und das Handlungsverständnis zurück, und wird in diesem Sinne dann »refigurierend« tätig (vgl. I, 104 ff., 113 ff.).

Hatte Ricœur zuvor Handlungen als Text verstanden (1978), und spricht er auch jetzt noch von der Handlung als einem »Quasi-Text« (1988 I, 96), so wird dieses symbolische Bedeutungsverstehen der Handlung jedoch jetzt einerseits auf die Phase der Mimesis I beschränkt; andererseits wird aber der Vorgang der Interpretation von Handlungszusammenhängen als sozialwissenschaftliche Tätigkeit in der Ausgestaltung der Mimesis II als Verhältnis der narrativen Konfiguration, d. h. als Transformation dieses praktischen Handlungsverständnisses der ersten Ebene in die »syntagmatische« Komposition einer Fabel, weiter spezifiziert. Die syntagmatische Struktur *»vereinigt« »so heterogene Faktoren* wie Handeln, Ziele, Mittel, Interaktion, Umstände, unerwartete Resultate usw.«, d. h., sie fügt diese in ein einheitliches Ganzes, eine Geschichte zusammen (106).

Ricœur weist ausdrücklich auf die Verwandtschaft zum Urteilsakt und insbesondere zur »reflektierenden Urteilskraft« bei Kant hin, da der »Akt des Konfigurierens« (in Mimesis II und beim Übergang von Mimesis I zu II) die einzelnen Vorgänge und Handlungen zur »Einheit einer zeitlichen Totalität« bringt (197). Er spricht ausdrücklich von einer *»Schematisierung«* durch die mimetisch-narrative Konfigurationstätigkeit und von einem »Schematismus der narrativen Funktion« (109 f.), welche zu einer strukturellen Typenbildung im Sinne eines generischen Formprinzips führt. Darauf beruht nun der *Traditionscharakter* dieses dynamischen Interpretationsprozesses, der als ein »Wechselspiel« von »Neuschöpfung« oder »kalkulierter Abweichung« und »Sedimentierung«, Innovation und Tradition abläuft. Auf der Ebene der Mimesis II wird Handeln faktisch in Text umgewandelt, durch einen narrativen Text repräsentiert, der seinerseits auf einer neuen Ebene der Mimesis zum Gegenstand der Interpretation werden kann. Auf der Ebene der Mimesis III wird der »Schnittpunkt zwischen der Welt des Textes und der des Zuhörers oder Lesers bezeichnet« (114) und das Ergebnis der narrativen Konfiguration in Form seiner Rezeption wieder auf das Handeln rückbezogen: Die Konfiguration bewirkt, indem sie verstanden bzw. interpretiert

wird, eine »Refiguration« des Verstandenen, das dabei »neu bedeutet (resignifié)« (128) wird.
Es soll im vorliegenden Zusammenhang nicht weiter auf die These Ricœurs eingegangen werden, daß unter dem Gesichtspunkt der Möglichkeit einer *»überkreuzten Referenz* zwischen Geschichtsschreibung und Fiktionserzählung« (129) eine enge Parallelität bzw. »Homologie« oder gar Strukturgleichheit zwischen erzählter (wirklicher) Geschichte und erzählten Geschichten besteht. In unserem Zusammenhang interessieren nicht die Einsicht und die These von der Parallelität der Historiographie und der Romanerzählungen unter dem Gesichtspunkt der narrativistischen Interpretation und auch nicht die Genese und Phänomenologie der strukturierten Zeiterfahrung aus dem Geiste der Fabelkomposition, sondern in erster Linie die eher methodologischen Merkmale des gesamten Modells des sozialwissenschaftlichen Interpretierens – nämlich, wie Ricœur selbst sie zusammenfaßt, »der dynamische Charakter des Konfigurationsvorgangs, der Vorrang der Ordnung gegenüber der Abfolge, der Wettbewerb zwischen Konsonanz und Dissonanz, die Schematisierung der gesetzesförmigen Allgemeinheiten durch die Narration, die Konkurrenz zwischen Sedimentierung und Innovation bei der Ausbildung der Traditionen im Laufe der Entwicklung der historischen Wissenschaften« (343). Auch die Konstitution der zeitlichen Erfahrung steht hier – wie übrigens auch in den vorangegangenen Kapiteln die entsprechende Zeit-Thematik bei Dilthey, Gadamer und Heidegger – nicht im Mittelpunkt des Interesses. Für die Fragestellung dieser Darstellung zentral ist dagegen, daß für Ricœur eine *konstitutiv-schematisierende* Funktion der Narrativität besteht, die – durchaus analog zum wirkungsgeschichtlichen Prinzip Gadamers – erst die Erfahrung einr Überbrückung oder Einheit von Vergangenheit, Gegenwart und Zukunft in der Welt der Handlung als eine besondere Art von Zeiterfahrung ermöglicht. Die narrative Einordnung ist eine produktive Integration, die Ricœur der Kantischen reflektierenden Urteilskraft an die Seite stellt. Sie ist eine konstruktive schematisierende und interpretierende Aktivität, die über Einzelzusammenhänge, sprachliches Einzelverstehen und das Verstehen von Einzelhandlungen hinausgeht und das geschehene Handeln in einem größeren zeitlichen und »geschichtenspezifisch« sinnorientierten Zusammenhang immer neu zu (be)deuten vermag. Wir haben hier klarerweise das Konzept einer

konstruktiven Interpretation im Sinne einer schema- und formenbildenden aktiven Mustererstellung bzw. -anwendung, die der transzendentalen Musterbildung der Kantischen Erkenntnistheorie im Sinne der Anwendung und Schematisierung von Kategorien etwa bei der Urteilsbildung bzw. bei der architektonischen Ordnungsaufgabe der generalisierenden Funktion der reflektierenden Urteilskraft gleicht. Zudem scheinen die angesprochenen Regeln der Fabelkomposition sich auf gewohnte Alltagszusammenhänge zu beziehen, wie sie in der Kognitionspsychologie bei der Ausbildung und Repräsentation bzw. Anwendung von Schemata des Wiedererkennens und des Handelns sowie beim entsprechenden Handlungsverstehen vorkommen. Kurz: die Fabelkomposition ist eine konstruktiv-interpretatorische Musterbildung, die eine thematisierend-konstitutive Funktion der Integration von Einzelereignissen und Einzelhandlungen sowie auch der symbolischen Zwischenschaltung von sekundär weltformierenden kulturellen Elementen und auch der Neuinterpretation bzw. Refiguration von Handlungen im Sinne oder unter Mitwirkung von kulturellen Symbolen dient. Konfiguration in diesem Sinne ist konstruktive Interpretation.

Nicht ohne Grund resümierte Ricœur in einem Interview mit Le Monde (7.2.1986, zit. n. Kearney 1988, 138):

> Mein einziges Problem seit Beginn meiner Reflexionen war die Kreativität. Ich betrachte sie in meinen ersten Werken über den Willen vom Blickpunkt der Individualpsychologie aus und dann auf der kulturellen Ebene mit dem Studium über Symbolismen. Meine gegenwärtige Forschung über das Narrative verortet mich genau im Herzen dieser sozialen und kulturellen Kreativität, denn eine Geschichte zu erzählen [...] ist der am stärksten überdauernde Akt von Gesellschaften. Im Erzählen ihrer eigenen Geschichten schaffen Kulturen sich selbst [...]

4 Die Problematik der radikalen Interpretation in der analytischen Philosophie

4.1 Das Problem der radikalen Übersetzung – W. V. O. Quine

In der bisherigen Betrachtung verschiedener methodologischer und allgemein philosophischer Ansätze auf der Basis des Begriffs der Interpretation wurde immer wieder deutlich, daß Interpretation als ein Verfahren oder Prozeß aufgefaßt wird, der immer auch gewisse konstruktive Momente aufweist, die nicht festgelegt sind, sondern prinzipiell Spielräume für verschiedene Alternativen zulassen. Interpretationen sind also nach allem, was bisher gesagt wurde, grundsätzlich mit einem Unbestimmtheitsspielraum versehen. Auf völlig anderen Wegen als die hermeneutische Reflexion, nämlich im Zusammenhang mit der sprachphilosophischen Frage nach der Referenz sprachlicher Äußerungen, stieß die analytische Philosophie auf ein ähnlich gelagertes Phänomen. Bahnbrechend für die Diagnose dieses Problems waren dabei die Arbeiten W. V. O. Quines.

Seit Quines Buch *Word and Object* (1960; zit. n. 1980) kann man sagen, daß das Wort »Gavagai« eines der berühmtesten Worte der analytischen Philosophie geworden ist. Quine stellt sich vor, daß ein Sprachwissenschaftler in eine sog. »primitive« Gesellschaft kommt, die bisher noch nicht erforscht ist und deren Sprache nicht bekannt ist. Dieser macht wiederholt die Beobachtung, daß Eingeborene »Gavagai« rufen, wenn ein Kaninchen vorbeihuscht. Die Frage ist nun, was bedeutet der Ausruf in der Eingeborenensprache, was meint der einzelne Eingeborene mit »Gavagai«? Kann »Kaninchen« oder »Sieh da, ein Kaninchen!« als eine (vorläufige, hypothetisch angenommene) Übersetzung gelten, als Übersetzungshypothese fungieren? Und was würde das bedeuten? Quine nannte diese Problematik die Frage der »radikalen Übersetzung« (radical translation), d. h. der Übersetzung der Sprache eines Volkes, mit dem man noch nie in Berührung gekommen war, dessen Leben, Traditionen, Sitten und Überzeugungen noch völlig unbekannt sind. Radikale Übersetzungen in diesem

Sinne kommen also in der Praxis normalerweise gar nicht vor – oder jedenfalls, zumindest in der geschilderten Extremform, äußerst selten. Es gibt eigentlich fast immer Leute, die als Übersetzer fungieren können usw. Aber sich diese Situation auszumalen, ist von grundsätzlichem Interesse. Die Bedingung, die Quine stellt, lautet deshalb, daß jegliche Hilfe von Dolmetschern ausgeschlossen sei, daß keine Teilhabe am Leben des fremden Volkes, keinerlei Art von Kommunikation mit den Menschen dieser fremden Gemeinschaft vorausgegangen sei. Wie kann man in einem solchen Fall zu einer sicheren (eindeutigen) oder wenigstens verläßlichen Übersetzung gelangen?

Quines Idee ist, daß man in dieser Lage versucht, Zuordnungen vorläufiger Art zu den Äußerungen zu treffen; man entwirft also eine Zuordnungshypothese, deren Tragfähigkeit man dann zu testen versucht. Man wird dazu mehr oder minder systematisch variierte Versuche starten und durch Manipulationen am Gegenstand oder an der Präsentationssituation, durch experimentelle Situationseinschränkungen oder künstliche Bedingungen (wie sie etwa in Labors hergestellt werden) – durch Inszenierung also von Situationen, in denen dieses Wort stets oder oft wieder hervorgelockt wird, zu eruieren suchen, wie ein Ausdruck in Abhängigkeit von bestimmten Reizsituationen benutzt oder nicht benutzt wird. Man wird also etwa »Gavagai« in verschiedenen Reizsituationen äußern und notieren, protokollieren, ob die Eingeborenen irgendwie zustimmen oder ablehnen, was natürlich selbst auch eine Interpretationsfrage ist. (Wenn man als Westler in Indien beispielsweise sieht, daß die Leute den Kopf schütteln, dann würde man das wie hier üblich normalerweise als Ablehnung interpretieren, aber das ist völlig falsch. In Indien signalisiert Kopfwackeln Zustimmung. Das hat mir persönlich in mancherlei Situationen einige Schwierigkeiten bereitet: Wenn man im Gespräch ist, alles Gesagte versteht – alles ist in Englisch ausgedrückt – und plötzlich die Leute den Kopf schütteln, dann wird man zunächst richtig verwirrt. Es dauert eine ganze Weile, bis man sich auf die abweichende Gestik eingestellt hat.) Aber vorausgesetzt, man kommt allmählich dazu, daß man Zustimmung und Ablehnung der Eingeborenen unterscheiden und die Gebärden richtig (eindeutig oder relativ eindeutig) deuten kann, und daß man auf dieser praktischen Verhaltens- und Reaktionsbasis aus dem Probieren allmählich gewisse Hypothesen, Arbeitshypothesen für die Bedeutung zu sammeln in der Lage ist, dann wird man das Gesammelte immer mehr induktiv anreichern und als relativ gesichert, als auch angesichts gewisser situativer und manipulativer Variationen, also gegenüber variierenden Falsifikationsgelegenheiten getestet ansehen. Quine spricht davon, daß letztlich diese verschiedenen Reizmuster, bei denen die Eingeborenen ihre Zustimmung zur Äußerung des Ausdrucks »Gavagai« signalisieren, in eine Art »Bedeutung« – in ein Bedeutungskonstrukt, müßten wir sagen – aufgenommen werden, das er »Reizbedeutung« nennt (66 ff.). Und zwar meint Quine, eigentlich sei die Reizbedeutung wieder zusammenzusetzen aus zwei verschiedenen Klassen: 1. aus der Klasse der Zustimmungsreizbedeutungen, der affirmativen Reizbedeutung, und 2. aus jener der ausgeschlossenen, der negativen, Reizbedeutungen – und erst das Paar dieser beiden Klassen gilt ihm als die gesamte Reizbedeutung dieses Ausdrucks. Wenn man etwa nun den Test mit ›Gavagai‹ durchführen wollte, dann müßte man zusammenstellen, in welchen Reizsituationen nun die Eingeborenen zustimmen, in welchen sie ablehnen. Dies alles zusammen ergibt dann die vollständige Reizbedeutung, die freilich eine Art von (künstlichem) Konstrukt ist, jedoch für Quine die einzige objektive Basis, die einzige Vergleichsgrundlage beim Unterfangen der radikalen Übersetzung darstellt (81). Regelmäßige Beobachtungen von Verhaltensweisen der Reizbedeutungen müssen also gewährleistet sein, insbesondere bei der Äußerung von Ausdrücken über ein Minimalsegment, durch das man eine jede Verhaltensklasse erfaßt. Der Sprachwissenschaftler muß also seinerseits Beobachtungen zu provozieren suchen, durchführen und insbesondere natürlich Reiz- und Gelegenheitssätze mit den Reizworten verbinden, um dann mit den Worten in der entsprechenden Reizsituation zu experimentieren. Er muß 1) die Sätze hervorlocken; er kann selbst beginnen 2) Fragen zu stellen und versuchen, die Reaktionen systematisch zu manipulieren, herbeizuführen. 3) Das von Quine besonders hervorgehobene Kombinieren der unterschiedlichen Wahrheitsfunktionen – etwa mit den Junktoren und Quantoren – ist – wie im folgenden kurz zu schildern und zu diskutieren – in der Tat wichtig, um Zusammenhänge zwischen verschiedenen Sätzen und Gattungsbedingungen von Sätzen usw. zu entwickeln. Dies erst ergibt Möglichkeiten, wie man dann über die rational begrenzten unmittelbaren Beobachtungen hinausgehen kann, indem man z. B. eine unbeobachtete

Bedingung unterstellt und nun etwa durch einen Beobachtungssatz überprüft. Auf diese Weise kann man die Beschreibungsfähigkeiten und Möglichkeiten der Sprache über den Bereich des bloß Beobachteten hinaus erweitern. Damit wäre also 4) das Einfügen von Nicht-Beobachtbarem in die Sprache ermöglicht. Schließlich wäre 5) die Analyse entsprechend der inneren Satzstruktur dadurch voranzutreiben, daß man in diesen »Sprachspielen« durch die Aufstellung und Prüfung linguistisch-analytischer Hypothesen über die Gleichheit von Bedeutungen versucht, gleichsam Experimente mit diesem Sprachverhalten vorzunehmen. In weiteren Schritten kann man dann durch Querverbindungen, Arrondierungen, Überkreuzprüfungen usw. sukzessive die Unbestimmtheit der radikalen Übersetzung verkleinern, ganz ausräumen können wird man sie nicht.
Gleichwohl reicht die Gleichheit der Reizbedingungen, unter denen der Sprecher einer Sprache geneigt wäre, eine bestimmte Äußerung zu machen, nicht aus, um das zu bestimmen, was gemeinhin als die Bedeutung dieser Äußerung bezeichnet wird. Es könnte sein, daß der Eingeborene in dem Kaninchen etwa die Stammesahnen sieht, die jetzt Kaninchenform angenommen haben und dort vorbeihuschen, oder das persönliche Totemtier. Es könnte aber auch sein, meint Quine, daß gar nicht das Kaninchen als Lebewesen oder als Gegenstand gemeint ist, sondern nur ein Kaninchen-Segment oder ein Teil eines Kaninchens oder aber das zeitlich-momentane Auftauchen dieses Kaninchens bzw. die entsprechende Phänomenalität oder die Erfahrung des Kaninchens, die momentane Situation oder, wie Quine es ausdrückt (68), das Bestrahlungsmuster von einer bestimmten Zeitlänge usw.; auch die nominalistisch-mereologische Teilgegebenheit der als Haufengegenstand unterstellten »Kaninchenheit« in Gestalt der Menge aller gegenwärtigen Kaninchen könnte gemeint sein – oder z. B. die phänotypische Einzelexpression der DNS-Kette aller Kaninchen usw. – Interpretationen freilich, die in einer sog. »primitiven« Kultur eher unwahrscheinlich anmuten. Insgesamt also zeigt sich: Jede Festlegung der Bedeutung eines Terminus der fremden Sprache ist prinzipiell durch die Reizbedingungen der jeweiligen Äußerungssituation unterbestimmt. Es gibt eine Reihe von Interpretationen, die möglich sind, und jede (fixe) Deutung ist von vornherein fraglich. Dieses Problem der Un(ter)bestimmtheit bildet für Quine das fundamentale Problem der radikalen Überset-

zung. Die Lücken werden letztlich nur durch Projektion bestimmter Formen und Strukturmodelle, wie z. B. im besprochenen Fall etwa von Modellen der Individuation, aus der eigenen Sprache geschlossen. Das aber heißt, die Herstellung von Zuordnungen und Entsprechungen zwischen den Ausdrücken der beiden Sprachen bleibt, sofern sie auch »Bedeutungsgleichheiten« zwischen den zugeordneten Ausdrücken postuliert, hypothetisch. Die prinzipielle Un(ter)bestimmtheit bleibt also auch beim Gelingen des Übersetzungsvorhabens bestehen.

So lautet die Frage, der Quine im weiteren nachgeht, in welchem Maß sich eine Sprache semantisch auf der Grundlage des beobachtbaren Verhaltens der Sprecher dieser Sprache aufschlüsseln läßt und wie groß der Spielraum des Übersetzers dabei ist. Als ein solches Feld, das relativ leicht anhand des Verhaltens der Sprecher aufgeschlüsselt werden kann, betrachtet Quine die wahrheitsfunktionalen Satzverbindungen. So lassen sich bestimmte Sätze konstruieren bzw. rekonstruieren, gewisse Verbindungen von Hypothesen mit äußeren Bedingungen und Reizsituationen herstellen, so daß man letztlich zu einer von den Eingeborenenreaktionen gestützten Theorie der in ihrer Sprache verwendeten Wahrheitsfunktionen gelangen würde, der Wenn-so-Verknüpfungen, der Und-Verknüpfungen, der Oder-Verknüpfungen und der Negation. Man würde schließlich komplizierte zusammengesetzte Sätze herstellen und hinsichtlich ihrer Akzeptanz – ebenfalls durch mehr oder minder systematische Variation und Kombination von Teilsätzen und Situationskomponenten – bei den Eingeborenen zu testen suchen.

Diese Verknüpfungen müßte man aber praktisch in die Eingeborenensprache hineinprojizieren. All dieses Hypothesenbilden und Strukturprojizieren bleibt letztlich immer hypothesenabhängig; die Gleichheit der Reizbedeutungen wäre als die einzige Bedeutungsgleichheitsgrundlage unzulänglich, ist vorläufig, und die vorläufige Bedeutungsfixierung anhand der Reizbedeutung bleibt stets hinter dem zurück, was innerhalb einer Sprache als die Bedeutung ihrer Ausdrücke bezeichnet bzw. verstanden und verwendet wird.

Interessant ist hier zunächst einmal diese wahrheitsfunktionale Projektion – also die der Satzzusammensetzungen –, die Quine für ganz wichtig hält. Er sagt (117), der wahrheitsfunktionale Teil sei der einzige, dessen Anerkennung in einer uns fremden Sprache wir auf Verhaltenskriterien zurückführen können. Ich glaube nicht, daß das in dieser Schärfe richtig ist. Zunächst ist auch hier die erstmalige Identifizierung der wahrheitsfunktionellen Ausdrücke als solcher genauso schwierig wie die anderer Ausdrücke, zumal man nach Voraussetzung keine grammatischen Kenntnisse zur Verfügung hat, die Satz- und Wortgrenzen zu erkennen gestatten. Doch abgesehen von diesem Problem wäre ja auch vorauszusetzen, daß die Wahrheitsfunktionen in allen Sprachen in gleicher Weise anerkannt wären. Und das ist kontrovers. Es lassen sich jedenfalls nicht einmal alle solchen logischen Konstanten in jeder Sprache unmittelbar durch eine objektsprachliche Bezeichnung wiedergeben: z. B. muß etwa der außerordentlich wichtige Junktor »nicht« im Finnischen, Arabischen, Altägyptischen und auch in einem tibetanischen Dialekt durch eine Umschreibung wiedergegeben werden: So müssen etwa das Altägyptische, das Finnische und das Tamil spezielle negative Verbformen zur Darstellungen von Negationen (Basson – O'Connor 1947) verwenden. Bekanntlich ist es etwa im Chinesischen sehr schwierig, Wenn-so-Verknüpfungen überhaupt auszudrücken. Die chinesische Sprache hat solche Wenn-so-Verknüpfungen, diese Sprachform des Bedingten – jedenfalls in Verbindung mit dem bei uns durch den Konjunktiv II ausdrückbaren Irrealis –, gar nicht, die Chinesen können somit nichteingetretene Sachverhalte gar nicht direkt hypostasieren, als seien sie realisiert, sie können auf diese nicht unmittelbar »referieren«, diese nicht ausdrücken – insbesondere nicht mit irrealen Bedingungen; es gibt keine Konjunktive und irrealen Konditionale im Chinesischen. Ein Chinese hat daher große Schwierigkeiten, irreale Konditionalsätze überhaupt zu verstehen und durch Umschreibungen auszudrücken und in Verbindung mit anderen Sätzen zu bringen. Er muß die Bedingungen irgendwie meta-sprachlich oder anders sehr kompliziert umschreiben. Das ist auch empirisch untersucht worden – durch Alfred Bloom (1981) und andere; dabei stellte sich heraus, daß Chinesen beträchtliche Schwierigkeiten haben, zwischen Realität und Irrealität von Fällen zu unterscheiden.

Müßte also dann – wenn, wie Quine ja sagt, wahrheitsfunktionale Verknüpfungen am Sprachverhalten ablesbar wären (und zwar nun eher als andere sprachliche Strukturen wie z. B. prädikatenlogische) – dieses Verfahren der Projektion und Testung unserer Formen aufdecken, daß die Chinesen so etwas wie eine Wenn-dann-Verknüpfung gar nicht kennen, oder wenigstens nicht mit der gleichen aussagenlogischen Wahrheitstafel akzeptieren wie wir? Chinesen aber können Junktorenlogik – mit Wahrheitstafeln – lernen wie wir. (Gregor Paul hat sogar gezeigt, daß die neomohistische Logik der aristotelischen Syllogistik und der traditionellen Aussagenlogik äquivalent ist; Aussagenlogik abstrahiert allerdings vom Irrealis). Chinesen können ebenso wie wir komplex unter Bedingungen handeln. Nur beim sprachlichen Umschreiben irrealer Konditionale haben sie grammatik- und sprachbedingte Schwierigkeiten. Es ist also keineswegs selbstverständlich, daß solche wahrheitsfunktionalen Projektionen in jeder Sprache tatsächlich oder gleich leicht und effektiv funktionieren und daß diese einen oder gar den einzigen Anhaltspunkt darstellen, auf den man nun die Verhaltensdeutung oder die Bedeutungsanalyse bei Worten aus fremden Sprachen zurückführen kann, wie Quine meint. Allenfalls sind die *Handlungs*verknüpfungen von möglichen Realisierungs- bzw. Nichteintrittskombinationen bedeutungsgenetisch und bedeutungshermeneutisch relevant – eher als die Aussagen- oder Satzverknüpfungen.

Ich glaube – und darauf werde ich später noch zurückkommen –, daß die Erkenntnis Wittgensteins: »Die gemeinsame menschliche Handlungsweise ist das Bezugssystem, mittels dessen wir uns eine fremde Sprache deuten« (PU § 207), in diesem Zusammenhang viel wichtiger ist. Eine solche Deutung hängt natürlich indirekt auch mit wahrheitsfunktionalen Strukturen zusammen, weil man bedingte und zusammengesetzte Handlungen bzw. Entscheidungen über Handlungen durch solche wahrheitsfunktionalen Zusammensetzungen *beschreiben* kann – aber man ist natürlich nicht sicher, daß das in jeder Sprache (gleich)funktioniert, wenn etwa gewisse logische Konstanten in dieser gar nicht objektsprachlich darstellbar sind.

Grundsätzlich ist weiterhin noch als einer der wichtigsten Punkte zu beachten, daß trotz allem Bemühen, durch wahrheitsfunktionale Kombinationen von Sprachformen, welchen die Kombinationen von Handlungsvorkommnissen entsprechen (sollen), die Mehrdeutigkeit einzuschränken, *prinzipiell* jede Übersetzung relativ unbestimmt, unterbestimmt bleibt. Die radikale Übersetzung kann letztlich immer noch scheitern, obwohl z. B. die Kombinationen von Reizbedeutungen und deren (Neu-)Zuordnungen zu Ausdrücken unserer Sprache entsprechend der Übersetzungs-

liste einigermaßen funktionieren könnte – nämlich insofern, als diese die Entsprechungen im Sprachgebrauch zwar korrekt wiedergeben mag, jedoch diese Zuordnungen das in der Eingeborenensprache Gemeinte jeweils total verfehlen können.
Ein schönes, übrigens historisches Beispiel davon ist von Ian Hacking angegeben worden, und zwar bezieht es sich auf die Entstehung des Wortes »Känguruh« nach einem Bericht aus dem *Observer* (Suppl. 25. 11. 1973, zit. n. Hacking 1984, 137):

Auf ihrer Entdeckungsreise nach Australien fing eine Gruppe von Kapitän Cooks Seeleuten ein junges Känguruh und brachte das seltsame Wesen zurück auf ihr Schiff. Niemand wußte, was es war, also wurden ein paar Männer an Land geschickt, um die Eingeborenen zu fragen. Als die Seeleute wieder an Bord waren, erzählten sie ihren Kameraden: ›Es ist ein Känguruh‹. Viele Jahre später wurde entdeckt, daß die Eingeborenen, als sie ›Känguruh‹ sagten, in Wirklichkeit nicht das Tier benannten, sondern den Fremden zur Antwort gaben: ›Was habt Ihr gesagt?‹

Mit anderen Worten: »Känguruh« heißt einfach: »Was habt Ihr gesagt?« Die Seeleute haben das völlig falsch verstanden bzw. fehlerhaft eingeordnet. Nun hat das Tier also seinen Fragenamen ein für allemal erhalten, und man muß und kann damit leben. Man sieht, wie »radikale« Übersetzungen fehlgehen können, ja, schon die entsprechenden oder schon vorausliegenden Verstehensdeutungen (s. u. 4.2.).
Beim Problem der radikalen Übersetzung in diesem erörterten Sinne muß man – ähnlich wie bei dem entsprechenden der radikalen Interpretation (s. u. 4.2.) – zwischen verschiedenen Sprachen unterscheiden: 1. die Sprache, die vom Eingeborenenstamm gesprochen wird und die übersetzt werden soll, 2. die Sprache, in die übersetzt werden soll und 3. die Sprache, die derjenige spricht, z. B. der Wissenschaftler, der die erstere Sprache in seiner eigenen Sprache beschreibt (diese beiden letzteren Sprachen brauchen nicht übereinzustimmen). Und davon ist natürlich 4. noch die Metasprache zu unterscheiden, in der über die Übersetzung zwischen den beiden Sprachen (unter 1. und 2.) geredet wird. Das ist natürlich meistens (aber nicht notwendig) dieselbe Sprache wie die des Anthropologen. Aber man muß beide grundsätzlich unterscheiden. Die Problematik der Radikalität der Übersetzungen – und der entsprechenden Interpretationen – stellte sich natürlich als viel komplizierter dar, wenn man auch zwischen diesen anderen Sprachen wechselseitige Unkenntnis unterstellte. Doch das

Grundproblem läßt sich an Quines einfacherem Fall mit bloßer bilateraler Unkenntnis zwischen zwei Sprachen bereits verdeutlichen und diskutieren.

4.2 Das Problem der radikalen Interpretation – Donald Davidson

Im Englischen heißt Übersetzung nicht nur »translation«, sondern auch »interpretation« (vgl. etwa »interpreter« = »Übersetzer«). Es war Donald Davidson, der 1973 versucht hat, Quines Problem der radikalen Übersetzung auf die Unterbestimmtheit der Interpretation zu übertragen bzw. dahingehend zu verallgemeinern. Die Unbestimmtheit betrifft danach nicht nur die Deutung von Ausdrücken in fremden Sprachen, sondern auch die Deutung von Ausdrücken in der eigenen Sprache. Im folgenden möchte ich kurz auf Davidsons Aufsatz (1973, zit. n. 1984) *Radikale Interpretation* eingehen, um danach zu einer Kritik von Davidsons Auffassung zu diesem radikalen Interpretationsproblem zu gelangen.
Davidson geht aus von der Frage: Was können bzw. müssen wir wissen, um überhaupt eine *erste* Interpretation durchführen zu können, oder: wie ist es überhaupt möglich, daß wir die Bedeutung der Worte eines anderen oder unserer eigenen Ausdrücke wissen? »Erste« muß natürlich nicht nur im zeitlichen Sinne gemeint sein, sondern auch logisch, besser: methodologisch: Der Ausdruck bezieht sich auf methodische Abhängigkeiten im Sinne des notwendigen Vorausgesetztseins. Natürlich muß irgend *etwas*, muß irgendeine Äußerung schon gegeben sein, um interpretiert bzw. übersetzt werden zu können: Das gilt für die zeitliche *und* für die (methodo)logische Reihenfolge. Die Hauptfrage Davidsons ist, was wir tatsächlich wissen können, das uns instand setzt, die Worte anderer zu interpretieren, wie wir »dahin gelangen können, über Wissen zu verfügen, das zur Hervorbringung von Interpretationen dient« (1984, 183), sie ermöglicht. Diese Frage nach einer Theorie, anhand deren es möglich wäre, die Bestimmung der Bedeutung sprachlicher Äußerungen zu rekonstruieren, nennt Davidson in Abhebung von Quine die Frage der »radikalen Interpretation«. Sie kann ebensogut für eine einzige Sprache gestellt werden. In diesem Fall nimmt sie die Form an:

»Wie läßt sich feststellen, daß die Sprache [von verschiedenen Sprechern] dieselbe ist« (ebd.)? Und was berechtigt den jeweiligen Empfänger zu diesem Wissen, zu dieser Unterstellung oder Annahme? Die radikale Interpretation ist nach Davidson immer beteiligt, wenn man die Äußerung eines anderen Sprechers versteht bzw. verstehen will. Mit anderen Worten: Wir müssen versuchen, philosophisch zu analysieren, was es heißt, Äußerungen eines anderen überhaupt zu verstehen. Letztlich stellt sich das Problem natürlich auch bei Interpretationen in der eigenen Sprache, ja, sogar bei der Selbstinterpretation; aber das sei hier beiseite gelassen.

Eine mögliche Antwort, die Davidson u. a. erwägt, ist, daß wir anhand eines Wissens über die Absichten, die Intentionen des Sprechers zu einem Wissen über die Bedeutung seiner Worte kommen könnten (186). Doch er kommt zu dem Schluß, daß es letztlich keine Möglichkeit gibt, »der Zuschreibung fein unterschiedener Intentionen unabhängig von der Interpretation der gesprochenen Sprache Sinn beizulegen«. Wir setzen zum Verständnis der Sprache Intentionen und Überzeugungen beim anderen – bzw. entsprechende Grundintentionen auch bei uns – und eventuelle gleichlaufende Interpretationen dieser Intentionen schon voraus, aber die Intentionen selber wiederum sind – insbesondere wenn es um feine Unterschiede geht – abhängig von der Bedeutung der verwendeten Termini. Wir strukturieren die Bedeutung unserer Termini und das Verständnis der Termini anhand von Annahmen über Intentionen und Überzeugungen des anderen und umgekehrt: Wir verstehen Intentionen wiederum nur in Abhängigkeit eben von der feinstrukturierten Sprache. Wir haben letztlich ein Verhältnis der Wechselverweisung von Intentionen und Überzeugungen einerseits und der Bedeutung von Ausdrücken andererseits. Davidson zieht aus dieser Feststellung den Schluß (ebd.), »daß die Interpretation der Intentionen, Überzeugungen und Worte eines Handelnden zu einem einzigen Vorhaben gehören, von dem man keinen Teil für vollständig erachten kann, ehe der Rest beisammen ist«. Die Intentionen und Überzeugungen allein können nicht als »Belegbasis einer Theorie der radikalen Interpretation« dienen. Es gibt nicht die eine Seite, welche die andere fundiert, weil beide immer wechselseitig voneinander abhängig sind. Es gibt keine Verfahren des Verstehens der Wörter und der außersprachlichen Interessen und Tätigkeiten, die völlig

voneinander isolierbar wären. Man muß immer auf Sätze zurückgehen, um differenziertere Intentionen und Überzeugungen ausdrücken zu können, so sind Intentionen und Überzeugungen, insbesondere in ihrer Feinstruktur, letztlich nicht geeignet, das Verständnis von Sätzen zu begründen, weil sie selber von Sätzen und dem Verständnis von Sätzen abhängig sind.
Davidson formuliert nun eine Reihe formaler Bedingungen für die geforderte Theorie der Interpretation. Der Interpret muß »unendlich viele Sätze« der Sprache, seiner eigenen Sprache, verstehen können; er muß dabei das dazu erforderliche Wissen in endlicher Form darlegen können, wenn es für eine Theorie der Interpretation dienlich sein soll. Der Interpret muß anhand einer solchen Theorie mit endlich vielen Elementen, Bausteinen, Disposition(sbeschreibung)en imstande sein, »jeden der unendlich vielen Sätze zu verstehen, den der Sprecher äußern könnte« (186). Auch das ist ein paradoxienerzeugendes Problem, das sich im Zusammenhang mit der Problematik der radikalen Interpretation ergibt und das dazu führt, daß man – wie Davidson (ebd.) sagt – »jegliche Hoffnung auf eine Universalmethode der Interpretation« fallenlassen muß. Es ist nicht möglich, eine umfassende Gesamttheorie der »expliziten Interpretation(en) jeder beliebiegen Äußerung in jeder (möglichen) Sprache« zu geben; so etwas »zu verlangen«, wäre »sinnlos« (187). Man muß, wenn man eine Theorie der Interpretation entwickeln und anwenden will, 1) auskommen ohne die – wie Davidson sagt – »augenscheinliche Bezugnahme auf Bedeutungen oder Interpretationen«. Die Kenntnis der Theorie ist selbst schon das Beherrschen des Interpretierens mittels ihrer: Die Theorie muß ein Können umfassen, ein Know-how, Wissen, *wie* etwas getan wird, und nicht etwa ein Wissen von irgendwelchen feststehenden Bedeutungen von Ausdrücken vermitteln. Man muß also versuchen, anderswo eine Art von praktischer Basis zu gewinnen – sei es eine endgültige oder eine vorläufige. Man hat somit woanders anzufangen als bei Bedeutungen und Interpretationen oder Intentionen. 2) Die »Belege« dieser Interpretationstheorie müssen extralinguistisch sein, um den Begründungszirkel zu vermeiden, und 3) muß es letztlich möglich sein, »potentiell unendlich viele Äußerungen« anhand einer solchen Belegbasis zu verstehen bzw. als verstehbar einzusehen (187). Diese verschiedenen Momente zeigen, daß es nicht damit getan sein kann – wie Quine meint –, daß man ein syntaktisches Übersetzungsmanual

herstellt, dem auf der anderen Seite Verhaltensweisen zugeordnet sind, sondern daß die Antwort auf die semantische Frage – anders als die bloße Übersetzungsfrage, die als eine Frage nach der Zuordnung von Ausdrücken einer Sprache zu Ausdrücken einer anderen Sprache behandelt werden kann – sehr viel komplizierter ist.

Davidson versucht nun – und das ist die Hauptidee seines Ansatzes – eine Art Umkehrung von bestimmten üblichen Bedeutungsanalysen, etwa bei den Wahrheitstheorien, vorzunehmen und dadurch einen Fixpunkt für die (Erst-)Interpretationen zu gewinnen. Dabei geht er aus von Tarskis Wahrheitstheorie, die hier im einzelnen nicht resümiert werden kann und muß, die aber wesentlich darin besteht, daß es ein Kriterium bzw. eine notwendige Bedingung gibt, dem alle Wahrheitsdefinitionen genügen müssen. Diese Bedingung ist die folgende:

»S ist wahr genau dann, wenn p« (W)

S ist eine Mitteilungsvariable für einen objektsprachlichen Satz, eine Satzvariable; p ist der Sachverhalt, der von S bezeichnet/beschrieben wird. p ist eine Mitteilungsvariable der Objektsprache, die sich auf Sachverhalte bezieht – also einen als ausgewählt unterstellt; S ist die Bezeichnung dieses Satzes in der nächsthöheren semantischen Stufe (Metasprache). (S ist eine Mitteilungsvariable, die sich auf *Sätze* der Objektsprache bezieht, d. h., dieses Satz-Schema (W) selber muß dann einer noch höheren Metasprachstufe angehören.)

Diese Form – mit den Mitteilungsvariablen S und p geschrieben – ist eine Art »Kriterium«, genauer: eine notwendige Bedingung, der alle adäquaten Wahrheitsdefinitionen genügen müssen. Bei Tarski heißt es dann, aus einer Wahrheitsdefinition müssen alle möglichen Einsetzungsinstanzen dieses »Kriteriums« für beliebige Sätze, die wahrheitsfähig sind, folgen. Davidson nennt solche Sätze, solche Satzformen und die Einsetzungen in solche Sätze durch Konstanten (Mitteilungskonstanten) W-Sätze. Bei Tarski ist es der Begriff der (Satzform-)»Erfüllung«, der als undefinierter semantischer Begriff zugrunde liegt. Dieser Begriff besagt, daß eine Satzfunktion erfüllt wird durch eine Einsetzung von Konstanten für die Variablen im Argument der Satzform.

Tarski exemplifiziert das an seinem berühmten Beispiel, an dem Satz:

Der Satz »Schnee ist weiß« ist wahr genau dann, wenn Schnee weiß ist.

Wenn es sich also beispielsweise um Schnee s_1 handelt und F das Prädikat (die Satzfunktion) »ist weiß« ist, dann wäre hier die Erfüllung zu konstatieren, die Erfüllung einer Satzfunktion $F(s_1) = S$. Soviel zur Kurzskizzierung dieses Tarskischen Modells, das anhand einer formalisierten, logischen Sprache entwickelt worden ist – und (zunächst nur) für solche formalen Sprachen konzipiert war.

Davidson nimmt die Erweiterbarkeit dieses Ansatzes auch auf die natürliche Sprache in Anspruch. Das führt natürlich sogleich zu gewissen Schwierigkeiten hinsichtlich der Verwendung von bestimmten indexikalischen und deiktischen Ausdrucksmitteln. In der natürlichen Sprache sind ja nicht alle Mitteilungskonstanten eindeutig. Die Wörtchen ›ich‹, ›jetzt‹, ›hier‹ beziehen sich auf verschiedene Dinge, abhängig von der Situation, in der sie geäußert, und von dem Sprecher, von dem sie verwendet werden usw. Aber es sei angenommen, diese Probleme der Indexikalität könnten überwunden werden und dieses Tarskische Modell ließe sich auf die natürliche Sprache übertragen. Davidson nimmt das für seinen Problemzusammenhang an. Tarskis Hauptgedanke ist, daß die Erfüllung bzw. Erfüllbarkeit einer Satzfunktion letztlich die Grundlage bietet für die Konstitution des Wahrheitsbegriffes in bezug auf Sätze. Es geht um die theoretische Wahrheit bzw. den theoretischen Begriff der Wahrheit von Sätzen.

Davidsons Idee (195) ist nun, das Problem der radikalen Interpretation dadurch zu bearbeiten, daß man diese Art von Verweisung und »Erklärungsrichtung«, nämlich die von Erfüllung auf Wahrheit, praktisch umkehrt: Die Wahrheitsannahme bzw. die Fürwahrhaltung ermöglicht und fundiert nach Davidson selbst die Interpretation. Er vertritt, begründet und entwickelt ausdrücklich die These, daß eine Wahrheitstheorie, die so modifiziert ist, daß sie für eine natürliche Sprache gilt, als Interpretationstheorie verwendet werden kann. »Tarski setzte«, meint er, »die Übersetzung«, sprich: Erfüllung, »voraus und war imstande, die Wahrheit zu definieren«. Davidson »schwebt jetzt vor, die Wahrheit als grundlegend aufzufassen und eine Erklärung der Übersetzung oder Interpretation herauszuholen« (ebd.). Die Wahrheitszuschreibung zu Sätzen wird also als Ausgangsbasis fixiert. Er behauptet sogar, daß die Objekte der Welt selbst eine direkte kausale Verbindung zu den Fürwahrhaltungen von Sätzen haben, daß sozusagen die Sachverhalte in der Realität die unmittelbaren kausalen Vorbedingungen der Fürwahrhaltung von bestimmten Sätzen sind, und zwar als direkte »Belege«, »die weder Kenntnis der Bedeutungen voraussetzen noch detailliertes Wissen mit Bezug auf Überzeugungen« (196). Dies ist natürlich an dem Muster etwa der Protokollsätze, der Beobachtungssätze, bei den Positivisten abgelesen. Davidson meint, daß dieses Konzept zum Aufbau der Interpretation genutzt werden könne, etwa zur Minimierung von Unbestimmtheit und Unterbestimmtheit der Interpretation von Sätzen. Er stellt sich das so vor, daß man bestimmte W-Sätze hat, die man direkt durch Belege verifizieren bzw. konfirmieren/bestätigen/»untermauern« kann. Ein W-Satz solcher Art wäre (197): »Wenn x zur Zeit t ›It is raining‹ sagt, ist es dann und nur dann wahr-auf-Englisch, wenn es in der Umgebung von x zur Zeit t regnet.« Zu diesem Satz, sagt Davidson, verfügen wir auch über die Belege und zwar in folgender Form: »Geoffrey gehört zur englischen Sprechergemeinschaft und Geoffrey hält ›It is raining‹ am Samstagnachmittag für wahr, und am Samstag nachmittag regnet es in der Umgebung von Geoffrey« (ebd.). Das wäre für diese entsprechende Einsetzung solch ein »Beleg für die Wahrheit« des W-Satzes bzw. eine Instanz für die Verallgemeinerungsmöglichkeit einer solchen W-Satz-Aussage. Es handelt sich um behavioristische Tests des Fürwahrhaltens in einer bestimmten Sprache oder Sprechergemeinschaft, die dann anhand von empirischen Überprüfungen der Situationen und der Umstände kontrolliert werden können.

Davidson schließt daraus:

> Indem wir nichts weiter wissen als die Bedingungen, unter denen Sprecher Sätze für wahr halten, können wir, sofern eine befriedigende Theorie gegeben ist, für jeden Satz eine Interpretation angeben.

Wir können also »einen bestimmten Satz interpretieren [...], sofern wir eine zutreffende Wahrheitstheorie kennen, die sich mit der Sprache dieses Satzes befaßt« (200 f.): Wir kennen dann »nicht nur den W-Satz für den zu interpretierenden Satz, sondern wir ›kennen‹ auch die W-Sätze für alle übrigen Sätze« (201 f.). Davidson hält »die Gesamtheit der W-Sätze« in diesem Zusammenhang für ein »Kriterium« dafür, daß wir in der geschilderten Weise »die optimale Paßform haben [...] für die Belege über Sätze, die von den Sprechern der betreffenden Sprache für wahr gehalten werden.« Der »Grundgedanke« hierbei ist, daß das,

was Tarski in bezug auf jeden W-Satz von vornherein angenommen hat, durch eine holistische Zusatzbedingung indirekt zu Tage gefördert werden kann. Ist diese Zusatzbedingung adäquat, wird jeder W-Satz tatsächlich eine akzeptable Interpretation liefern. Demnach kann ein W-Satz einer empirischen Wahrheitstheorie verwendet werden, um einen Satz zu interpretieren, vorausgesetzt, wir kennen außerdem die Theorie, aus der er folgt, und wir wissen, daß es eine Theorie ist, die den formalen und empirischen Kriterien genügt (202).

Davidson versucht also, dieses Problem durch eine Art holistischer Zuordnung von W-Sätzen generell zum Verhalten der Sprecher einer Sprechergemeinschaft zu lösen, und er meint, wenn wir dieses kennen und die Zusammenhänge auch belegen können, dann haben wir die Möglichkeit, für jeden Satz eine Interpretation anzugeben.
Davidson verwendet dabei allerdings noch ein Prinzip, das sog. »principle of charity«. Das ist nicht etwa das Prinzip der christlichen Nächstenliebe »caritas«, obwohl das die ursprüngliche Übersetzung ist. In die neuere analytische Diskussion wurde dieses Prinzip von Wilson (1959) eingeführt; der Sache nach war es auch der traditionellen Hermeneutik wohlbekannt – z. B. bei G. Fr. Meier (1759) als Kanon der hermeneutischen Billigkeit (vgl. Meier, Nachdr. 1965, 39, 89, 130). Von Quine wurde es dann herangezogen – und berühmt gemacht –, für die Problematik der radikalen Übersetzung. Es sagt, daß man dem anderen, dem fremden Sprecher, bzw. dem Sprecher, dessen Äußerungen man verstehen bzw. interpretieren will, eine Wahrhaftigkeit zugestehen muß – und auch faktisch beim Verstehen zugesteht. Man muß zunächst annehmen, daß der Sprecher nicht böswillig sei, nicht absichtlich täuschen wolle, daß er das Richtige für wahr halte bzw. daß wir das, was er als wahr ansieht, auch als wahr ansehen (müssen). Es sei notwendig, sagt Davidson, »to interpret what the speaker accepts as true, as true when we can«, d. h., das, was der Sprecher als wahr anerkennt, nun auch unsererseits als wahr zu interpretieren, wenn uns dies möglich ist, also wenn es nicht etwa widerspruchsvoll ist. Das Prinzip wird oft im Deutschen das »Prinzip der Nachsichtigkeit« genannt; »Prinzip der Gutwilligkeit« wäre vielleicht noch ein bißchen besser, am besten vielleicht:

»Prinzip des Entgegenkommens«, des »interpretatorischen Entgegenkommens«. Wie dieses Prinzip zu verstehen ist, ist selbst auch Gegenstand einer Diskussion. David Lewis (1974) hat gemeint, man könne das Prinzip nicht so maximalistisch deuten wie Davidson, sondern es müsse ausreichen, daß man die unerklärbaren Irrtümer bei den fremden Sprechern als minimal voraussetzt. Eine solche Minimierung unerklärbarer Irrtümer sei die Aufgabe dieses Prinzips; das Prinzip leiste – und das kann man ja wohl zugeben –, so etwas wie einen heuristischen Vertrauensvorschuß, der für einen Verstehensprozeß überhaupt notwendig ist.
Eingeschoben sei noch eine Kritik am Verfahren von Davidson, auf objektive Kausalzusammenhänge und auf absolut fixierte Fürwahrhaltungen zurückzugehen, um Interpretationen zu ermöglichen. Ich gehe dabei großenteils anhand eines kritischen Artikels (1990) und eines unveröffentlichten Entwurfs von Günter Abel vor. Abel hebt hierbei eine Reihe von Punkten hervor, die ich für richtig halte. Einige für unser Problem besonders relevante seien hier kurz resümiert:
Die Bedeutungen und die Zuordnungen, auch die Fürwahrhaltungen sind selber interpretativ (interpretations-konstruiert, wenigstens interpretationsimprägniert, würde ich sagen). Es ist nicht absolut und objektiv (vor)gegeben, was wahr ist. Selbst wenn wir Belege haben und anführen können, so sind diese jedoch durchaus wieder für Interpretationen offen, der Interpretativität unterworfen bzw. durch Interpretationen konstituiert oder (mit)geprägt. Die je bestimmte Fürwahrhaltung und jede Fürwahrhaltung werde also erst durch Interpretation hergestellt. Selbst nach dem Prinzip der Nachsichtigkeit bzw. des linguistisch-interpretativen Entgegenkommens würde es ausreichen, wenn man davon redet, daß etwas wahr zu sein »scheint« (unveröffent. und 1990, 6). Man muß sich nicht auf das Wahrsein inhaltlich einlassen, sondern dies ist Sache einer (heuristisch-verstehensmethodologisch notwendigen) Unterstellung, ist hypothetisch, hypostasiert, also interpretationsabhängig. Die wechselseitige Abstimmung des Einverständnisses kann in relativ optimaler Weise auch gewährleistet werden, wenn beiden Kommunikationspartnern das Formulierte (bloß) als wahr *erscheint*. Die Scheinbarkeit wäre funktional ausreichend. Das würde also darauf verweisen, daß man vielleicht dieses Prinzip der Begründung der Interpretationsdeutung auf konsensuelle Fürwahrhaltungen abschwächt.

Der Interpret benutzt seinen *eigenen* »Standard« (6), seine eigene Interpretationslogik, als Folie, mit der er die Fremdäußerungen deutet, die er für wahr und für falsch hält. D.h., er projiziert seinen eigenen Standard in die Auffassung der Fürwahrhaltungen hinein, und das ist natürlich klarerweise interpretationsabhängig.

Man kann auch etwas verstehen, wenn man etwas selbst nicht für wahr hält. Man kann z.B. an eine Interpretation der Regentänze der Hopis denken, etwa von einem abendländischen Wissenschaftler aus gesehen. Dieser wird sagen, diese Tänze hätten überhaupt nichts mit einer Herbeiführung des Regens zu tun, sondern erfüllten unter Umständen gegenüber den sog. »manifesten« Funktionen andere, »latente Funktionen«, wie die Soziologen sagen, z.B. jene, daß sie die Gemeinschaft zusammenhalten, durch Rituale integrieren u.ä. Man kann bis zu einem gewissen Grade die Regentänze verstehen, ohne sie im erklärenden Sinne als wirksam ansehen zu müssen. Dies ist also in gewissem Sinne eine Ausnahme von diesem Prinzip der Nachsichtigkeit.

Die von Abel (7f.) geforderte »Übereinstimmung in den Urteilen« muß also nicht durchgängig sein; es muß nur überhaupt hinreichend viele Übereinstimmungen in Urteilen auf beiden Seiten der Interpretationsgrenzen geben. Hier muß man sich aber in Erinnerung rufen, daß Davidson nur gefordert hat, daß der Interpret die Fürwahrhaltung des Sprechers als wahr akzeptieren soll, wenn er das *kann*. Wenn er das von seiner gesamten Wissensbasis her jedoch nicht vertreten und akzeptieren kann, dann ist ein Abweichen gegeben.

Es gibt keine sichere Möglichkeit der Nachprüfung von Intentionen/Überzeugungen der anderen, und eine »radikale Interpretation« kann immer fehlgehen; man denke an das oben erwähnte Beispiel, wie der Name ›Känguruh‹ zu seiner Bedeutung gekommen ist. Daß dieses »Fehlgehen« nicht eintritt, wird im Nachsichtigkeitsprinzip vorausgesetzt«, nicht jedoch durch es garantiert oder gerechtfertigt. Dieses wird »immer schon in Anspruch genommen« (8).

Auch die eigenen Fürwahrhaltungen sind problematisch, und man kann gar nicht wirklich oder endgültig wissen, daß sie wahr sind. Abertausende von Jahren waren die Menschen überzeugt, die Erde sei eine Scheibe. Woher weiß der Interpret, daß seine eigenen Führwahrhaltungen wahr sind? Ist das bei Davidson einfach eine bloße Unterstellung, eine Durchtrennung des Gordischen Knotens mit dem Schwert?

Es gibt keine absolute objektive Basis, die uns erlauben würde, das Interpretationsschema, die Interpretativität einerseits und die von der Interpretation und von jeder interpretativen Erfassung unabhängige Welt andererseits voneinander zu trennen (s. u. Kap. 5 u. 6). Davidson müßte sehen, daß diese Trennung selbst interpretationsabhängig ist. Sie ist eine *sekundäre* interpretative Trennung, sie kann nicht interpretationsfrei unterstellt werden. Mit anderen Worten: Fürwahrhaltungen sind nicht zweifelsfrei, sind nicht als fixe Basiswerte zu unterstellen. Sie sind stets interpretationsabhängig; sie sind stets an Zweifel gebunden; und es gibt nicht *den* externen Standpunkt, keinen Weg in eine zweifelsfreie, unmediatisierte, interpretationsfreie Restobjektivität. Jede Fürwahrhaltung, jede Erfassung steht unter dem Grundsatz der Interpretationsimprägniertheit (s. u. Kap. 6): »Der Applikation des Nachsichtigkeitsprinzips liegt ein Interpretations-Geschehen immer schon voraus« (Abel 13).

Es gibt also letztlich keine Möglichkeit, Zeichen oder Interpretationen auf nichtinterpretationsabhängige Basisgegebenheiten zu stützen oder gar in einwandfreier und unmißverständlicher Weise daraus herzuleiten. Günter Abel meint in seinem unveröffentlichten Entwurf, daß Davidson selbst noch einer Restversion der Stellvertretertheorie der Zeichen anhängt, daß er – möglicherweise unbewußt, nur implizit – seiner Behandlung des Problems der »realistischen (?) Interpretation« eine Art Restpositivismus semiologischer Art zugrunde legt. Angesichts dieser Problematik sei letztlich nur noch der interpretations(methodo)logische Weg offen.

4.3 Meta-Bedingungen der Interpretation nach Finn Collin

Im Zusammenhang mit der Problematik der radikalen Interpretation möchte ich noch auf einige Bedingungen eingehen, denen Interpretationen genügen müssen. Dies bezieht sich insbesondere auf sprachliche Interpretationen, aber auch auf Handlungsinterpretationen. Diese Bedingungen wurden von Finn Collin zunächst in seinem Buch *Theory and Understanding* (1985), besonders (aber) in seinem Aufsatz *Meta-Constraints upon Interpretation* (1987)

entwickelt. Auf beide sei hier noch etwas eingegangen; die Ergebnisse werden dann auf den Zusammenhang zwischen Sprachinterpretation und Handlungsinterpretation bezogen.
Collin geht vom Prinzip der Nachsichtigkeit bzw. des interpretativen Entgegenkommens aus (1985, 321 ff.) und meint, daß dieses Prinzip und andere Prinzipien in gewisser Weise notwendig sind, um Interpretationen überhaupt greifbar oder auch »operational« zu machen. Collin entwickelt auch ein Prinzip der praktischen Rationalität (325), hält dies für ebenso wichtig wie das Prinzip des interpretatorischen Entgegenkommens oder der Nachsichtigkeit. Dieses Prinzip der praktischen Rationalität umfaßt die Aufforderung: »Vermeide Interpretationen, die die Leute als extrem unstet darstellen«. Man muß beim anderen Partner jeweils eine Art von Kontinuität, Rationalität, rationale Faßbarkeit unterstellen; man kann ihn nicht als »Chaoten« voraussetzen, wenn man ihn bzw. seine Handlungen und Aussagen verstehend interpretiert oder interpretieren will. Natürlich ist in gewissem Rahmen auch die Möglichkeit gegeben, einen relativen Chaoten zu verstehen bzw. zu interpretieren, aber einen totalen, radikalen »Chaoten« kann man grundsätzlich nicht verstehen. Wenn man interpretieren und verstehen will, muß man wenigstens eine relative Nichtchaotizität beim anderen, bei dem zu Interpretierenden voraussetzen. Das bezieht sich natürlich sowohl auf Handlungen wie auf sprachliche Äußerungen.
Collin skizziert (327) in diesem Zusammenhang auch ein Prinzip der Metaphernvermeidung, oder zumindest der Metaphernminimierung. D. h., man muß den Äußerungen anderer – das bezieht sich jetzt auf sprachliches Interpretieren – mit dem methodischen Vorsatz begegnen, sie möglichst als nichtmetaphorisch zu verstehen. Nicht-eigentliche Rede wird dann einem Sprecher zugeschrieben, wenn eine wörtliche Interpretation seiner Worte innerhalb des Systems der aufgestellten interpretatorischen Hypothesen nicht möglich ist. Nicht alles kann metaphorisch gemeint sein.
Das sind die übergreifenden Prinzipien, die nach Collin zur und bei der Bewältigung des Problems der radikalen Interpretation wichtig sind. Er meint, zunächst könne man dieses Problem unter mehreren Varianten auffassen: zum einen so, wie Davidson es dargestellt hat, daß man gewisse Fürwahrhaltungen beim zu interpretierenden Kommunikationspartner voraussetzt (Principle of

Charity) und gleiche Wahrheitsbedingungen unterstellt, wie wir sie anerkennen, sowie auch eine gewisse Ähnlichkeit zu unseren eigenen Auffassungen, zu unseren eigenen Überzeugungen. Allerdings hält Collin die von Davidson geforderten Ähnlichkeiten für zu schwach: Sie würden gewissen Metabeschränkungen, Begrenzungen der Interpretation, widersprechen. Deshalb entwikkelt er zum anderen weitere übergreifende Aspekte, denen Interpretationen genügen müssen, um als solche überhaupt anerkannt werden zu können. Er untersucht grundsätzlich solche übergeordneten Beschränkungen, Einschränkungen und Orientierungen für mögliche Interpretationen. Er nennt sie »meta-constraints« (1987), also Metabeschränkungen über Interpretationen. Diese können als übergreifende Einschränkungen oder Prinzipien der Interpretation aufgefaßt werden. Zunächst stellt er fest, daß man bei Interpretationen von Handlungen und Äußerungen nicht rein naturwissenschaftlich oder analog zu den Methoden der theoretischen Realwissenschaften vorgehen könne, nicht also der Leitlinie methodologisch oder ontologisch sparsamer Darstellung bei der Wahl der theoretischen Mittel usw. und der Weltabbildung folgen kann, sondern daß diese Bedeutungsinterpretationen (semantic interpretation) viel reicher und komplexer seien. Die intentionalen Interpretationen von Handlungen und Äußerungen sind stets als Funktionen des Verhaltens und der intentionalen Zustände desjenigen, der handelt oder sich sprachlich äußert, zu verstehen; sie sind insofern nicht in einem rein behavioristisch objektivierenden oder wissenschaftlich theoretisierenden Zugriff zu erfassen. Unter den sogenannten Metabeschränkungen diskutiert Collin folgende (1987, 139 ff.):
1) die »*Wahrhaftigkeitsbedingung*« (»Veridicality Condition«), die Metabeschränkung für Wahrhaftigkeitsbedingungen. Zu vermeiden sind Begrenzungen oder Einschränkungen der Interpretationen, die zu Zuschreibungen irrtümlicher Meinungen beim Sprecher führen, falls Alternativen greifbar sind, die nicht zu solchen Zuschreibungen führen würden. Man sieht sogleich, daß diese Bedingung aus dem Prinzip des Entgegenkommens folgt. Wenn ich dem Sprecher der fremden Sprache oder meiner eigenen Sprache hinsichtlich einer Äußerung oder Handlung eine Interpretation zuordne, sollte ich, wenn es um das Verstehensproblem geht, solche Einschränkungen vermeiden, die nur irrtümliche Zuschreibungen erlauben. Solange plausible Alternativen greifbar sind,

sollte ich entsprechend der Wahrhaftigkeits- oder der Wahrheitsunterstellung verfahren.
2) die »*Realitätsbedingung*«. Das Verstehen von Sprecheräußerungen basiert auf »einer allgemeinen Interpretation von des Sprechers Überzeugungen, Wünschen (*sensu largissimo*) und Handlungen«. Die Meinungen des Sprechers sind dabei als »Funktion, wenn auch nicht notwendig als wahrheitsvermittelnde oder wahrheitsgarantierende Funktion der Art und Weise, wie die Welt ist«, aufzufassen, sozusagen als realitätsabhängig. Diese Metabedingung schränkt also die Zuschreibungen von Meinungen einer solchen umfassend allgemeinen Interpretation auf Realistik ein. Es muß generell in einer gewissen Kohärenz mit der Realität interpretiert werden. Man sollte die Meinungen, Wünsche und Handlungsintentionen eines anderen generell im Hinblick auf falsifizierende und verifizierende Überprüfungen und »Rückkopplungen aus der Umgebung« interpretieren.
3) die sogenannte »*Parasitismusbedingung*«. Sie ist etwas komplizierter. Jede intentionale Beschreibung oder Interpretation muß auf Verhaltensdaten zurückgehen oder besser: rückbezogen werden, die ihrerseits standardmäßig interpretiert sind. Intentionale Beschreibungen sind letztlich auf Verhaltensdaten zu beziehen, sie sind aber gegenüber diesen Verhaltensdaten »supervenient« (man könnte traditionell auch sagen: emergent), lassen also einen Unbestimmtheitsspielraum im Sinne von Quines Unterbestimmtheit offen. Sie überformen diese Verhaltensdaten, sind aber nicht logisch oder irgendwie in einer Art von Reduktion auf diese allein zurückzuführen oder durch die Verhaltensdaten zu definieren. Es gibt keine intentionale Interpretation ohne Verhaltensdaten. Jede »intentionale Interpretation« erfordert eine Verknüpfung mit einer Beschreibung von Verhalten (140). Das ist nun eine relativ wichtige Metabedingung für die Einschränkung von Interpretationen. Sie macht solche Einschränkungen zu »Filtern« der Akzeptierung von Interpretationen (als »wahr« etwa bei deskriptiven Deutungen).
4) die »*epistemische Bedingung*«. Man solle keine intentionale Interpretation zulassen, die Annahmen über ein Wissen beim Sprecher macht, welche über die menschlichen Erkenntniskräfte hinausgehen; eine Interpretation also, welche etwas als bekannt unterstellt, was der Sprecher oder der Handelnde nicht beherrschen oder nach gegebenen Kräften übersehen kann. Man könnte

etwa an ein Beispiel denken, bei dem ein Satz eines Eingeborenen aus einer primitiven Gesellschaft ohne jeden vorherigen Kontakt mit einer High-tech-Welt so interpretiert würde, als setzte dieser eine hochkomplexe Software eines Informationssystems voraus. Das ist eine Interpretation, die über die Erkenntniskräfte, über die Möglichkeiten und Opportunitäten des Sprechers hinausgeht, und deshalb wäre sie durch diese Metabedingung ausgeschlossen. Auch ein Kind, das erst die Sprache erlernt, benutzt nach Collin (141) implizit solche Einschränkungen, wie sie durch die »epistemische« Metabedingung umrissen werden.

Die These, die Collin mit der Anführung dieser Metabedingungen verbindet, ist, daß diese Metaeinschränkungen das Prinzip des interpretativen Entgegenkommens bzw. der Nachsichtigkeit und auch das Prinzip der praktischen Rationalität, aber in erster Linie das erste, wesentlich »stützen«. Er argumentiert, daß bestimmte andere Prinzipien sich ad absurdum führen würden; z. B. ein Prinzip, das den anderen immer Böswilligkeit unterstellen würde, wäre selbstwidersprüchlich, wäre unsymmetrisch; dies rühre daher, daß insbesondere der Wahrhaftigkeitsbedingung nicht Genüge getan würde (142). Ein bloßes »Ähnlichkeitsprinzip« (»Interpretiere Meinungen anderer immer so, daß sie den eigenen möglichst ähneln«) würde eine Verletzung des Parasitismusprinzips bedeuten; es machte ferner jede Selbstinterpretation (und damit z. B. tiefenpsychologische Selbsterforschung) unmöglich (144). Im einzelnen ist alles dies hier nicht weiter auszuführen. Es geht uns darum, daß letztlich die Zuordnung von Überzeugungen und Meinungen unter Beachtung von bestimmten übergreifenden Konsistenzprinzipien, wie etwa dem Prinzip der Nachsichtigkeit und einer Art von praktischer Rationalitätszuschreibung oder der Parasitismusbedingung, vollzogen wird. Die Behauptung einer gleichzeitigen und gemeinsamen Fixierung der Überzeugungen bei Sprecher und Interpreten wäre etwas zu großzügig. Das bedeutet insgesamt, daß man in gewisser Weise doch zu übergreifenden und umfassenden Offenheits- und Begrenzungsbedingungen für die akzeptierbaren Interpretationsmuster übergehen muß, von denen hier nur einige angeführt wurden.

Das Wichtigste ist, daß jeder Verständnisvorgang oder -versuch von gewissen hypothetischen Unterstellungen abhängig ist, die praktisch vom Interpreten vorgenommen werden müssen und daß eine Art von Begrenzung der zunächst offenen Interpretationsmöglichkeiten stattfinden muß – etwa im Sinne des Prinzips des Entgegenkommens, und dies gilt inhaltlich konkret in Verständigungssituationen wie auch methodologisch allgemein bezüglich der Strukturierung und Beschränkungsprinzipien für akzeptierbare Interpretationen und Verständigungsmöglichkeiten überhaupt. Es gibt nicht den absolut interpretationsunabhängigen und interpretationsfreien Zugang zu der Problematik der »radikalen Interpretation«. Man ist immer schon im Raum der Interpretativität; und selbst die Bedingungen, denen die Interpretationen genügen müssen, sind selbst nur methodologisch-interpretativ zu fassen.

5 Interpretation in den Sozialwissenschaften

5.1 Handlungen als Interpretationskonstrukte

Aspekte des Handelns sowie Probleme der Bestimmung des Handlungsbegriffs – nicht zuletzt als eines grundlegenden Begriffs der Sozialwissenschaften – wurden in der Philosophie unserer Tage und in der modernen Wissenschaftstheorie zunehmend zum Gegenstand des Interesses. Die Bemühungen galten vor allem der explikativen Analyse von Handlungsbegriffen, der Rekonstruktion von Handlungsbeschreibungen und Handlungserklärungen sowie der Ausbildung einer interdisziplinär integrierten philosophischen Handlungstheorie.

Die wissenschaftstheoretische Diskussion entwickelte sich dabei vor allem am Problem des Behaviorismus, d. h. an der Frage, ob das menschliche Handeln objektiv, vom Beobachtungsstandpunkt aus als äußerlich beschreibbares Verhalten (behavior) hinreichend gekennzeichnet und erklärt werden kann. Als ein Ergebnis dieser Auseinandersetzungen setzt sich inzwischen die Einsicht durch, daß rein behavioristische Ansätze nicht genügen, um absichts-, bedeutungs- und sinnvolles Handeln, das von Normen, Werten, Konventionen, Symbolen usw. geleitet wird und u. U. gewissen Rationalitätsprinzipien oder einem Rationalitätsmodell unterliegt, philosophisch adäquat zu rekonstruieren und sozialwissenschaftlich zu analysieren. Auf die Schwierigkeiten, die bei solchen rein behavioristischen Ansätzen entstehen, kann hier nicht eingegangen werden (vgl. hierzu Lenk 1984 III/2, 607 ff.; 1987, 82 ff.). Wichtiger in unserem Zusammenhang ist es vielmehr, daß dadurch interpretative Momente im Begriff des Handelns und *die Rolle von Interpretationen* bei der Erfassung und Beschreibung von Handlungen und Handlungstheorien deutlich werden. Entsprechend gewinnen Ansätze an Boden, die diesen interpretativen Aspekt von Handlungen hervorheben. Ich denke auch, daß man für diesen Bereich in der Tat eine fundierende Rolle des Interpretierens annehmen muß.

Traditionell wird gesagt, daß Handeln *intentional* ist, d. h., mit einem Zielbewußtsein, mit einer Absicht verbunden ist; oft wird Handeln auch als intentionales Verhalten definiert. Dabei wird der

Begriff der ›Intentionalität‹ durchaus interpretativ verstanden, so etwa schon von Anscombe in ihrem Buch *Intentions* (1958). Sie behauptet, daß alle Intentionen notwendig interpretativ sind, und das gilt dann insbesondere auch für Handlungsintentionen. Nach Davidson (1971, 7) ist Handlung etwas, das nur unter einem *Aspekt* beschrieben werden kann, der es intentional macht, und Danto meint (1973, 26): »Actions imply intentions«. Aus Bestimmungen dieser Form des Handlungsbegriffs ergeben sich freilich gewisse Schwierigkeiten: Können etwa Handlungen, die sich nur in ihrer Zielorientierung unterscheiden oder voneinander abweichen, als ein und dieselbe Handlung aufgefaßt werden, oder müßte man hier von verschiedenen Handlungen sprechen? Davidson (1971, 7f.) analysiert das Beispiel eines Marineoffiziers, der ein Torpedo auf ein Schiff richtet, das er für die »Tirpitz« hält, das in Wirklichkeit aber die »Bismarck« ist; und die Frage ist jetzt, nachdem das Schiff versenkt ist, welche Handlung dieser Offizier durchgeführt hat. Offensichtlich war das Versenken der »Tirpitz« beabsichtigt, aber wirklich versenkt hat er ja die »Bismarck«. Hat er nun die Handlung, die er ausführen wollte, die er *intendiert* und geplant hatte, auch *durchgeführt*, oder war es eine andere Handlung, die er gar nicht intendiert hatte, sozusagen eine Nebenfolge oder eine fehlerhafte Handlung, die neben der eigentlichen Intention ablief? Diese letztere stand aber doch in einem intentionalen, »gemeinten« Wechselzusammenhang mit der durchgeführten Handlung, insofern sie diese wesentlich (mit)verursachte! Ähnliche Fragen haben sich auch hinsichtlich der Frage ergeben, wieviele Handlungen vollzogen werden, wenn man z. B. seinen Arm aus dem Autofenster streckt, um den Insassen etwas draußen zu zeigen, *zugleich* aber den anderen Verkehrsteilnehmern anzeigt, daß man abbiegen will. Bei diesem Beispiel ist die Frage, ob es sich hier um eine Handlung oder um zwei Handlungen handelt. Kann man durch eine Bewegung zwei oder mehr Handlungen – oder sogar viele Handlungen, je nach Untergliederung – ausführen? Hat eine einzige Handlung stattgefunden, oder waren es zwei? Sind Handlungen identisch mit der oder notwendig geknüpft an die Körperbewegung? Sind nicht auch Unterlassungen – diese bestehen ja letztlich darin, daß eine bestimmte, erwartete Bewegung eben *nicht* durchgeführt wurde – Handlungen? Viele solcher Fragen werden gestellt und akribisch an mehr oder minder mehrdeutigen Fällen durchbuchstabiert. Danto

(1973) z. B. diskutiert des langen und breiten die offensichtlich äußerst spannende Frage, ob die Erektion eine Handlung oder lediglich reflektorisches Verhalten sei.
Wie schon die angeführten Beispiele zeigen, haben in der Vergangenheit solche Diskussionen geradezu zu einer echten Scholastik geführt; dieser Diskussion zu folgen ist hier nicht die Aufgabe (vgl. hierzu Lenk 1978). Doch die Frage ist in der Tat, ob Intentionalität und die Möglichkeit einer intentionalen Beschreibung allein schon ein vollständiges Kriterium des Handelns liefern können, und insbesondere, ob solche intentionalen Beschreibungen des Handelns einzigartig sein müssen, oder ob sie nicht austauschbar sein können. Antworten auf solche Fragen werden sich als interpretationsabhängig erweisen. Es gilt generell: Handlungen sind zweckmäßigerweise nicht mit den sie exemplifizierenden Körperbewegungen zu identifizieren, sondern diese müssen *gedeutet* werden, damit sie überhaupt *als* Handlungen erfaßt werden und eine angemessene Reaktion hervorrufen. Der Beobachtende muß die wahrgenommene Körperbewegung erst *als Handlung* verstehen, er muß sie also interpretieren, muß sie auf Handlungsregeln und -gewohnheiten beziehen, einbetten in einen bestimmten Erwartungsrahmen, in eine Situation, in eine bestimmte regelmäßige Abfolge, die er kennt usw. Bei Handlungen geht es offensichtlich nicht unmittelbar um Körperbewegungen, um etwas bloß physisch Beobachtbares, sondern wahrgenommene Handlungen sind Ergebnisse von Interpretationen; sie sind Interpretationskonstrukte, Deutungen von meist beobachtbaren Körperbewegungen und entstehen durch eine kontextbezogene, situationsabhängige, rezipientenbezogene, also pragmatische Interpretation. Eine Interpretation ist notwendig, damit eine Handlung überhaupt als solche gefaßt und erfaßt werden kann.
Wittgenstein hat in einem berühmten Paragraphen seiner *Philosophischen Untersuchungen* (§ 621) gefragt, was von einer Handlung übrig bleibe, zieht man davon die dazugehörige Körperbewegung ab. Seine Antwort lautet dem Sinne nach: »nichts!« Im Grunde sind die Handlung und die Bewegung also für ihn ›dasselbe‹. Man kann nicht annehmen, daß, wenn eine Handlung ausgeführt wird, notwendig vorher im Gehirn so etwas wie ein kleiner Geist eine andere Vorhandlung oder bloße Willenshandlung vollendet hat, sondern eine Handlung ist etwas, das nur in einer bestimmten Situation (zumeist von außen, aus der Beobachter-, besser: Inter-

pretenperspektive, aber dann sekundär auch vom Handelnden selbst) situationsangemessen so *gedeutet* wird. Ein Bewegungsakt wird gedeutet, es kommt kein weiterer körperlicher oder rein willensmäßiger Akt hinzu, der ihn zur (äußeren) Handlung macht, sondern die Bewegung wird interpretativ eingebettet in bestimmte regelhafte Erwartungen und Ablaufmuster, in etwas, das der Aufnehmende, bzw. auch der Handelnde, kennt. Wenn jemand etwa einen Arm aus dem Autofenster herausstreckt, ist es also nicht möglich, aufgrund der Bewegung allein eindeutig zu bestimmen, ob ein Abbiegerplan signalisiert oder auf einen Gegenstand gezeigt wird, sondern dies hängt von einer perspektivegebundenen Interpretation ab, die der Handelnde selbst und ebenso der Beobachtende dem Armstrecken zuordnen. Die Interpretationen (besonders des Beobachters – manchmal aber auch des Handelnden: es gibt Übersprungs- und Leerlaufhandlungen usw.) können fehlgehen oder voneinander abweichen. Mißverständnisse sind notorisch, oft geradezu vorprogrammiert. Wittgensteins Standpunkt, zur Körperbewegung komme nichts hinzu, was sie erst zu einem intentionalen Handeln machte, ist also dahingehend zu präzisieren, daß *kein ontologisch davon abgetrennter neuer Akt hinzukommt*. Es kommt aber dennoch etwas hinzu: die Deutung, die Beschreibung, also etwas Interpretatorisch-Semantisches. Das »gehaltvolle« Handeln selbst ist also in vollem Sinne nur auf der Ebene der deutenden Beschreibung existent. Ein Mensch ist ein Handelnder, wenn das, was er »tut«, oder sein Verhalten unter einem Aspekt beschrieben werden kann, der es als intentional interpretiert. Das deckt sich mit Davidsons zuvor erwähnten Überlegungen zur Aspekt- oder Beschreibungsgebundenheit des intentionalen Handelns. Generell muß man wohl sagen, *Handlungen sind Interpretationskonstrukte*; sie sind kontext- und situationsrelativ, perspektiven-, personen- sowie normen- und erwartungsbezogene, insofern »deutende« Beschreibungen. In diesem Sinne kommt natürlich etwas zur Körperbewegung hinzu, nämlich diese beschreibende Dimension. Man kann nicht so einfach wie Wittgenstein sagen, es komme gar *nichts* hinzu, sondern man muß wohl auf die Frage, ob etwas hinzu komme, mit »Jein!« antworten: ontisch-materiell nicht, aber es kommt eine interpretativ-semantische Dimension, eine perspektivische, pragmatische Deutung, eine beschreibende Metastufenaspekthaftigkeit hinzu. Handlungen sind von sich aus beschreibungsgebunden, interpre-

tationsimprägniert, per se interpretatorisch, abhängig von höherstufigen Deutungen, von Beschreibungen und Gesichtspunkten.
Das Gesagte gilt natürlich nicht nur für den Beobachtenden, sondern das gilt auch gerade für den Handelnden selbst: Auch der Handelnde deutet seine Handlungen, und zwar nicht nur im Rückblick, sondern auch antizipatorisch. Er bildet, konstituiert, plant seine Handlungen unter einer Beschreibung, sozusagen von vornherein schon in interpretativer Perspektive; auch er versteht seine Handlungen notwendig in Abhängigkeit von einer Deutung. Der Handelnde würde z. B. durchaus einen Unterschied zwischen einem Heben des Armes und einem bloßen Hochgehen des Armes aufgrund von einer äußerlich einwirkenden Kraft sehen – um auf ein Beispiel Wittgensteins zurückzukommen – aber dieses hängt im wesentlichen, so müßte man hier analysieren, nicht nur von der eventuellen äußeren Kraft ab, sondern eben auch von der eigenen Interpretation: Es gibt sogar »gemischte« Handlungen, etwa des übernehmenden »Sicheinfühlens« in eine aufgezwungene Bewegung oder ein reflektorisch angeregtes Verhalten (vgl. obiges Beispiel der Erektion). Auch für den Handelnden besteht also die Erfassung seines Handelns in oder in Abhängigkeit von einer selbstdeutenden Beschreibung; und das gilt natürlich erst recht, wenn Wünsche, Absichten, Ziele, Intentionen beim Handeln eine Rolle spielen.
Irving Thalberg (1977) hat in seiner Komponententheorie der Handlung versucht, einzelne Momente, »Elemente«, des Handelns als Konstituenten der jeweiligen Handlung aufzufassen. Er setzt sich dabei mit dem Bemühen einiger der erwähnten Handlungsanalytiker, insbesondere Dantos, auseinander, die ihrerseits versucht haben, Handlungen aus elementaren »Basishandlungen« aufzubauen, die nicht nur aus den – freilich notwendigen – physiologischen Teilkomponenten bestehen. Thalberg nimmt nun an, daß Handlungen in besonderer Weise aus Komponenten zusammengesetzt werden, zu denen nicht nur diese Basishandlungen als Teilhandlungen gehören, sondern darüber hinaus auch bestimmte physiologische Prozesse sowie Wunsch-, Absichts- oder Zielkennzeichnungen oder die Beschreibungen, welche die Handlung klassifikatorisch als solche charakterisieren. Ein wesentliches Problem, das Thalberg ebenso diskutiert, das ich aber hier übergehen möchte, besteht darin, ob und gegebenenfalls wie man Handlungen unabhängig von der Bezugnahme auf die Zielintentionen

identifizieren kann. Auch die Auseinandersetzung mit dieser Diskussion führt Thalberg zu seiner Komponententheorie der Handlungen.

Nun ist eine solche Komponentenanalyse von Handlungen im Prinzip richtig und für eine Explikation des Begriffs wichtig – ebenso der Standpunkt, daß man z. B. in der Regel (außer etwa bei Unterlassungen) Bewegungsbeschreibungen, physiologische Komponenten zu einer Charakterisierung von Handlungen berücksichtigen muß. Zweifellos hat Thalberg insofern die handlungsphilosophische Diskussion differenzierend weitergeführt. Aber das Entscheidende und insbesondere das Charakteristische für Handlungen, daß sie wesentlich interpretativ geprägt sind, das hat Thalberg m. E. nicht deutlich genug gesehen. Es besteht nämlich ein wesentlicher Unterschied zwischen den physiologischen Momenten und den beobachtbaren Bewegungen, die in einer Handlung als Komponenten vorkommen einerseits, und der perspektivischen Beschreibung, der Stufe der Interpretation, andererseits. Diese für die Kennzeichnung von Handlungen entscheidenden Bedingungsfaktoren sind eben nicht mit den physiologischen Komponenten auf einer und derselben Ebene zu denken; sie sind auf einer anderen, interpretatorischen, gleichsam »metagegenständlichen«, quasi semantisch höheren Ebene anzusiedeln – vergleichbar der Ebene der Metasprache in der Semantik. (Soweit sprachliche Beschreibungen unverzichtbar und konstitutiv zur Handlungskennzeichnung hinzukommen – das ist besonders auch etwa bei bewußten Unterlassungshandlungen der Fall! –, sind diese interpretatorischen Konstituenten sogar wirklich metasprachlich semantisch »geladen«!) Mit anderen Worten: eine solche Komponententheorie wie die Thalbergs kann überhaupt nur der differenzierten Handlungswelt gerecht werden, wenn sie auch interpretatorische, höherstufige Komponenten erfaßt, die man nun besser (interpretative) »Konstituenten« nennen mag.

Eine Handlungstheorie muß also das interpretative Moment von Handlungen im Sinne eines Überschreitens der Ebene von bloßen Körperbewegungen und deren Beschreibung berücksichtigen, um überhaupt zu einem sinnvollen Konstituentenansatz zu führen. Handlungen sind also Interpretationskonstrukte. Eine Handlung ist stets Interpretat, interpretationsimprägnierte Bewegung oder deren Unterlassung (und als Unterlassung ist sie erst recht interpretatorisch, wie wir sehen). Handlungsbegriffe auf der Beschreibungs- und Beobachtungsebene sind dann deskriptive Interpretationskonstrukte; sie sind gleichsam theoretische Begriffe, die wir uns im Alltag machen, also naivtheoretische Begriffe von quasi semantischem Charakter, weil zum Teil abhängig von sprachlichen Beschreibungen. Eine Bewegung als eine Handlung zu deuten, bedeutet, sie auf eine soziokulturell geprägte Situationsdeutung, auf den institutionellen Hintergrund, auf normative Aspekte und Regelungen, vor allem auf Ziele, Erwartungen und Interaktionsmuster von handelnden Partnern zu beziehen. In diesem Sinne sind Handlungen selbst schon perspektivitäts-, kontext-, (handlungs)begriffsabhängig, sie sind insofern Interpretationskonstrukte. Das wird natürlich ganz deutlich, wenn man sich auf die äußere Beschreibung von Handlungen bezieht; dann ist z. B. die traditionelle mythische »Beschreibung« bzw. Deutung des Donners als einer Aktion von Zeus, Donar oder Thor, die ihren Blitzkeil schleudern oder ihren Hammer werfen, eine interpretative Beschreibung einer durch Interpretationskonstrukte konstituierten, diesen Götter(-Fiktione)n zugeschriebenen Handlung. Alles ist hier mehrfach verschachtelt interpretatorisch, die Beschreibung, die Zuschreibung, die Handlungskonstitution, oder besser: Handlungsfiktionalisierung, ja, selbst die angeblich Handelnden sind Fiktionen: Handlungsfiktionen. Hier handelt aber niemand, wird man einwenden. Der Schein des Handelns wird fälschlich erzeugt. Was ist dann ein Kriterium echten, »realen« Handelns? Nun, sicher ist eine notwendige Bedingung für wirkliches Handeln, daß die Beobachterinterpretation sich mit der Selbstinterpretation des Handelnden trifft. Ein prometheisches »Werfe deinen Blitzkeil, Zeus« (à la Goethe) reicht nicht hin. Zeus selbst müßte dieser Überzeugung sein, daß er Blitze schleudert. Doch selbst die Übereinstimmung der Beobachter- und der Akteurinterpretation dürfte nicht hinreichen: Es gibt intersubjektiv übereinstimmende wie auch subjektive Handlungssuggestionen ohne wirkliche Handlung. Thalbergs beobachtbare Bewegungskomponenten sind insofern auch nötig. Notwendig ist aber auch eine Verursachungshypothese und eine Verursacherzuschreibung, die wiederum jeweils vom Handelnden und vom Beobachter gemeinsam vertreten werden müssen. – Die Welt der Handlungsdeutungen bleibt extrem komplex.

Das bisher Gesagte genügt jedoch, um zu rechtfertigen, daß Handlungsbegriffe naiv-theoretische Begriffe mit interpretatorischem Charakter sind. Das Gesagte gilt mutatis mutandis natürlich auch für normative Handlungsbegriffe und für Handlungen, die entsprechend unter Sollvorschriften getätigt werden, oder für Zielbeschreibungen von Handlungen. Jedenfalls kann man sagen, daß die Abhängigkeit der Handlungen vom Kontext und von dieser interpretativen Sichtweise notwendig zu sein scheint und nicht aufgegeben werden kann. (Intentionale) Handlungen sind nicht in bloße behavioristische Verhaltensformen auflösbar.

Ähnliches gilt übrigens auch für bestimmte Handlungen oder bestimmte Verhaltensweisen, die nicht dem intentionalen Muster entsprechen, die nicht bewußt und explizit absichtliches zielorientiertes Verhalten darstellen – etwa das nichtreflektorische »Tun« nach Groeben. Der Psychologe Norbert Groeben hat in seinem Buch *Handeln, Tun, Verhalten als Einheiten einer verstehend-erklärenden Psychologie* (1986) sehr eindrücklich versucht, die Handlungstheorie terminologisch in diesem Sinne zu erweitern, indem er den Begriff des *Tuns* zusätzlich zu dem des Handelns einführt, um solche Aktivitätsweisen zu charakterisieren, die nicht-intentionales, nicht-absichtlich-zielorientiertes Handeln umfassen, die aber auch nicht bloßes Reflexverhalten darstellen, sondern eben dem alltäglichen Begriff des »Tuns« im Sinne des Wortes Jesu (Luk. XXIII, 34) »Denn sie wissen nicht, was sie tun« entsprechen (vgl. a. Paulus. Röm. VII, 15, 19 f.).

›Tun‹ impliziert schon alltagskommunikativ gerade nicht, daß dem Akteur der Sinn des Tuns vollständig bewußt sein muß; auch der Fall des ›ungewollten Sinns‹ wird abgebildet: Man hat etwas ›*getan*, was man gar nicht gewollt hat‹. ›*Eigentlich* gar nicht gewollt hat‹ würde man in Alltagskommunikation wohl sagen, wodurch auch ein eigentümlicher Schwebezustand hinsichtlich der Verantwortlichkeit (für das Tun) zum Ausdruck kommt [...]. (168, s. a. 184 f.)

Nach Groeben ließe sich übrigens dieser eintretende »Schwebezustand« hinsichtlich der Verantwortlichkeit auch wissenschaftlich als konstitutiv für das Auseinanderfallen von subjektiver Intention und objektiver Motivation rekonstruieren.

Groeben schlägt daher (168) vor, als eine Art Grundbeschreibungseinheit der Psychologie neben der Verhaltenskategorie (zur Erkennung des Reflexverhaltens, Routineverhaltens usw.) auch die Kategorie des Tuns einzuführen, die nicht schon »Handeln« bedeutet. Er versteht das Tun also als eine Art »Restkategorie« (169, 184), die zwischen Handeln und Verhalten eingeschoben ist.

Beim Tun wird davon ausgegangen, daß etwas, was das Verhalten bestimmt, auch außerhalb des bewußten und gewollten Intendierens liegen kann und dennoch nicht in dem Sinne bloß reflexgebunden ist; ähnlich wie sich die subjektive Intention von objektiver Motivation trennen läßt. Die objektive Motivation, die aus der Beobachterperspektive erklärt und beschreibt, braucht u. U. überhaupt nicht auf die subjektive Intention Rücksicht zu nehmen oder kann davon abweichen. So ist eben das Tun analytisch von den beiden anderen Kategorien zu trennen. Was in der Soziologie meistens »Handeln« genannt wird, nach Max Weber etwa die mit (subjektivem) Sinn verbundene oder zu verbindende Aktivität, entspricht nach Groeben häufig eher dem Tun als dem (intentionalen) Handeln. Subjektiver Sinn muß nämlich nicht intentional, also im Sinne von bewußt zielorientiert, »absichtlich«, verstanden sein, sondern kann auch latent oder aus der Beobachterperspektive bloß zugeschrieben sein. Beim sozialen Tun zeigt sich, daß das Abtrennen von subjektiver Intention und objektiver Motivation i. e. S. eine analytische Maßnahme ist: Es kann ja auch sein, daß beim sozialen Tun – etwa bei halbbewußtem Gewohnheitshandeln – beides zusammenkommt. Nur ist wichtig und charakteristisch, daß eventuell der nur objektive, d. h. sozial konventionalisierte, Sinn des Tuns dem Handelnden nicht voll bewußt ist. Handeln wird hier von Groeben also eingeschränkt auf bewußtes intentionales Handeln, während Tun diese Bewußtheit gerade nicht aufweist, obwohl es den Charakter der Zielgerichtetheit in systematischer Hinsicht beibehält. Beispielsweise wäre ein rituelles Verhalten, wie es ja sehr häufig von Soziologen und Ethnologen untersucht wird, in diesem Sinne eher ein Tun als ein Handeln. Man sieht, daß die psychologische Theorie hier in Groebens differenziertem Entwurf nun interpretative Muster und Konstrukte aufnimmt, wie sie im eben kurz dargelegten Ansatz einer interpretationistischen Handlungstheorie ausgearbeitet wurden. Groeben bezieht sich ausdrücklich (176ff.) auf das Modell der Deutung von Handlungen als Interpretationskonstrukten (vom Verf. 1978).
Ähnliches gilt auch für andere Arten des regelbefolgenden Handelns, wenn die Regel nicht explizit als handlungsleitendes Moment oder als handlungsauslösender und -steuernder Faktor bewußt ist. Man kann den Regeln quasi blind und stumm folgen – und wir tun das vielfach im Alltag auch –, selbst wenn es sich nicht

um Reflexverhalten handelt. Im letzteren Falle des Reflexverhaltens wären es Naturgesetze oder gesetzesartige Regeln, denen wir folgen, folgen müssen, da wir sie nicht übertreten könnten. Oft folgen wir aber rituellen und internalisierten, ja, automatisierten oder fast automatisierten Erwartungen und sind uns gar nicht mehr der Regel bewußt, das gilt zum Teil auch im Straßenverkehr. Man müßte also eigentlich weitergehen und noch das Regelhandeln und das Regeltun voneinander unterscheiden. Regeltun wäre eine Aktivität, die gar nicht bewußt bestimmten Intentionen und Absichten folgt, während Regelhandeln in der Tat bewußte Anwendung und Befolgen der Regel impliziert. Man kann und sollte also auch hier noch weiter differenzieren.

Insgesamt aber scheint es wichtig zu sein, daß man terminologisch zwischen verschiedenen Sorten des Verhaltens, Tuns und Handelns unterscheidet, und so auch terminologisch deutlicher der Intentionalität des Handelns Rechnung tragen kann, indem man den Begriff des Handelns auf das intentionale Handeln beschränkt. Das muß natürlich nicht ein bloß zielorientiertes Handeln sein, sondern es gibt auch intentionales Handeln, das nicht auf Zielzustände ausgerichtet ist. Man könnte hier anders als Groeben auch einschließend vorgehen, in dem man Verhalten als allgemeinste Kategorie, Tun als nichtreflexhaftes Verhalten und Handeln als intentionales Tun bestimmte. Groeben geht es vor allem aber darum, »die operative Wirksamkeit der subjektiven Intentionalität« für das Handeln zu sehen und dementsprechend »subjektiv-individuelle Bedeutungsdimensionen« herauszuheben, die dann nach dem Muster des Verstehens einer von ihm entwickelten »dialogischen Hermeneutik« erfaßt werden können (185). Bei bewußter Zielorientierung kann man u. U. die Ziele aushandeln und sich anhand von Frage und Antwort oder anhand von »dialogischen Schritten« gemeinsam an Zielen oder an Abweichungen usw. orientieren und entsprechend durch ein dialogisches Verstehen in diesem Sinne rückversichern. Beim Tun dagegen »handelt es sich um Ausgangseinheiten mittlerer Komplexität mit durch systematische, monologische Verstehensmethodik universalisierbaren Bedeutungsdimensionen, die z. B. auch und gerade ein Auseinanderfallen von subjektiver Intentionalität und objektiver Motivation implizieren (können)« (185). Für die Interpretation des Tuns wäre nach Groeben also ein monologisierendes Verstehensmodell relevant.

›Verhalten‹ dagegen stellt in diesem Kontext die Einheiten-Kategorie auf niedrigster Komplexitätsstufe dar, deren universelle Bedeutungsdimensionen sich nicht auf (bewußte oder nicht-bewußte) Intentionalität beziehen und deswegen durch implizite, innerhalb von systematischer Beobachtung ablaufende Verstehensprozesse abgedeckt werden können (ebd.).

Mit anderen Worten: das Verhalten ist weniger komplex hinsichtlich der Intentionalität, der subjektiven Bedeutsamkeit und des möglichen Auseinanderklaffens von subjektiver Intention und objektiver Motivation. Beim Verhalten redet man eigentlich gar nicht mehr von Motivation, sondern eher von Verursachung, etwa im Sinne eines Reflexmodells.

5.2 Kulturinterpretation nach Clifford Geertz

Clifford Geertz nimmt in *Interpretation of Cultures* (deutsch: *Dichte Beschreibung*, 1983) seine berühmte Beschreibung des balinesischen Hahnenkampfes (214 ff.) zum Anlaß, um seine Theorie der Kulturinterpretation zu illustrieren. Die Idee, die hinter dieser Darstellung steht, ist, daß der Zweikampf eine kulturelle Welt für sich ist, ein vereinzelter »Ausbruch von Form« (248), welche »von einem weitläufigen Corpus außerordentlich ausgearbeiteter Regeln« (217) bestimmt ist und in ihrer besonderen Ausgestaltung im Hahnenkampf jedenfalls ein »typisches Segment des sozialen« und kulturellen Lebens der Balinesen widerzuspiegeln scheint (249). Es dürfte sich im wesentlichen einerseits um eine Ventilsitte zum Abreagieren von Frustrationen und Emotionsstaus handeln, wie bei uns im Fasching oder beim Zuschauen beim Fußballmatch, andererseits um eine kulturelle Form, die verschlüsselt den Aspekt der sozialen Schichtung thematisiert, also um die Widerspiegelung bzw. Projektion von bestimmten Statusverhältnissen. Und zum dritten stellt der Hahnenkampf für die Balinesen ein »paradigmatisches Ereignis« dar (256), bei dem Alltagserfahrungen gleichsam »in einem Brennpunkt« gebündelt werden und somit für eine konzentrierte exemplarisch-paradigmatische Kulturdeutung geeignet sind. J. Benthams Begriff des »deep play« wird hierfür herangezogen (231 ff.) und für die Interpretation des paradigmatischen Charakters eines solchen Festereignisses verwendet: Die »tiefen Spiele« kennzeichnen und spiegeln eine Kultur, besonders aber zeigen sie, wie die Menschen »ihr

Verhalten« gegenseitig wahrnehmen, einschätzen, wertschätzen. »Überall wird das Prestige [in Bali, H. L.] als eine todernste Angelegenheit betrachtet. Die Hierarchie des Ehrgefühls, eine eigenartige Verschmelzung polynesischer Titelränge und hinduistischer Kasten, bildet das geistige Rückgrat der Gesellschaft. Doch nur im Hahnenkampf werden die Gefühle, auf denen jene Hierarchie beruht, in ihrer natürlichen Färbung enthüllt« (251). Das ist ein zentraler Satz, der hinreichend klar macht, wie Geertz die Beschreibung des Hahnenkampfes zu einer umfassenderen Deutung hin überschreitet, der er eine Schlüsselfunktion für das Verstehen von Kultur beimißt.

Geertz meint (253), daß die Untersuchung von Kulturformen generell »eher dem Durchdringen eines literarischen Textes« gleicht als etwa einer naturwissenschaftlichen Beschreibung, Analyse oder Systematisierung. Man sehe sich also nicht etwa »einem Problem der gesellschaftlichen Mechanik, sondern der gesellschaftlichen Semantik gegenüber«. Daher möchte er den Textbegriff erweitern – weit »über geschriebenes und sogar verbales Material hinaus«. Eine solche Erweiterung des Textbegriffes, wenn auch nur in Form einer Metapher – so räumt er ein –, ist freilich nicht ganz neu, er bezieht sich auf traditionelle Vorstellungen, etwa von der Interpretation der Natur im Mittelalter oder bei Spinoza. Geertz meint auch, daß z. B. Nietzsches Versuch, Wertsysteme als Auslegungen des Willens zur Macht zu deuten, in diesem Sinne auch eine Erweiterung des Interpretationsbegriffes bedeutet. Ähnlich stehe es mit Freuds Psychoanalyse, die den rätselhaften Text »des manifesten Traumes durch den verständlichen Text der latenten Traumgedanken ersetzte« (ebda.). Auch in Marx' Interpretation der Gesellschaft und der Verhaltens- und Wertungsweisen ihrer Klassen und Mitglieder in Abhängigkeit von den Eigentums- und Produktionsverhältnissen sieht er das Modell des Lesens eines Textes manifestiert, hier werden gesellschaftliche Formulierungen als Texte gedeutet. Er meint aber, dieser Gedanke, daß die Kultur als Text zu lesen und zu interpretieren sei, sei »theoretisch unentfaltet« (254) geblieben. Die für die Ethnologie wichtigste Folgerung sei, daß in der Tat »kulturelle Formen als Texte, als aus sozialem Material geschaffene Phantasiebildungen behandelt werden können« (254). Das aber müsse erst noch systematisch erforscht werden. Das sei nun die Aufgabe der Geistes- und Kulturwissenschaften von interpretierender Art.

Die Behandlung des Hahnenkampfes als Text würde in unserem Falle bedeuten, eines seiner Merkmale [...] herauszuarbeiten, das, wenn man in ihm bloß ein Ritual oder einen Zeitvertreib sähe – was sich als nächste Alternative anböte –, leicht verborgen bliebe: der Einsatz von Emotionen für kognitive Zwecke. Der Hahnenkampf spricht in einem Vokabular von Empfindungen: der Kitzel des Risikos, die Verzweiflung über den Verlust, die Freude des Triumphes. Doch er sagt nicht einfach, daß ein Risiko erregend, ein Verlust niederschmetternd, ein Triumph befriedigend sei – banale Tautologien des Affektes –, sondern daß es die solchermaßen exemplifizierten Emotionen sind, auf denen sich die Gesellschaft aufbaut und mit deren Hilfe sie ihre Individuen zusammenhält. Wenn ein Balinese Hahnenkämpfe besucht und an ihnen mitwirkt, bedeutet das für ihn eine Art Gefühlsschulung (254).

Und es sei in dem Hahnenkampf »die balinesische Form der Gewalttätigkeit« widergespiegelt: »Themen wie tierische Wildheit, männlicher Narzißmus, Wettspiele, Statusrivalitäten, Massenerregung und Blutopfer« (255) fügen sich hier zusammen; und alles dieses werde durch eine Reihe von Regeln zusammengebunden. Eine »symbolische Struktur« wird somit aufgebaut, in der sich der Teilnehmer (bzw. der Beobachter, der Zuschauer, insbesondere der Besitzerzuschauer, der Partei ergreift und seinen eigenen Hahn siegen sehen möchte) wiederfindet.
René Girard, französischer Kulturanthropologe in Stanford, hat (1972, 1982) eine Theorie entwickelt, nach der die Gesellschaft bestimmte außerordentliche Ereignisse, wie z. B. Wettspiele, braucht, in denen Situationen der Unsicherheit künstlich hergestellt werden, die dann durch eine Art von Opferreinigung und neuer Institutionalisierung überwunden werden. Es wird sozusagen in mythischer Widerspiegelung ein »Replay« ursprünglicher sozialer Vorgänge aufgeführt, nämlich die Opferung eines Sündenbocks, welcher der Unterlegene in einer solchen Situation ist und der entweder symbolisch oder wirklich geopfert wird, um eine im Spiel dargestellte Krise (die symbolisch eine krisenhafte Situation der Gesellschaft vor ihrer Konstitution wiedergibt) durch eine Art von ›neuerlichem‹ symbolischem Opfer zu überwinden. Und so sei es immer wieder die Funktion von besonderen Festereignissen, Wettkämpfen usw., daß Gesellschaften mit ihnen, in ihnen sich identifizieren, sich stabilisieren und mythisch zu einer Einheit finden. So beruhen viele institutionalisierte Ausnahmesituationen, Ventilsitten, Feste, Wettspiele, Sportkämpfe auf einer solchen Funktion mythischer Wiederinszenierung. Im übrigen

hat Gunter Gebauer (1986) versucht, diese Girardsche Theorie auf den Hochleistungssport unserer heutigen Zeit auszudehnen und sie insbesondere auch auf eine Interpretation der Olympischen Spiele angewendet. Interessant ist, daß hier offenbar bestimmte symbolische Interpretationen herangezogen werden, die einerseits in die Gesellschaft hineinwirken, indem sie eine formierende und stabilisierende Funktion für die Gesellschaft ausüben, so daß sie diese mitkonstituieren, und andererseits – und das ist in unserem Zusammenhang besonders wichtig – für Handlungen, Institutionen und besondere regelhaft strukturierte Ereignisse Verstehensmöglichkeiten eröffnen, die allerdings den traditionellen Mustern des Textverstehens, der Textinterpretation, der Textauslegung folgen. Gebauer geht sogar so weit, daß er sagt, selbst bei Handlungserklärungen würden im Grunde nur Sprachregeln abgelesen, Sprachregeln wirkten stellvertretend für oder gleichsam als Gesetze in Erklärungszusammenhängen dieser Art. Das würde natürlich anhand dieses Paradigmas vom Analysieren einer Kultur oder eines kulturellen Teilsystems als eines Textes erst recht gelten. Ein Symbolsystem liefert, so Geertz, einen Beschreibungskontext für besondere Handlungen. Mit anderen Worten: wir können eine bestimmte Geste als diese oder jene erst im Verhältnis zu anderen kulturellen Elementen interpretieren. Die gleiche Geste des Armhebens läßt sich je nach dem Kontext als eine Form des Grüßens, als Ruf nach einem Taxi oder als Stimmabgabe verstehen. Bevor die Symbole der Interpretation unterzogen werden, sind die Symbole handlungsinterne Interpretanten. »So verleiht die Symbolik der Handlung eine Vorform der Lesbarkeit.« Ricœur, von dem diese letzten Worte stammen (1988 I, 95), spricht sogar von der Handlung als einem Quasitext und meint, daß die ganze Welt und insbesondere das Handeln im Sinne von Texten aufgefaßt werden müßten; man könne einerseits auf paradigmatische Ereignisse zurückgreifen, um Interpretationen »zu lesen«, zu verstehen, zu entwickeln, und andererseits auf Sprachregeln, um Handlungen zu erklären, zu deuten, zu verstehen. Hieraus ergeben sich dann Parallelitäten zwischen Lesen und Handlungs- oder Weltverstehen generell. Ricœur möchte das Modell des Textlesens und des Textinterpretierens auf das Verstehen von Handlungen und von Institutionen übertragen, wie auch überhaupt nach traditionellem hermeneutischem Muster auf alle Gegenstände, denen sich die Geisteswissenschaften widmen.

Nochmals zurück zu Geertz. Durch solche Interpretationen wie seine wird ein Zugang zur Subjektivität in der Kultur eröffnet, aber diese Subjektivität wird dadurch nicht nur entfaltet und aufgedeckt, sondern diese Art von »Kunstformen«, sagt Geertz, »erschaffen und erhalten genau diese Subjektivität, die sie vermeintlich nur entfalten« (1983, 257). Das sei eine Paradoxie des Zusammenspiels, welche die Rolle des Interpretierens im sozialen und kulturellen Leben darstellen könnte. Kulturinterpretation als Kulturkonstitution – ein Selbstverstärkungssystem?

»Im Hahnenkampf schafft und entdeckt so der Balinese zur gleichen Zeit sein Temperament und das seiner Gesellschaft, genauer gesagt, eine bestimmte Facette von beidem« (257f.); und ähnlich sei es mit anderen Äußerungen des Lebens: Der Hahnenkampf stelle also nicht einen »Universalschlüssel zum balinesischen Leben dar, genausowenig wie der Stierkampf für Spanien«, aber er sei doch besonders charakteristisch für bestimmte kulturelle Äußerungen, Phänomene und Emotionen, insbesondere auch für verdeckte Emotionen, die sonst nicht geäußert werden dürfen, die zurückgedrängt oder gar verdeckt werden müssen. »Die Kultur eines Volkes« besteht für Geertz (259) »aus einem Ensemble von Texten, die ihrerseits wieder Ensembles sind, und der Ethnologe bemüht sich, sie über die Schultern derjenigen, für die sie eigentlich gedacht sind, zu lesen«. Hieraus ergeben sich Deutungsmuster, die zu interpretieren gestatten, wie bestimmte institutionelle Formen und Verhaltensweisen »etwas über etwas aussagen«; und das eröffnet »die Möglichkeit einer Analyse, die sich auf die Substanz dieser symbolischen Formen richtet« und über bloße reduktionistische Erklärungsmuster weit hinausgehe (ebda.). Soweit die anregende Hahnenkampfinterpretation von Geertz, die – wie angedeutet – zu einer Verallgemeinerung des Paradigmas des Textlesens auf andere Gegenstände drängt.

5.3 Die Fundamentalität des Verstehens von Handlungen nach Finn Collin

Ist nun generell Handeln als Text zu lesen? Oder wird bei diesen Modellen nicht vielleicht das Paradigma des Textlesens für das Handlungs- und Weltverstehen überhaupt überschätzt?

Hans Blumenberg hat ein anregendes gelehrtes Buch über *Die*

Lesbarkeit der Welt geschrieben, in dem er diese Metapher des Lesens und Interpretierens der Welt ausarbeitet; er hängt also offenbar stark diesem Paradigma an. Handlungsinterpretation reicht aber weiter als Textinterpretation. Das macht einen wesentlichen Unterschied des oben in bezug auf Handlungen vorgestellten und im 6. Kapitel noch allgemeiner zu fassenden konstruktions-interpretationistischen Ansatzes im Verhältnis zu traditionellen (text)-hermeneutischen Ansätzen aus. Die Lesemetapher erzeugt oft oder scheinbar eine passivistische Beobachtermentalität (obwohl Lesen selbst ein aktiver kreativer Vorgang ist, aber der Leser stellt sich außerhalb des Gelesenen: er konstruiert nur *nach* – und sei das noch so »psychisch kreativ«!). Ein Beispiel für eine philosophische Mißweisung durch Hermeneutik wurde oben schon behandelt: Figl hatte eine hermeneutische Deutung der Ontologie Nietzsches vorgenommen und gemeint, daß Nietzsches Interpretationstheorie nichts anderes sei als Hermeneutik. Aber es geht bei Nietzsche eigentlich weniger um das Herauslesen oder Auslegen, wie etwa bei dem Paradigma des Lesens in der Hermeneutik, sondern, worauf Abel (1984, 171) zu Recht hinweist, viel eher doch um ein »*Hineinlegen*«, ein Projizieren, ein aktives Konstruieren und Konstituieren, ein projizierendes strukturierendes Vorgehen, das Nietzsche mit dem Begriff »Interpretieren« verbindet. Interpretieren ist im Sinne Nietzsches eine ursprüngliche Aktivität. Man erinnere sich daran, daß jeder Organismus als Leib interpretiert. Bei Nietzsche besteht das Interpretieren im Wirken der Willen-zur-Macht-Zentren, die somit Interpretationszentren wären, und in den Prozessen des fortwährenden Übergreifens von Machtkomplexen auf andere Machtkomplexe. Hier wird Interpretieren selbst als eine Art von Handlungsvorgang, als Handlungsgeschehen aufgefaßt. Weltinterpretation sei letztlich also geschehenslogischer, nicht hermeneutischer Art, meint Abel. Es sei, könnte man auch sagen, im Grunde eher *handlungs*logischer Art, wenn man Ausübung von Macht und Expansion von Macht als »Handlung« der Interpretationszentren versteht. Handlungsinterpretation und Sprachinterpretation sind in der Tat nicht dasselbe, darauf möchte ich – im Gegensatz zu Ricœur und auch Geertz – bestehen.

Mit der Überdehnung des Sprach- und Leseparadigmas auf das Handeln setzt sich in seinem Buch *Theory and Understanding* (1985) auch schon Finn Collin kritisch auseinander. Er gesteht zwar zu, daß bestimmte Strukturähnlichkeiten von Handlungen und Handlungsentwicklungen einerseits und Sprachen, Sprachmustern sowie der Entstehung von Sprache und ihren Regeln andererseits bestehen. Er betont auch, daß die Anwendung von solchen Deutungsmustern auf Handlungen und sprachliche Äußerungen bestimmte Gleichheiten zeigt – man denke etwa an das sog. Prinzip der Nachsichtigkeit oder des Entgegenkommens (principle of charity; vgl. Kap. 4), das gleichermaßen bei der Interpretation von sprachlichen Äußerungen wie beim Verstehen von Handlungen angewandt werden muß. Collin verweist auch auf die methodologischen Gemeinsamkeiten beim Handlungs- und beim Sprachverstehen, daß z. B. Interpretationen in beiden Fällen holistisch sind, daß sie Einbettungs- und Integrationscharakter haben, daß sie, sowohl in bezug auf Handlungen als auch in bezug auf Sprachäußerungen, dem hermeneutischen Zirkel unterliegen, das heißt, daß man in gewisser Weise schon etwas verstanden haben muß, schon eine Art von Vorentwurf haben muß, um überhaupt in der Lage zu sein, dieses Verständnis weiter auszuarbeiten. Aber es sei falsch, so Collin, nun aus dieser Verwandtschaft zu schließen, daß allgemein menschliches Handeln sprachartig (language-like) sei, wenn dieses etwa bedeuten sollte, daß diese gemeinsamen Züge ihre Quelle in der Sprache haben. Das Handeln hat nicht notwendig seine Gesamtquelle in der Sprache. Daher seien auch methodische Lehren für die Handlungswissenschaften nicht nur aus der Reflexion über sprachliche Interpretation zu ziehen. Mit anderen Worten, man könne Handlungen nicht ausschließlich durch Sprachregeln erklären; selbst für die Identifikation von Handlungen ist noch etwas anderes als sprachliche Kennzeichen erforderlich, obwohl man natürlich sprachliche Mittel benutzen muß, wenn man diese Identifikation sprachlich darstellen will. Collin schließt (330) aus allem, daß in Wirklichkeit *eher* die »*Sprache handlungsartig*« (action-like) *als* die »*Handlung sprachartig*« sei. Das heißt im Grunde, das Handeln sei das grundlegende, tieferreichende System. Das würde natürlich der erwähnten Metapher und dem Paradigma des Textlesens, des Interpretierens der Welt und von Handlungssystemen sowie Institutionen als Texten widersprechen.

Dies alles versucht Collin auf eine recht interessante Vergleichsuntersuchung zwischen sprachlichen Äußerungen und Handlungsinterpretationen zu beziehen. Es geht ihm dabei im Grunde darum, bestimmte interpretative Analysen bzw. Rechtfertigungen – er spricht von »accounts« – nachzuvollziehen. Er unterscheidet (Kap. 1, Kap. 3) im wesentlichen drei verschiedene Sorten von Analysen und Grundlegungen bzw. Rechtfertigungen bei Handlungen und Sprechhandlungen.

Die *erste* wäre die *Zweckanalyse*, der Zweckrechtfertigungsaspekt – »purposive account« (185 ff.); dieser Aspekt bezieht sich im wesentlichen auf intentionale Handlungen, die durch Zwecke gesteuert werden, also auf Zweckhandlungen. Die *zweite* Art wäre der »rule account« (229 ff.), das Modell des *regelgeleiteten Handelns*, wobei dieses vom Modell des zweckgeleiteten Handelns sehr wohl unterschieden wird. Nicht jedes zweckgeleitete oder zweckorientierte Handeln ist regelgeleitet und umgekehrt (27 u. a.). Man kann zweckorientiert handeln, sowohl ohne bestimmten Regeln zu folgen, wie auch ohne etwa die einschlägigen Regeln anzuwenden. Ein ganz entscheidender Punkt ist hier, daß die Regel selbst in der Orientierung, in der Entscheidung und bei der Durchführung der Handlung motivational wirksam wird, d. h., also bewußt befolgt, beachtet, einbezogen wird. Wenn z. B. jemand einer Regel nur folgt, um unangenehme Konsequenzen zu vermeiden, etwa bei »Rot« vor der Ampel anhält, nur um das Strafticket zu vermeiden, dann vollführt er nach dieser Interpretation keine regelgeleitete Handlung (es handelt sich also um eine etwas eingeschränkte Interpretation), sondern eine Zweckhandlung. Er möchte den Zweck erfüllen, eine Strafe zu vermeiden. Wenn er aber die rote Ampel nicht überfährt, *weil* er die Regel einhalten will und sie als sinnvoll ansieht, sozusagen selbstmotiviert so handelt, dann ist es nach Collin regelgeleitetes Handeln. (Freilich ist die Regelbefolgungsanalyse ebenso von einer kausalen Analyse zu unterscheiden wie die Zweckrechtfertigung.) Die *dritte* Art der Rechtfertigung bzw. der Analyse wäre die *»semantische«* (282 ff.), d. h. die Deutung von Äußerungen anderer; aber es stellt sich auch das Problem der Selbstinterpretation – übrigens auch schon in bezug auf die Frage der Handlungsorientierung. Collin zufolge ist es für »semantic accounts« notwendig, sei es für die Übersetzung fremder Sprachen, sei es bei der Interpretation von Äußerungen generell, daß die Überzeugungen der fremden Sprecher »festgestellt«, fixiert werden, dies ist aber eben schon eine Art von Fest*legung*, Herstellung (325). Collin entwickelt in diesem dritten Teil, in dem er auch die Ergebnisse der sprachphilosophischen Reflexion zum Problem der radikalen Interpretation berücksichtigt (Quine, Davidson, Lewis), eine Sprachinterpretationstheorie, welche auf eine allgemeine Theorie der Handlungen und der Überzeugungen zurückgeht. Die Kernthese ist, daß die Theorie der Interpretation der sprachlichen Äußerungen der Handlungstheorie untergeordnet, ein Teil der Theorie der Interpretation der Handlungen und Überzeugungen anderer ist – und nicht etwa umgekehrt. Der Kern einer Theorie der Interpretation *ist* nach Collin einfach eine Theorie der Handlung und der Überzeugungen (325). Linguistisch-sprachliche Interpretationen implizieren die Interpretation von Handlungen und Überzeugungen, sie sind nur Teilaspekte dieser.

Es gibt aber auch charakteristische Differenzen, die zeigen, daß die Interpretation der sprachlichen Äußerungen sich von den Handlungsinterpretationen unterscheidet. Einen wesentlichen Unterschied sieht Collin darin, daß sprachliche Sätze als ein Teil aus einer unbeschränkten Menge von potentiell unendlich vielen Sätzen interpretiert werden können. Das ist noch ähnlich wie bei Handlungen, aber mit dem entscheidenden Unterschied, daß die Sätze bzw. deren Deutungen in gewissem Sinne rekursiv auf einfache Sätze zurückführbar sind, aus solchen zusammengesetzt sind und somit analysiert werden können durch Untersuchung der Elementarteile: der Worte, der Elementarsätze, der Zusammensetzungsformen der Elementarsätze usw. Sprache und sprachliche Äußerungen sind analysierbar in Teilelemente; sie müssen als aus Teilelementen zusammengesetzt aufgefaßt werden können. Das jedoch gilt nach Collin (328) bei Handlungen nicht, jedenfalls nicht hinsichtlich ihrer Bedeutung: Man kann die Bedeutung von Handlungen nicht aus (der Bedeutung von) Basishandlungen eindeutig ableiten und zusammensetzen. Wenn man etwa Handlungen durch Rückgang auf Basishandlungen analysiert – das ist ja, wie bereits gesagt, von Handlungstheoretikern wie etwa Danto (vgl. 5.1) durchgeführt worden –, dann kann man nicht umgekehrt aus Basishandlungen synthetisch die Bedeutung der Gesamthandlungen interpretieren oder verstehen. Eine Basishandlung wäre beispielsweise beim Lichtanmachen durch das Drücken eines Knopfes gegeben. Wenn ich aber einen Knopf drücke, so kann ich aus dieser Tätigkeit des Knopfdrucks allein noch nicht entnehmen, was die Gesamthandlung bedeutet, ob die Gesamthandlung nun das Lichtanmachen ist oder das Auslösen

eines atomaren Gegenschlages oder was immer, das kann also aus der Basishandlung allein nicht entnommen werden. Hier kommt es auf den Kontext, den Einbettungszusammenhang, an; »der Kontext ist alles hier«, wie Collin sagt (329); man kann Handlungen nur interpretieren durch Einbettung in den Gesamtkontext.
Collin versucht schließlich die Frage nach der Rolle interpretatorischer Argumente und Denkmuster für das Verstehen und Systematisieren von Handlungen in den Sozialwissenschaften mit Hilfe (342 ff.) einer Unterscheidung zwischen genetischen »Theorien der Performanz« und genetischen »Theorien der Repertoires« näher zu bestimmen. Während genetische Theorien der Performanz nach ihm Theorien sind, die in einem strikten Sinne konkrete Einzelhandlungen erklären könnten, sind Theorien des Repertoires solche, welche den Erwerb von allgemeinen Neigungen, Dispositionen und Regelbindungen beschreiben, also von Faktoren, die notwendige Bedingungen für Handlungen oder für entsprechende Prozesse darstellen, die in den Sozialwissenschaften vorkommen. Collins These lautet nun, daß die Sozialwissenschaften aus einer Reihe von Gründen, auf die im folgenden kurz einzugehen sein wird, nur über Theorien des Repertoires zur Erklärung von Handlungen verfügen können und daß die Distanz, die sich zwischen den abstrakten Strukturmodellen dieser Theorien und den konkreten zu beschreibenden und zu erklärenden Handlungen auftut, durch interpretatorische Überlegungen, durch Deutungen geschlossen wird.
Sozialwissenschaftler können bestenfalls – auch als Kausalisten bei der Handlungserklärung – solche Theorien der Repertoires anwenden, aber kaum je vollständige Erklärungen von einzelnen Handlungsereignissen (oder Tunsereignissen) erreichen. Sie sind daher zur Schließung der Lücke zwischen allgemeinen, in diesen Theorien beschriebenen Bedingungen und Zusammenhängen und bestimmten Einzelhandlungen auf Interpretationen angewiesen. Dies umso mehr, als die Sozialwissenschaften notorisch unvollständige Diszplinen sind. Das bedeutet: andere, in der Theorie nicht berücksichtigte Kontexte – etwa Naturvorgänge oder historische Faktoren, Traditionen und Ereignisse – beeinflussen ihre Phänomene und Variablen (345 f.). Selbst für behavioristische reflexorientierte biologische und kausalistische Theorien gilt bei Anwendung auf Probleme des Handelns allgemein und besonders der einzelnen Handlungen, daß hier nur gewisse Grundfaktoren,

wie z. B. genetisch angelegte Triebe, angegeben werden könnten, die aber in der Tat nicht letztlich zwingend erklären, warum eine *bestimmte* Handlung vorgenommen wird. Vom allgemeinen Dispositionszusammenhang, wie dieser durch Repertoiretheorien beschrieben wird, wird man eben bei höherrangigen Handlungen u. U. bewußt abweichen, und insofern kann man im Sinne dieser Theorien, die lediglich ein Repertoire von Parametern liefern, nicht strikt erklären, warum eine bestimmte Person in einer konkreten Situation gerade diese konkrete Handlung tut. Man kann vielleicht bestimmte hohe Wahrscheinlichkeiten angeben, daß bestimmte Faktoren, etwa biologischer Art, mit bestimmten Handlungen verbunden sind, aber man kann nicht sicher sagen, warum nun gerade diese Handlung ausgeführt wird. Ein weiterer Grund, weshalb eine strikte Erklärung konkreter Handlungen im Sinne einer Performanztheorie nicht erreicht werden kann, ist, daß Menschen in ihrem Handeln nicht einfach auf äußere Reize, auf physische und physiologische Reize reagieren, sondern auf *interpretierte* Stimuli, *interpretierte* Reize (339); es ist sozusagen die Interpretation, welche die Antwort hervorruft und prägt. Deswegen, meint Collin, könne man eine erklärende Verbindung von den allgemeinen Faktoren zu der besonderen einzelnen Handlung eigentlich nur interpretativ gewinnen. Interpretative Analysen erlaubten aber nur »schwache Folgerungen« (348), keine ausnahmslosen Schlüsse, d. h., Abweichungen können in naturwissenschaftlichem Sinne nicht zwingend erklärt werden, sondern nur eben durch bestimmte Interpretationsgründe als sehr naheliegend eingesehen werden; und nur in diesem verstehenden Sinne können die so herausgearbeiteten Gründe dann etwa auch als hinreichende Bedingungen anerkannt werden. Das wird natürlich häufig nur ex post der Fall sein. Collin geht es letztlich darum, durch gewisse »erklärende« Argumente Verbindungen zwischen den Teilperformanzen der allgemeinen Dispositionen, welche die Theorie des Repertoires als wahrscheinlich zu erklären vermögen, und den Beschreibungen zu erklärender bzw. vorherzusagender Einzelhandlungen herzustellen. Die Intentionalisten »erklären« nach Collin auch nur oberflächlich, weil sie nur an einzelnen Handlungen erklärend oder eher nachträglich verstehend anknüpfen können. Sie können also nicht – wie die Kausalisten dies versuchen – durch Tiefenfaktoren erklären; sie bleiben an der Oberfläche der Beschreibung hängen, und sie sind auch meist nur

in der Lage, erst nachträglich Handlungen der Abfolge nach zu beschreiben, und so dann zu interpretieren.
Sozialwissenschaft wird also nach Collin grundsätzlich auf interpretative Systematisierungen angewiesen bleiben, *auch wenn sie erklären will*, und Erklärung in ihr kann nicht ohne interpretative Momente und Ergänzungen geschehen. Die einzige Möglichkeit besteht also darin, beide Aspekte zu verbinden, einerseits den erklärend-kausalorientierten und andererseits den interpretationistisch-verstehenden (349). Die Handlungstheorie kann danach nicht mehr dem traditionellen Muster folgen, wonach Kausalisten und Intentionalisten einander unversöhnlich gegenüberstehen, sondern man muß beide Methodologien zusammenführen. Das läßt sich nur durch die Beziehungen von Interpretationen erreichen (kein Wunder, da es ja um die Systematisierung von Interpretationskonstrukten geht!). Man kann im Grunde nur noch eine Art von kausalinterpretationistischer Erklärungsart in der Diskussion der Handlungstheorie annehmen.
Das muß nicht unbedingt die kausalgenetische Erklärung sein, wie sie etwa Georg Henrik von Wright im Auge hatte oder wie sie auch Collin dann empfiehlt. Bei von Wrights Theorie der historischen und sozialwissenschaftlichen Erklärungen war es so, daß die kausale Erklärung etwa bei geschichtlichen Abläufen und bei Handlungsprozessen in gewisser Weise abhängig ist von intermittierenden Situationsbeschreibungen und Rückkoppelungen; eine genetische Kausalerklärung kann nicht vollständig sein, sondern sie muß immer wieder Bezug nehmen auf neue Situationen oder auf Berichte über die Rückwirkungen. Interpretationsimprägniert im Hinblick auf die Deutung des Akteurs wie des erklärenden Beobachters ist auch das Muster des sogenannten praktischen Syllogismus bei von Wright – ein Erklärungsmuster, das letztlich aus vorausgesetzten notwendigen Bedingungen nun so etwas wie einen Satz über eine Handlungsselbstaufforderung folgert: Wenn A den Zug erreichen will und sieht, daß der Zug anfährt und er einschätzen kann, daß er, wenn er läuft, den Zug noch erreichen kann, und wenn er glaubt, daß dies die einzige Möglichkeit ist, den Zug noch zu erreichen, dann wird A sich in Bewegung setzen und rennen, um den Zug noch zu bekommen. Das ist ein Beispiel für das Grundmuster des praktischen Syllogismus zur intentionalen Handlungserklärung nach v. Wright. Das Schema hat übrigens gewisse Ähnlichkeiten mit dem Muster für ein Handlungsgesetz

und die Erklärung mittels eines solchen, wie sie der Kausalist Churchland entworfen hat. P. M. Churchland (1970) versuchte ein allgemeines Handlungsgesetz für Erklärungen von Handlungsaussagen zu skizzieren:

Für alle Personen (Handlungssubjekte) x, für alle Einsetzungsinstanzen von Handlungsvariablen A und alle Zielzustände z gilt: wenn 1) x z wünscht und wenn 2) x glaubt, daß A zu tun einen Weg für ihn darstellt, unter den obwaltenden Bedingungen z herbeizuführen; und wenn es 3) keine Handlung gibt, die x für einen gleichermaßen geeigneten oder vorzuziehenden Weg zur Realisierung von z unter den gegebenen Umständen hält, und wenn 4) x keine anderen Wünsche hat, die den Wunsch übergreifen, verdrängen oder ausschalten, und wenn 5) x weiß, daß x A tun kann und wenn 6) x auch in der Lage ist, A zu tun, dann tut x A (wird x A tun).

Das nennt Churchland also ein allgemeines Handlungs-Gesetz zur Erklärung von Handlungen, welches das Muster für Kausalerklärungen von Handlungen liefern könne. Hier fällt natürlich manches auf: Es kommen Wünsche vor und Glaubens- oder Meinungseinschätzungen, ferner Ziele oder Zielprojektionen. Alle diese Faktoren müssen also in die Kausalerklärung von Handlungen eingehen können – dazu braucht man aber eine Theorie über die Kausalität mentaler Faktoren. Außerdem kann man diese Faktoren und die ihnen entsprechenden Handlungsregularitäten, wie sie in derartigen Beschreibungen vorkommen, gar nicht unabhängig von bestimmten Interpretationen und Verstehensprozessen erfassen; also *ist auch hier der Weg des strikten Kausalismus längst verlassen*, nur wird das interpretative Moment in die Voraussetzungen (bzw. in die entsprechenden vorzunehmenden Deutungen) hineingesteckt.
Es handelt sich also letztlich um einen ähnlichen Gedanken wie jenen der Überbrückungslösung durch Einschaltung von interpretatorischem Lückenschließen, wie ihn Collin vorschlägt. Man muß also offenbar die Momente des kausalen Erklärens und des intentional-interpretativen Deutens zusammennehmen, um zu einer zureichenden, sinnvollen und fruchtbaren Handlungtheorie und Handlungserklärungsmöglichkeit zu kommen.

5.4 Zur Psychologie der persönlichen Konstrukte

Es sei nun in einen Bereich übergegangen, in dem ebenfalls interpretative Modelle eine wichtige Rolle spielen, nämlich in den Bereich der Kognitionspsychologie, also der psychologischen Theorie der Erkenntnis, vorzugsweise der Person(er)kenntnis. Interpretation meint hier allerdings etwas anderes als in der Hermeneutik; hier wird nicht vom Paradigma des Textverstehens ausgegangen; der zentrale Begriff, mit dem hier operiert wird, ist der Begriff des »Schemas« oder des »persönlichen Konstrukts«, der als eine Art Bedingung für die Möglichkeit von Kognition aufgefaßt wird. Das erkennende Subjekt konstituiert die Inhalte seiner Erkenntnis auf der Grundlage von und innerhalb der Spielräume, die ihm gewisse vorauszusetzende Formen oder Schemata umreißen. Es erkennt auch im Alltag, indem es fortwährend eine Art von theoretischer Systematisierung leistet. Eine solche Art psychologischer Theorie der Erkenntnis wurde bereits in den fünfziger Jahren von G. Kelly (1955) als »Psychologie der persönlichen Konstrukte« entwickelt. Später hat David Rumelhart (1978) eine Kognitionspsychologie auf der Grundlage des Gedankens der Schematabildung aufgebaut (vgl. u. 5.5). Im deutschen Sprachraum hat besonders Norbert Groeben mit Mitarbeiter(inne)n das »Forschungsprogramm subjektive Theorien« (vgl. Groeben 1988, 1987) analysiert und weiterentwickelt sowie der empirischen Anwendung zugeführt. Dabei berücksichtigt Groeben mehr als Kelly auch die Fortschritte der Wissenschaftstheorie der Geistes- und Sozialwissenschaften und bezieht einen konstruktiv vermittelnden Standpunkt zwischen der naturwissenschaftlich ausgerichteten Experimentalpsychologie und der hermeneutisch verfahrenden humanistischen Psychologie.

Die Schemata sind diejenigen Konstrukte, welche, strukturell-funktional gesprochen, die Kognitionen aufbauen. Sie verkörpern gleichsam die Regeln wie auch die Kategorisierungen, auf deren Grundlage jegliche Erkenntnis – zumal auch Wahrnehmungserkenntnis – stattfindet. Sie dienen dazu, die in einem bestimmten Sinne noch »rohen« Sinneserfahrungen zu ordnen und in eine Art von kohärenter Bedeutung zu bringen, also in einen Zusammenhang zu integrieren. Man könnte sagen, daß die Wahrnehmung durch solche Konstrukte und Schemata gefaßt und organisiert wird und daß alle Wissensbildung letztlich in Schemata dargestellt wird, ja, werden muß. Rumelhart (1978) betrachtet sogar das »Schema« als »eine Art informeller, privater, unartikulierter Theorie über die Natur der Dinge, der Ereignisse oder Situationen, auf die wir treffen. Die Gesamtheit der Schemata, die wir zur Interpretation der Welt zur Verfügung haben, konstituiert in einem gewissen Sinne unsere private Theorie über die Natur der Wirklichkeit« (zit. nach Goleman, 1987, 90). Solche Schemata und persönlichen Konstrukte versetzen uns in die Lage, über die sog. »gegebenen Daten« hinauszugehen zur interpretierenden Einordnung. (Im übrigen funktionieren oft Schemata »auch als Meta-Theorien« (91) – also als methodologische Beurteilungs- oder Theorienauswahlraster und -kriterien.)

Jegliche interpretierende Integration ist als ein Prozeß zu verstehen, bei dem ähnlich wie bei der Anwendung von Theorien unsere ebenfalls interpretativ erfaßte Umwelt geordnet, strukturiert, ja, verstanden wird. Selbst die Gegenstände sind durch Schemata und Konstrukte konstituiert bzw. zu konstituieren. Im Grunde sind solche Schemata wie kleine wissenschaftliche Theorien persönlicher Art, bei denen eine Entwicklung stattfindet und die nötigenfalls auch abgeändert werden können (vgl. u. 5.5). Sie können sich auf größere oder kleinere Bereiche beziehen und ebenso auf verschiedenen Abstraktionsebenen formuliert werden oder/und funktionieren. Sie sind also relativ flexibel und können in vielfältiger Weise angewendet werden, um Ereignisse zu interpretieren, um Gegenstände einzuordnen, die personenbezogene Umwelt zu strukturieren usw. Die Aufmerksamkeit bzw. die neurophysiologische Basis im Mittel- und Zwischenhirn aktiviert in Interaktion mit Situationsmerkmalen und Interessen- sowie Bedürfniswissen des Handelnden die relevanten Schemata, die ihrerseits der Aufmerksamkeit selber wiederum eine Richtung geben. Umgekehrt kann natürlich auch die Anwendung, die bloße Tatsache, daß ein Schema angewendet wird und leicht anwendbar ist, die Aufmerksamkeit wiederum aktivieren. Es gibt eine Art von spiraliger Beschäftigungsstimulation zwischen der Anwendung und Aktivierung eines Schemas und der Aufmerksamkeit. Wir filtern die Erfahrung anhand solcher Schemata, aber nicht nur in einer positiven, sondern auch in negativer Weise; denn man scheidet ja, bedingt durch das Aufmerksamkeitsfilter, durchaus auch bestimmte Dinge aus: Wir sehen das, *wonach* wir schauen, was wir sehen *wollen*. Goleman (96) zitiert hierzu einen Psychologen namens Simmons; dieser versuchte anhand eines männlichen Lesern besonders eingängigen Beispiels zu illustrieren, wie die Schemata den Blick des »geistigen Auges«, wie er sagt, lenken, und das »bestimmen, was wahrgenommen und was ignoriert wird«. Nach Simmons lenken Schemata die männliche Aufmerksamkeit Frauen gegenüber (mutatis mutandis wäre das sicherlich – vielleicht weniger drastisch (?) – auch für die weibliche Aufmerksamkeit gegenüber Männern umzuformulieren).

Du merkst, daß du dein ganzes Leben Frauen aussortiert hast. Zu groß, zu klein, zu dick, zu dünn, schlecht gekleidet, aufgeregt ... Du brauchtest überhaupt nicht zu *schauen*, ja, nicht einmal interessiert zu sein. Eine Wahrnehmung aus dem Augenwinkel hält den Blick in Bewegung, auf der Suche nach dem frischen Gesicht, dem locker fallenden Haar, der jugendlichen Taille zwischen festen Hüften und Brüsten. Das Prinzip der negativen Effizienz: Suchst du nach einem Objekt, verwirft das Auge in einem Moment tausende, die es nicht sind.

Man sieht hier nicht nur, daß das Prinzip der negativen Auswahl, der negativen Effizienz, in gewisser Weise geradezu automatisch funktioniert, sondern man erkennt auch, daß insbesondere bestimmte Voreinstellungen und Emotionen die Schemata beherrschen, diese mitbedingen oder sich in ihnen ausdrücken können. Die Schemata sind an vielerlei Bewertungsprozesse gebunden. Hierzu gibt es viele Untersuchungen in der Kognitionspsychologie. Goleman (97) macht das z. B. an der Situation eines Menschen klar, bei dem plötzlich Angst ausgelöst wird, weil er im Walde einer Schlange begegnet. Angst stellt ein bestimmtes persönliches – und natürlich nicht nur persönliches, sondern geradezu archetypisches – Urkonstrukt dar, das dann aktiviert wird, wenn eine bestimmte Situation gewisse, z. T. sogar angeborene angstauslösende Schemata aktiviert, sobald gewisse Merkmale in der Situation vorhanden sind bzw. auffallen. Die Reizeinwirkung auf unsere Sinne wird also durch solche Schemata gefiltert. Das, worum wir uns bewußt kümmern, was eindrucksvoll und verhaltenswirksam in unser Bewußtsein tritt, selektieren wir aber unbewußt aufgrund von Bedürfnissen, Interessen, Wahrnehmungsintensitäten und aufgrund dieser teils angeborenen, teils dispositionell gewordenen, also erworbenen, durchaus auch emotionsgesteuerten oder wenigstens emotionsabhängigen Filter, die wir eben (subjektive) Schemata oder wahrnehmungssteuernde oder situationssondierende Konstrukte nennen können. Doch dieser Prozeß selbst ist weitgehend unbewußt. Was wir erfahren, was uns z. B. plötzlich in den Sinn kommt, ist das Ergebnis eines komplexen unbewußten Prozesses und geht dem Bewußtwerden voraus. Es gibt eine Wahrnehmung und »Aufmerksamkeit«, welche in unserem Gehirn weitgehend außerhalb der bewußten Sphäre stattfindet und von einem durchaus regen emotionalen und kognitiven »Untergrund« abhängig ist. Die Möglichkeit bewußtseinsunterschwelliger Reklame zeigt dies übrigens auch. Auch die unbewußten Reaktionen, welche die Psychoanalyse so viel beschäftigt haben, sind durchaus z. T. auf diese Weise zu verstehen; es werden eben bei einer unbewußten Reaktion – man denke etwa an eine der berühmten Freudschen Fehlleistungen in Gestalt eines »Versprechers« – Informationen aus dem Gedächtnisspeicher angeregt und durch den Filter bestimmter Schemata direkt, unter völliger Umgehung des Bewußtseins aktiviert; die Reaktion verläuft unterbewußt und zeigt u. U. erst auf diese Weise – so die These der Psychoanalyse – was im Unterbewußten stattgefunden hat bzw. vorliegt und normalerweise gar nicht ins Bewußtsein kommt. Solche »unbewußten« Reaktionen können unter Umständen gerade das aufdecken, was untergründig im Unterbewußtsein oder in der »versteckten« Persönlichkeit als »Einstellung« wirkte. Auch »Wahrnehmung«, in diesem Sinne: halb oder ganz unterbewußt, ist also durchaus möglich, ohne ins Bewußtsein zu gelangen. Die Filterung vollzieht sich weitgehend außerhalb des Bewußtseins. Wir können eigentlich niemals direkt wissen, welche Informationen unsere Schemata herausgefiltert haben, welche Schemata dieses leisten, weil wir von dem »Wirken des selektionierenden Filters« selber gar nichts merken (107). Wir merken sozusagen nur die Eigenreaktion auf der »äußeren Bühne« des Bewußtseins und der bewußt werdenden Wirkungen, aber nicht das innere Tiefengeschehen und die Auslösung sowie Filterung.

Das ganze hier nur sehr grob skizzierte Modell läßt sich als eine Erkenntnistheorie der subjektiv-persönlichen Konstrukte auffassen, die in der kognitiven Psychologie eine bedeutsame Rolle spielt und zweifellos eine Auswirkung der kognitiven Wende in der Psychologie ist, die aber eine viel allgemeinere psychologische sowie erkenntnis- und handlungstheoretische und nicht eine nur erkenntnispsychologische Theorie wiedergibt, wie sie etwa von George A. Kelly in seinem Werk *Die Psychologie der persönlichen Konstrukte* (1955) entwickelt worden ist.

Die »Psychologie der persönlichen Konstrukte« versucht also zu verstehen, auf welche Weise jeder einzelne von uns die Welt strukturiert, erfährt, deutet, versteht, erkennt. Sie ist bestrebt, unser Handeln und Verhalten zu analysieren in bezug auf die Verarbeitung und die Interpretation von Reizen. Es ist ja nicht so, daß wir »direkt« auf Reize reagieren, wie die Reiz-Reaktions-Psychologie das immer dargestellt hat, sondern wir reagieren auf das, als was wir Reize und Reizsituationen *interpretieren*. Wir sehen sie immer schon unter einem Muster, Schema oder einem bestimmten Erfassungskonstrukt. Dabei ist vor allem zu beachten, daß ein solches Konstrukt – ähnlich wie das Schema in bezug auf die kognitive Erkenntnis – kein bloß verbales Etikett darstellt, kein bloßer sprachlicher Begriff ist, sondern diese Konstrukte werden zumeist auch vorsprachlich entwickelt (man denke etwa an Piagets Theorie der Phasenbildungen des operationalen Denkens). Die Konstrukte bilden sich auch in einer besonderen persönlichen Vernetzung aus; es gibt also – so die Modellinterpretation – Konstruktnetze, in denen solche Konstrukte gleichsam die »Welt« einer persönlichen Psyche, bzw. die Weltauffassung einer Person, aufspannen.
Auch die Einstellung über unseren Umgang mit »Realitäten« ist natürlich in dieser Weise konstruktgeladen. Für Kelly (1977, hier zit. n. Bannister/Fransella, 1981, 32) bedeutet bereits das Repräsentieren eines Ereignisses »mit einem Konstrukt« ein Hinausgehen »über das Augenscheinliche« oder »über das Bekannte« hinaus.

Es bedeutet, das Ereignis auf eine Weise zu sehen, die sich möglicherweise wiederholen kann. Folglich können wir, indem wir Menschen und in der Lage sind zu konstruieren, mehr tun, als realistisch auf das zu verweisen, das in der Vergangenheit passiert ist; wir können in der Gegenwart dem ›die Bühne bereiten‹, was in der Zukunft eintreten mag – etwas, das sich vielleicht in mancher Weise sehr von allem Bisherigen unterscheidet. Das bedeutet, daß wir über das Augenscheinliche hinausgehen. Indem wir konstruieren, gelangen wir über alles hinaus, was vordem bekannt war – sicher, oft vergeblich, aber manchmal mit beachtenswerter Voraussicht.

»Über das Augenscheinliche hinausgehen«, das sei eben nach Kelly das interpretative »Grundproblem des Menschen«. Das ist m. E. in einfacher Sprache auf durchaus anspruchsvollem wissenschaftstheoretischem und analytischem Niveau geschrieben – und zwar avant la lettre: die Wissenschaftstheorie der Sozialwissenschaften war in der Zeit, als diese Worte geschrieben wurden, 1955, eigentlich noch nicht so weit entwickelt, um die konstitutionstheoretische und interpretationistische Ausrichtung der persönlichen hypothetischen Konstrukte der Kognitionen und Aktionen und ihrer Formierungen so deutlich herauszustellen! Hier werden allerdings – und dies ist im bisherigen Zusammenhang von größerer Bedeutung als die interne psychologische Diskussion – für den Bereich der Alltagserkenntnis ganz ähnliche Ideen entwickelt, wie sie der im nächsten Kapitel darzustellende transzendentalphilosophische Ansatz des Interpretationskonstruktivismus auf breiterer Ebene vertritt.

Diese Theorie der persönlichen Konstrukte macht gewisse philosophische Annahmen, die man in folgender Weise kurz zusammenraffen kann: Kelly geht davon aus (1970, hier zit. n. Bannister/Fransella, 1981, 6), daß »die Ereignisse, die wir heute ins Auge fassen, Gegenstand eben so vieler Konstruktionen sind, wie unser Verstand uns zu erfinden erlaubt«. Kelly ordnet die Entwicklung der Konstrukte auch einem ständigen Prozeß des Überprüfens, des Immer-wieder-Nachfragens, der Abänderung solcher Konstrukte ein. Die gesamte philosophische Grundhaltung nennt er einen *»konstruktiven Alternativismus«*; die Psychologie der persönlichen Konstrukte sieht somit in jeder Schematisierung und Strukturierung die Bereitstellung alternativer Konstrukte, die gegeneinandergestellt, überprüft, ausgearbeitet, einander und den ebenfalls konstruktgeprägten Daten angepaßt werden. Ansammlungen von Fakten werden in Konstrukten integriert, und diese Zusammenstellung sowie jedes Konstrukt wird jeweils – soweit zugänglich – wieder überprüft. Nicht passende Strukturierungen werden durch eine andere »alternative Konstruktion« ersetzt. »Alle Fakten« sind für Kelly »Gegenstand alternativer Konstruktionen« (ebd., 7).

Es wird dabei klar, daß es sich hier um ein Vorgehen handelt, wie man es auch beim empirischen Wissenschaftler findet: Hypothesen- oder Theorieentwurf, Überprüfung und dann u. U. Abänderung. »Wir können nur Annahmen darüber machen, was die Wirklichkeit ist, und dann fortfahren herauszufinden, wie brauchbar oder nutzlos diese Annahmen sind« (ebd.), wir haben keine Möglichkeit, unmittelbar mit einer interpretationsfreien Wirklichkeit in Kontakt zu treten. »Die Konstrukttheorie behandelt Forscher als Personen und *Personen als Forscher«* (5). Diese letztere Einsicht (Hervorhebungen von mir) ist einer der Hauptsätze der Kellyschen Psychologie. Natürlich ist es klar, daß diese Psychologie zu verschiedenen empirischen Anwendungen dieser (Interpretations-)Konstrukte führt, die im einzelnen für uns nicht interessant sind: Es wurde ja schon etwa das Schema oder die Konstruktbildung der Angst erwähnt; entsprechende andere Konstrukte sind natürliche Einstellungen wie Bedrohung, Schuld, Aggression, Feindseligkeit usw. Es gibt also eine ganze Menge von solchen persönlichen, aber durchaus typischen Konstruktbildungen, die der Handelnde und Erlebende sowie Erkennende im Alltag vornimmt und (meist implizit) anwendet und die der Psychologe zu *re*konstruieren, nachzuzeichnen und zu (re)integrieren sucht. Diese Konstrukte werden in den Handlungssituationen (re)aktiviert und abgerufen; man kann sich das natürlich analog vorstellen wie die Aktivierung einer Reflexkette, nur daß eine Reflexverhaltenskette uns sozusagen »festverdrahtet« erblich eingeprägt ist (wie etwa der Patellarsehnen(knie)reflex). Wir können an der Reflexverbindung nichts verändern – und wenn der auslösende Reiz eingetreten/rezipiert ist, läuft die Reflexreaktion »automatisch« ab. Dagegen sind diese sog. »persönlichen« Konstruktbildungen und -verbindungen flexibler, erlernbar, veränderlich, obwohl sie eine ähnliche Funktion haben: Auch sie sind vereinfachend, generalisierend, werden aktiviert, aber sie können eben verändert werden, wenn auch u. U. mit erheblichem psychischem Aufwand.

Kelly teilt die persönlichen Konstrukte nach verschiedenen Kriterien in verschiedene Kategorien ein, auf die wir hier nicht besonders einzugehen brauchen. Es handelt sich um Einteilungen zum einen hinsichtlich der Art und Weise, wie ein Konstrukt die Zugehörigkeit seiner Elemente zu den Anwendungsbereichen anderer Konstrukte gestattet, erzwingt oder nicht zuzulassen scheint (vgl. dazu 22 f.): Es gibt da sog. »*ausschließende*« Konstrukte, also solche, die die Zugehörigkeit der Elemente ihres Bereichs zu Bereichen anderer Konstrukte nicht zulassen; dann gibt es »*konstellatorische*« Konstrukte, welche festlegen, zu welchen weiteren Konstrukten ihre Elemente noch gehören können; und schließlich nennt Kelly »*propositionale*« Konstrukte solche, die die Bereichszugehörigkeit ihrer Elemente überhaupt nicht festlegen, sondern immer nur mit dem Anspruch angewandt werden, ein jedes Element unter den im Konstrukt vorgesehenen Bedingungen *als etwas anzusehen*. Kelly nennt letztere auch »als-ob-Konstrukte«; »hypothetische« Etikettierungs-Konstrukte wäre vielleicht angemessener. Auch nach ihrer Funktion und nach der Umfassendheit ihrer Anwendung werden Konstrukte von Kelly eingeteilt. So gibt es z. B. »*präverbale*« Konstrukte (man denke wieder an die Piagetschen Formalphasen, etwa die präoperationale), dann *umfassende, übergeordnete, untergeordnete, beherrschende* Konstrukte sowie »Kernkonstrukte«, die lebenserhaltende Prozesse steuern, aber auch *periphere*, deren Veränderungen keine Konsequenzen für die Konstrukte haben. Kelly unterscheidet ferner *festgelegte* und *lockere*, leicht veränderbare Konstrukte usw. Schließlich rekonstruiert er auch Emotionen als Konstrukte, die sich auf die Art und Weise, wie sich Konstrukte verändern können, beziehen. Von allgemeiner Bedeutung ist dabei das Konstrukt des sog. EAK-Zyklus, d. h., des Zyklus von Erwägung, Auswahl und Kontrolle; wie der Name schon sagt, handelt es sich hier um die Anwendung, Auswahl und Kontrolle von Konstruktionen – also »eine Abfolge von Konstruktionen, die das Aufeinanderfolgen von Erwägung bzw. Umsicht, Auswahl und Kontrolle mit sich bringt« (193), was dann schließlich zu einer Entscheidung führt (vgl. dazu 30 f.). Auch ein Kreativitätszyklus wird genannt, in dem sich aus anfänglich »lockeren Konstruktionen« allmählich immer mehr »festgelegte und validierte Konstruktion(en)« ergeben (193). Auf weitere psychologisch mehr oder weniger interessante Kategorien von Konstrukten soll hier nicht eingegangen werden.

Die Grundpostulate und Hauptannahmen, also die Axiome dieser Theorie sollen noch genannt werden: Es sind elf Sätze, die aus einem Grundpostulat abgeleitet werden. Es geht also im Grunde um zwölf Thesen, von denen einige philosophisch und erkenntnistheoretisch interessant sind, andere wieder weniger, weil sie stärker empirisch-psychologisch orientiert sind. Im folgenden werden sie nach der Darstellung von Bannister/Fransella (9-23, 190) referiert.

Das Grundpostulat ist:

»Die psychischen Prozesse einer Person werden durch die Art und Weise, in der sie Ereignisse antizipiert, psychologisch vermittelt und geprägt.«

Dieses Grundpostulat braucht natürlich nicht im engeren Sinne psychologisch verstanden zu werden, sondern gilt genau so für die

interpretativen Prozesse, die wir im Auge haben und die im nächsten Kapitel dargestellt werden sollen, also weit über das psychologisch-mentale Ordnen und Strukturieren hinaus. Alle Erkenntnis- oder Einordnungs- oder Bedeutungsprozesse werden durch die Art und Weise interpretiert, strukturiert, vermittelt und geprägt, in der die Person »antizipiert«.
Diesem Grundsatz werden nun folgende Sätze als Korollarien zugeordnet:
Konstruktions-Korollarium:
»Eine Person antizipiert Ereignisse, indem sie ihre Replikationen konstruiert.« Z. B. antizipiert man beim Musikhören, indem man etwa »das sich wiederholende, replizierte melodische Thema« bei aller Variation von Rhythmen, Instrumenten usw. wiedererkennt. Replikationen können verbal vermittelt werden, aber sie sind, wie dieses Beispiel der Melodie schon zeigt, nicht notwendig an verbale Darstellung gebunden. Alle inneren Bezeichnungen oder Verweisungen, die auch präverbal stattfinden können, oft eher quasi-bildlich-intuitiv sind, verlaufen auch nach einem solchen Konstruktionskorollarium.
Individualitäts-Korollarium:
»Personen unterscheiden sich in ihren Konstruktionen der Ereignisse voneinander.« Das heißt, Konstrukte sind u. U. persönlich. Aber das gilt natürlich nicht für alle Konstrukte; es gibt auch wissenschaftliche Konstrukte, Konstrukte einer bestimmten Kultur, einer bestimmten Sprachgemeinschaft, die dann natürlich nicht für die Unterscheidung von Individualitäten kennzeichnend und geeignet sind. Bei Kelly geht es aber eben darum, die Psychologie der *persönlichen* Konstrukte gerade in ihrer auch individuellen Spezifität in den Vordergrund zu stellen; und deswegen spielt das Individualitätskorollarium hier eine wichtige Rolle. Diese persönlichen individuellen Konstrukte sind offensichtlich spezifischer und flexibler als etwa die durchaus auch subjekterzeugten (insofern »subjektiven«) Konstrukte der Kategorien Kants, für die Kant ja Notwendigkeit und Allgemeingültigkeit beansprucht hatte. Interessant ist jedoch, daß offenbar die Strukturierung der Reizaufnahme aus der Umwelt, wenn man es vorgreifend formulieren darf, in beiden Fällen ganz ähnlich verläuft, nur daß die Schemata und Konstruktbildungen hier feiner und flexibler und schneller geändert werden können und z. T. eben auch individuell, also idiosynkratisch, sind.

Organisations-Korollarium:
»Jede Person entwickelt auf charakteristische Weise ein ihr fürs Antizipieren der Ereignisse angemessenes Konstruktionssystem, das geordnete Zusammenhänge zwischen den Konstrukten umfaßt.«
Das bedeutet, daß die Konstrukte in Beziehung zueinander gebracht werden; die Zusammenhänge sind dabei auch hierarchisch, umfassen Überordnungen und Unterordnungen, man hat einen Systemzusammenhang, in dem man Hierarchisierungen zur Problemlösung benutzen kann.
Dichotomie-Korollarium:
»Das Konstruktionsprinzip einer Person setzt sich aus einer endlichen Zahl dichotomer Konstrukte zusammen.«
»Dichotome Konstrukte« sind Zweiergegensätze. Dieser Satz scheint mir eher nur empirisch und nur zum Teil zu gelten: Es ist sicherlich richtig, daß wir dazu neigen, in polaren oder konträren Idealtypen, wie man vielleicht besser sagen sollte, zu denken: »schwarz« – »weiß«, »hoch« – »tief«, »hübsch« – »häßlich«, »konkret« – »abstrakt« u. ä. Offenbar haben wir die Neigung dazu, unsere Strukturierungen in solchen Zweiergegensätzen vorzunehmen. Dieses Verfahren scheint auch (jedenfalls für viele Konstruktbildungen, wenngleich nicht für alle) eine sehr sinnvolle Ordnung(smöglichkeit) zu sein. Die Idee der Bipolarität scheint also eher spezifisch psychologisch als philosophisch interessant zu sein. Daß normalerweise das Konstruktionssystem einer Person endlich ist, ergibt sich aus der Endlichkeit der Menge der bewußten oder überhaupt aufnehmbaren Ereignisse oder des Konstruierens. Konstruieren braucht ja auch Zeit, und wir haben nur endliche Zeit zur Verfügung. Aber das bedeutet nicht, daß diese Zahl nicht ergänzt werden, vergrößert werden kann und daß man nicht stets weitere Konstruktbildungen anfügen kann oder prinzipiell könnte.
Wahl-Korollarium:
»Eine Person wählt für sich selbst die Alternative innerhalb eines dichotomisierten Konstrukts, die sie für den Ausbau ihres Systems besser meint verwenden zu können.« Man wählt also innerhalb solcher Bipolaritäten bestimmte Vorzugsprofile.
Bereichs-Korollarium:
»Ein Konstrukt eignet sich nur zur Vorhersage eines begrenzten Bereichs von Ereignissen.«
Es gibt so etwas wie proportionierte Begrenzung oder Angemes-

senheit; Brennpunkte der Aufmerksamkeit liegen innerhalb eines bestimmten Bereichs und setzen die Auszeichnung von bestimmten Bereichen voraus. Dieser Satz ist vielleicht wissenschaftstheoretisch oder erkenntnistheoretisch nicht so interessant wie der folgende:

Erfahrungs-Korollarium:

»Das Konstruktionssystem einer Person verändert sich in dem Maße, wie es ihr gelingt, die Replikationen von Ereignissen nach und nach zu konstruieren.«

Das heißt, die persönlichen Konstrukte entwickeln sich in Auseinandersetzung mit der Anwendung relativ kontinuierlich abzuarbeitender Sukzessionen, aber ähnlich wie die Theorieentwicklung in der Forschung. Hypothesenartige Vorschläge werden auf Einzelfälle, auf verschiedene Fälle angewendet und dann entsprechend überprüft. Man könnte sich vorstellen, daß es sich um Falsifikationen u. ä. handelt, die zeigen, ob eine Konstruktion unangemessen war oder ob etwa der Angemessenheitsbereich zu eingeschränkt war und geändert werden müßte. Solche Fragen lassen sich stellen und führen dann u. U. zur Veränderung der entsprechenden Konstrukte.

Modulations-Korollarium:

»Variationen innerhalb des Konstruktionssystems einer Person werden von der Durchlässigkeit der Konstrukte begrenzt, in deren Angemessenheitsbereich die Varianten liegen.«

Fragmentierungs-Korollarium:

»Eine Person kann nacheinander eine Vielzahl von Konstrukt-Subsystemen verwenden, die sich nicht auseinander erschließen lassen.«

Das heißt, es gibt Subsysteme und einander nebengeordnete, einander nicht implizierende Konstrukte, die gleichsam element- oder teilstrukturfremd nebeneinander stehen und etwa das horizontale Feld des Anwendungsbereiches aufspannen können. Trotz aller logischen Verbindung nach dem zuvor erwähnten Organisations-Korollar gibt es auch voneinander relativ unabhängige bzw. systematisch-logisch unabhängige Teilbereiche.

Ähnlichkeits-Korollarium:

»In dem Maße, wie eine auf Erfahrung beruhende Konstruktion, die eine Person verwendet, der einer anderen Person ähnelt, sind auch ihre psychischen Prozesse denen der anderen Person ähnlich.«

Dies ist ein für die Sozialpsychologie besonders interessanter Satz. Er bedeutet, daß die Einordnung und die Bildung von (Vorstellungs-)»Bildern« und Auffassungen, also die Art und Weise, wie eine Person Gegenstände, Ereignisse und Situationen antizipiert und konstruiert, das Kriterium für die Feststellung von Ähnlichkeiten in der Persönlichkeit verschiedener Menschen ist.
Sozialitäts-Korollarium:
»In dem Ausmaß, in dem eine Person die Konstruktionsprozesse einer anderen konstruiert, kann sie in einem gemeinsamen sozialen Prozeß mit dieser Person eine Rolle spielen.«
Diese Einsicht besagt: Nur Konstruktbildungen führen zu sozialen Kontakten und zu sozialen Beziehungen, zur Strukturierung des sozialen Lebens. Die Art und Weise, wie man eine andere Person versteht, bedingt die Form der Interaktion und des sozialen Umgangs mit dieser Person. Auch das soziale Leben ist von Interpretationskonstrukten in diesem Sinne und insbesondere auch von sehr persönlich geformten Konstrukten abhängig. Generell wirken die Konstrukte formend, ordnend, schematisierend.

5.5 Detaillierung der Schema-Interpretation in der neueren Kognitionspsychologie

In der Nachfolge der Gestaltpsychologie wurde in den letzten Jahrzehnten eine allgemeine kognitionspsychologische Theorie entwickelt, in deren Mittelpunkt der Begriff des Schemas und der Schema-Anwendung steht.
Die beste und übersichtlichste Arbeit hierzu stammt wohl von David E. Rumelhart (1978), deren Titel »Schemata: the Building Blocks of Cognition« die Hauptthese in konzentrierter Form vorstellt. Rumelhart gelingt es darzulegen, daß nicht nur visuelle oder Sinneserkenntnis allgemein, sondern auch die begriffliche und alltagstheoretische Erkenntnis dem Muster der Schemabildung und -anwendung folgt. Alle Kognitionen, Erkenntnisse, Deutungen haben mit der Auslösung, Auswahl oder Anwendung sowie Überprüfung von Schemata zu tun. Der »Prozeß der Interpretation« besteht für Rumelhart (1978, 32) geradezu darin, daß »mögliche Konfigurationen von Schemata ausgewählt und daraufhin verifiziert werden, daß sie mit gespeicherten Daten – Gedächtnisfragmenten – zusammenstimmen«. Darüber hinaus ist dieser Pro-

zeß ein aktiver Informationssuchprozeß, der mit unseren jeweils »gegenwärtigen Bedürfnissen und Zielen« in relevanter Weise verknüpft ist; er erinnert an das Appetenzverhalten, wie es die Ethologen untersuchen.

Interpretieren ist nach Rumelhart also das Auslösen oder Auswählen von Schemata (kognitiven Konstrukten) und deren versuchsweise Anwendung auf Sinnesdaten, auf (Folgen von) Wahrnehmungserlebnisse(n) und abstraktere(n) inhaltliche(n) Datengegebenheiten sowie die sukzessiv rückkoppelnde Überprüfung der Stimmigkeit bei der Anwendung des jeweiligen Konstrukts.

Etwas mißverständlich faßt Rumelhart ein Schema als »eine Datenstruktur zum Repräsentieren gattungsmäßiger Begriffe auf, die im Gedächtnis gespeichert sind« (3); besser hätte er von einem Mechanismus der Datenstrukturierung bzw. von einer Menge von kognitiven Konstrukten für diese Aufgabe gesprochen, die aus dem Gedächtnis abrufbar sind. (Natürlich ist die Frage, ob »Struktur«, »Konstrukt« und ähnliche Begriffe wie »Strategie«, »Skript«, »Raster«, »Konfiguration«, »Begriffsschema« usw. nicht nur andere Ausdrücke für denselben Begriff »Schema« sind.) Weil keine explizite, wirklich von allen Zirkelhaftigkeiten freie Definition von »Schema« vorliegt, geht Rumelhart dazu über, eine »Schematheorie« zu entwickeln, die gleichsam durch die Angabe kennzeichnender Merkmale in ihren Hypothesen so etwas wie eine implizite bzw. funktional-operative Definition des Funktionsbegriffs »Schema« umreißt. Diese Methode hat auch den Vorteil, daß sie den Begriff »Schema« und die Schematheorie plastischer werden läßt und der psychologischen sowie alltäglichen Anwendung näherbringt. Die Ergebnisse von Rumelharts Untersuchungen können vorgreiflich auf alle kognitiven Konstrukte, auch auf hypothetische Konstrukte im Sinne von theoretischen Konzepten erweitert werden. Darüber hinaus ist, wie schon erwähnt, alles Wissen in Schemata gerastert oder »eingebettet«: »Unsere Schemata *sind* unser Wissen« (15). Eine Schematheorie umfaßt auch eine »prototypische Theorie der Bedeutung«: Insofern, als das »einem Begriff zugrundeliegende Schema, wie es im Gedächtnis gespeichert ist, der *Bedeutung* dieses Begriffs entspricht, sind Bedeutungen in Abhängigkeit von den typischen oder normalen Situationen oder Ereignissen kodiert (encoded), welche diesen Begriff instantiieren« (3).

Rumelhart vergleicht nun Konzept, Rolle, Aktivierung und

Funktion eines Schemas mit ähnlichen Strukturbegriffen, die zum Teil vertrauter sind: Zum Beispiel sind Schemata wie Schauspiele: Die Instantiierung oder Aktivierung eines Schemas ist wie die Aufführung eines Schauspiels, die interne Struktur des Schemas entspricht dem Drehbuch. Ebenso lassen sich Schemata mit Theorien vergleichen, mit Verfahren oder Computerprogrammen, mit Verfahren zur Komponentenanalyse usw. In allen Fällen handelt es sich um in Verfahren oder durch Verfahren zu instantiierende Strukturierungen, die Variationen, Kontrollen und Passung, Verzweigung und Weiterentwicklung sowie Beurteilung über Angemessenheit bzw. negativenfalls eine Verwerfung oder Ersetzung durch ein anderes Konstrukt umfassen.

Kennzeichnend ist, daß Schemata Variablen aufweisen, die in verschiedenen Umgebungsaspekten hinsichtlich der jeweiligen oder unterschiedlichen Instantiierung des Schemas verbunden werden können. Doch es gibt auch Einschränkungen dieser Variablen auf den entsprechenden vom Schema generell umrissenen Bereich (variable constraints). Diese letzteren dienen der Abgrenzung und Identifizierung sowie für die Angabe von »Fehlanzeigen« (»default values« nach Minsky 1975) oder als Anfangsschätzungen für noch nicht beobachtete Variablen. Beispielsweise umfaßt das Schema VERKAUFEN die Funktionsrollen VERKÄUFER und KÄUFER sowie das Medium GELD und die Variable WARE sowie das Subschema HANDELN (im Sinne von Anbieten und Fordern beim bzw. vorm Geschäftsabschluß). Die Instantiierung eines solchen Schemas entspricht der Aufführung eines Schauspiels, wobei allerdings die Festlegungen der Variablen eine noch größere Offenheit zulassen als die Interpretation eines Drehbuchs durch den Schauspieler bzw. Regisseur. Rumelhart schreibt:

> Ein Schema wird *instantiiert*, sobald eine Konfiguration von Werten einer besonderen Konfiguration von Variablen zu einem bestimmten Zeitpunkt zugeordnet wird. Eine Situation als Instanz irgendeines Begriffes zu interpretieren, zum Beispiel als eine Instanz von Kaufen, beinhaltet ... die Instantiierung eines passenden Schemas, etwa des Schemas KAUFEN, dadurch, daß die unterschiedlichen Variablen des Schemas mit den verschiedenen Aspekten der Situation verbunden werden. Solch ein Schema zusammen mit Variablenbindungen wird ein instantiiertes Schema genannt (1978, 6f.).

Gegenüber einem Schauspiel ist der allgemeine Begriff des Schemas natürlich viel abstrakter (das Schema KAUFEN muß auf *jeden*

Fall des Kaufens passen). Schemata können außer über Menschen und Handlungen auch über Ereignisse und Gegenstände beliebiger Art oder gar nur über räumliche und statische oder sonstige funktionale Beziehungen oder Konstellationen gehen: Zum Beispiel das Schema einer vertrauten räumlichen Gestalt ohne Funktion, wie z. B. ein Sternbild wie der Große Bär. Wichtig ist, daß Schemata als aus Subschemata bestehend aufgefaßt werden, wobei die Aktivierung des Subschemas zugleich oder in der Folge die des Schemas auslöst und umgekehrt. Schemata und mit ihnen verbundene Subschemata können in wechselseitiger Auslösung und Verschränkung instantiiert aufgefaßt, verstanden und durchgeführt werden. Dies führt eher zu dem Vergleich von Schemata mit Verfahren und Programmierungen, die aus Netzwerken oder Bäumen von Subschemata aufgebaut sind und entsprechend ihrer zwischenzeitlichen Bewertung immer wieder verändert werden können. Entscheidungsbäume oder Komponentenanalysatoren im Sinne von Flußdiagrammen wären entsprechend Strukturanordnungen, die aus Komponenten und Substrukturen zusammengesetzt sind bzw. Verzweigungen bei der Identifikation und dem Aufsuchen von Konstituenten aufweisen. In anderer Hinsicht kann man nach Rumelhart ein Schema wiederum als »eine Art von informeller, privater, unausgedrückter Theorie über die Verfassung von Ereignissen, Gegenständen oder Situationen auffassen, denen wir begegnen«, ja, »die Gesamtmenge der Schemata, die uns zur Interpretation unserer Welt zur Verfügung steht, bildet in einem gewissen Sinne unsere private Theorie vom Wesen der Wirklichkeit (nature of reality)«. Die zu einem bestimmten Zeitpunkt instantiierten Schemata stellen »unser internes Modell der Situation dar, mit der wir zu diesem Zeitpunkt konfrontiert sind«, oder beim Textlesen »ein Modell der Situation, wie sie vom Text abgebildet wird« (9).

Den Variablen der Schemata entsprechen die Parameter der Theorie. Im Grunde wird der Prozeß des Verstehens und Auffassens als »analog zum Hypothesentesten, zur Beurteilung der Passungsgüte und der Parameterschätzung aufgefaßt« (ebd.). Wie Theorien können Schemata auch zur Verallgemeinerung von Einzeldaten, zur Quasierklärung und zur Voraussage verwendet werden.

Zusammengefaßt sind Schemata also durch folgende Hauptmerkmale gekennzeichnet: Schemata weisen Variablen auf, können in andere Schemata eingebettet werden (Subschemata, Subprozeduren) und sich mit anderen Schemata überlappen, »repräsentieren *Wissen* eher als Definitionen«, »stellen Wissen auf allen Abstraktionsebenen dar«, »sind aktive Prozesse« oder Prozeduren sowie »Wiedererkennungsmechanismen, deren Anwendung und Verarbeitung auf die Beurteilung ihrer Güte hinsichtlich ihres Passens auf die zu verarbeitenden Daten zielt« (14 f.).

Generell stellen Schemata also das Wissen und dessen Verarbeitungsstrukturen auf allen Abstraktionsebenen von der Wahrnehmungsordnung bis zur theoretischen Vereinheitlichung dar: »All unser generisches Wissen ist in Schemata eingebettet«, »unsere Schemata *sind* unser Wissen« (15). »Wohl die zentrale Funktion der Schemata liegt in der Konstruktion einer Interpretation eines Ereignisses, Gegenstandes oder einer Situation – d. h. im Prozeß des Verstehens (comprehension)« (8 f.).

Die Aktivierung und Kontrolle von Schemata kann nach Bobrow-Norman (1975) durch weitere Unterteilungen in »Top-down-« (begriffs- oder konzeptgeleiteten) und »Bottom-up-« (datengeleiteten)-Aktivierungen ausgearbeitet und mit Beispielen versehen werden. Wer eine entfernte Steinsäule im Gebirge bzw. am Rande eines Gletschers einmal für einen Menschen oder einen Felsblock für die gesuchte Hütte gehalten hat, kann sich leicht vergegenwärtigen, wie die wechselseitige Korrektur von erwartungsgeleiteten und datenveranlaßten Schemataanwendungen vonstatten geht und wie beharrlich unter Umständen die von Bedürfnis und Erwartungen suggerierten bzw. aktivierten Schemata auch noch angesichts falsifizierender Variationen wirken: Erst Falsifizierungen einer bestimmten Stärke und Abweichung vom Standardschema führen zur Rücknahme und Ersetzung des instantiierten Schemas, unter Umständen zur Rekonstruktion oder Restrukturierung oder zur Anwendung eines anderen verfügbaren Schemas – vielleicht gar zur Bildung eines ganz neuen Schemas durch Übertragung oder Kopierung eines bekannten in einen neuen Bereich oder durch eine recht seltene Neueinführung (schema induction) (15 ff., 32 ff., 34 ff.).

Sowohl bei der interpretativen Strukturierung von Wahrnehmungen, dem Verstehen von gehörten oder gelesenen Texten wie auch bei dem Erinnern und dem Problemlösen spielen, wie kognitive Psychologen mit vielen geistreich erfundenen Experimenten bestätigt haben, die Instantiierungen, Auslösungen und Strukturierungen durch Schemata eine entscheidende Rolle. Nicht nur die

Deutung einer Situation, sondern auch die Informationssuche, wie auch die Einbettung in Kontexte und die Entwicklung von Problemlösungsstrategien bzw. die Konzipierung von Lösungsideen folgt dem Muster solcher teils konzeptgeleiteten, teils datengeleiteten Schemaanwendung. Die wechselseitige Aktivierung von Subschemata und Schemata spielt bei solchen Interpretationsprozessen natürlich eine große Rolle: Man erkennt ein gezeichnetes Gesicht aufgrund von minimalen entsprechend angeordneten Strichandeutungen (z. B. Babyschema); man liest einen Text oder eine Problemsituation unter einer bestimmten Interpretation, die durch ein ausgelöstes Schema strukturiert wird, auch wenn dieses evtl. später als nicht passend eingesehen wird. Es kann dabei vorkommen, daß ein und dieselbe Datenvorlage, etwa ein Text, durch ganz verschiedene – unter Umständen miteinander unverträgliche – Schemata interpretiert werden kann. Auch können sich Problemlösungstäuschungen oder typische Fehler, optische Täuschungen usw. ergeben, die von einem vertrauten ausgelösten Schema herrühren, aber für eine bestimmte Situation gerade die falsche Lösung suggerieren. (Man denke etwa an die Müller-Lyer-Täuschung, die bekannteste unter den optischen Täuschungen.)
Selbst Reflexmechanismen des Verhaltens folgen einem reflektorischen Schema, das angeboren ist. Die von Konrad Lorenz in die Verhaltensforschung eingeführten »angeborenen Auslösemechanismen« sind Reizreaktionsschemata, die von Lorenz in der Tat mit dem Terminus technicus »angeborenes auslösendes Schema« benannt worden sind. »Schema« nannte Lorenz ein »rezeptorisches« Korrelat zur adäquaten reizreaktionsgebundenen Auslösesituation, das »immer nur auf wenige, verhältnismäßig einfache, aber sehr kennzeichnende Merkmale der Gesamtsituation oder des betreffenden Objektes abgestimmt, gegenüber allen übrigen Begleiterscheinungen der- oder desselben aber praktisch ›blind‹ ist –, was selbst für die Reizauslösung bei einem noch erfahrungslosen Tier« gilt. (Der Ausdruck »angeborener Auslösemechanismus« wurde seit 1948 von Tinbergen statt des angeborenen auslösenden Schemas verwendet (vgl. Lorenz, 1935, 1941, 1943a, Lorenz/Leyhausen 1968, 319). Die ausgelösten Schemata – seien es rezeptive oder Reizreaktionssequenzen – sind natürlich genetisch fixiert, auf eine evolutionär bestimmte ökologische Nische und auf entsprechende, für Art oder Genpool lebensrelevante Situationen beschränkt, also weder individuell erlernt noch verän-

derbar. Sie sind beim Menschen – wie auch Reflexe – in reduzierter Form sicherlich noch nachweisbar und vorhanden, jedoch kaum noch von dominanter Funktionalität, weil der Mensch durch Instinktreduktion gekennzeichnet ist. Zweifellos sind noch manche angeborenen Schemata oder wenigstens die Fähigkeit zur Entwicklung und Variation solcher auch für die Verhaltenssteuerung und Perzeption des Menschen vorhanden, wenngleich charakteristischerweise die erlernten Schemabildungen immer mehr vorherrschend wurden. Instinktresiduen wie der Brutpflegetrieb, die Auslösewirkung des Babyschemas usw. scheinen noch auf instinktiv-erbliche Anlagen zurückzugehen, werden aber natürlich auch durch kulturelle Prägungen – insbesondere hinsichtlich der Reaktionsausführung – überlagert. Beim Menschen bestimmen in bedeutsamer und entscheidender Weise erlernte, zum Teil kulturell und sozial geprägte, zum Teil individuell von der Lebensgeschichte abhängig entwickelte Schemata die Weisen des Erfassens, Wahrnehmens und die Ausprägung des Verhaltens und Handelns. Je bewußter, individualisierter und differenzierter sowie spezifisch an künstlich geprägte Situationen und Reaktionsweisen angepaßt Auslösereize und Auslösesignale sind, desto stärker überlagern erlernte und erworbene Schemata der Rezeption und Verhaltensorganisation bzw. Handlungsplanung das grundlegende biologische Verhaltenssubstrat, das freilich immer noch untergründig residual vorhanden ist und weiterhin etwa im Sinne von Reichweite- und Variableneinschränkungen teils positiv ermöglichend, teils negativ beschränkend mitwirkt. Insbesondere perzeptive und kognitive Repräsentationen sowie Handlungsorganisationen sind von erlernten und entwickelten, zum Teil kulturell oder gesellschaftlich gebundenen, zum Teil aber auch geradezu idiosynkratisch individualisierten Schemabildungen und -entwicklungen geprägt, die großenteils nicht nur auf anzeichenartige Auslösesignale ansprechen, sondern unter Umständen in doppelter Weise symbolisch vermittelt sind: Symbolisch-semantische Kodierungen und Dekodierungen können gegebenenfalls die Auslösung erst ermöglichen: Der Mensch reagiert immer auf eine *gedeutete* (unter Umständen unter symbolischen Kodierungen, also durch konventionelle Zeichenzuordnungen erst geprägte) Situation; der Zusammenhang zwischen den Schemata und den entsprechenden Subschemata, die als pars pro toto oder metonymisch die Auslösung des Gesamtschemas aktivieren können und umgekehrt, kann ebenfalls über symbolische Prozesse vonstatten gehen. In der Aktivierung der Schemata der Situationswahrnehmung und -deutung sowie der Handlungsorganisation gehen angeborene Auslösegrundlagen, erlernte und kulturell geprägte sowie individuell lebensgeschichtlich entwickelte Schemata in kaum analysierbarer Weise ineinander über. Die Aktivierung ist dementsprechend komplex und individualisiert. Dennoch kann auch der abstrakte Schemabegriff hier angewendet werden. Freilich müßte er zur differenzierteren inhaltlichen Beschreibung mit realwissenschaftlichen theoretischen Ergebnissen unterfüttert werden.

Auch in erkenntnistheoretischer Hinsicht sind Schemakonstrukte außerordentlich wichtig, wie schon die angedeuteten Grundüberlegungen zur Kategorienbildung und -verwendung, zum Regelbegriff und zu dessen methodologischer Operationalisierung sowie zur kategorialen Einteilung von Phänomenen und Gegenständen überhaupt zeigen und wie schon seit Kant beim Problem der aktuellen vorstellungsmäßigen Repräsentation von Kategorien durch den Schematismus der produktiven Einbildungskraft deutlich geworden ist. Hier ist ein interessanter Grenzbereich zwischen kognitiver Psychologie, zumal der Psychologie der Wahrnehmung, der mentalen Kognition und der Erkenntnistheorie gegeben – ein Bereich, in dem gerade die derzeitige revolutionäre Entwicklung der Neurowissenschaften im Kreuzungsfeld zwischen Neurobiologie, -physiologie und dem neuen Gebiet der sog. »Neurophilosophie« (P. S. Churchland 1986) baldige interessante Fortschritte und tiefgreifende Veränderungen erwarten läßt. Methodologisch gesehen stellen sich interessante Probleme der Operationalisierung und vorherrschenden Konkretisierung der Aktivierungen von Schemata wie auch der zur Schematisierung verwendeten sog. »natürlichen Kategorien«, also bei den Schemata und Begriffen der natürlichen Arten.

Zum letzteren Problem liegen in der Kognitionspsychologie bereits eine Reihe von weiterführenden Ansätzen vor: So gibt es offensichtlich eine ökonomische prototypische Ausgestaltung der Schemata der »natürlichen Kategorien«, die dadurch gekennzeichnet ist, daß bestimmte einfache idealisierte Gegenstandskonstrukte auf einer »Basisebene« (basic level objects nach Rosch 1977, Rosch u. a. 1976) als Prototypen eine »natürliche Kategorie« vertreten und spezifische Einzelformen, -farben oder Gegenstandserfassungen durch Abweichungen von diesen prototypischen Exemplaren näher erfaßt und die entsprechenden Kategorien durch bestimmte Schlüsselmerkmale aktiviert werden. Statt durch formal-analytische Definitionsmerkmale nach dem Muster der traditionellen *definitio per genus proximum et differentiam specificam* scheint dieses eher analog verfahrende prototypische Muster umfassender und wirksamer sowie ökonomischer als Repräsentations- und Wiederaufrufmechanismus wie auch als Auslöse- und Aufmerksamkeitsbesetzungsmuster zu funktionieren (Rosch 1977). Selbst als Theorie der Begriffe und der generellen Konzepte scheint sich kognitionspsychologisch die Prototyptheorie, die die Einordnung in eine Begriffsextension nach der Ähnlichkeit zu »besten« oder paradigmatischen Exemplaren ordnet, durchgesetzt zu haben, wobei interessanterweise die Kognitionsstrukturierung nach der Logik der unscharfen Mengen (fuzzy sets) erfolgt (Osherson/Smith 1981, McCloskey/Glucksberg 1978). Die Plan-, Ziel- und Strategie- oder »Drehbuch«-Entwicklung von Handlungen scheint demgegenüber eher dem Muster der in Flußdiagrammen computermäßig erfaßbaren oder darstellbaren Programme zu folgen (Schank/Abelson 1977), sofern die Zielzustände hinreichend präzisierbar und darstellbar sind.

Generell jedenfalls ist durch den Begriff des Schemas bzw. des kognitiven Konstrukts und die bisher freilich nur in Grundzügen entwickelte kognitiv-psychologische Theorie ein gutes Instrument gegeben, um weit über die Problemstellungen der Psychologie hinaus die Bedingungen, Verhältnisse, Vorgänge und Zusammenhänge der interpretierenden Verwendung von Konstrukten, ja, ganz allgemein der Interpretation, beschreibend zu umreißen. Kognitive Konstrukte dieser Art oder »Schemata« sind wahrhaft die »Bausteine der Kognition«:

> Sie sind die Grundelemente, von denen jegliche Informationsverarbeitung abhängt. Schemata werden beim Vorgang des Deutens von Sinnesdaten, beim sprachlichen und nichtsprachlichen Wiederaufrufen von Informationen aus dem Gedächtnis, beim Organisieren von Handlungen, beim Bestimmen von Zielen und Unterzielen, beim Zuordnen von Ressourcen und allgemein beim Prozeßsteuern im System verwendet (Rumelhart, 1978, 2).

Die methodische und methodologische Allgegenwärtigkeit von kognitiven Konstrukten und Schemata bei allen kognitiven Strukturierungsvorgängen, ja, weit darüber hinaus bei allen Strukturierungsprozessen, hat Kant im Hinblick auf die notwendige »Versinnlichung« von abstrakten Konstrukten genial vorausgesehen. Deutlich war für Kant auch bereits, daß weit über die Psychologie der Vorstellung und Anschauung sowie des Gedächtnisses hinaus alle Erkenntnisprozesse und auch alle Handlungen unter dem vereinheitlichenden Gesichtspunkt der konstruktsynthetischen Anordnung stehen.

6 Entwurf einer Philosophie der Interpretationskonstrukte

6.1 Der philosophische Ansatz Günter Abels auf der Basis seiner Nietzsche-Interpretation

Günter Abel, ein deutscher Philosoph der jüngeren Generation, hat 1984 in seiner Habilitationsschrift *Nietzsche. Die Dynamik der Willen zur Macht und die ewige Wiederkehr* eine neuartige Deutung der Philosophie Nietzsches gegeben und ausgehend davon in einer Reihe weiterer Publikationen versucht, einen umfassenden philosophischen Ansatz auf interpretationistischer Basis und zunächst in Nietzsches Tradition, später (1989, 1989a, i. Dr.) davon auf eigene Wege abführend, zu entwickeln. In seiner zentralen Idee kommt Abels Ansatz meinen eigenen Einsichten, auf die ich allerdings vor allem durch die Auseinandersetzung mit handlungstheoretischen Fragestellungen sowie der transzendentalidealistischen Philosophie Kants seit den 70er Jahren gekommen war, sehr nahe. Andererseits gibt es auch eine Reihe von Differenzen; z. T. sind einige der strittigen Punkte bereits im Kapitel über Nietzsches Philosophie angesprochen worden, da Abel ja entscheidend vom Denken Nietzsches beeinflußt ist. Auf diesen neueren interpretationistischen Ansatz möchte ich nun näher und z. T. auch kritisch eingehen, bevor ich zur Darlegung der eigenen Gedanken übergehe.

Abel interpretiert in der ersten Phase (1984, auch noch 1985) Nietzsche; er geht von Nietzsche aus, und versucht immer, dessen Sätze in bezug auf eine Philosophie der Gesamtinterpretation der Welt oder auf eine Philosophie hin zu verallgemeinern, die den »interpretativen Charakter« (Nietzsche VIII 1, 34) jeden Geschehens konsequent in den Vordergrund stellt (1984, 133 u. ä.). Das »Wille-zur-Macht-Geschehen« vollziehe sich als »Interpretations-Geschehen«; Interpretation wird als »Grundgeschehen« aufgefaßt (153), Wille zur Macht sei Interpretieren, und Interpretieren sei Wille zur Macht – so jedenfalls interpretiere *ich* Abels Nietzsche-Deutung.

Ich möchte zunächst eine allgemeine Bemerkung einschieben:

Man muß nicht selbst Nietzscheaner sein, man muß nicht unbedingt Anhänger der Philosophie des »Willens zur Macht« sein, um diese oder eine ähnliche Interpretationsphilosophie anzunehmen. Eine entsprechende interpretationistische Deutung ließe sich auch durchführen und universalisieren, wenn man, etwa im Sinne Schopenhauers, der ja Nietzsche stark beeinflußt hatte, vom grundlegenden Willen zum *Leben* ausgeht. Ich würde es vorziehen, von einer Grundnotwendigkeit und einem Grundbedürfnis zum *Handeln* auszugehen; auch das reicht als Basis für den Interpretationismus.

Wir haben bereits gesehen, daß für Nietzsche jeder Wille zur Macht interpretiert. Abel sagt nun, entsprechend »*ist*« auch »jedes Erkennen, Handeln und Geschehen [...] essentiell ein Interpretieren, und jedes Interpretieren ist ein Übermächtigen« (141). Er zitiert hierbei Nietzsche: »In Wahrheit ist *Interpretation ein Mittel selbst, um Herr über etwas zu werden* (VIII 1, 137). Ich hatte schon in Kapitel 3 erwähnt, daß es sich dabei nicht um ein Herr-Werden im alltäglichen Sinn handeln kann, daß hier eher ein bildhaftes Modell oder eine Metapher gebraucht wird und man sich nicht allzu vordergründig durch die alltäglichen Konnotationen der Machtmetapher verleiten lassen sollte. »Interpretation« bezieht sich vielmehr auf alle Weltdarstellungen und -einstellungen: Jegliches Einordnen von Erkenntnissen und Erfahrungen in Zusammenhänge, alles Verstehen, das Entwickeln einer geistigen Landkarte z. B., ist ein Interpretieren. Es scheint daher plausibel, in metaphorischem Sinne von einer Art »Quasi-Beherrschen« im Sinne von »Übersehen«, »symbolischem Erkennen und Integrieren« usw. zu sprechen. Wenn ich in der Lage bin, die Welt zu übersehen, begrifflich zu ordnen, zu verstehen, zu erklären u. ä., dann kann ich durchaus im metaphorischen Gleichnis behaupten, es sei so etwas wie ein symbolisches »Übermächtigen« – es ist kein faktisches, sondern ein *intellektuelles* Beherrschen. Man hat ja auch früher schon, etwa im Mittelalter, und heute noch in sogenannten primitiven Kulturen, das Benennen und Erkennen als eine Art von magischer Beziehung zu den Gegenständen, die erkannt werden, als eine Art von »Beherrschung« dieser Gegenstände gesehen. (Von der »*magischen*« Beziehung ist natürlich in einem modernen Interpretations- und Konstitutionsansatz abzusehen; der Schein der scheinbar magischen Referenz ist aufzulösen, zu analysieren, zu erklären.) Wenn ich etwas benennen kann,

kann ich es in meine Begriffswelt, in meine Konzeptionen einordnen, und in gewissem Sinne habe ich es dann meinem Intellekt »einverleibt«. In diesem abstrakten, metaphorischen Sinne kann man dieses symbolische Inkorporieren, dieses In-den-›Corpus‹-des-Benannten oder gar -Erkannten-Einbringen, schon als ein »Übermächtigen« verstehen. Hier müßte man Stufen und verschiedene Varianten des Interpretierens unterscheiden. Man kann nicht einfach Interpretationen im Sinne der Erstellung von Symbolen, Repräsentationen und Kodierungen mit faktischen Manipulationsmöglichkeiten und realer Machtausdehnung gleichsetzen. Das wäre eine Art von Fehlschluß; man könnte dabei vielleicht von einem Fehlschluß *per symbolum ad rem* oder *ad processum* sprechen, von einem Fehlschluß also von der Beherrschung einer Sprache auf die Beherrschung der damit gemeinten Sache oder des damit gemeinten Prozesses.
Abel geht in seiner Interpretationstheorie des perspektivistischen Ansatzes bei Nietzsche weiter, spricht zunächst über die »destruierende Kraft des Interpretationsgedankens« (142 ff.) und dann über dessen positive Auswirkung und Sinn (157 ff.). Bei der destruktiven Kraft ist natürlich an die schon erwähnten Zitate (Kap. 3) über eine interpretationistische Dekonstruktion der Tatsachen(-feststellungen) zu denken: »Gerade Thatsachen giebt es nicht, nur Interpretationen« (Nietzsche, VIII 1, 323). Die Tatsachen werden sozusagen destruiert; ein Sinn ist nicht in der Welt vorhanden; auch eine Tatsache als solche gibt es nicht; sondern sie muß erst interpretativ aus- und abgegrenzt, ja, konstituiert werden. Sinn muß immer erst in das Geschehen und Handeln hineingelegt werden, Sinn wird von uns erst im Interpretieren konstruiert. Das verweist schon auf die Zirkelhaftigkeit jedes Interpretierens. »In einem ersten Schritt und anhand dreier Aspekte«, sagt Abel, »ist zunächst dessen destruierende Wirkung herauszustellen. Der Interpretationsgedanke führt zu einer grundsätzlichen Infragestellung des Objektivitätsideals der neuzeitlichen Wissenschaft, das heißt der methodischen Rationalität, wie diese sich in den wertneutralen empirisch-analytischen und/oder formal-apriorischen Wissenschaften ausgebildet hat« (143). Er zerstöre also die Tradition des metaphysischen Denkens und der Entsprechung des Erkenntnisbildes zu einer an sich seienden »objektiven Wahrheit«, zu einem an sich seienden Wahren, Guten, Schönen insofern, als dadurch auf den fiktionalen Charak-

ter allen Weltauslegens und -konstituierens, allen Sinnverstehens, allen Deutens hingewiesen wird und die Interpretativität jeglicher Tatsachen dazu führt, daß Tatsachen nun als Interpretationsentwürfe des Menschen aufgefaßt werden. »*Alles* Geschehen, das Tätigsein von einem jeden Kraftzentrum und nicht nur vom Menschen aus, ist ein Interpretations-Geschehen« (144). Das ist sicherlich etwas zu allgemein, jedenfalls sehr weit gefaßt. Abel geht sogar so weit, zu sagen: »Realität *ist* Interpretation« (145).

Das nun ist ein Punkt, an dem ich mit meiner letztlich konstruktiv differenzierenden Kritik an Abels Interpretationsphilosophie einsetzen möchte (vgl. Lenk, 1988, 73 ff.). Meiner Ansicht nach ist das Gesagte zunächst viel zu undifferenziert hinsichtlich des Wörtchens »ist«. Realität, könnte man sagen, ist zwar nur als oder in oder durch Interpretationen erfaßbar, das scheint mir der erkenntnistheoretische Hintergrund zu sein. Aber daß Realität Interpretation »*ist*«, ist viel zu umfassend und undeutlich: Es stellt sich zunächst die Frage, wie das »ist« hier aufzufassen ist. Vorgängig bedeutet ›ist‹ eine Kopula: »... ist Realität« heißt, »... ist Teil der Welt der interpretativen Gegenstände«, »ist Ergebnis eines Interpretationsprozesses«. Oder ist das »ist« hier als eine Identität aufgefaßt? Dann müßte es symmetrisch sein, eine Umkehrung erlauben, es müßte nicht nur Realität Interpretation sein, sondern auch umgekehrt (alle?) Interpretation Realität! Die analytische Philosophie hat herausgefunden, daß »ist« in mindestens sechs verschiedenen Bedeutungen verwendet wird – Bedeutungen, die durchaus auch logisch unterschiedliche Charaktere aufweisen. Abel hat leider überhaupt keine Bemerkung darüber verloren, wie dieses »ist« in diesem plakativen und allzu provokativen Satz gemeint ist. Daß Realität nur in Abhängigkeit von Interpretationen erfaßbar und gar konzipierbar und rekonstruierbar ist, das will ich gerne zugestehen – und insoweit sind wir also einig, wobei »Realität« in diesem Sinne meint: *Realität als erfaßte Wirklichkeit* oder das Bild von Realität, das wir haben. Auch der Gedanke, das vom Begriff Gemeinte, ist natürlich in der Erfassungsweise schon von Interpretation abhängig. So schreibt Nietzsche 1888: »Parmenides hat gesagt, ›man denkt das nicht, was nicht ist‹, – wir sind am anderen Ende und sagen, ›was gedacht werden kann, muß sicherlich eine Fiktion sein‹« (VIII 3, 124). Abel meint zu Recht, das sei nun gar »nichts Beklagenswertes«, sondern eher notwendige Selbst-Aufklärung (1984, 145): Alles was gedacht werden kann, ist fiktiv: »Ohne das Interpretations-Schema läßt sich gar nicht denken. Denken ist eine Funktion des Schemas«. Entsprechend sind dann auch die gedachten Gegenstände Funktionen oder Konstrukte dieses Interpretations-Schemas. »Es ist ein Schritt in die Interpretativität als solche«, fährt Abel fort, es gebe insbesondere keinen Schritt im intellektuellen Kosmos, der nicht interpretativ wäre (ebd.).

Allerdings können Interpretationsprozesse nicht nach dem Ding-Schema erfaßt werden, sondern sie sind kategorial »Ereignisse«; Interpretationen scheinen für Abel ontologisch Geschehenscharakter, Ereignischarakter zu haben (ebd., auch 147). Sie »geschehen« als das Eigentliche. Das Eigentliche ist ein Interpretationsgeschehen. Verfällt Abel hier nicht in eine verabsolutierende Prozeßprojektion, eine »Eventisierung« sozusagen (statt einer Verdinglichung)? Werden hier nur eben Ereignisse und Prozesse (statt Gegenständen) ontisiert? Ich möchte eine Stufe höher steigen und sagen, auch diese Einsicht ist interpretativ, stellt ein interpretatives Modell dar – was Abel sicher nicht bezweifelt. Ich würde aber nicht sagen, daß die Interpretationen als solche ›in der Welt‹ ›geschehen‹ oder ›Welt‹ real ›schaffen‹, sondern ich möchte all das auf dieser Stufe lediglich methodologisch-erkenntnistheoretisch verstehen als die Notwendigkeit, in der wir immer befangen sind, eben interpretativ zu verfahren, wenn wir Begriffe verwenden, wenn wir überhaupt erkennen, wenn wir irgend etwas tun, das mit unseren Absichten und unserem Denken in Zusammenhang steht, ja, wenn wir überhaupt denken. Das besagt dann nicht, daß nur das Interpretieren das Reale ist, wie Abel zuerst zu insinuieren schien. (Später, in einer gerade zum Druck gehenden Arbeit, hat sich Abel ebenfalls bewußt auf der erkenntnistheoretisch-methodologischen Ebene bewegt und die Ontisierung des Geschehens erst als *Auffassung* im Rahmen solcher interpretationistischen Konzepte als sekundär, als abhängig von »Kategorialisierungen« charakterisiert. Ich deute das so: Die Grundkategorialisierungen sind interpretativ. Das »reale« Geschehen kann als davon unabhängig gedacht, aber nur in konstitutiv-struktureller Gebundenheit an die interpretativen Kategorialisierungen erfaßt, d. h. konzipiert und erkannt, werden.) Ich glaube nicht, daß man sich auf einen Interpretationsabsolutismus im zuvor angedeuteten Sinne einlassen kann bzw. sollte. Einen solchen Anspruch müssen wir reduzieren, zurückführen auf einen *methodologischen* Ansatz.

Deshalb werde ich von einem erkenntnistheoretisch-methodologischen Interpretationismus sprechen, allenfalls von einem quasitranszendentalen *Idealismus* im Sinne von Kants Metaphysik der Erkenntnis, von einem alle (notwendigen) Bedingungen der Möglichkeit von Erkenntnis betreffenden Formenreichtum der Interpretation, also von einem transzendentalen Interpretationismus in einem weiten, nicht dem deduktivistischen oder dogmatischen Letztbegründungsrationalismus verpflichteten Sinne.
Kant nennt einen transzendentalen Idealismus jenen Ansatz, der besagt, daß alle Formen, in denen wir Erkenntnisse darstellen, von uns selbst beigebracht sind, daß jede Erkenntnis unter Bedingungen der notwendigen logischen Formen stehen muß, die alle Formen der Erkenntnis prägen und die jedes Vernunftwesen an sich schon hat und mitbringt, d. h. im (methodo)logischen Sinne voraussetzt (obwohl es faktisch der zeitlichen Entwicklung der Formen aus der konkreten Erfahrungsinteraktion bedarf). Vernunft ist sozusagen von vorneherein auf solche Formen ausgelegt bzw. angelegt und kann nur in solchen logischen Formen verwirklicht werden. Das ist die Grundidee, die in dem Kantischen erkenntnistheoretischen Ansatz steckt. Die Formen des Urteils, die logischen Formen stellen uns die schematischen Möglichkeiten der Erkenntnis dar, also die formalen Möglichkeiten. Jedes vernünftige Wesen folgt nach Kant diesen gleichen Formen. Bei Anwendung auf raumzeitliche Dinge oder Ereignisse sind diese ganz bestimmten Formen, die Kant »reine Verstandesbegriffe« nennt, eben die Kategorien, die für alles vernünftige Denken und Erkennen dieselben sind. Diesen entsprechen dann notwendig reine Vernunfterkenntnisse: Einer Kategorie wie jener der »Substanz« entspricht der Satz, daß die Substanz sich erhält und daß es so etwas gibt wie eine Grundqualität, ein Grundquantum an Substanz, das in allem Wechsel der Erscheinungen konstant bleibt: Das Wesentliche bleibt dasselbe, und nur die Akzidenzien, die Zufälligkeiten, wechseln; das ist ja eine sehr alte Idee, schon bei Aristoteles vorhanden und auch von Platon in gewisser Weise in seiner Ideenlehre vorgeprägt. Oder man denke etwa an die eben genannten reinen Verstandesbegriffe von Ursache und Wirkung, die Kategorie der Kausalität. Daß wir kausal denken müssen, hängt mit unserer notwendigen »Verpflichtung« zusammen, immer schrittweise in Folgerungszusammenhängen denken zu müssen. Die Kategorie der Kausalität, also das Erfassen einer zeit-

lichen Folge von Ereignissen nach der Form von Ursache und Wirkung ist nichts anderes als die Anwendung dieses Wenn-so-Verhältnisses von Urteilen auf Ereignisse. Wenn die Ursache eingetreten ist, tritt die Wirkung als zeitlich folgende und relevante, prozessual »bewirkte« ein.

Kant liefert im Grunde eine Erkenntnistheorie des Alltagsverstandes, eine Erkenntnistheorie allerdings, die heute in gewissem Sinne überholt ist. Erstens scheint sie zu sehr an notwendige Formen der Vernunft gebunden zu sein, die für jede vernünftige Vorgehensweise dieselben seien. Vernunft sei immer nur in bestimmten, *vor* aller Erfahrung schon vorhandenen, vorgegebenen, notwendig geltenden Formen möglich. Das ist das Postulat der Erfahrungsunabhängigkeit des Apriorischen, das heute nicht mehr so unhinterfragt angenommen werden kann, wie Kripkes Diskussionen und solche der Evolutionären Erkenntnistheorie zeigten. Ferner glauben wir nicht, daß bestimmte oder gar *die* Kantischen Formen der Kategorien oder auch anderer, daraus abgeleiteter Zusammenhänge, notwendig und verbindlich (»allgemeingültig«) seien für jedes erkennende Wesen überhaupt und daß es da keine Variationen gäbe. Die wissenschaftlichen Ansätze z. B. sind weit über die Grenzen derjenigen Erfassungsweisen hinausgegangen, die aufgrund der Kantischen Kategorien als möglich ausgewiesen werden. Es gibt eben Alternativen des Erkennens und Einordnens, es begegnen unterschiedliche Fundierungsverhältnisse, die sich u. U. in unterschiedlichen Traditionen und Richtungen in verschiedener Weise ausprägen. Hier findet sich also sehr viel mehr Flexibilität und Variierbarkeit, als Kant vorausahnen konnte. Dennoch ist seine Grundidee nach wie vor zutreffend, daß die *Aktivität* des erkennenden Subjekts wesentlich an dem Prozeß der Erkenntnis beteiligt ist, daß unsere Begriffe, unsere begrifflichen Bildungen, unsere Konstruktionen, unsere Formen die Welt, so wie wir sie erkennen, die Welt des Erfaßbaren, mitgestalten, mitprägen. Wir interpretieren die Welt; sie wird uns erst erfaßbare Welt in aktiver Deutung und interpretationsabhängigen Handlungen, einschließlich »Denkungen«, Denkakten, Denkprägungen, Denkrepräsentationen und auch -präsentationen. Dieses aktivistische Grundmoment in der Kantischen Erkenntnistheorie ist nach wie vor richtig und wichtig. Kant nennt diesen Ansatz einen transzendentalen Idealismus, obwohl er durchaus auch anerkennt, daß es unabhängig davon eine

Welt an sich, ein »Ding an sich«, gibt und daß bestimmte Erfahrungen auch für einen Realismus sprechen. Er spricht auch zugleich von einem »Realismus«, der besagt, daß es ein Ding an sich wirklich (»außer uns«) gibt (KrV B 274). Kant versucht also, einen Realismus mit seinem transzendentalen Idealismus zu vereinen.
Ähnlich könnte man nun beim interpretationistischen Ansatz vorgehen und Nietzsches Interpretationismus als einen quasi transzendentalen Idealismus bei Kant auffassen. Man kann (ähnlich wie bei Kant) behaupten, daß dieser sich dennoch mit einer realistischen Grundhypothese vereinen ließe. Dabei wäre allerdings zu beachten – und das ist wichtig –: die realistische Grundhypothese, daß eine Welt an sich unabhängig von uns vorhanden ist, ist selbst Ergebnis einer modellartigen Interpretation, kann und muß selber also wieder auf einer höheren Ebene interpretationistisch hinterfragt werden.
In der Tradition wurde das Ich – und bei Kant ist das das erkenntnistheoretische Subjekt – als das unverrückbare Grundmoment, als die Basis der Erkenntnis aufgefaßt. Descartes sah das Ich als ein »denkendes Ding«, als einzige gegen jeden radikalen Zweifel als unanfechtbar gewisse (Evidenz-)Basis; von dieser ausgehend versuchte er die gesamte Erkenntnis deduktiv, also durch logische Ableitung (weitgehend durch indirekte beweisartige Schlüsse und verwandte Evidenzen), herzuleiten und zu begründen, gleichsam aus dem »Ich denke« herauszumanövrieren wie ein Zauberer sein Kaninchen aus dem Hut. Bei Kant spielt dieses »Ich denke« auch noch eine beachtliche Rolle – und zwar in zweierlei Hinsicht: einmal für die Ordnung des Denkens in einem »meinem« Weltbild: »ich denke«, diese jeweilige Vorstellung ist sozusagen das Gemeinsame und Verbindende aller *meiner* Vorstellungen, ich kann jeder meiner Vorstellungen dieses Etikett anhängen: »Ich denke diese Vorstellung«. Und da diese Ich-denke-Vorstellung in allen meinen Vorstellungen als Etikett dieselbe ist und bleibt, wird dadurch formal die Einheit meines gesamten Weltbildes und meines Bewußtseins aufgespannt. Notwendig ist für Kant allerdings auch noch so etwas wie eine ursprüngliche schöpferische Fähigkeit – nämlich jene, die Vorstellungen überhaupt verbinden zu können (»Spontaneität« der Vorstellungsverbindung). Das erkenntnistheoretische Subjekt als solches muß die Fähigkeit haben, spontan Vorstellungen nach Formen zu verbinden. Die Formen sind, wie bereits gesagt, vorgegeben, aber die Spontaneität, also

die Verbindungsfähigkeit, ist das Wichtige, was Kant die »ursprüngliche Einheit der transzendentalen Apperzeption« (Kritik der reinen Vernunft, B, § 17) nennt, d. h. die ursprüngliche Einheit des reinen Selbstbewußtseins, die dadurch realisiert wird, daß es in der Lage ist, spontan Vorstellungen zu verbinden und somit Erkenntnisse zu gewinnen. Erkenntnisse bestehen in Vorstellungsverbindungen, die gerechtfertigt Anspruch auf eine objektive Gültigkeit erheben.

Lichtenberg und später dann eben auch Nietzsche haben diese Idee des »Ich denke«, des »Cogito ergo sum« bei Descartes, kritisiert. Es sei nämlich gar nicht deutlich, daß *ich* es bin, der denkt: Woher weiß ich das? Ich erfahre ja nur, daß Denken sich ereignet. Lichtenberg (Gedanken 1950, 30) schlägt vor, daß ähnlich wie in unpersönlichen Sätzen, wie »es blitzt«, nun auch »es denkt« gesagt wird. Aber ein »es denkt *in mir*«(?) wirft das Ich-Problem nur wieder neu auf. Descartes kann in seinem Ansatz eigentlich nur sagen »es denkt«, er weiß gar nicht, was dieses »Ich« ist, das denkt oder das Bewußtsein hat; er hat das Ich »nicht im Griff«, es gibt keinen unabhängigen Zugang zum Ich, sondern das Ich ist eine fiktionale Unterstellung. Das gleiche hatte wohl auch Nietzsche im Sinne, als er sagte, das Subjekt sei nur eine »Fiktion«. Das Ich, sagt er, sei »erst eine Synthese, welche durch das Denken selbst *gemacht* wird« (Nietzsche VI 2, 71). Nach Nietzsche kann man also nicht das Ich im eigentlichen ontologischen Sinne als ein Zentrum des Subjekts auffassen, und man kann es auch nicht im Sinne eines metaphysischen Realismus verstehen, sondern der (im Kap. 3) bereits besprochene Ansatz des notwendigen Perspektivismus führt dazu, daß hier nur Ergebnisse von Interpretationsprozessen zu »orten« sind. Daß ich mich selber als Einheit einer Person verstehe, das ist das Ergebnis eines Interpretationsprozesses, ist also abhängig von Interpretationsbedingungen, von Prozessen, von Interpretationsfunktionen oder von einem Interpretations-Schema, wie Abel sagt. (Nach Abel ist das Fiktionale bei der Subjektkonstitution eher als Kantische Als-ob-Unterstellung zu verstehen denn als bloßes Phantasieprodukt. Als-ob-Konstrukte spielen eine wichtige Rolle, vertreten gleichsam das hypothetisch-theoretische Moment im Konstitutions- und Interpretationsprozeß.) Es gibt hier kein ontologisches Fundament, nicht den fundamentalen ontologischen Ausgangspunkt. Das Ich ist nicht der absolute Anfang, als der es in der traditionellen cartesianischen

Metaphysik verstanden wird, sondern es ist ein in gewissem Sinne sekundäres (Interpretations-)Produkt. Das Subjekt, das Ich ist ein Interpretationskonstrukt, könnte man sagen, wie ich schon vor langem (1983) betonte. Das könnte natürlich dann zu dem führen, was Abel sagt: Wenn das Subjekt selbst nicht an sich existiert, dann kann man auch nicht unterstellen, daß *jemand* interpretiert, sondern das Interpretieren muß dann selbst ein Prozeß, ein Werden, ein Ereignis, ein Geschehen sein. (Doch hier ist kritisch einzuschränken, daß die Bedingung dieses Satzes perspektivisch-interpretationistisch zu relativieren ist: in anderer, nichtmethodologischer Hinsicht existiert das »Subjekt« oder »Selbst« durchaus.) Das Interpretieren ist auf diese Weise für Abel das ontisch Grundlegende. Interpretationen seien Ereignisse, die »geschehen«, meint er (147 f.), und die traditionellen Kategorien, wie »Subjekt«, »Substanz«, »Ding« – und für Abel darüber hinaus gar jegliche Sachverhalte – sind nun sämtlich interpretativ als Fiktionen, als Interpretationskonstrukte aufzulösen. (Freilich ist auch die Konzeption und Existenz von Sachverhalten interpretationistisch zu relativieren.) Aber ändert die Unterstellung von Ereignissen und Geschehen als fundamental etwas Grundsätzliches? Eine »eventistische« Projizierung interpretativer, also methodologisch relevanter, Bedingungen in die Ebene der »Wirklichkeit« ist entweder eine fehlerhafte Ontisierung oder eine Verwechselung bzw. Projektion von Methodologie (Interpretativität) und von (freilich als Schemata ihrerseits interpretationsgeprägten) Wirklichkeit(skategorien).

Wichtig ist, daß Interpretation für Abel die einzige unterstellte Basis ist. »Die Naturgesetze sind Interpretationen der konstruierenden Vernunft« (149), auch das ist ein Gedanke, der auf Nietzsche zurückgeht: Die Gesetzmäßigkeit der Natur gibt keinen Tatbestand an sich wieder, sondern ist selbst (Ergebnis) eine(r) Interpretation. Der Mensch, der interpretiert, muß sozusagen in die Welt, in die »Dinge« das hineinlegen, was sich in Abhängigkeit von seinen sonstigen Bedürfnissen, Motiven und Interessen, von seinen Notwendigkeiten des Lebens als notwendige und nützliche Fiktion erweist; dabei hat er natürlich Wahlmöglichkeiten; er konstruiert die Wirklichkeit, und dieses Konstruieren ist, wie Abel sagt (150), ein »übermächtigendes und ausdeutendes Interpretieren«.

Dies ist nun ein radikal perspektivistischer Standpunkt, von dem aus sich in der Tat alle traditionellen Einordnungskategorien der Philosophie: Phänomen, Tatsache, Realität, ja, auch das Ich oder das philosophische Subjekt kritizistisch-interpretationistisch hinterfragen lassen – bis hin zum traditionellen Wahrheitsbegriff. Wahrheit als Übereinstimmung erkannter Sachverhalte mit der Wirklichkeit, dieser traditionelle korrespondenztheoretische Wahrheitsbegriff wird von Abel in der Folge Nietzsches ebenso aufgelöst. Das Wahrheitspostulat kann im Grunde nur eine Art von Glaubens- und Handlungskohärenzforderung sein – nämlich, in einem bestimmten Zusammenhang der eigenen Perspektive des jeweiligen interpretierenden Zentrums so etwas wie eine notwendige Einheit zu schaffen und eine wechselseitige Kohärenz zwischen Interpretationen unterschiedlicher Ebenen herzustellen. Es handelt sich also um eine pragmatische Kohärenztheorie der Wahrheit im Gesamtzusammenhang der eigenen handelnden, konstituierenden und erkennenden Welterfassung. Im einzelnen ist hier darauf nicht einzugehen (vgl. dazu Abel 1989, i. Dr.). Ich glaube jedoch, daß sich diese Idee mit dem traditionellen Begriff der Übereinstimmungswahrheit, also dem Korrespondenzbegriff der Wahrheit, vereinbaren läßt. Dieser letztere ist dann allerdings interpretationistisch aufzulösen. Aber um das leisten zu können, müssen wir erst verschiedene Stufen und Aufteilungen herausarbeiten, um unterschiedliche Interpretationen auf mehreren Ebenen miteinander in Beziehung setzen zu können. Um es vorwegzunehmen: Wahrheit wird sich dann als eine Wechselbeziehung zwischen verschiedenen grundlegenden Interpretationsstufen erweisen.

Nun zum »positiven Sinn des Interpretierens«, der für Abel der zentrale Punkt ist (1984, 157 ff.). Denn für ihn gilt, daß alle Realität Interpretation sei, sich gleichsam in die Relativität von Perspektiven auflöst. So erhebt er im Gegenzug aber auch die Interpretation zur Realität: Jedes Geschehen ist Interpretation – und umgekehrt auch jede Interpretation ist ein wirkliches, wirksames (ontisches?) Geschehen; beides ist sozusagen ineinander verschränkt.

Nun ist sicherlich jegliches Interpretieren ein Handeln, auch in meinem Sinne. Und Handlungen sind interpretationsabhängig: Man kann Handlungen nur interpretativ definieren und verstehen. Eine (intentionale) Handlung ist immer auf ein Ziel bezogen und weist eine Charakteristik auf, die durch Deutungen erst zustande kommt. Andererseits sind Interpretationshandlungen selber Handlungen, die ihrerseits wiederum (auf höherer Stufe) der Interpretation bedürfen. Handlungen sind Interpretationsvorgänge, aber Interpretationen sind Handlungen. Kann nun beides der Fall sein, oder ergibt sich hier so etwas wie eine Paradoxie? Offensichtlich kann beides der Fall sein, man kann hier durchaus unterschiedliche Stufen einführen. Abel scheint in dieser früheren Phase aber diese Interpretationshandlungen doch, noch Nietzsche folgend, zu allgemein einfach mit dem leiblichen Geschehen zu identifizieren. (Später, z. B. 1990, liest sich das schon etwas anders, werden die Leibkonstitutionen auf die interpretatorischen Kategorialisierungen bezogen.) Bei Nietzsche spielen ja die leibliche Organisation und der Organismus und die Ausprägung des fundamentalen Leibes, wie bereits in Kapitel 3 dargelegt wurde, eine entscheidende Rolle: Er sagt ja, daß jeder Organismus interpretiert. Jeder Organismus sieht oder erfaßt nach Nietzsche die Außenwelt nur unter dem Gesichtspunkt seiner eigenen Konstitution und Organisation – und zwar unter dem Gesichtspunkt des »Willens zur Macht«. Abel (158 ff.) geht, Nietzsche interpretierend, so weit, daß jede Interpretation ein Leibgeschehen ist und jede Leiborganisation Interpretation bedeutet, ja: ist. Er versucht hier, Nietzsche wörtlich zu nehmen. Der Leib des Menschen ist das Vorgegebene, das man selbst nur in Grenzen verändern kann, das aber nicht absolut (transzendental) notwendig ist im Kantischen Sinne, sondern eben durch das Leben, durch das Sichvorfinden in der Welt, fundamental immer schon vorausgesetzt wird und vorauszusetzen ist und als solches betrachtet werden muß. Deshalb muß man, nach Abels Auffassung, von einer »vollzugsinternen Quasitranszendentalität des menschlichen Interpretierens im Leibe« (160) sprechen. Das heißt, der Leib ist vorausgesetzt, ist notwendige Voraussetzung des Handelns, Denkens und Verstehens und in diesem Sinne gleichsam eine transzendentale pragmatische Notwendigkeit, eine transzendentale Bedingung des menschlichen Handelns, Interpretierens usw.

Man kann also von einem transzendentalen Gesichtspunkt bei der Leibkonstitution reden. Der Leib hat also transzendentale (pragmatische) Funktionen und ist selber wiederum, sagt Abel (161), »essentiell« vom »Charakter des Interpretierens«: »Alles, was im und als Leib tätig ist«, ist »essentiell vom Charakter des Interpretierens«. (Das Entsprechende gilt generell von jedem Geschehen.)

Hier würde ich Nietzsche und Abel nicht so unmittelbar folgen. Die Leiborganisation kann zwar wie alles nur *mittels* interpretativ gefaßter Begriffe und Theorien beschrieben und erfaßt werden, aber wenn wir alles, was diese transzendentale Voraussetzung jedes menschlichen Interpretierens und Erkennens im Leiblichen bildet, als selbst vom »Charakter des Interpretierens« auffassen, dann gerät der »Charakter des Interpretierens« so allumfassend, daß *alles* vom »Charakter des Interpretierens« wäre – und man hätte gar nicht mehr die Möglichkeit, irgend etwas von diesem Begriff auszunehmen oder abzusetzen. Man fragt sich: Was macht es dann für einen Sinn, einen Begriff zu verwenden, von dem grundsätzlich überhaupt nichts ausgeschlossen wird?

Hier gehen m. E. zwei Gesichtspunkte durcheinander: Einerseits ist für Nietzsche das Zentrum des ›Willens zur Macht‹, das Lebenszentrum jedes einzelnen existierenden (lebenden oder kraftäußernden) Wesens, grundlegend und wird nicht mehr hinterfragt. Wenn andererseits alles vom »Charakter des Interpretierens« ist, ist deutlich, daß diese Auffassung auch interpretativ geprägt ist, daß also jedes Machtzentrum natürlich auch ein Interpretationskonstrukt ist. Das aber scheint auch Nietzsche selbst nicht klar zu sehen, obwohl sein methodologischer Ansatz dies zuläßt. Abel sieht es, trotzdem stilisiert er diese methodologische Transzendentalität des Leibes ähnlich wie Nietzsche zu einer Art von ontologischem Geschehenscharakter hoch, der nur in beschränktem Sinne überzeugt, nämlich lediglich in dem Maße, wie alle Erkenntnis, alle Erfaßbarkeit interpretativ geprägt ist. Die umfassende epistemologische Interpretations(mit-)geprägtheit bedeutet nicht, daß ich erst durch Interpretieren meinen Leib erzeuge, selbst wenn Nietzsche das auch in diesem Sinne versteht, sondern daß eben nur jede Erfassung, jede Erkenntnis, ja, selbst die Konzeption und Erfaßbarkeit interpretativ geprägt ist. Trotzdem könnte etwas, was gemeint ist, also, was dem Leib z. B. oder etwa Dingen durchaus in interpretatorisch geprägter Weise als an sich zugrundeliegend vorgeordnet werden kann, durchaus unabhängig von unseren Interpretationen existieren, obwohl jede Erfassung, jedes Denken einer solchen Entität in der Tat nur in interpretationistisch geprägten Formen vonstatten gehen kann.

Abel gelangt (161) zu der These, daß alles Seiende wesentlich Interpretiertes und Interpretierendes ist, und zu einem »Satz der Interpretation«, »demzufolge es bestimmbare Realität für den

Menschen nur in und als interne Funktion des Interpretationsschemas, das er als Leiborganisation *ist*, gibt«. Das ist sein Hauptsatz der Interpretation. Interpretationsgeprägtheit und Interpretations»geschehen« (interpretierendes Tätigsein?) werden konfundiert, epistemologische Interpretativität wird als wirkliches (gar ontisches?) Geschehen mißverstanden. Abel spricht dann noch von einem fundamentalen »geschehenslogischen Interpretationszirkel« (162 ff., bes. 172 f.), der darin besteht, daß sich hier Zirkelhaftigkeiten und unaufgebbare konstitutive Rückbezüglichkeiten sowohl in der anthropologischen als auch in der erkenntnistheoretischen Perspektive finden, wenn Wirklichkeit nicht »an sich« ist, sondern nur als interpretiertes und interpretierendes »Geschehen« existieren kann und wenn dieses Geschehen selber wieder ein Interpretationsgeschehen sein soll. Man kann nun natürlich fragen, wie dieses Interpretationsgeschehen selber zu verstehen ist (nur, auch das ist dann wieder interpretationsabhängig) – kurz: man landet entweder bei einer Art von unendlichem Begründungs- oder Rückfrage-Regreß oder bei einer Rückkehr in das Karussell des Interpretierens. Jedenfalls kommt Abel zu solchen Thesen, die, wie er meint, Nietzsches radikalen Perspektivismus in seiner notwendigen Abhängigkeit vom Interpretationsbegriff ausdrücken, indem er sagt: »Realitäten gibt es nicht, nur Interpretationen« (162). Das bezieht sich jetzt auf Realität insgesamt: »Realität ist ganz eine interne Funktion des Interpretations-Schemas« (163). Was wir als real bezeichnen, ist geboren aus unserer interpretierenden Tätigkeit. Dinge, Realitäten sind (lediglich?) interpretative Erzeugungen des grundlegenden Interpretationsgeschehens. (Solche Formulierungen haben mich 1988 zu dem verständlichen, aber vielleicht etwas zu pauschalen Vorwurf des umfassenden Interpretationsidealismus, eines radikalinterpretationistischen, nicht methodologisch restringierten Idealismus, geführt.) Das von Abel Gesagte gilt dann auch für den Menschen selbst und sein Interpretationsschema. Der Mensch ist als interpretierende Leiborganisation konkretisiert, und »die Grammatik des Leibes«, sagt Abel (166), »ist zentral«, aber dennoch ist wiederum alles abhängig von dem Interpretationsschema; ja, selbst diese Grammatik und diese Deutung der Leiborganisation als einer interpretativen sind wiederum interpretationsimprägniert, Instantiierung eines Interpretationsmodells auf erkenntnistheoretischer Stufe. Bestimmtheit erreicht man nur in der

Interpretation, und damit ist man notwendig in einem solchen Zirkel, der zeigt, daß wir aus dem Interpretieren nicht herauskönnen. Wir haben – und das ist richtig – keinen nicht-interpretativen Zugang zu irgend etwas, das an sich gegeben wäre, sondern wir bewegen uns stets nur – und das scheint mir nicht richtig – in einer Interpretationswelt, die geprägt ist von Interpretationen und vom prozeßhaften Interpretieren – und von sonst nichts. Freilich wird dieser scheinbare Interpretationswirbel nicht als chaotisch-unstrukturierbar, sondern als gestaffelter, spiraliger Reflexionsaufstieg, gleichsam im Sinne eines »interpretative ascent«, verstanden.

Wie aber zieht sich der interpretationserzeugte Münchhausen aus dem (selbsterzeugten?) Interpretationssumpf? »Der Interpretations-Zirkel« tritt bei Abel sogar »an die Stelle einer ›Vernunft des Selbstbewußtseins‹ im Sinne des metaphysischen und des theoretischen Denkens« (168). Diese »Interpretations-Vernunft«, sagt Abel (ebd.), »ist freilich keine, die als eine durchgängige und sichgleich-bleibende Vernunft-in-der-Sache« gegeben ist; sie ist kein »metaphysisch Gründendes« hinter den Interpretationen und Erscheinungen, »sie ist bloß ein Wort für das faktisch-interpretative Willen-zur-Macht-Geschehen« selbst. »Vernunft wird als Interpretation gefaßt und *darin* in ihrem [traditionellen, H. L.] metaphysischen Sinne zerstört« (168). Die Vernunft ist ein Interpretationskonstrukt. Ich selber habe dies früher anläßlich einer Analyse von Kants Vernunftbegriff entwickelt und könnte hier insoweit durchaus zustimmen: Vernunft als Interpretationskonstrukt spielt bei Kant eine besondere fiktiv-hypothetische (epistemologische) Rolle, um die Gesamtheit unserer Erkenntnisse zu ordnen, zu strukturieren und überhaupt erst als möglich zu verstehen. In Abels Nietzsche-Interpretation wird die »Interpretationsvernunft« freilich noch viel prozessualer und konkreter verstanden als die traditionelle »Vernunft des Selbstbewußtseins«: Sie ist z. B. auch als Nietzsches Leib-Vernunft im interpretierenden Geschehen selbst zu verorten.

Aber Abel geht noch weiter – und gelangt schließlich (169) zu seinem Interpretationsfundamentalsatz oder, wie er sagt, zu einem »interpretations-logischen Fundamentalsatz«, der recht modern, nämlich wittgensteinianisch klingt: »Die Grenzen der Interpretation *sind* die Grenzen der Welt« – meiner Welt? Bei Wittgenstein (*Traktatus* 5.6) heißt es ja: »*Die Grenzen meiner Sprache* bedeuten die Grenzen meiner Welt«. Abel will also Wittgensteins Satz auf diese Weise erweitern und neu formulieren; das aber bedeutet, daß in seinem radikalen Interpretationismus doch so etwas ausgedrückt wird wie ein interpretationistischer Absolutismus: »Welt, Wirklichkeit, Sinn *sind* nur *in und als* Interpretation. Realität ist eine interne Funktion des Interpretationsschemas« (169): *lediglich* – oder *auch* (in der Erfassung)? Auch hier würde ich mit Abel – im extremen Verständnis jedenfalls – nicht mehr mitgehen, nicht in dieser expliziten Wortwahl oder in dieser provokativen, allzu radikalisierten Ausdrucksweise. Wenn man das Gesagte freilich leicht abändern würde, könnte man das m. E. (auch von Abel?) Gemeinte sehr viel eingängiger und zutreffend formulieren, wenn man sagt: Welt, Wirklichkeit und Sinn sind nur in Interpretationsvorgängen oder als Interpretationskonstrukte *erfaßbar*. Das ist dann das Thesenkonzentrat eines *erkenntnistheoretischen* Interpretationismus, der durchaus mit einem kritisch-interpretationistischen Realismus vereinbar wäre. Es handelt sich um eine Position, die ich einen *methodologischen* oder i.w.S. transzendentalen Interpretationismus genannt habe, etwa rekonstruiert an der Kantischen Analogie des transzendentalen Idealismus.

Es gibt nach dieser Sicht durchaus die Möglichkeit, daß etwas in empirischer bzw. lebenspraktischer Hinsicht, wenn auch nicht in kategorial-interpretativer, als unabhängig von unseren Interpretationen, unabhängig vom Menschen existierend gedacht werden kann oder gar muß (dazu später), aber dieses Gedachtwerden ist natürlich selber nur in interpretativer Form möglich; wir haben in der Tat nur interpretativ geprägte Begriffe, Theorien, Möglichkeiten, Erkenntnisformen, Wahrnehmungsformen, Handlungsweisen usw. Wir können sozusagen aus dem Hexenkessel der Interpretationen nicht aussteigen. Es gibt keinen interpretationsfreien »Gottesgesichtspunkt«, wie man Hilary Putnams internrealistischen Slogan variieren könnte. Wir haben nur die Möglichkeit, intern, im Rahmen unserer Interpretation(swelt)en zu erkennen und zu denken (und zu handeln!), wir können aber trotzdem mit diesen interpretationsabhängigen begrifflichen Instrumenten etwas *meinen*, was »außerhalb« des Interpretationsreiches liegt, doch dieses Meinen selbst ist wieder auf höherer Stufe methodologisch – und zwar nur interpretativ – zu hinterfragen. Es ist selber abhängig von interpretativen Unterstellungen. Dilthey (VIII, 174) schreibt:

Die Wirklichkeit selbst kann in letzter Instanz nicht logisch aufgeklärt, sondern nur verstanden werden. In jeder Realität, die uns als solche gegeben ist, ist ihrer Natur nach etwas Unaussprechliches, Unerkennbares.

Das ist natürlich einerseits ganz kantisch gedacht, andererseits versucht er jedoch dabei auch über Kant hinauszugehen. Bei Kant heißt es eigentlich nur »denkbar«, es kann etwas nur gedacht werden, aber nicht Unaussprechliches verstanden bzw. gar erkannt werden. Das »Ding an sich« kann bei Kant eigentlich letztlich überhaupt nicht erkannt, ja, nicht einmal verstanden (vielleicht nicht einmal konsequent *konsistent* gedacht) werden, weil es uns total unzugänglich ist. Wir können es nur gleichnishaft in Denkmodellen »denken«, also metaphorisch-analogisierend. Das könnte man durchaus auch kritisch-interpretationistisch darstellen, wenn man den Verstehensbegriff Diltheys durch den des Interpretierens ersetzte. Das »Ding an sich« entzieht sich, hieße das, jeglicher Interpretation; selbst sein fiktionalisierter Entitätscharakter ist problematisch.

Für Abel ist es ein ganz entscheidender und wichtiger Punkt, daß die »Radikalität des Interpretationsgedankens«, wie er sagt (172), »solange verborgen [bleibt], wie zwischen ›Interpretation‹ und ›Geschehen‹ eine wie subtil auch immer geartete Differenz angenommen bzw. gesetzt und mit unterschiedlichen Vorzeichen zum Ausgangspunkt der Wirklichkeitsbestimmung gemacht wird«. Interpretieren und das Geschehen in der Welt, das sozusagen selbst Interpretieren ist, ist bei ihm und Nietzsche ein und dasselbe. Geschehen kann nicht nicht-interpretativ sein. Nun, auch hier würde ich die oben erwähnte Einschränkung auf die Erfaßbarkeit machen: Geschehen kann nicht nicht-interpretativ *erfaßt* oder erkannt werden. (Intentionales) Handeln kann nicht nicht-interpretativ sein, das würde ich auch unterstreichen, weil (intentionales) Handeln ein menschliches Geschehen ist, das per se – sei es definitorisch, sei es essentiell – interpretationsabhängig ist. Wie ja auch die soziale Welt dadurch charakterisiert ist, daß sie aufgrund von Interpretationen, Fiktionen überhaupt erst zustande kommt, lediglich aufgrund von Interpretationen existiert; die soziale Welt ist nicht an sich unabhängig von Interpretationen (konzipierbar). Trotzdem würde ich beim Naturgeschehen, bei Naturprozessen doch annehmen, daß diese interpretationsunabhängig selbst als Geschehen betrachtet werden *können*, selbst wenn wir sie nur in interpretationsabhängigen Theorien und Mustern zu erfassen ver-

mögen und selbst wenn die Abtrennung des Naturhaften, An-sich-Seienden vom erkennenden Subjekt ebenfalls erst als Ergebnis einer erkenntnistheoretischen Interpretations(re)konstruktion zustande kommt. Abels Radikalität der Identifikation von Interpretation und Geschehen geht m. E. also ontologisch viel zu weit. Ich glaube, daß man mit dieser Identifikation in der Tat zu einem radikalen interpretationistischen Absolutismus – oder gar »Idealismus«? – kommt, der einen Antirealismus impliziert und einen fragwürdigen Eventismus, eine Prozeßprojizierung von der erkenntnistheoretisch-methodologischen Ebene in jene der »Wirklichkeit«, des lebendigen »Wirkens«. Da nützt es dann auch nichts, wenn man, wie Abel (173), verschiedene Formen des Interpretierens auseinanderhält und verschiedene Stelligkeiten des Interpretationszirkels unterscheidet (gemeint ist sicherlich: Stelligkeiten der Interpretationsrelation). Generell muß man wohl diesen extremen Anspruch des radikalen Interpretationismus nach Nietzsches Art auf erkenntnistheoretische Zusammenhänge und allenfalls auf einen (quasi) transzendentalen Interpretationismus einschränken. Dann kann man durchaus wie Abel sagen – und das läuft auf eine ganz interessante Definition der Philosophie hinaus –, daß »Philosophie die Inwendigkeit des Interpretierens« sei, d. h. also ein Nachdenken im Rahmen des notwendigen Interpretierens innerhalb der interpretationsimprägnierten Weltkonzepte, innerhalb deren und nur in denen wir uns intellektuell bewegen können. Eine solche Auffassung führt sogleich auf Gesichtspunkte, wie sie in der modernen Diskussion eine große Rolle spielen, etwa auch in Hilary Putnams Internem Realismus.
Günter Abel ist aber radikaler:

> Es gibt ein Interpretationsgeschehen, von dem der Interpretierende bereits interpretiert ist, wenn und indem er sich interpretierend auf anderes Seiendes bezieht, welches, seinerseits Interpretierendes und Interpretiertes, auch ihn wiederum interpretiert (173).

In diesem Sinne sei von einem »*vollständigen Ineinanderstehen von Faktizität und Interpretation* auszugehen«.
Interpretation selbst hat »Dasein« für Nietzsche und Abel, und deshalb schließt Abel daraus im Sinne der Nietzsche-Interpretation recht konsequent, wenn auch meiner Ansicht nach generell fälschlich, daß Interpretation im wesentlichen das einzige Grundgeschehen sei und daß die Welt eine Geschehenswelt ist, die allein

durch Interpretation aufgespannt, entfaltet wird: »geschehenslogisch« sei nicht nur das erkennende Vorgehen, das Muster des Erkenntnisprozesses, sondern der »interpretative Charakter allen Geschehens« (Nietzsche) kennzeichne das Wesen und Sein des gesamten Weltprozesses.

Es steht hier sicherlich der Grundgedanke der analytischen Notwendigkeit und Unausweichlichkeit und Unvermeidbarkeit des Interpretierens bzw. der Interpretativität als solcher, der Interpretationsperspektive oder der Interpretationsabhängigkeit im Hintergrund – eine Einsicht, die Abel zu Recht hervorhebt und mit der prinzipiellen Unabschließbarkeit des Interpretierens verbindet. Aber man kann diesen Interpretationsgedanken nicht generell – wie Abel in der ersten Phase der zu sehr von Nietzsches Ansatz beeindruckten Deutung – einfach als *geschehenslogischen* bezeichnen, der in gewisser Weise die gesamte traditionelle Ontologie vertritt. Die Etablierung des Interpretierens als eines wirklichen Geschehens in diesem Sinne und gar als des *einzigen* Geschehens, das stattfindet, läuft m. E. letztlich doch auf eine Ontisierung, wenigstens auf versteckte Quasi-Ontologisierung, eben den bereits erwähnten Eventismus, hinaus, nimmt den perspektivisch relativierenden epistemologischen Interpretationismus selbst nicht ernst genug (berücksichtigt z. B. nicht dessen Selbstanwendbarkeit oder Selbsteinschluß), ist offensichtlich geschehens*metaphysisch* hypostasierend. Das gilt für Nietzsche wie auch (früher?) für Abel. Das Interpretationsgeschehen, die Interpretationszirkel, in denen, wie Abel sagt, sich das interpretierende Wesen Mensch »immer schon« bewegt, als einzige Realität aufzufassen, das bedeutete eine prozeßontologische bzw. metaphysische eventistische Hypostasierung. Es handelt sich aber in Wirklichkeit – und Abel scheint das auch so zu sehen – hierbei eher um *methodisch-analytische Stufungen* und nicht um reale Geschehenszirkel. Also eine Verwechslung des realen Geschehens in der Zeit und der methodischen Analysespirale, die immer wieder »weitergedreht« werden kann? Ein interpretationsfreies Interpretationsgeschehen gibt es in der Tat nicht. Doch auch »wirkliches«, hypostasiertes Interpretations-Geschehen in diesem realontologischen Sinne gibt es nicht, nur Interpretationen gestatten uns, solche Abstraktionen vorzunehmen. Interpretationen sind keine realen Fundamentalprozesse, sondern erkenntnis- und handlungsermöglichende sowie -gebundene Verfahren und Konzeptualisierungen. So muß man Nietzsche und Abel kritisch gegen sie selber ins Feld führen. Gegen einen solchen hypostasierenden realinterpretationistischen oder reifizierenden Standpunkt ist einzuwenden: Es gibt nicht das interpretationslogische Geschehen als definitiv wirkliches Geschehen; denn dieses Geschehen selbst wäre natürlich auch nur interpretativ zu verstehen. Mit anderen Worten, man wird notwendig eingeschränkt auf einen *methodologischen* Aspekt, bzw. eventuell auf einen quasi, d.h. im weiteren Sinne, transzendentalen, aber nicht auf einen interpretationsontologischen. Genauer kann man sagen: Etwas wird *als* Geschehen gesehen oder interpretiert, es gibt in diesem Sinne kein interpretationsfreies (Verstehen von) Geschehen – nicht einmal ein Interpretationsgeschehen. Es gibt freilich nicht einmal ein interpretationsfreies »Es gibt«. Es gibt also keine vorgeordnete, absolut interpretationsfreie (Interpretationen-)Ontologie oder Interpretationeneventologie. Dennoch könnte es (das freilich nicht interpretationsfrei zu meinende) Seiende, die Ontik sozusagen, »außerhalb« des Interpretationsgeschehens geben; es ist freilich nur interpretativ zu denken!

6.2 Interpretation als erkenntnistheoretisches und transzendentales Prinzip

Man kann, auch wenn man den ontologischen Ansatz der Interpretationen nicht mitmacht, zum Teil die Ergebnisse Nietzsches mit produktiven Variationen übernehmen. Tatsächlich läßt sich der im folgenden darzulegende philosophische Ansatz, *sofern* er sich auf das methodologische und erkenntnistheoretische Moment beschränkt, durchaus in die Linie, die von Nietzsches Philosophie herkommt, einreihen. (Er entstand freilich unabhängig von Nietzsches Interpretationismus, auf dessen diesbezügliche Relevanz ich erst durch Günter Abels Arbeit (1984) aufmerksam gemacht wurde.) Bereits oben wurde gesagt, daß ein interpretationistischer philosophischer Ansatz aus meiner Sicht methodologisch zu verstehen und der mit der Interpretation verbundene Universalitätsanspruch nicht als eine Ontologie, sondern eher als Transzendentalphilosophie im Sinne Kants, quasi als transzendentaler Interpretationismus zu entwickeln sei. In der Tat, wir haben keinen interpretationsunabhängigen Zugang zur Welt, weder in der Erkenntnis noch im Handeln. Unsere Welt(konzeption) ist von unseren menschlichen Bedürfnissen gleichsam perspektivisch vorstrukturiert, sie ist in diesem Sinne von vornherein schon eine interpretierte Welt(version). Das muß man freilich etwas genauer verstehen. Die »Welt« ist, insoweit wir sie erfassen, also als erfaßte, strukturiert und interpretiert. Und unsere Schemata, innerhalb deren bzw. mittels derer wir »die Welt« deuten, sind ihrerseits Ergebnisformen oder gar Konstrukte von teils erblich angelegten, teils interaktiv mit Umwelt und Kultur ausgebildeten Interpretationen.

Es war Immanuel Kant, der in seiner *Kritik der reinen Vernunft* (A 140, B 179 f.) den Schemabegriff in die Erkenntnistheorie zur verfahrensmäßigen Verbindung zwischen Sinnesrezeption einerseits und begrifflicher Erfassung andererseits eingeführt hat. Er sieht ein »Schema« als »ein Produkt der Einbildungskraft«, das keine Einzelbilder, sondern die »Einheit« der Anschauungen »in der Bestimmung der Sinnlichkeit ... zur Absicht hat«, es handelt sich hier mehr um »die Vorstellung einer Methode, einem gewissen Begriffe gemäß eine Menge ... in einem Bilde vorzustellen, als dieses Bild selbst«: »Diese Vorstellung nun von einem allgemeinen Verfahren der Einbildungskraft, einem Begriff sein Bild zu verschaffen, nenne ich das Schema zu diesem Begriffe.« Kant bezieht den Schemabegriff als das Konzept eines solchen Verfahrens der sinnlich-begrifflichen ›Gestaltung‹ und Rasterung nicht nur auf sinnliche Wahrnehmung, etwa das Sehen von Figuren im Raum, sondern auch auf die anschauliche Unterfütterung der »reinen Verstandesbegriffe« (Kategorien). Das diesen entsprechende Schema ist »nur die reine Synthesis, gemäß einer Regel der Einheit nach Begriffen überhaupt, die die Kategorie ausdrückt, und ist ein transzendentales Produkt der Einbildungskraft, welches die Bestimmung des inneren Sinnes überhaupt, nach Bedingungen ihrer Form (der Zeit) in Ansehung aller Vorstellungen, betrifft, sofern diese der Einheit der Apperzeption gemäß a priori in einem Begriff zusammenhängen sollten« (ebd., A 142, B 181). Jede »Vorstellung« kann nur in einer Einheit vergegenwärtigt, veranschaulicht werden, wenn der Mechanismus der Verbindung zwischen sinnlichen Einzelerlebnissen und allgemeineren Formen begrifflicher Art zeitlich im Bewußtsein repräsentiert wird. Für Kant gilt das selbst für die abstrakten »reinen Verstandesbegriffe«, die selbst nicht aus der Sinnlichkeit stammen. Diese transzendentalen

Schemata und der entsprechende transzendentale Schematismus als Mechanismus der Zuordnung bei Kant sollen hier nicht näher besprochen werden: Sie sind hinreichend bekannt.

Kant bezieht aber die Anwendung des Schemabegriffs auch auf die »anschauliche« oder vorstellungsmäßige Darstellung von Erfahrungsgegenständen, also von deren Vorstellungsbildern. »In der Tat liegen unseren reinen sinnlichen Begriffen nicht Bilder der Gegenstände, sondern Schemate zum Grunde«, z. B. das Schema eines Dreiecks, als »eine Regel der Synthesis der Einbildungskraft, in Ansehung reiner Gestalten im Raume«:

> Noch viel weniger erreicht ein Gegenstand der Erfahrung oder Bild desselben jemals den empirischen Begriff, sondern dieser bezieht sich jederzeit unmittelbar auf das Schema der Einbildungskraft, als eine Regel der Bestimmung unserer Anschauung, gemäß einem gewissen allgemeinen Begriffe (ebd., A 141, B 181):
> Das *Bild* ist ein Produkt des empirischen Vermögens der produktiven Einbildungskraft, das *Schema* sinnlicher Begriffe (als der Figuren im Raume) ein Produkt und gleichsam ein Monogramm der reinen Einbildungskraft a priori, wodurch und wonach die Bilder allererst möglich werden, die aber mit dem Begriffe nur immer vermittelst des Schema, welches sie bezeichnen, verknüpft werden müssen, und an sich demselben nicht völlig kongruieren.

Kant hat hier in genialer Weise den Prozeß der Bildung und Anwendung kognitiver Konstrukte zur vorstellungsmäßigen Vergegenwärtigung, zur »Verbildlichung« mentaler Konfigurationen und Modelle, also der Kognitionen, vorweggenommen. Die kognitive Psychologie hat erst vor wenigen Jahrzehnten in der Nachfolge der Begrifflichkeit der Gestaltpsychologie diesen Begriff der Schemata als der »verbildlichenden« kognitiven Konstrukte wieder aufgegriffen. Die beste und übersichtlichste Arbeit hierzu stammt wie erwähnt von Rumelhart (1978), deren Titel »Schemata: the Building Blocks of Cognition« die Hauptthese in konzentrierter Form vorstellt. Rumelhart gelingt es darzulegen, daß nicht nur visuelle oder Sinneserkenntnis allgemein, sondern auch die begriffliche und alltagstheoretische Erkenntnis dem Muster der Schemabildung und -anwendung folgt. Alle Kognitionen, Erkenntnisse, Deutungen haben mit der Auslösung, Auswahl oder Anwendung sowie Überprüfung von Schemata zu tun. Der »Prozeß der Interpretation« besteht für Rumelhart (1978, 32) geradezu darin, daß »mögliche Konfigurationen von Schemata aus-

gewählt und daraufhin verifiziert werden, daß sie mit gespeicherten Daten – Gedächtnisfragmenten – zusammenstimmen«. Darüber hinaus ist dieser Prozeß ein aktiver Informationssuchprozeß, der mit unseren jeweils »gegenwärtigen Bedürfnissen und Zielen« in relevanter Weise verknüpft ist; er erinnert an das Appetenzverhalten, wie es die Ethologen untersuchen. Wie schon erwähnt (vgl. o., 204) versteht Rumelhart Interpretieren als das Auslösen oder Auswählen von Schemata (kognitiven Konstrukten) und deren versuchsweise Anwendung auf Sinnesdaten, (Folgen von) Wahrnehmungserlebnisse(n) und abstrakteren inhaltlichen Datengegebenheiten sowie die sukzessiv rückkoppelnde Überprüfung der Stimmigkeit bei der Anwendung des jeweiligen Konstrukts.
Das Bilden, Entwerfen, Entwickeln, Ausarbeiten und jegliches Anwenden von Mustern, Strukturen, Formen, Gestalten umfaßt eine konstruktive Tätigkeit im Sinne einer Einheitskonstituierung verallgemeinernder oder formierender Art. Diese Aktivitäten sind nur als schematische oder schematisierende (s. u. 6.3) möglich. Sie sind von Schemabildung und -anwendung getragen. Alle Deutung – sei es jene von Sinnesdaten, Handlungen, Gedächtnisinformationen, Zeichen, ja, auch solche von abstrakteren und normativen Handlungen wie Zielsetzungen, Wertungen, Anordnungen, Präskriptionen und Präferenzen – sowie alle Arten von Normierungen sind – soweit sie in generalisierender Absicht entworfen und durchgeführt, aufgefaßt und verstanden werden – nur unter Schemaanwendungen möglich. Die Ubiquität, die methodische und methodologische umfassende Verwendung und Unterstellung von Schemata ist bei jeglichen kognitiven wie normativen Selektions-, Strukturierungs- und Deutungsprozessen unbestreitbar. Diese Notwendigkeit – schon von Kant gesehen (s. o., 211 f.) – geht freilich über die psychologische Unerläßlichkeit hinaus. Weit davon entfernt, ein bloßer Begriff der Psychologie oder der kognitiven Psychologie zu sein, handelt es sich beim Schemabegriff, bei diesen Konstruktbildungen um methodologische, ja, in einem modernen nicht-fundamentalistischen Sinne um transzendentalphilosophische Grundbedingungen jeglicher Muster-, Konzept-, Einheits-, Ordnungs- und Strukturbildung, die von wahrhaft umfassender Bedeutung für alle über das flüchtige Einzelerlebnis hinausgehenden Verbindungen, Verknüpfungen, Vereinheitlichungen und Verallgemeinerungen sind. Interpretation ist generell Anwendung von mental repräsentierten Konstrukten, von Schemata in

diesem Sinne. Der Grundsatz der Interpretationsimprägniertheit allen Erfassens und Handelns bringt dieses zum Ausdruck. In methodologischer Hinsicht sind Schemata selbst Interpretationskonstrukte, die bei den mit der Wahrnehmung oder einem Verhalten oder Handeln verbundenen Deutungen aktiviert werden, aber formal gesehen den Charakter eines Dispositionsnetzes, eines aktivierbaren oder »aktiven strukturellen Netzes« (Rumelhart-Norman 1978), aufweisen.

Wie bei sehr vielen alltagssprachlichen und wissenschaftlichen Begriffen handelt es sich bei den Dispositionskonzepten um Dispositionsbegriffe, deren begriffliche und verbale Darstellung durch Dispositionsprädikate erfolgt. Die bekannte logische Problematik der Dispositionsprädikate nach Carnap (1936/1937) findet sich somit auch hier: Dispositionsprädikate können nicht explizit definiert werden, sondern nur durch implizite Reduktionssätze eingeführt werden und enthalten unter Umständen, wenn eine Kombination von notwendigen und hinreichenden Reduktionssätzen zur Kennzeichnung des Prädikats notwendig ist, empirischen Gehalt; sie vertreten also gleichsam schon in ihrer quasi definitorischen Einführung eine Theorie, sind nur partiell interpretierbare theoretische Begriffe, die unlöslich mit der Theoriebildung verknüpft, aber nicht explizit operational auf Meßverfahren zurückgeführt werden können. Dispositionsprädikate sind also als theoretische Begriffe, als hypothetische Konstrukte aufzufassen, die sich nicht explizit auf Beobachtungsdaten zurückführen bzw. in der Beobachtungssprache explizit definieren lassen (vgl. Stegmüller 1970, 213-238). Die logische Schwierigkeit, die Carnap hinsichtlich der Dispositionsbegriffe in Wissenschaftssprachen erkannte, daß prinzipiell nicht aktivierte oder gar nicht aktivierbare Dispositionen, die durch Verhaltenssätze in Wenn-dann-Form geschrieben werden, *stets* dem potentiellen Träger zugeschrieben werden müssen, weil der Vordersatz des Konditionals nie erfüllt, also stets falsch ist und deshalb der Konditionalsatz stets wahr wird, kann hier für die komplexen Schemata-Dispositionsbegriffe nicht aufgeworfen werden, besteht aber in kognitiven und psychologischen Zusammenhängen ebenso wie bei den klassischen Dispositionsprädikaten wie ›wasserlöslich‹.

Hier kann es nur darum gehen, zu betonen, daß Schematazuordnungen methodologisch gesehen dispositionelle Zuschreibungen und Begriffe sind, also selbst eine Art Konstruktcharakter aufwei-

sen: Schemata sind ihrerseits hypothetische Konstrukte, die durch Dispositionsbegriffe höherer Stufe beschrieben werden. Die oben erwähnte Überlappung und aufsteigende Konstruktkumulation tritt bei der methodologischen Analyse der Schematabegriffe selbst deutlich in Erscheinung. Es handelt sich nunmehr um *erkenntnistheoretische* Konstrukte, also um Metakonstrukte zu den auf Gegenstände anzuwendenden (bzw. diese konstituierende) Schemata, die ihrerseits zur erkenntnistheoretischen Interpretation von Wahrnehmungs-, Kognitions- und Verhaltensorganisations- sowie Handlungsstrukturierungsschemata angewendet werden. Erkenntnistheoretische Interpretationen dieser Art sind Interpretationen auf der metatheoretischen Stufe, weisen aber grundsätzlich ähnliche oder gar gleiche, wenn auch oft abstrakter sich darstellende Anwendungs- und Strukturierungsprobleme auf wie Kognitionsschemata auf niederer Stufe. Die überragende Bedeutsamkeit der Interpretation durch Schemata wird auch durch die Metainterpretationen der hypothetischen Konstrukte über Schemata verdeutlicht. Repräsentierende und strukturierende Schematisierungen sind allgegenwärtig. Die Bildung, Auswahl und Aktivierung sowie Passung und Überprüfung auf Widerspruchsfreiheit und Datenangemessenheit der Schemata ist ein umfassendes Charakteristikum und eine Zentralfunktion jeglicher Interpretationsprozesse. Alle Interpretationen sind schemageleitet. Interpretieren ist Aktivieren eines Schematismus. Kant hatte in noch umfassenderem Sinne recht, als er selbst vermeinte.
Die Gestalt(ung), Bildung und die Anwendung von Schemata »konstituiert« sozusagen »Welt« sowie Gegenstände und Ereignisse in ihr. Das bedeutet nicht, daß die Welt nichts anderes sei als bloß ein solches Interpretationskonstrukt, sondern daß der Begriff, die Auffassung, das Konzept der Welt selbst ein Interpretationskonstrukt auf höherer Ebene ist. Wir müssen sagen, daß die Unterscheidung von Subjekt und Objekt letztlich eine begriffliche, eine analytische Unterscheidung ist, die zwar im Zusammenhang mit unserer gesamten Erkenntnis, unserem Handeln, mit unseren Interessen und Bedürfnissen, mit unserem Leben schlechthin steht, aber es handelt sich dabei um eine (gegenüber der Urdynamik des Lebens »sekundäre«) Interpretationsleistung, die auf der Grundkonstitution und der Entwicklung von Schemata schon beruht bzw. durch solche erst möglich wird. Schemakonstitution und -interpretation gehen der Subjekt-Objekt-Tren-

nung entwicklungs- und erkenntnismethodologisch voraus. Es ist nicht so, daß wir in eine Welt kommen, über die wir im voraus ohne interpretativen Zugang verfügen könnten, ohne daß wir Interpretationsschemata hätten. Erst anhand basaler Interpretationsschemata gestalten sich »Gegenstände«, Auffassungen oder Erkenntnisse, die sich so entwickeln, daß sie der Welt dann erst gegenüberzustellen, und durch so unsere Theorien, Auffassungsweisen usw. zu beschreiben, zu integrieren, zu kontrollieren und zu prüfen sind. Zweifellos müssen wir im Gesamtzusammenhang des Lebens, Handelns und Erfahrens mit den durch unsere Sprachgemeinschaft vorgegebenen sprachlichen und begrifflichen Strukturen arbeiten und diese gleichsam zurechtschneiden, sowohl nach gattungsgemäßen, kulturellen, sozialen wie individuellen Gesichtspunkten. Unsere Welt(version) ist also durch unsere menschlichen Bedürfnisse, Fähigkeiten und Möglichkeiten »zurechtgemacht«. Diese »Welt« wird auch durch die Mittel der Sprache und ebenso durch die übrigen Konzeptions- und Perzeptionsweisen, Wahrnehmungsweisen strukturiert. Zum Teil sind diese Fähigkeiten biologisch konstitutiv, erblich angelegt oder umweltinteraktiv in einem genetisch gegebenen Ermöglichungsrahmen durch selektive Stabilisierung von Neuronen(netz)aktivierungen in einer kritischen Entwicklungsphase (typischerweise sogar unter positiven verstärkenden wie negativ abkoppelnden Hebbsynapsen-Bildungen) ausgeformt. (Dabei sind in einer solchen Beschreibung die Entwicklungsprozesse natürlich nachträglich *wissenschaftlich* interpretiert!) Selbst auf neurophysiologischer Basis der Wahrnehmungsforschung spricht man oft von entsprechender Strukturierung: von »Kontrastprofilierung«, »lateraler Inhibition« usw., wie es in der Wahrnehmungspsychologie und -physiologie heißt.

Zum großen Teil werden aber Interpretationsmuster, -schemata, auch durch unsere Kultur entwickelt; die kulturellen Perspektiven, Aufnahmekonzepte, Deutungskonzepte greifen bis in die Wahrnehmung ein, u. U. vermittelt durch soziale Konventionalisierung – und natürlich, last but not least, so wie Wittgenstein es auch gesehen hat, durch sprachliche Formen. Die Sprache ist in der Tat ein Instrument, das unsere Welt mitstrukturiert. Daß man manche Probleme und Scheinprobleme oft letztlich auf ein Mißverstehen von sprachlichen Kategorien, auf »die Verhexung unseres Verstandes durch die Mittel unserer Sprache« (Wittgenstein

PU § 109), zurückführen kann, ist durchaus nachvollziehbar und im Prinzip richtig. Man müßte hier aber noch genauer nachforschen und nicht so pauschal wie Wittgenstein verfahren, der alle philosophischen Probleme schließlich als »eine Verhexung unseres Verstandes« durch die Sprache abtut und die Philosophie nur als ein Anrennen gegen die Wände unserer Sprache bezeichnet und den radikalen, bereits oben zitierten Satz aufstellt, daß die Grenzen unserer Sprache die Grenzen unserer »Welt« bedeuteten und diese durch die Grenzen unserer Sprache gesetzt würden. Faßt man dies Letztere freilich als Metapher für eine grundsätzliche Beschränkung jeglicher faktischen Welterfassung auf, so mag es möglich sein, aus dem Satz einen nachvollziehbaren Sinn zu gewinnen. Wir können nicht etwas erfassen, was wir nicht im Rahmen unserer möglichen Interpretationskonzepte und -instrumente wahrnehmen können. Die Welt ist nur erfaßbar, insoweit sie von unseren menschengemachten oder in uns vorgefundenen Interpretationsschemata gestaltet (formkonstituiert) und strukturiert wird. Das gilt für viele mögliche perspektivische Konstruktbildungen, praktisch für alle Deutungen und Interpretationen: Wir haben im Grunde nur unsere *menschlichen* Möglichkeiten, schon um nur die Welt von uns zu »distanzieren«, für uns zu deuten, sie zu erkennen und zu erfassen und »in ihr« zu handeln. Mit anderen Worten: alles, was wir als erkennende und handelnde Wesen erfassen und darstellen können, ist insoweit abhängig von Interpretationen, ist *interpretationsimprägniert*. Das ist eine Idee, die sich, wenn man sie auf die Erkenntnisformen bezieht, natürlich noch dem Kantischen Modell verdankt.

In der analytischen Wissenschaftstheorie spricht man von der Theorieimprägniertheit auch der Beobachtungsdaten und der Beobachtungssätze: Ähnlich könnte man vom Interpretationscharakter aller Auffassungsweisen sprechen. Der Mensch, das aufs Interpretieren angewiesene Wesen, ist nicht in der Lage, von Schemakonstitution und -anwendung, also von Interpretationen in diesem Sinne abzusehen und auf sie zu verzichten, aber es entwikkel(te)n sich durchaus unterschiedliche Möglichkeiten, mit Interpretationen umzugehen. Es gibt Interpretationen, die man wechseln kann, über die man sozusagen verfügen kann, für die man Alternativen aufbauen kann; es gibt andere – etwa genetisch verankerte oder aufgrund der Rahmenanlage durch selektive Aktivierung zu stabilisierenden Neuronenverknüpfungen und Schemata –, zu denen man aufgrund der biologischen Anlage ›verurteilt‹ ist, obwohl wir uns prinzipiell auch andere Auffassungen oder Wahrnehmungsweisen vorstellen könnten. Wieweit z. B. das Vorherrschen des optischen Sinnes oder des taktilen Sinnes bei uns unsere Welt(erfahrung) mit vorstrukturiert, ist eine interessante Problematik. Man könnte sich natürlich vorstellen, daß andere Wesen, die andere Sinnesorgane hätten, notwendig auch andere Deutungsperspektiven einnehmen würden. Entsprechend könnte man denken, es wäre prinzipiell möglich, von einer bestimmten solchen biologischen Primärinterpretationsgebundenheit auch abzusehen und sich in alternativen Gebundenheitsvarianten vorzustellen, selbst wenn wir das *praktisch* nicht können, weil wir nun einmal eben die Wesen sind, die wir biologisch sind. Wir können aus bestimmten Interpretationen bzw. Interpretationskonstrukten, die wir aufgrund unserer biologischen Anlage vornehmen bzw. einsetzen, nicht aussteigen, obwohl wir uns vorstellen könnten, daß wir im Prinzip auch andere Perspektiven haben könnten. (Hier werden wir zu einer weiteren Unterscheidung – der zwischen praktisch unaufgebbaren Ur- oder Primärinterpretationen einerseits und veränderlichen Interpretationsarten und -formen andererseits – geführt, die, wie ich glaube, für den methodologischen Interpretationismus wichtig ist. Doch grundsätzlich können wir nicht von jeglicher Schemagebundenheit und Interpretationsimprägniertheit aller Erfassungs-, Handlungs- und Erkenntnisprozesse absehen.

Zunächst aber muß man unterscheiden, ob man generell eine erkenntnistheoretische Philosophie, etwa nach einem quasi-kantischen Muster, aufbauen will, die man einen transzendentalen Interpretationismus nennen könnte, indem man Konstitutionsprozesse, also Prozesse, in denen Gegenstände überhaupt erst konstituiert werden, mit aufnimmt. Das wäre gleichsam ein (nicht strikt oder dogmatisch letztbegründungsorientierter, sondern hypothetischer – also i.w.S.) transzendentaler erkenntnistheoretischer Ansatz, der (wegen der Einschränkung in Parenthese) »*(quasi-)transzendentaler Interpretationismus*« – im folgenden kurz »*transzendentaler Interpretationismus*« – genannt werden könnte. Man kann es auch dabei bewenden lassen und sich mehr auf das Formale und Methodische einschränken, nur auf die Methode aufmerksam machen, die Methode darstellen, analysieren und ihre Möglichkeiten erfassen. In diesem Fall würde man von einem *methodologischen Interpretationismus* oder *Interpretationskonstruktionismus* sprechen. Diese erkenntnistheoretisch eingeschränktere Version wäre die methodologische Teilvariante des transzendentalen Interpretationismus. Das wäre so ähnlich zu sehen wie bei Kant etwa der Zusammenhang zwischen der Analytik samt Anschauungslehre, der transzendentalen Ästhetik, die einschließlich der Kategorienlehre den transzendentalen Teil ausmacht, und der (transzendentalen) *Logik* der Objektkonstitution und Urteilsbildung, die dann dem methodologischen Teil entsprechen würde.

Der transzendentale Interpretationismus böte nun analog die Möglichkeit, auch gewisse Einsichten der Kantischen Erkenntnistheorie weiterzuführen, in ein neues Licht zu stellen, nämlich in dem Sinn, daß der Mensch das aktive Wesen ist, das Erkenntnis zustande bringt. Zwar unterliegen alle Gegenstände, die unter den Kantischen Verstandesformen oder unter interpretativen Aspekten konstituiert sind, auch bestimmten Gesetzen der intersubjektiven Prüfbarkeit, sind in diesem Sinne »objektiv«, objektiv darstellbar, doch man könnte sagen, daß dieser Kantische Realismus im oben abgeschwächten Sinn ein erkenntnistheoretischer Interpretationismus sein könnte; dieser Interpretationismus würde den *Aktivismus* der Konzeptanwendungen besonders betonen. Man könnte auch fragen, ob so ähnlich wie bei Kant doch so etwas wie eine »Welt an sich« oder »Dinge an sich« existieren könnten, was ja nur im uneigentlichen Sinne so gesagt werden kann, denn das »Ding an sich« bei Kant ist eigentlich kein ›Ding‹, es ist kein Objekt, kein Gegenstand, sondern bedeutet sozusagen nur eine Leerstelle für etwas, was uns eigentlich nicht zugänglich ist, für uns nicht erkennbar ist. Ich denke, daß der Interpretationismus, insbesondere wenn man ihn als methodologischen und nur quasi transzendentalen Interpretationismus versteht, durchaus auch so etwas offen lassen müßte und würde, allerdings in einer bestimmten Variierung.

Dieses Modell, das erkenntnistheoretische Modell der Welt der Konzepte, Begriffe, Erkenntnisformen einerseits und der »Welt an sich«, die nun im Rahmen solcher Erkenntniskonzepte »dargestellt« werden soll, ist natürlich selbst ein interpretatives Modell. Es ist menschengemacht und kann dementsprechend interpretativ gesehen und kritisch-interpretatorisch hinterfragt werden. Ein Vorteil einer solchen Konzeption ist es in der Tat, daß sich dieser

Interpretationsgesichtspunkt auf sich selber anwenden läßt. Das Problem der Selbstanwendbarkeit bereitet ja bei manchen erkenntnistheoretischen Positionen, etwa beim Kritischen Rationalismus, gewisse Schwierigkeiten. Angesichts der Zentralthese des Kritischen Rationalismus (jede Erkenntnis muß aufgebbar sein, muß falsifizierbar sein, muß kritisierbar und offen sein für das experimentelle und methodische Scheitern und zur rationalen Widerlegung) stellt sich natürlich die Frage, ob eine Selbstwiderlegung bzw. Selbstfalsifikation oder ein Scheitern bei Selbstanwendung der Methodologie in bezug auf das erkenntnistheoretische Modell des Kritischen Rationalismus selber möglich ist! Ist der Kritische Rationalist in der Lage, bestimmte Konzeptionen, bestimmte präzise Bedingungen anzugeben, unter denen er bereit wäre, den Kritischen Rationalismus selber aufzugeben? Da wird es meistens schwierig; da scheiden sich die Kritischen Rationalisten in solche, die dies wirklich meinen, also »kritische« Kritische Rationalisten, und solche, die es nicht so meinen, die ich leicht ironisierend »dogmatische Kritische Rationalisten« nenne. Und diese scheinen in der Mehrheit ...

Der Interpretationismus hat den Vorteil, daß er, eben weil er in dieser Hinsicht eine positive Formulierung ist, nicht zu dieser Paradoxie Anlaß gibt, also diese Antinomien, die aus einer solchen negativen Formulierung entstehen, nicht notwendig auf sich nehmen muß. Er kann also ohne Probleme auf sich selber angewendet werden. Allerdings entstehen natürlich Probleme der letztlichen Anbindung, der Ontologisierung, wie schon erwähnt. Das Problem ist in der Tat: Kann man so, wie es etwa die Nietzsche-Interpreten Abel und Figl verstehen, sagen, daß in der Welt nichts anderes existiere als eben Interpretationsprozesse – und daß das sozusagen die eigentliche Welt sei? Ich finde – wie oben erwähnt –, das wäre eine unzulässige Ontologisierung, die, als negative Metaphysik verstanden, im Kontext einer erkenntnistheoretischen Philosophie und einer Methodologie bestimmter Erkenntnisweisen nichts zu suchen hat. Man kann durchaus den interpretationistischen methodologischen Ansatz und auch die interpretationistische transzendentale Sichtweise zusätzlich mit einer Ontologie verbinden. Ontologien sind selber ja Konstrukte der Interpretation, und es wäre ganz interessant zu überlegen, was für Ontologien als Alternativen und Möglichkeiten mit einem methodologischen und transzendentalen Interpretationismus verein-

bar wären. Aber es gibt m. E. durchaus keinen Grund, den Interpretationismus in Gestalt eines verdinglichenden ontologisierenden Gesamtkonzepts selbst zu einem ontologischen Konzept zu machen.
Ich komme nun zu einer Hauptthese, der *These von der Interpretativität*, von der Interpretationsgebundenheit oder Interpretationsabhängigkeit, besser vielleicht: der *Interpretationsimprägniertheit aller Erkenntnis- und Handlungsweisen.* Ich werde diese These sogar den obersten Grundsatz der Philosophie der Interpretationskonstrukte nennen, nämlich den Satz, daß alle Erkenntnis und Handlung, alles Auffassen und Erleben und alles erfaßbare Sein, soweit es sich in der Erfassung darstellt und überhaupt darstellen läßt, interpretationsimprägniert ist, also abhängig ist von bestimmten schemakonstitutiven und -verwendenden Interpretationen. Diese Interpretationsabhängigkeit oder -imprägniertheit können wir grundsätzlich nicht vermeiden; wir könnten allenfalls sagen, daß es pragmatische Begrenzungen der Abhängigkeitserkenntnis und der Möglichkeit ihrer Verdeutlichung gibt, daß wir auf bestimmte Übereinkünfte, auf bestimmte praktisch unhintergehbare Grundinterpretationen zurückgehen müssen, die undiskutiert bleiben, daß beispielsweise die durch unsere biologischen Anlagen vorgegebenen Primärinterpretationen auch als eine Basis genommen werden könnten. Doch grundsätzlich wäre selbst diese Basis jedenfalls prinzipiell wieder hinterfragbar; es könnte sein, daß insbesondere für andere Wesen auch andere Perspektiven solcher Grundinterpretationen möglich und deren Bedingungen auch wieder anders wären; ja, sicherlich *ist* das überall im Bereich der biologischen Informationsselektions- und Informationsverarbeitungsprozesse der Fall.
Im Johannesevangelium heißt es: »Im Anfang war das Wort«. Im *Faust* heißt es: »Im Anfang war die Tat«. Wir könnten nun sagen: »Am Anfang ist die Interpretation«, als eine Weise der Bildung und Verbindung von Wort und Tat. Besser vielleicht sollten wir von Interpretationskonstrukten reden. Dieser Ausdruck »im Anfang« ist mehrdeutig; er kann hier aber nicht zeitlich gemeint sein, sondern bedeutet eine logische oder methodologische Vorordnung. Der Grundsatz besagt eigentlich, daß jede Auffassung, jede Erkenntnis, jedes Handeln, jedes Werten letztlich von bestimmten interpretativen Gesichtspunkten geprägt, imprägniert, mitbestimmt ist.

Daß man Sätze, wie sie etwa bei Abel vielfach vorkommen, z. B.: »Alles was geschieht, geschieht unter einer Interpretation«, nun entsprechend anders verstehen müßte, ist klar. »Alles, was geschieht«, kann nur unter bestimmten Interpretationskonzepten, kann nur interpretativ gefaßt, erfaßt, erkannt, beschrieben, gedeutet, aufgefaßt und verstanden werden. Insofern kann man also dem Interpretationismus durchaus einen bestimmten Sinn abgewinnen, der sich eben auf diese grundlegende Interpretativität der Erfassung, der Erkenntnis, der Deutung bezieht und nicht von vornherein Interpretationen und ontologische Prozesse einfach gleichsetzt und alles Geschehen, alles Sich-Ereignen nun direkt als Interpretationen auffassen oder sogar mit solchen identifizieren würde. Mit anderen Worten: eine erkenntnistheoretische Einschränkung dieses absoluten und bei Nietzsche überdehnten Interpretationismus scheint mir sinnvoll zu sein. Man kann durchaus auch unter derartigen Einschränkungen versuchen, eine Grundphilosophie im Sinne einer Erkenntnistheorie aufzubauen. Der Ausgangspunkt ist also, daß Interpretationstätigkeit, Interpretationen, Interpretationskonstrukte unumgänglich, unhintergehbar sind in dem Sinne, daß jedes Denken, Erkennen, Werten, Handeln interpretationsimprägniert, interpretationsabhängig ist, d. h., bedingt oder geprägt ist von einer bestimmten Perspektive, die ich entweder von Natur aus habe oder die ich aufgrund von kulturellen Normierungen, Konventionen, Schematisierungen, die eben auch internalisiert werden können, ein- oder übernehme. Das heißt, die Einnahme oder Berücksichtigung einer Perspektive der Interpretationen ist methodologisch unvermeidlich. *Wir können nicht nicht interpretieren.*

Der Mensch ist das handelnde und das sprechende Wesen, das ist eine ganz alte, traditionelle Auffassung. Sprechen ist natürlich Handeln und, wenn wir das Interpretieren auch als Handeln ansehen, dann können wir sagen, daß Interpretieren, wenn wir den Begriff der Interpretation etwas weit – als Schematisierung und Prägung im Erfassen und Handeln – fassen, auch eine Verbindung dessen ist, was nun das animal agens und das animal loquens auszeichnet. Wir wollen den Interpretationsbegriff zwar nicht so weit fassen wie Nietzsche, für den ja alles Leibliche, jeder Organismus, genauer: jedes Zentrum eines »Willens zur Macht«, interpretiert. Aber in der Tat hat Nietzsche zu Recht betont: Das Interpretieren hat mit Handeln und mit Konstituieren zu tun. Man kann also in gewissem Sinne sagen: Zugrunde liegt die Interpretation im oben erläuterten systematischen oder erkenntnislogischen Sinn von »Anfang«. Indem ich bin und insoweit ich bin, bin ich auch sofort ein Interpretierender; das klingt ja fast so wie ein abgewandeltes »Cogito« bei Descartes: Ich interpretiere, also bin ich. Bei Descartes heißt es aber genauer: Sum cogitans – als Denkender bin ich. Ähnlich läßt sich die entsprechende Einsicht hier deuten: Indem und soweit ich bin, mich selber sozusagen als Seienden existierend verstehe, interpretiere ich schon, bin ich schon in der Weise und Tätigkeit des interpretierenden Wesens. Nun, was heißt das? Wir wollen nicht sagen, daß die ursprüngliche Ebene des Interpretierens einfach identisch sei mit der Ebene der Wille-zur-Macht-Zentren, wie es Nietzsche auffaßte. Aber die Aktivität des Interpretierens ist sicherlich verbunden mit Selektieren, Auswählen, Konstruieren, mit dem Zuordnen von etwas Ausgewähltem zu etwas anderem: dem Gegenstand, an den die Interpretation (das Interpretationsergebnis) gleichsam »angeheftet« wird. Alles das hat zweifellos etwas mit dem Konstituieren zu tun, d. h. mit dem Festlegen, Etablieren, Auszeichnen des Gegenstandes als eines solchen oder mit einer Zusammenfassung von Merkmalskomplexen.

Generell wollen wir definieren: *(Schema-)Interpretieren ist ein durch Perspektivität je bestimmtes, durch Bedürfnis-, Handlungs- und Interessenorientierungen geladenes, symbolisch durch Zeichen- und Formbildungs- wie -verwendungsregeln in (zumeist soziale) Kontexte eingebettetes Strukturieren oder Formieren sowie Verwenden von zugeordneten oder zuordenbaren Schemata und Konstrukten*. Die Einbettungskontexte sind i.a. soziale, d. h., die Regeln gelten nur im sozialen Zusammenhang (vgl. Wittgensteins Argument gegen eine Privatsprache und seine Diskussion des Regelbefolgens als eine soziale Praxis, PU § 243 ff.; § 201 ff. u. a.; BGM) und erweisen sich als identifizierbar und kontrollierbar. Die soziale Einbettung ist dabei wichtig: Interpretieren ist prinzipiell auf sozial gestützte Zeichen und Regeln, auf ein wiederholbares und erkennbares Strukturieren und Formieren von identifizierbaren (also sozial eingebetteten) Schemata und Strukturen angewiesen. Interpretationen geschehen nur im Kontext und Konzert von Interpretationszentren, die formal als Interpreten oder Interpretationsautoren aufgefaßt werden können. Soweit eine über Nietzsche hinausgehende, aber durch ihn angeregte

Grundüberlegung. Schemakonstitution ist von Schemaanwendung analytisch zu unterscheiden. Sie sind Unterarten des allgemeineren Begriffs der (Schema-)Interpretation.

Besonders wichtig bei diesen Interpretationsbegriffen ist, daß man zwischen Prozessen, Konstrukten und Eigenschaften dieser Prozesse und Konstrukte bzw. derjenigen Gegenstände unterscheidet, die solchen Prozessen unterworfen werden. Der Interpretationsakt ist so von seinem Ergebnis bzw. von dem Ergebnis des Interpretationsprozesses zu unterscheiden. Das, was wir *Interpretationskonstrukt* (oder bei der Schemakonstituierung »Interpretationskonstitut(um)« nennen, und die bloße grundlegende Tatsache der Gebundenheit an Interpretation, die ich gerne »Interpretativität« (Abel) oder »Interpretationsimprägniertheit« nenne, ist natürlich wiederum etwas anderes und muß terminologisch deutlich vom Prozeß und vom Konstrukt getrennt werden. Leider trennen hier die Philosophen der Interpretation, insbesondere Figl und Abel, terminologisch nicht deutlich genug. Der Interpretierende ist natürlich wiederum vom Interpretationsakt zu unterscheiden. Es ist klar, daß diese Unterschiede wichtig und stets zu berücksichtigen sind. Man muß natürlich sogleich erkennen, daß auch hier eine Art von Selbstanwendung möglich ist; der Interpretierende arbeitet mit einem Selbstinterpretationskonzept, das etwa den Zeichenkomplex der an das Selbst gebundenen Daten als ein »Ich« »interpretiert« und dieses mit dem interpretierenden Komplex, mit »sich selber«, identifiziert. Also auch Selbstinterpretationen sind auf eine solche Weise möglich, als ein Spezialfall der allgemeinen Interpretation ausweisbar.

Wir hatten festgestellt, daß sich eine Vielfältigkeit und Plurivalenz, eine Pluralität der Interpretationen, auftut, daß alle Interpretationen sozusagen unabgeschlossen sind, alle tentativ, nicht vollendet, begrenzt, endlich sind. Sie sind abhängig von Perspektiven, von Situationen, von Einbindungen in Kontexte; sie sind also situations- und kontextrelativ und ebenso interessen- oder präferenzen- und wert(ungs)relativ. Kurz: sie sind eben perspektivisch, perspektivenabhängig – und das bedeutet, daß sie immer auch *anders* sein könnten oder Variationen, Modifikationen aufzuweisen vermögen. Es könnte ein weiterer Satz von der wesenhaften Offenheit, Unabgeschlossenheit oder Unabschließbarkeit, und der methodischen Vorläufigkeit jeder Interpretation ausgesprochen und verteidigt werden. Jede Interpretation kann – müßte

u. U. – ergänzt, weitergeführt, verfeinert, in größere oder andere Zusammenhänge gestellt werden. (Schema-)Interpretieren ist ein grundsätzlich offenes Verfahren, das freilich praktisch-pragmatisch im Einzelfall stets an einem Punkte abgebrochen werden kann – trotz aller prinzipiellen potentiellen Unabschließbarkeit.

Jede Rückführung auf notwendige und hinreichende Bedingungen bei den Interpretationen selbst ist ebenfalls abhängig von bestimmten höherstufigen Interpretationen; an früherer Stelle war bereits von Metainterpretationen die Rede, also von Interpretationen über Interpretationen usw. und über deren Modelle. Mit anderen Worten: ein weiterer Hauptsatz der Interpretativität wäre, daß es kein Ausbrechen oder keinen Ausfluchtsweg aus der Interpretationsabhängigkeit, aus der Interpretationsimprägniertheit, aus der Interpretativität, gibt. Es gibt sozusagen kein Letztfundament, keine Letztevidenz, die selber apriorisch interpretationsfrei wäre und als unabhängiges (zumal externes) Begründungs- oder Deduktions- oder gar Reduktionsfundament vor aller Schematisierung dienen könnte. Das Anders-Sein-Können jeder Interpretation führt also zu einer grundsätzlichen Unterbestimmtheit der Interpretationen, zu einer Unbestimmtheit, die charakteristisch ist, nicht umgangen werden kann. Interpretationen sind letztlich nicht restlos auf eine nicht-interpretative Basis zurückführbar.

Um nochmals kurz zusammenzufassen, es geht hier weniger um ein hermeneutisches *Ablesen*, sondern es geht um die Notwendigkeit des Projizierens, Konstruierens, des Strukturierens der aktiven Momente, die notwendig sind, damit so etwas wie eine (immer schon interpretativ gefärbte) Erkenntnis zustande kommen kann. Deswegen könnte man eigentlich auch ebensogut von einem *Interpretationskonstruktionismus* sprechen, vielleicht sogar von einem *pragmatischen Interpretations*(*re*)*konstruktionismus*, der m.E. aber mit einem Realismus zu verbinden ist und somit als *realistischer Interpretationskonstruktionismus* zu bezeichnen wäre. (Davon mehr im nächsten Band.) Das ist die entscheidende Differenz zu den Ansätzen der klassischen, der traditionellen Hermeneutik. Es geht hier also weniger um das Ablesen von Strukturen, um das Einfühlen, das passive Wiedergeben, Widerspiegeln – das alles ist auch wichtig! –, sondern es geht eher um aktive Konstruktion und Rekonstruktion in bezug auf das Erfassen, Erkennen und darüber hinaus auch das Handeln. Schemainterpretation ist von Textinterpretation zu unterscheiden; letztere ist ein Spezialfall der ersteren. Schemakonstitution und -interpretation ist nicht auf das traditionelle (philosophisch-)hermeneutische Leseparadigma (»Welt als Text«) eingeschränkt.

6.3 Interpretatorisch-schematisierende Aktivitäten

Bevor im nächsten Abschnitt eine Abgrenzung von (quasi-semantischen) Stufen der Interpretation vorgeschlagen wird, seien einige Tätigkeiten, die als spezielle Arten von Schema-Bildungen und -Anwendungen anzusehen und somit als Interpretationsprozesse aufzufassen sind, kurz charakterisiert.

Generell sind Interpretationsprozesse schemageleitete kognitive Aktivitäten: Interpretieren ist das Aktivieren von kognitiven Konstrukten (Schemata). Den Aktivierungsprozeß kann man die Instantiierung oder Anwendung eines Schematismus nennen. Eine solche Instantiierung oder Anwendung von Schemata kann als bewußte Durchführung, Überlagerung, als Zu- oder Anpassung an vorgefundene, aber ihrerseits selbst strukturierte Situationsmerkmale, Daten, Umweltreizmosaiken usw., als »Überwerfen« eines hypothetischen »Netzes« über phänomenal (scheinbar) Vorgegebenes oder Vorstrukturiertes aufgefaßt werden. Schemata können aber auch vorbewußt, unterbewußt, unbewußt zur Strukturierung von Situationen sowie von kognitiven und handlungsrelevanten Aspekten und Perspektiven dieser instantiiert werden. Hier würde man nicht von bewußter »Anwendung« sprechen, sondern eben von einer vorbewußten Strukturierung. Wahrnehmungs- und Handlungsstrukturierung kann weitgehend quasiautomatisch, vorbewußt, unterbewußt oder halbbewußt vonstatten gehen. Viele Strukturierungsfähigkeiten zur kognitiven oder aktionsorientierten Strukturierung sind durch unsere Wahrnehmungs- und Erkenntnisapparaturen bereits zum Teil genetisch angelegt, zum Teil in einer in Wechselwirkung mit der Umwelt während einer kritischen, frühkindlichen Entwicklungsphase auf einer genetisch recht unspezifisch angelegten Leitbasis durch tatsächliche Verknüpfungsaktivierung selektiv stabilisiert worden. So lassen sich etwa die Hebbschen Verknüpfungsregeln, wonach raumzeitlich zugleich oder in enger Kontinuität aktivierte benachbarte prä- und postsynaptische Zellenkonstellationen eine Verstärkung der Verknüpfung – sozusagen eine Bahnung – begründen und Inaktivierungen oder »Abkoppelungen« zur Verkümmerung von angelegten Verknüpfungsalternativen führen, als selektive Schemabildung verstehen. Die Schemastabilisierung kann als Einschwingprozeß einer spezifischen Rhythmik von Neuronen-Ensembles auf einer Grundfrequenz gedeutet werden, so kann etwa bei der visuellen Mustererkennung schwacher Ordnungsstrukturen eine allmähliche Verstärkung durch solche positiv rückgekoppelten, sich selbst verstärkenden Oszillationen eintreten. Solche Einschwingprozesse können quasi automatisch ablaufen und Merkmale in der Umgebung gegenüber einem Hintergrund oder der Nachbarschaft verstärkend hervorheben, also muster- und strukturprofilierend, -erkennend oder -konstituierend wirken. Hier handelt es sich um schematisierende Vorgänge neuronaler Ensembleanpassung und -variation, die durchaus eine interpretatorisch schematisierende »Aktivität« im weiteren Sinne genannt werden kann, obwohl das Bewußtsein noch nicht steuernd und verstärkend eingreift. Auch bei diesen ordnungskonstituierenden Prozessen soll von interpretatorisch-schematisierenden Aktivitäten gesprochen werden. Die Aktivierung solcher Schemata geschieht dementsprechend in Interaktion mit der Umwelt, durch Veranlassung von Signaldifferenzen aufgrund energetisch aus der Umwelt kommender reizerzeugend wirkender Energie- oder Frequenzdifferenzen, die durch die interne aktivierende Stabilisierung und positive Rückkopplung verstärkt werden, also kontrastprofilierend ordnungsermöglichend wirken. Da nach dem gefilterten neurobiologischen Modell der selektiven Aktivierungsstabilisierung von Neuronen-Ensembles die Bildung solcher gemeinsam oszillierenden Neuronen-Ensembles, also die Ausbildung von Schematismen (Trägerprozessen der Schemata), von der (gemeinsamen) Aktivierung der Neuronen-Ensembles nicht unterschieden werden kann, sondern eben in dieser selektiven Aktivierungsstabilisierung besteht, ist das Zustandekommen, die Ausbildung bzw. *Konstituierung* von Schemata dem Ablauf zufolge und der Art nach dem (wiederholten) Aktivieren gleichzusetzen: Konstituieren eines Schemas und Aktivieren sind von gleichem Charakter, bilden sich durch den gleichen Trägerprozeß aus, realisieren oder instantiieren sich am gleichen Trägersubstrat, den Neuronen-Ensembles. So entspricht das Konstituieren einem wiederholten und selektiv stabilisierten ausgezeichneten Aktivieren. Das Ausbilden und reale Konkretisieren bzw. Realisie-

ren von Schemata ist Aktivieren der entsprechenden Neuronen-Ensembles. Konstituieren ist stabilisiertes Aktivieren. Die Konstitution oder Bildung der Schemata selbst ist eine in diesem Sinne formenbildende prozessuale Konstellation, eine »Aktivität« im weiteren Sinne. Deshalb erscheint es berechtigt, das Konstituieren von Schemata wie auch das Ergebnis der Aktivierung von Schemata als interpretatorisch-schematisierende Aktivitäten (besser vielleicht: Aktivierungen oder Aktivierungsprozesse) bzw. als deren Ergebnisse (»Produkte«) zu bezeichnen. Auf dieser Abstraktionsstufe ist der Ausdruck »Aktivitäten« sehr weit verstanden, umfaßt lediglich selektiv wirkende und insofern strukturierende Aktivierungen, noch keine bewußte Auswahl-»Aktivität« im engeren Sinne einer handlungs- oder intentionsgeleiteten Entscheidung.
Das »Produkt« solcher interpretatorisch-schematisierender Aktivitäten auf der neuronen-ensemble-nächsten Stufe ist zunächst ein Schema selbst als Konstitutum des selektiven Aktivierungs- und Stabilisierungsprozesses. Schemata sind in diesem Sinne Konstitute selektiver Aktivierung. Das Konstituieren, Aktivieren, Ausbilden, Stabilisieren, Entwickeln und gar Strukturdifferenzieren von Schemata in diesem Sinne ist das Bilden von solchen Formalkonstituten: Konstitute sind Produkte von Konstitutionsprozessen, Schemata ebenfalls. Schemata sind kontrastprofilierende und strukturgebende prozessuale Verfestigungen bzw. immer wieder selektiv aktivierte, durch charakteristische Oszillationen realisierte ausgelöste Aktivierungskonstellationen von Neuronen-Ensembles bzw. die auf der nächsten Abstraktionsstufe zu repräsentierenden Strukturen dieser. In der Theorie der Interpretationskonstrukte und der Auffassung der Interpretation als Anwendung von Schemata werden auch diese Konstituierungen der Schemata als Bildung bzw. Ausbildung bzw. Instantiierung von »Interpretationskonstrukten« gedeutet, also die Konstitution als konstruktiver »Prozeß«. Dies ist natürlich auch eine Erweiterung des Ausdrucks »Konstrukt« – ebenso wie der Wortbedeutung von »Konstruktion« – insofern, als hier nicht von einer bewußten, wählenden, entscheidenden oder gar planmäßigen Konstruktion oder der entsprechenden Tätigkeit des Konstruierens gesprochen werden kann. Allenfalls ist die quasi-automatisch ablaufende selektive Stabilisierung durch Aktivierung ein unterbewußter Prozeß des Auszeichnens oder »Auswählens« in erweitertem Sinne (selektieren), so etwa wie auch der Evolutions-

prozeß in der Biologie »selektiert«, aber natürlich nicht bewußt »auswählt« in engerem Sinne. Nur in diesem erweiterten Sinne ist die Ausbildung von Schemata ein »Interpretieren« und ein Bilden von »Interpretationskonstrukten«. Die erwähnte Gleichartigkeit der Konstitutions- und Aktivierungsprozesse erlaubt es, diese zugleich unter das erweiterte Gesamtetikett zu stellen.
Das Diskriminieren, Kontrastieren, Vergleichen, »Vorstellen« oder »Erkennen« im weiteren Sinne, Wahrnehmen, Wiedererkennen, Reidentifizieren bzw. Identifizieren sind Prozesse der Anwendung von Schemata, die ebenfalls einen Konstitutionsprozeß, nämlich der Konstitution von Gegenständen, Daten, Merkmalen, Konstellationen von Merkmalen, Ereignissen, Prozessen usw. beinhalten, welche ebenfalls noch recht weit vom bewußten Konstruieren entfernt sind, aber schon mit der Instantiierung der bereits zuvor konstituierten Schemata konkretisiert werden. Gegenstandskonstitution oder Merkmalskonstitution ist in diesem Sinne Anwendung von Schemata, führt dennoch weitgehend unterbewußt zur Bildung eben auch von konkreteren Konstituten statt Konstrukten im engeren Sinne.
Orientiert man das Verständnis der Ausdrücke »Konstruieren« (i.e.S.) oder »Konstituieren« eher an der bewußten Entscheidung bzw. Verwendung von Schemata, so mag im Gegensatz etwa zum unbewußten Auslösen, Weiterentwickeln und Differenzieren von Schemata das bewußte Auslösen, Differenzieren, Variieren, Kombinieren, Organisieren, Integrieren und Zuordnen bzw. Aufprägen und Entwerfen von Schemata schon ein *Konstruieren* genannt werden. Hier kann eher von Konstruktbildung im üblichen (wenigstens Halbbewußtsein implizierenden) Sinne gesprochen werden. Wenn wir freilich Zwangskonstruktbildungen auch als Konstruktstrukturierungen auffassen – wie es sicherlich nach der Etymologie möglich ist –, tritt der Konstruktcharakter bereits früher ein; wenn wir aber – wie bei der Verwendung des Ausdrucks »Konstruieren« nahegelegt – auf ein bewußtes planmäßiges Entwerfen abheben, dürfte diese Art von Konstruktbildung noch nicht als »Konstruieren« (i.e.S.) bezeichnet werden.
Es gibt also offensichtlich einen kontinuierlichen Übergang von der Bildung von Konstituten zu den Konstrukten oder Konstruktbildungen bzw. weiter dann zu Tätigkeiten des »Konstruierens« im engeren Sinne. Die erstgenannten Vorgänge sind eher Schema-Aktivierungen, die letztgenannten bereits stärker sche-

matisierende Tätigkeiten bzw. gar Handlungen (planmäßige oder ritualisierte, aber nicht schon intentionale Aktivitäten).
Das Anwenden, Durchführen, repräsentierende Darstellen, Unterscheiden, Klassifizieren, Zuordnen oder Einsetzungsinstanzen realisierende Anwenden der Schemata kann als ein Konstruieren durch, nach, mit oder in Schemata aufgefaßt werden, das nun in engerem Sinne intentional (bewußt)-konstruktiv zu nennen ist. Dementsprechend sind die Unterkategorien des traditionellen vergleichenden Unterscheidens und Konstellationen entwerfenden Konstruierens, das Auszeichnen von bestimmten Alternativen oder mehreren Möglichkeiten, das In-Beziehung-Setzen oder Kombinieren unter Möglichkeiten sowie das Klassifizieren und bewußt merkmalsorientierte Subsumieren derartige Tätigkeiten des Konstruierens oder konstruktiven Interpretierens, die dem herkömmlichen Verständnis von Interpretieren in engerem Sinne näherkommen als etwa die zuvor genannten Konstitutionsaktivitäten. Das Kognizieren, das Vorstellen, Darstellen, Abwandeln, Entwerfen, sukzessive Weiteranwenden usw. von Schemata sind in diesem (engeren) Sinne interpretatorische Aktivitäten, die Konstruktbildungen, »Schemata« und Interpretationskonstrukte im weiteren Sinne verwenden, um Interpretationsprodukte oder -konstrukte zu erzeugen.
Dasselbe gilt auch für identifizierende und reidentifizierende interpretatorische Aktivitäten, für das (Wieder-)Erkennen und Verstehen, das bewußte (Wieder-)Wahrnehmen, Deuten von etwas *als* etwas, – alles mentale Aktivitäten, die dem herkömmlichen Textinterpretieren nahekommen und eher *re*konstruierenden als konstruierenden Charakter aufweisen. Dementsprechend könnte man die Interpretationskonstrukte in diesem engeren Sinne hier auch als Rekonstrukte bezeichnen und in Weiterführung des oben erwähnten Kontinuums die Rekonstrukte den Konstrukten folgen lassen. Das Wiedererkennen, Identifizieren, Wahrnehmen von Gleichheiten, Konstanzen, Formen, Strukturen, Gestalten, Gegenständen, Ereignissen, Prozessen, Fakten, Relationen, Kontexten aufgrund von bewußten Vergleichsprozessen, Verstehensvorgängen und Gedächtnisaktivierungen kann, freilich in einem weiteren Sinne als das traditionelle hermeneutische Erkennen und Verstehen, als Interpretieren gedeutet werden. Das traditionelle Interpretieren von Texten, also das Verstehen bzw. Auslegen eines vorgegebenen Textes (oder in etwas weiterem Sinne: einer be-

stimmten Zeichenkonstellation) bildet dann eine spezielle Ausprägung dieses allgemeinen Begriffs von Interpretieren. In diesem Falle des dem Leseparadigma verpflichteten Textinterpretierens ist bereits eine strukturierte und schematisierte Form des zu interpretierenden Etwas vorgegeben, das nunmehr durch eine Art von Zuordnung eines weiteren verständlichen (etwa umgangssprachlichen) Schemas bzw. durch die Verwendung von gewohnten Schemata in eine verständliche Sprache übersetzt wird. Textinterpretieren setzt also doppelte Schematisierung in zweierlei Sinne und einen Übersetzungs- bzw. Zuordnungsprozeß zwischen diesen voraus (vgl. Gebauer 1972). Dementsprechend ist das Textinterpretieren nur ein spezieller Sonderfall der interpretatorisch-schematisierenden Aktivitäten.

Das nachfolgende Diagramm (s. S. 254) soll die entwickelten und beschriebenen interpretatorisch-schematisierenden Aktivitäten in übersichtlicher Form zusammenstellen. Die Tafel der Schema- oder Konstruktinterpretationen umfaßt in kontinuierlichem Übergang formale und konkretere Konstitute, Konstrukte und Rekonstrukte.

Sind diese Tätigkeiten nun notwendig in jedem Interpretationsvorgang impliziert, oder ist die eine und/oder die andere alternativ involviert? Oder muß eine oder müssen wenigstens einige von ihnen bei jeglichem Interpretationsvorgang beteiligt sein? Mir scheint (wenigstens) das letztere der Fall zu sein. Daß aber jede einzelne dieser Interpretationstätigkeiten in einem jeden solchen Interpretationsprozeß vorkommen *muß*, erscheint zweifelhaft: Ich kann schon interpretieren durch Reidentifizieren und Subsumieren, ohne bereits eine hierarchische Ordnung zu projizieren. Diese Tafel wäre also eher als eine Liste von Tätigkeiten aufzufassen, die im Einzelfall je vorkommen können, aber nicht alle vorkommen müssen, von denen aber wenigstens eine »kritische Anzahl« involviert sein muß. Man hat hier eine Liste von Tätigkeiten, die mit dem Interpretieren besonders im Sinne der Schemata-Anwendung konzeptuell zusammenhängen, die im erwähnten »Oder«-Sinne bei jeglichem Interpretationsvorgang ausgeführt werden (können) – meist natürlich mehrere von ihnen gemeinsam und in Abhängigkeit voneinander.

Man könnte untersuchen – und das wäre eine sehr interessante Frage –, welche Faktoren und Bedingungen distributiv unabdingbar sind: Welche müssen bei jeder Interpretationstätigkeit auftre-

INTERPRETATORISCH-SCHEMATISIERENDE AKTIVITÄTEN: (SCHEMA-) INTERPRETATIONEN

konstituierende → konstruierende → rekonstruierende Aktivitäten

Konstituieren	bewußtes Auslösen	Entwerfen	Anwenden	(Re-)Identifizieren
unbewußtes Auslösen	Diskriminieren	Zuordnen	Projizieren	(Wieder-)Erkennen
Aktivieren	Kontrastieren	Aufprojizieren	Durchführen	Unterscheiden
Ausbilden	Vergleichen	Variieren	Konstruieren	Zuordnen durch Einsetzen
Entwickeln	(Re-)Identifizieren	Kombinieren	Repräsentieren	Subsumieren
Differenzieren	Darstellen	Organisieren	Vorstellen	sortierendes Klassifizieren
Stabilisieren	Auswählen	Integrieren	Kognizieren	Verstehen i.w.S.
	Verfeinern		Darstellen	sukzessives Weiteranwenden

von Schemata

durch, mittels, mit, nach oder in Schemata
(von Konstanzen, Formen, Strukturen,
Gestalten, Gegenständen, Ereignissen,
Prozessen, Fakten, Relationen, Kontexten)

bei Textinterpretation:
(Re-)Identifizieren
Anwenden von Schemata
(Wieder-)Erkennen
Verstehen i.e.S.

ten? Es ist die Frage, ob eine durchgängig einheitliche Charakterisierung des Interpretierens und der Interpretation gelingt. Gibt es sozusagen das »Wesen« der Interpretation, das etwa beim sprachlichen Interpretieren und beim Handlungsinterpretieren sowie schon bei der Schemakonstitution und -anwendung gleichzeitig und in gleicher (oder vergleichbarer) Form auftritt? Das ist eine Frage, die nur auf der Basis von genauerer Analyse und Vergleichen dieser Interpretationsarten beantwortet werden könnte. Grundsätzlich ist jedenfalls die Aufgabe, menschliches Handeln zu interpretieren, also Verhalten in einem Rahmen zu deuten, abhängig von einer *Beschreibung*. Dieses Verhalten oder Handeln ist ferner nur zu erfassen in einer Kennzeichnung, die dieses als ein gerichtetes oder mit (bewußten oder evtl. unbewußten) Intentionen (Gerichtetheiten) verbundenes oder ein zweckorientiertes, auf künftige Ziele oder Zielsetzungen übergreifender Art ausgerichtetes deutet. Diese Charakterisierung erst erlaubt es uns, es einzuordnen, z. B. *dieses* Handeln *als* solches aufzufassen, abzuschätzen, zu bewerten und gleichzeitig unter dem Gesichtspunkt der mit diesem Handeln verbundenen Meinungen, Überzeugungen, Wünsche, Bestrebungen zu beleuchten, die in ihm in vielfacher Weise auftauchen (können). Dabei ist »auftauchen« in einem metaphorischen Sinne gemeint; das Auftauchen selbst ist natürlich abhängig von einem interpretatorischen Prozeß, d. h., das Handeln wird auch in seiner internen Feinstruktur und Nuancenunterteilung in Abhängigkeit von Überzeugungen und Strebungen, Wünschen, Motiven usw. interpretiert.

6.4 Stufen der Interpretation

Eine weitere methodische Maßnahme, die dem relativ undifferenzierten Sprechen vom Interpretationscharakter alles Seins, allen Geschehens bzw. alles Seienden entgegensteuern würde, ist die Unterscheidung verschiedener Ebenen der Interpretation. Man kann nicht in allen Bereichen von Interpretativität in demselben Sinne sprechen. Es wurde oben bereits darauf verwiesen, daß wir offenbar von unserer biologischen Anlage her zu bestimmten Interpretationsperspektiven gedrängt sind und diese nicht aufgeben können, daß wir in anderen Gebieten wiederum weniger oder gar nicht festgelegt sind und prinzipiell über mehrere Möglichkeiten der Interpretation verfügen. Das bedeutet, daß man eigentlich verschiedene Stufen der Interpretation und entsprechend Interpretationskonstrukte auf verschiedenen Ebenen unterscheiden muß, nämlich solche, die willkürlich, d.h. bewußt konstruiert und beliebig veränderbar, sind, von solchen, die aufgrund der Ausstattung unseres Erkenntnisapparats, oder auch aufgrund bestimmter Traditionen, schwer oder gar nicht zu verändern sind. Man sieht, daß hier weitere Unterscheidungen erforderlich und interne Unterschiede zwischen verschiedenen Interpretationsprozessen und -ebenen herauszuarbeiten sind.

Orientierungsmuster und Erfahrungsstruktur(ierung)en, die bereits mit der biologischen Ausstattung unserer Erkenntnisorgane angelegt sind, können wir nicht ohne weiteres ablegen oder auswechseln. Wir wissen etwa, daß wir Wahrnehmungen haben, seien es optische, taktile oder auditive usw., die wir nicht ändern können, die von vornherein in ein gewisses sensorisch-systematisches Grundraster eingebettet sind und uns eine bestimmte Interpretationsperspektive aufzwingen oder wenigstens aufdrängen. Anders gewendet, es gibt *praktisch unveränderliche* Interpretationsmuster, die in und damit unserer biologischen Anlage schon vorgegeben sind, an die wir sozusagen gefesselt sind, die wir nicht aufgeben, ablegen oder ändern können. Ich nenne sie *Primär-* oder *Urinterpretationen*.

Demgegenüber gibt es aber auch Interpretationsschemata, die prinzipiell veränderbar, obschon vielleicht praktisch nur sehr schwer oder vom einzelnen nicht leicht abzustreifen oder abzuwandeln sind. Kulturelle Traditionen lassen sich z. B. prinzipiell ändern, wenn auch oft nur schwer: Man kann nicht gut als einzelner aus einer kulturellen Tradition aussteigen; man landet dann entweder in einer psychiatrischen Klinik oder Anstalt oder wird isoliert, kann sich unter Umständen gar nicht mehr kommunikativ verständlich machen und verliert dann auch den kulturellen Rückhalt und die soziale Basis des Miteinanders, des Sichverständlichmachens gegenüber anderen und auch für sich selbst. Aber ein kulturelles Aussteigen ist *prinzipiell* durchaus möglich: Man kann ja auch von einer Kultur in die andere übergehen und nach längeren Anpassungsprozessen die kulturellen Traditionen dieser anderen Kultur so übernehmen, daß man selber meint, aus der Mutterkultur gleichsam völlig »ausgestiegen« zu sein. Aber selbst innerhalb der kulturell tradierten Interpretationsmuster und Sichtweisen wird es Grade der Veränderbarkeit und Flexibilität geben. So finden sich etwa Muster, die nur für eine bestimmte Teilkultur spezifisch sind: Man denke etwa an Subkulturen oder an ästhetische bzw. wissenschaftliche Traditionen und Auffassungen. (Die wissenschaftlichen Auffassungen ändern sich schnell, noch schneller wandeln sich natürlich die Moden.) Es scheint also sinnvoll zu sein, eine Untergliederung nach den Graden oder *Stufen der Veränderbarkeit* einzuführen. Schließlich mag die größte interindividuelle Variierbarkeit im mehr oder minder persönlichen Stil eines Ausdruckshandelns oder Schaffens – beispielsweise beim Künstler – liegen.

Diese Einsicht führte mich dazu, in der brieflichen Diskussion mit Günter Abel die Einführung entsprechender Interpretationsstufen anzuregen (mein Brief vom 12. 1. 1987). Abel ging dem auch nach. Er unterschied zunächst drei verschiedene Ebenen der Interpretation (1988a, 1989): Auf unterster Stufe setzt er die Ebene der »kategorialisierenden« Interpretation an, auf der überhaupt erst »etwas als bestimmtes Etwas« (1988a, 80) hervorgebracht werde. Nach seinem Verständnis umfaßt diese Ebene sowohl die biologisch festgelegten Schemata der Sinneswahrnehmung als auch grundlegende begrifflich-sprachliche Kategorialisierungen; als Beispiele für letztere nennt er »Existenz«, »Objekt«, »Person« (1989, 10). (Diese Grundebene umfaßt m. E. zuviel fundamental Unterschiedliches – eben etwa die oben erwähnten Primärinterpretationen und Urschematisierungen und die sprachlich-begrifflichen Kategorialisierungen. Hier müßten weitere Unterscheidungen stattfinden.)

Die zweite Interpretationsebene ist die Ebene »der durch Gewohnheit mehr oder weniger fest verankerten interpretatorischen Gleichförmigkeitsmuster der Organisation von Erfahrung und Sinn« (1989, 4). Es handelt sich hierbei um *habituelle* Formen der Schemakategorialisierungen. Abel zählt darunter die vorsprachliche, aus den Gleichförmigkeitserfahrungen abstrahierte Begriffsbildung, aber auch die konventionellen, kulturgebundenen, sozial vermittelten Einordnungskategorien sowie Stereotypen, Formen und Regeln des Erfassens und Handelns. (Auch hier scheint mir zuviel Verschiedenes unter ein Etikett gestellt.)

Die dritte Stufe schließlich faßt nach Abel die Formen »aneignender Deutung« zusammen, nach denen das in den beiden vorgeordneten Ebenen formierte Material systematisiert wird. Als solche

Interpretationsarten nennt er u. a. die beschreibenden, erklärenden, verstehenden, deutenden, begründenden, rechtfertigenden Interpretationen. Hier geht es um Einordnungsprinzipien, bewußt geformte Konzepte, die von Menschen bewußt erzeugt und eben auch bewußt verändert werden können. »Aneignende«, bewußt geformte Einordnungsprinzipien für die Interpretationen, wie z. B. wissenschaftliche Theorien, wären hier zu nennen. (Die Metapher der »Aneignung« ist nicht sehr charakteristisch für diese Stufe; auch »Einordnungskategorien« der vorigen Stufe wären symbolisch-»aneignend«, etwa durch Klassifikation. Auch diese dritte Stufe ist zu pauschal konzipiert und bedarf der Differenzierung über die bloße Aufzählung sehr unterschiedlicher Untertypen hinaus: Normatives Rechtfertigen z. B. unterscheidet sich systematisch von bloßem Beschreiben.)

Außer Interpretationsstufen unterscheidet Abel auch verschiedene »Dimensionen« des Interpretationsbegriffs, die so etwas wie die formalen Strukturmomente von Interpretationen zusammenfassen (1988a, 1989). Abel bündelt verschiedene solche Merkmale insgesamt in drei Dimensionen, die er, etwas eigenwillig, als »Interpretations-Logik«, »Interpretations-Ästhetik« und »Interpretations-Ethik« bezeichnet. Diese Dimensionen-Unterscheidungen sind in den vorliegenden Publikationen bis jetzt weniger ausgearbeitet. Wir werden uns im folgenden auf die Stufeneinteilung konzentrieren und eine andere, differenziertere und erweiterte vorschlagen.

Die Stufeneinteilung bei Abel ist allerdings noch etwas zu pauschal; gerade unter dem Aspekt der Variabilität des Schemas können (und müssen) sich m. E. noch differenziertere Unterscheidungen zwischen verschiedenen Arten und Weisen des Interpretierens als fruchtbar erweisen. Die Tafel auf Seite 259 stellt solche zusammen.

So würde ich die biologisch angelegten Orientierungsmuster und die mit dem Bau und der Funktionsweise des Wahrnehmungsapparats des Menschen oder auch der Tiere festgelegten oder präformierten und selektiv aktivierungsstabilierten Schemata der Verarbeitung von Reizen, die bereits in der Erbsubstanz eines Lebewesens z. T. (mehr oder weniger) festgeschrieben sind, auf einer ersten Stufe (IS_1) ansetzen und diese – anders als Abel – von der Stufe (vor-)sprachlicher und sprachlicher Begriffsbildungen generell abheben. Ich würde hier von *praktisch unveränderlichen* lächerlich Quatsch - Schema

Stufen der Interpretation

IS_1	praktisch unveränderliche *produktive Urinterpretation* (primäre Konstitution bzw. Schematisierung)
IS_2	gewohnheits-, gleichförmigkeitsbildende *Musterinterpretation* (habituelle Form- und Schemakategorialisierung + vorsprachliche Begriffsbildung)
IS_3	sozial tradierte, übernommene *sprachlich-konventionelle Begriffsbildung*
IS_4	anwendende, aneignende *bewußt* geformte *Einordnungsinterpretation* (Klassifikation, Subsumierung, Beschreibung, Artenbildung u. -einordnung; gezielte Begriffsbildung)
IS_5	erklärende, (i. e. S.) »verstehende«, rechtfertigende, (*theoretische*) *begründende Interpretation*
IS_6	erkenntnistheoretische (methodologische) *Metainterpretation* der Interpretationskonstruktmethode

produktiven Urinterpretationen oder einfach von Urinterpretationen oder Primärschematisierungen sprechen. Man könnte auch von »primären Konstitutionen« reden. Sie umfassen zumal die genetisch angelegten und durch interaktiv-selektive Aktivierungen in der kritischen frühkindlichen Entwicklungsphase stabilisierten Schemata und deren fixierte Prägungen bzw. die unaufgebbare, unabweisbare Involvierung in einer entsprechenden Auslösersituation. Horton (1982, 228) spricht im Sinne seines Ansatzes ähnlich von biologisch in uns verankerter »primärer Theorie« und meint, daß gewisse Theorien in uns sozusagen unveränderlich eingebaut sind. Dies ist ein Zugeständnis an bestimmte genetische oder funktionell fixierte bzw. rahmenmäßig umrissene Anlagen, die wir als biologische Wesen aufweisen, die wir nicht ändern können, die wir aber prinzipiell doch hinterfragen können. Das letztere ist wichtig und gilt auch für die Urinterpretationen. Wir können uns prinzipiell vorstellen, wie z. B. die »Welt« (oder eine Weltversion) bei Zugrundelegung anderer Urinterpretationen aussehen würde. Wir können uns nur praktisch nicht unter diese Bedingung versetzen. Wir können nicht selbst oder unmittelbar unsere biologische Ausstattung dementsprechend verändern.

(Und wir sollten und dürften dies wohl auch nicht tun, selbst wenn wir es künftig könnten, im Sinne einer möglicherweise dereinst zur Wissenschaftsgroteske entwickelten Genbiologie oder -technologie, die etwa unsere genetische Vorprägung der Erkenntnisorgane und deren Funktionsmöglichkeiten abzuwandeln in der Lage wäre!)

Auf einer zweiten Stufe (IS_2) würde ich ähnlich wie Abel solche Musterinterpretationen und Musterbildungen ansetzen, die gewohnheitsmäßig gewonnen und gewohnheitsbildend sind: Sie sind »gleichförmigkeitsbildende« Schematisierungen, die man in der Tat am besten als *Musterinterpretationen* i. e. S. bezeichnen könnte – oder (wie Abel) als *habituelle Formen* oder *Schemakategorialisierungen*. Auch vorsprachliche, aus den Gleichförmigkeitserfahrungen abstrahierte Begriffsbildung würde dazugehören. Abel nimmt aber in diese Ebene darüberhinaus auch die doch eher konventionellen kulturgebundenen und in gewissem Sinne letztlich doch weitgehend flexiblen, sprachlich-konventionellen Begriffsbildungen auf. Beides muß aber m. E. voneinander getrennt werden. Man hat in der Entwicklungspsychologie – etwa in der Piagetschule und im Anschluß daran – eine Reihe von Untersuchungen unternommen und gezeigt, daß Kinder durchaus mit begriffsartigen Unterscheidungen umgehen, selbst in einem Alter, in dem sie noch keine *sprachlichen* Begriffsbildungen beherrschen, noch keine sprachliche Wiedergabe der Begriffe leisten können; sie können aber sehr wohl schon vorsprachlich in ihrem Handeln quasi »begrifflich« diskriminieren und entscheiden. Ähnliche Versuche wurden auch mit höheren Tieren gemacht, etwa mit Hunden oder mit Affen; dabei wurde festgestellt, daß der Bereich des begrifflichen Diskriminierens viel weiter und grundlegender ist als etwa der des sprachlich-konventionellen Musterbildens. Insofern müßte man also diese beiden Ebenen schon unterscheiden. Sprachlichkeit erfordert weitere Abstraktionen und Konventionalisierungen als die vorsprachliche Begriffsdiskrimination. Daher würde ich die sprachlich-konventionelle Begriffsbildung von den habituell zustandekommenden Mustern klar abtrennen und als eine besondere Stufe IS_3 ansehen.

Die letzte Interpretationsstufe Abels erstreckte sich auf die gesamten übrigen Interpretationstypen. Subsumtion, Klassifikation, Beschreibung, darüber hinaus aber auch gezielte Begriffsbildung und theoretische Gebilde, im Sinne von erklärenden Theoriekon-

struktionen und von Argumentationsmustern für normative Rechtfertigungen sowie Begründungen und letztlich sogar auch erkenntnistheoretische Modelle wie z. B. das epistemologische Interpretationsmodell, würden zu dieser Ebene zählen. Es ist deutlich, daß besonders diese Restkategorie viel zu groß geraten ist und weiter untergliedert werden müßte. So möchte ich diejenigen der bewußt geformten Einordnungsinterpretationen, die sich bloß um Klassifikation, Subsumierung, Beschreibung, Artenbildung, Einordnung in Gattungen drehen und näher an die Musterinterpretation grenzen als etwa die hoch theorieabhängigen Interpretationen, auf einer eigenen Ebene (IS_4) anordnen. In die nächsthöhere Stufe (IS_5) würden dann Argumentationsmuster fallen, welche die Anwendung von theoretischen Gesetzen, Hypothesen, ja, von ganzen Theorien, etwa in der Wissenschaft, erfordern, oder auch die theoretischen und normativen Argumentationen im alltäglichen Erkenntnisleben oder in anderen Erkenntnisbereichen. Das geisteswissenschaftliche Verstehen fiele auch in diesen Bereich der mehr oder minder bewußt theorieabhängigen Interpretationen. Es ist also eine Unterscheidung zwischen zwei Ebenen IS_4 und IS_5 nötig. Ergänzend muß dann aber noch eine Stufe (IS_6) der erkenntnistheoretischen, philosophischen und methodologischen Interpretationen über Verfahren der Theoriebildung, -deutung, über Methodologie und Interpretationsmuster (etwa im Sinne des Interpretationismus) als eine besondere, höhere Metaschicht angesetzt werden. Man kann hier terminologisch von einer »Metastufe der Interpretativität«, von erkenntnistheoretischen Metainterpretationen sprechen.
Man sieht, daß sich ein relativ komplexes Bild ergibt. Doch mit einem derart oder gar noch weiter differenzierten Gerüst kann man sehr viel deutlicher als zuvor bestimmte Erkenntnis- und Wertungsprozesse in diese verschiedenen Stufen einordnen oder als Beziehungen zwischen verschiedenen Stufen verstehen, d. h., stufenübergreifende komplexe Interpretationen analysieren und hinsichtlich ihrer Variabilität in Abhängigkeit von sozialen Normierungen, von kulturellen Einstellungen oder auch von individuellen Entscheidungen und Optionen zuordnen und erkennen. Anhand eines solchen Rasters gewinnt man also eine Möglichkeit zur differenzierteren Darstellung der Schematisierungs- und Interpretationsprozesse.
Auch die Frage, wie das erkenntnistheoretische Modell des Inter-

pretierens selbst eingeordnet werden kann, läßt sich nun genauer verdeutlichen und beantworten. In der Tat bietet dieses Problem einen ganz interessanten Beispielsfall. Wenn man an die letzte Stufe der Metainterpretationen denkt, kann man natürlich fragen, von welcher Art diese Metainterpretationen über Interpretationsmethoden sind. Bilden sie eine eigene Modellierungsstufe? Es handelt sich ja auch hier jeweils um ein interpretatives Modell. Daraus ergibt sich als interessante Folgerung die oben erwähnte Möglichkeit der Selbstanwendung der Interpretationsmethode. Die Interpretationsphilosophie oder die Philosophie der Interpretationskonstrukte als ein erkenntnistheoretisches Modell ist selbst ein interpretatives Modell, nur deswegen kann man hier – vielleicht terminologisch nicht ganz unmißverständlich: es geht eher um Metatheorie als um semantische Metastufen – von »Metainterpretation« sprechen. Doch auf diese Weise läßt sich ein positives Verständnis und eine positive Selbstverstärkung des Modells bei der Anwendung durch »Selbstreferenz«, ähnlich einer positiven Rückkoppelung, gewinnen. Durch die Art von Stufung des Modells auf verschiedenen Ebenen wird das Modell selbstanwendbar. Jedenfalls wird in diesem Ansatz des methodologischen Interpretationismus durch diese skizzierte quasi-semantische Stufenbildung die Paradoxie der Selbstanwendung vermieden. Diese Paradoxie ergäbe sich ähnlich wie die traditionelle Lügnerantinomie oder – besser noch – die Grellingsche Antinomie: Ist das Prädikat »heterologisch« (nicht selbstanwendbar) selbst heterologisch oder nicht? Jede Antwort führt hier zwangsläufig zum Widerspruch. Ähnliche Antinomien würden auch hier entstehen, wenn man die Aussage: »Dieser Satz ist nicht interpretationsimprägniert« direkt und ohne Stufung deuten wollte oder wenn man beweisen wollte, die Interpretationsmethodologie sei nicht selbstanwendbar. Anders gesagt, man kann durch diese Stufenbildung eine Analyse der Interpretationen auf einer höheren Stufe vornehmen. Man hat gleichsam Metastufen eingeführt, ähnlich wie in der Logik oder in der logischen Semantik die semantischen Stufen; und die Stufenbildung erlaubt es, gewisse Paradoxien der Anwendung und der Selbstanwendung zu vermeiden. Diese Interpretationsphilosophie unterliegt also nicht dem beliebten Vorwurf oder Einwand des »self-referential paradox«. Das ist ein Vorzug gegenüber manchen anderen erkenntnistheoretischen Positionen.

Aber nicht nur solche spezifischen Probleme der Interpretationsphilosophie kann man anhand der Stufeneinteilung besser angehen, sondern auch manche alten philosophischen Probleme wie etwa das traditionelle Wahrheitsproblem. Auf der Grundlage dieser Stufenunterscheidung läßt dieses sich nämlich aus der Sicht eines interpretationistischen Ansatzes neu fassen, indem es etwa auf Beziehungen zwischen unterschiedlichen Interpretationsarten auf unterschiedlichen Stufen reduziert wird (so etwa auch Abel 1989a u. i. Dr.). So könnte man sagen, Wahrheit im korrespondenztheoretischen Sinne kann als eine Beziehung zwischen erklärenden und klassifizierenden Interpretationskonzepten und entsprechenden Aussagen darüber auf den Stufen IS_3 bis IS_5 im Verhältnis zu den praktisch unveränderlichen Urteilen auf der Stufe IS_1 interpretiert werden. Im Grunde wird dann die Korrespondenztheorie der Wahrheit verstanden als eine Zuordnung verschiedener Interpretationsstufen und in diesem Sinne interpretationistisch relativiert. Wahrheit ist eine Frage, die sich erst stellt, wenn man von Grundinterpretationen der ersten Stufe ausgeht und dann auf dieser Basis in der Lage ist, Urteile zu fällen, Aussagen zu machen, zu vergleichen usw. Die unterschiedlichen Theorien und Ansätze etwa für Wahrheitskonzepte, seien es nun konsensusgebundene, an Kohärenz oder Korrespondenz orientierte oder andere Ansätze, sind dann im Sinne der Zueinanderordnung solcher Interpretationskonzepte und Muster zu sehen. Man kann also durchaus einen guten Sinn mit der anscheinend nicht mehr vertretbaren Korrespondenztheorie der Wahrheit verbinden, die nun allerdings im Zusammenhang steht mit einem umgreiferenden kohärenztheoretischen Ansatz: Das Zueinanderordnen oder In-Beziehung-Setzen von entsprechenden Stufen der Interpretationen ist nämlich letztlich auch ein stufenvergleichender Passungsprozeß, und es läßt sich nicht leugnen, daß hier auch pragmatische oder pragmatistische Gesichtspunkte eingehen, wie es ja Nietzsche schon sah. Nietzsche löste allerdings die Wahrheit völlig in pragmatische und pragmatistisch zu erklärende nützliche Illusion auf: »*Wahrheit*«, so ein berühmter Satz von ihm, »*ist die Art von Irrthum*, ohne welche eine bestimmte Art von lebendigen Wesen nicht leben könnte« (VII, 3, 226).
Schließlich wird auch offenkundig, daß der Grundsatz der Interpretationsabhängigkeit allen Erkennens, Handelns, Wertens, Beurteilens usw. uns dazu führt, doch zu einer Art von umfas-

sendem Interpretationismus zu gelangen. Dieser erweist sich zunächst als methodologisch, indem er von der Methode der Deutungen und Konstitutionen ausgeht. Aber er greift doch erkenntnistheoretisch darüber hinaus; zumindest kann er – wie ausgeführt – zu einem undogmatischen, nicht deduktionsrationalistischen transzendentalen Interpretationismus, besser: zu einem transzendentalen Interpretations(re)-konstruktionismus ausgearbeitet werden.

6.5 Interpretation und Realität

Da die gesamte Auffassung der Welt, der Erfahrung, der Erkenntnis von Gegenständen interpretationsabhängig ist, sich als unaufgebbar schematisierungsgebunden und -geprägt, als interpretationsimprägniert erweist, stellt sich nun die Frage, ob wir aufgrund eines solchen transzendentalen Interpretationismus nicht etwa leugnen müßten, daß die Welt, reale Gegenstände der Erfahrung und Erkenntnis unabhängig von unserer Interpretation existieren, ob wir also damit in eine Art Interpretationsidealismus verfallen, der über die analoge These des *transzendentalen* Idealismus nach Kant hinausginge? Über die Verbindbarkeit des Interpretationismus mit einem Realismus müßte ernsthaft und systematisch nachgedacht werden. In diesem abschließenden Kapitel der Vorlesungsreihe sollen nur einige Gedanken über das Problem und mögliche Wege, es anzugehen, angestellt werden. (Detaillierter werden sie im folgenden Band *Interpretation und Realität* ausgeführt.)
Wir können die Welt und die Erfahrungsgegenstände lediglich in Abhängigkeit von unseren Interpretationen und Schematisierungen, von unserem Zugriff, von unserer interpretationsgebundenen Erkenntnis- und Handlungsweise erfassen. Es geht also um die notwendigen und eventuell die hinreichenden Bedingungen der Möglichkeit *jeglicher Erfaßbarkeit von Welt und Gegenständen überhaupt*. Der Grundsatz der Interpretationsimprägniertheit, der Unhintergehbarkeit der Interpretativität, ist m. E. keineswegs als Prinzip eines absoluten Idealismus oder Absolutismus oder gar Ontologismus der Interpretationen zu verstehen, eines Interpretationsidealismus also oder gar eines Interpretationsimperialismus, der behaupten würde, daß alles aus Interpretationen erzeugt

werde. Der »Idealismus« dieses Ansatzes ist eher wie bei Kant ein transzendentaler, auf das Transzendentale und das Methodologische eingeschränkt. Es handelt sich um einen i. w. S. erkenntnistheoretischen Ansatz, der einen transzendentalhandlungstheoretischen mit umfaßt. Es geht hier, wie wir bereits gesehen haben, letztlich um Konstitute und Konstrukte, die ein formales erkenntnistheoretisches Modell bilden, welches ähnlich wie bei Kant geeignet ist, Erkenntnis und Handeln zu beschreiben und vor allem die Möglichkeit von Erkenntnis und Handeln in einem philosophischen Modell zu begründen. Es ist ein schwacher, methodisch restringierter Idealismus, der nur die schematisierungsgebundenen Beitaten der interpretativen Formen und deren Unerläßlichkeit hervorhebt.

Für Kant bleibt die Frage nach der Verbindung der so durch die A-priori-Formen von Anschauung und Verstand strukturierten Erkenntnis mit der vom erkennenden Subjekt unabhängigen Welt »an sich« ein wichtiges Problem. Wenn so etwas wie ein aktives Vorstellungsverbinden überhaupt gedacht werden kann, im Sinne dieser prinzipiell möglichen Verbindbarkeit, muß man voraussetzen, meint Kant, daß die Welt »an sich«, die wir ja gemäß dem Standpunkt des transzendentalen Idealismus nicht kennen, doch eine »Struktureigenschaft« besitzen muß, nämlich eine grundsätzliche Verfaßtheit derart, daß unsere Wahrnehmungen von ihr erfolgreich durch unsere Erkenntnisprozesse zu einer Einheit gebracht werden können: Diese Verfaßtheit der Welt »an sich« muß derart gegeben sein oder vorausgesetzt werden, daß Vorstellungsverbindungen der Wahrnehmungen zur Einheit der Erfahrungserkenntnis erfolgreich möglich sind. Das ist aber eine indirekte, (pragmatisch sich im Erkenntniserfolg bewährende) metaphysische These, die im Zusammenhang mit Kants Erkenntnistheorie steht. Kurz gesagt: die logische Tätigkeit des Zusammenbringens von Vorstellungen mit Anspruch auf objektive Gültigkeit, das Urteilen und Erkennen stehen im Zusammenhang mit der Einheitsbildung, der Konstitution eines erkenntnistheoretischen Subjekts, eines »reinen Ich« in diesem erkenntnistheoretischen Sinne; und zugleich kann sich das nur ausdrücken, wenn man über Anwendungsmaterial verfügt, das von der realen Welt »an sich« »herkommt«, etwa über die Sinnesanschauung, und wenn die Welt »an sich« sozusagen die »Eigenschaft« hat, daß erfolgreich in konstanter, wiederholbarer Weise Einheitsbildungen der Vorstellungen von ihr möglich sind. Eine Art von Konstanz der »Welt an sich«, Einheit und Invarianz wie Permanenz der »Natur« muß dabei »zugrunde gelegt« bzw. hypothetisch angenommen werden; sonst wäre auf Dauer kein erfolgreiches Erkennen und Handeln möglich. Es handelt sich also um eine wechselseitige Konstitutionstheorie. Die Möglichkeit objektiver Erkenntnis hängt mit der Konstitution des erkennenden Subjekts und zugleich in gewissem Sinne mit einer interpretierenden »metaphysischen« (Hypo-) These über die Welt »an sich« zusammen. Die nur zu *denkende*, nach Kant nicht im vollen Sinne zu »*erkennende*« Distanzierung der Welt »an sich« vom erkenntnistheoretischen Subjekt und dessen »Vorstellungs«-Gefüge ist freilich eine erkenntnistheoretische Interpretation (der Stufe IS_6).

Von dieser Kantischen Philosophie können wir, so sagte ich bereits, einiges beibehalten: so etwa den grundsätzlichen Aktivismus der Erkenntnisbildung, also die Auffassung, daß der Mensch aktiv prägend, strukturierend beim Zustandekommen von Erkenntnis beteiligt ist, daß Denken und Sinneswahrnehmung – und über Kant hinaus: welthaftes Handeln – zusammenwirken müssen. Was von Kants Entwurf nicht übernommen werden kann, ist z. B. die Vorstellung, daß Erkennen einsinnig in notwendigen Kategorien, die natürlicherweise und unveränderlich gegeben sind, vonstatten geht. Insbesondere gilt dies nicht in der Wissenschaft, zumal in der abstrakten theoretischen Wissenschaft, die sich zum Teil, wenigstens in großen Bereichen, in ihren Konstruktionen und mit ihren theoretischen Konstrukten weitgehend von der Sinneswahrnehmung gelöst hat. Es kann hier kein unfehlbares, zu einem apriorischen Formenapparat führendes transzendentales Erkenntnisverfahren postuliert werden. Interpretationen können wechseln, nur die Grundabhängigkeit von der Interpretationsgebundenheit, von der Interpretativität als solcher, ist aufgrund der aufgewiesenen methodologischen Verortung der Interpretationskonstrukte in der Erkenntnis – und im Handeln ebenso – unaufgebbar.

Man braucht aber diesen Interpretationismus, ähnlich wie nach Kant den idealistischen Standpunkt, nicht in Richtung auf einen absoluten Idealismus oder ont(olog)isierenden Totalismus des Interpretierens auszudehnen, wie das naheliegen könnte und wie manche Ausführungen in Günter Abels Nietzsche-Buch (s. o.) es noch nahezulegen scheinen. Vielmehr gilt es hier, einerseits den

Grundsatz zu vertreten, daß Realität bloß als interpretierte zugänglich, ja, konzipierbar, nur interpretatorisch erfaßbar ist und daß andererseits diese Position als vereinbar mit einer gewissen Form des Realismus auszuweisen ist. Dieser Realismus wird sich freilich nicht mehr der metaphysischen Argumente Kants bedienen dürfen. Er ist allenfalls ein – vielleicht schon in der Nachfolge Kants zu sehender, transzendentalistisch gebrochener – erkenntnistheoretisch abgeschwächter oder modifizierter kritischer Realismus, der sich selber aber auch nicht absolut setzt, sondern lediglich hypothetisch entwerfen und vorschlagen läßt. So ließen sich zumindest gute lebenspraktische und theoretische Gründe dafür angeben, daß wir hypothetische und pragmatische Realisten bleiben und die doch aus guten praktischen Gründen unterstellte, von uns unabhängige Welt nicht im Interpretationszauber verschwinden lassen.
Wie läßt sich z. B. eine Deutung abwehren, wie sie bei Abel (1989) im Anschluß an den bekannten analytischen Nominalisten Nelson Goodman (1984) vorkommt, nämlich, daß wir überhaupt nicht in *einer* Welt, sondern nur in verschiedenen, sich nicht überlappenden »Interpretationswelten« leben würden? Die Interpretationswelten der Künstler, der Wissenschaftler, der Alltagsmenschen seien, meint Goodman, total voneinander verschieden und hätten nichts miteinander gemein und zu tun; sie seien geradezu unvergleichbar (»inkommensurabel«), und man könne überhaupt nicht von einer einheitlichen Welt sprechen. Goodman beschreibt eine Vielzahl von Interpretationswelten in diesem Sinne, die – wie er meint – durch unsere Interpretationsprozesse wirklich erzeugt werden und von der sog. wirklichen Welt nicht durch ein objektives Kriterium verläßlich zu unterscheiden sind. Die »Weisen der Welterzeugung« führen schließlich zu einem extremen Relativismus der Interpretation. Meines Erachtens darf sich die Philosophie und die Erkenntnistheorie nicht so weit vom praktischen Lebenszusammenhang entfernen, daß solche eklatanten Widersprüchlichkeiten zur Alltagsauffassung entstehen. Grundsätzlich könnte man natürlich zunächst einmal hypothetisch eine solche Sicht einnehmen und methodologisch analysieren, vielleicht sogar z. T. verteidigen, wenn man und insoweit man eben von den praktischen Gründen des Alltagslebens absieht, die sehr nachdrücklich für die Annahme *einer* Lebenswelt sprechen. In der Tat könnte man sagen: Methodologisch und analytisch gesehen sind große

Unterschiede z. B. zwischen den Interpretationskonstrukten etwa des Naturwissenschaftlers einerseits und des bildenden Künstlers oder des Dichters andererseits zu finden, und man kann oft nur sehr schwer gewisse Zusammenhänge und Übereinstimmungen zwischen diesen Interpretationswelten erkennen. Doch schon dieser Vergleich beruht auf dem Einnehmen einer übergreifenden, vereinheitlichenden Metaperspektive! Ähnlich glaube ich, daß wir uns im praktischen Leben immer auf eine Art von Grundinterpretation derart einigen müssen, daß wir eben in der einen gemeinsamen Welt leben, die natürlich auch sozial geprägt ist. Diese Grundinterpretation mag, methodologisch gesprochen, hypothetisch sein, sie ist aber aus praktischen Gründen unvermeidlich, ein unumgängliches Postulat. Wenn wir handelnd mit Wissenschaftlern, Künstlern oder etwa Eingeborenen in anderen »Interpretationswelten« in Kontakt geraten, so wirken wir nicht nur in einer – etwa unserer – »Interpretationswelt«, sondern auch in einer gemeinsamen Wirk- und Handlungswelt. Sie mag als erfaßte oder beschriebene zwar auch das Ergebnis eines Interpretations- und Konstitutionsvorganges sein, aber wir können es gar nicht anders auffassen. Umgekehrt sind selbst unsere Selbstdeutungen soziokulturell geprägt, von traditionell überkommenden Interpretationen, in die wir hineinwachsen, abhängig.

Wir können auch z. B. einen bestimmten Widerstand, den wir fühlen, wenn wir mit dem Fuß gegen einen Stein stoßen, nicht anders interpretieren, als daß wir ihn – den Widerstand und den Stein – als etwas durchaus Reales erleben und die Widerständigkeit etwa wie Dilthey und Scheler als Kennzeichen oder Indiz der Realität der Welt auffassen. Das ist zwar kein »Beweis« im Sinne einer traditionellen philosophischen Letztbegründung, aber es ist doch praktisch und pragmatisch unumgänglich. Der natürliche Realismus des praktischen Lebens in der alltäglichen Einstellung des Menschen ist in diesem Sinne gerechtfertigt, obwohl es sich, technisch gesprochen, eben auch um eine Einstellung im Rahmen einer Interpretationsperspektive handelt. Aus einer bestimmten Sicht ist sogar die Lebenswelt, die ja in der modernen Philosophie von Husserl bis Wittgenstein eine fundierende Rolle spielt, ein pragmatisch verankertes Interpretationskonstrukt. Auf der anderen Seite handelt es sich aber offensichtlich nicht bloß um eine konstitutionell beliebig für jeden einzelnen veränderbare Konstruktion; wir sind zu ihr geradezu gezwungen – insofern, als wir sie im praktischen Leben nicht ablegen können. Wir können nicht aus unserer Lebenswelt aussteigen. Insoweit ist sie eine unvermeidliche Interpretation, vielleicht sogar Teil schon unserer »Urinterpretationen« oder zumindest der Interpretationen auf der IS_2-Stufe. Und wir handeln gegenüber anderen Menschen, Tieren usw. und deren Schemawelten eben auch in *einer* gemeinsamen »Welt«, wie sie sich schon durch die Handlungsfolgen, Reaktionen und die erwähnten Dingwiderständigkeiten als eine praktisch notwendig zu unterstellende erweist.

Man kann also sagen, daß ein gewisser pragmatisch-praktisch angenommener Realismus aus guten lebenspraktischen Gründen mit einem Interpretationismus, wie er hier skizziert wurde, verträglich ist. Selbstverständlich muß man den naiven Abbildrealismus des Alltags verabschieden, der behauptet, die Welt an sich bestehe so und sei so beschaffen, wie wir sie erkennen, wir erkennten ihre Eigenschaften und ihre Relationen, Strukturen, die sie in sich und an sich enthalte; diese würden in der Erkenntnis abgebildet, widergespiegelt, wie es z. B. auch in der marxistischen Erkenntnistheorie heißt. Vielmehr ist jeglicher vertretbare Realismus in einem bestimmten Sinne interpretationistisch einzuschränken, gleichsam transzendentalidealistisch zu mäßigen. Das bedeutet: Wir erkennen an, *erstens*, daß alle unsere Erfassungen der Realität nur durch Interpretationskonstrukte möglich sind, durch die Urinterpretationen und Schematisierungen vorgebildet oder vorgeprägt und durch weitere Interpretationsarten formiert und überformt sind – durchaus in Abstufungen hinsichtlich ihrer Wandelbarkeit und Flexibilität. *Zweitens* – und das ist meines Erachtens sehr wichtig – erkennen wir, daß die Unterscheidung einer realen Welt vom interpretierenden Wesen selbst ein erkenntnistheoretisches Interpretationskonstrukt ist, ein Konstrukt auf höherer Interpretations-Metaebene. Sie – die Unterscheidung und die »Theorie«, auf der sie basiert – ist selbst ein Modell, mittels dessen wir uns das Erkennen der Welt deuten. Dieses Modell ist nicht unveränderlich, es gibt andere, wenn auch umstrittene Möglichkeiten (man denke etwa an den absoluten egoistischen Idealismus eines Fichte oder Stirner), die aber im allgemeinen groteske Bilder abgeben, mit denen sich kein sinnvoller Alltagsansatz verbinden läßt.

Dieser Grundannahme widerspricht nicht, sondern *entspricht* gerade ein pragmatischer Realismus, wie ich ihn vertreten möchte.

Der pragmatische Realismus in diesem Sinne ist durchaus mit dem transzendentalen Interpretationismus vereinbar; und der Interpretationismus ist so etwas wie eine Fortsetzung der Kantischen Philosophie mit z. T. anderen methodischen Mitteln, nämlich mit moderneren analytischen Mitteln und mit einer größeren Flexibilität hinsichtlich der gewählten Formen.
Im übrigen werden heute auch anderweitig manche recht ähnlichen Ansätze vertreten. Hilary Putnam hat in den letzten Jahren eine erkenntnistheoretische Position entwickelt, die der strukturierenden Funktion unserer Erkenntnisformen Rechnung trägt und trotzdem versucht, eine Art schwachen Realismus aufrecht zu erhalten (manche freilich bestreiten das, stempeln Putnam neuerdings zum Antirealisten). Er nennt diese Position einen »internen Realismus«, bekennt aber jüngst, er hätte sie besser »pragmatischen Realismus« (1991, 200) nennen sollen. Er versucht, diese Position etwa in seinem Buch *Vernunft, Wahrheit und Geschichte* zu beschreiben (1982, 78):

> Für einen Internalisten [...] korrespondieren die Zeichen nicht von sich aus – unabhängig davon, wie und von wem sie verwendet werden – mit den Gegenständen. Doch ein Zeichen, das von einer bestimmten Gemeinschaft von Zeichenbenutzern auf bestimmte Weise verwendet wird, kann *innerhalb des Begriffsschemas dieser Zeichenbenutzer* bestimmten Gegenständen entsprechen. Unabhängig von Begriffsschemata existieren keine ›Gegenstände‹. *Wir* spalten die Welt in Gegenstände auf, indem wir dieses oder jenes Beschreibungsschema einführen. Da die Gegenstände *und* die Zeichen gleichermaßen *interne* Elemente des Beschreibungsschemas sind, ist es möglich, anzugeben, was wem entspricht.

Gegenstände sind im Grunde also Konstruktionen aus Zeichenkombinationen, und regelmäßig benutzte Bezeichnungen in einer Sprachgemeinschaft werden als stabilisierte Konstrukte und Gegenstände als Funktionen solcher Stabilisierungen angesehen und benutzt. Im Gegensatz zum traditionellen metaphysischen Realismus ist also hier klar gesagt, daß die Gegenstände ebenso etwas Erzeugtes wie Entdecktes sind, ebensosehr Produkte unseres begrifflichen Erfindungsvermögens wie objektive, also willensunabhängige Faktoren unserer Erfahrung. Mit anderen Worten: es gibt keine Gegenstände an sich, sondern Gegenstände werden von uns konstituiert, strukturiert, klassifiziert; sie sind abhängig von unseren interpretatorischen Zugangsweisen, Zuordnungen und Konstrukten. Dennoch meint Putnam, es gebe innerhalb der Welt von einmal angenommenen Gegenständen in bezug auf eine Sprachgemeinschaft doch so etwas wie »selbstidentifizierende« Gegenstände, das heißt solche, die ein und derselben Zeichenkombination zu ein und derselben Zeit geistesunabhängig zukommen und entsprechen. Generell läßt sich das nicht verteidigen, aber innerhalb einer Sprachgemeinschaft gibt es bestimmte konstante Zuordnungen von Zeichen zu Gegenständen, die nicht geändert werden können, die also selbstidentifizierend sind. Wir hätten also danach gar keine Möglichkeit, unabhängig von unseren Vorstrukturierungen Wahrheit – im Sinne der Übereinstimmung von Sätzen mit Dingen und Sachverhalten – zu erkennen. Die Übereinstimmung könnten wir nur unabhängig überprüfen, wenn wir außerhalb unserer Erkenntnis einen Extrazugang hätten, um unsere Sätze wiederum in bezug auf die Wahrheit zu überprüfen; einen solchen Sonderzugang zur Realität an sich haben wir aber nicht. In seinem Buche *The Many Faces of Realism* (1987) sagt Putnam, daß die »Wahrmacher« und auch die bestätigenden Instanzen unserer Meinungen innerhalb unseres Begriffssystems, unseres Konzeptsystems, unseres Auffassungssystems liegen und nicht außerhalb. Wir haben keine menschenunabhängige, begriffsunabhängige Erkenntnis, keine unabhängige Möglichkeit, Zugang zur Wirklichkeit zu erlangen; wir können eigentlich nur eine formulierte Erkenntnis durch eine andere formulierte Erkenntnis überprüfen. Wir haben nur die Möglichkeit interner Vergleiche. Ähnlich wie beim interpretationistischen Ansatz wird also insofern ein interner oder internalistischer Standpunkt eingenommen, als auch hier der Grundsatz gilt: Wir können nicht aus unseren Beschreibungsmöglichkeiten und -optionen, aus unserem Begriffssystem aussteigen, um gleichsam auf Wirklichkeit an sich zuzugreifen. Wir haben nur unsere Ausstattung mit Erkenntnisvoraussetzungen, -organen, unseren Begriffen und Strukturierungsmöglichkeiten, und diese sind relativ zu einer Sprach- und Lebensgemeinschaft und könnten sich sogar prinzipiell z. T. auch ändern. In verschiedenen sprachlichen und kulturellen Gesellschaften, unter verschiedenen Weltbildern gibt es ganz verschiedene Zugriffe zur Welt und Deutungsmöglichkeiten. Selbst in verschiedenen wissenschaftlichen Theorien innerhalb ein und derselben Kultur oder gar derselben wissenschaftlichen Disziplin gibt es zum Teil miteinander völlig unvereinbare Sichten. Noch heute ist es ja ein Problem, wie etwa die klassische Physik mit der Relativitätstheorie und der Quantenmechanik vereint werden kann.

Diesem Realismus internalistischer Art zufolge befinden wir uns also immer notwendigerweise in einer internen Perspektive, und erst aus ihr heraus unterscheiden wir dann sekundär die reale Welt von unserer Geisteswelt. Realitätskonstrukte sind von Menschen entworfen, sind theorieabhängig, sind erst aus der internen Sicht gebildet. Dieser methodologischen Internität des Realitätsbegriffs entspricht die Internität der Interpretationen: »Philosophie (ist) Inwendigkeit des Interpretierens« (Abel 1984, 175).

Offensichtlich beschäftigen solche internalistisch-realistischen Standpunkte, wie derjenige, den ich hier für den interpretationistischen Ansatz postulierte, aber auch der von Hilary Putnam, durchaus das zeitgenössische Denken, obwohl es sich noch keineswegs um zur vollen Durchsichtigkeit ausgearbeitete Entwürfe handelt. Die dabei aufkommenden Fragen und Aporien zu klären, die im Entwurf vorweggenommenen bzw. postulierten Zusammenhänge konsequent zu Ende zu denken, kurz: auf den Begriff der Realität aus interpretationistischer Sicht zu reflektieren, wäre eine interessante, spannende und vielleicht sogar lohnende Aufgabe, die noch zu leisten ist. Der folgende Band mit Vorlesungen zum Thema *Interpretation und Realität* soll sie aufgreifen.

Literatur

Abel, G., *Nietzsche: Die Dynamik der Willen zur Macht und die ewige Wiederkehr*, Berlin–New York 1984

Abel, G., »Einzelding- und Ereignis-Ontologie«, in: *Zeitschrift für philosophische Forschung* 35 (1985), 157-185

Abel, G., »Realismus, Pragmatismus, Interpretationismus. Zu neueren Entwicklungen in der Analytischen Philosophie«, in: *Allgemeine Zeitschrift für Philosophie* 13.3 (1988), 51-67

Abel, G., »Interpretationsphilosophie. Eine Antwort auf Hans Lenk«, in: *Allgemeine Zeitschrift für Philosophie* 13.3 (1988a), 79-86

Abel, G., »Interpretations-Welten«, in: *Philosophisches Jahrbuch* 96 (1989), 1-19

Abel, G., »Wahrheit als Interpretation«, in: Abel, G./Salaquarda, J. (Hg.), *Krisis der Metaphysik*, Berlin–New York 1989a, 331-363

Abel, G., »Das Prinzip der Nachsichtigkeit im Sprach- und Zeichenverstehen«, in: *Allgemeine Zeitschrift für Philosophie* 15.2 (1990), 1-18

Abel, G., »Interpretatorische Vernunft und Leib«, in: Djuric, A. (Hg.), *Nietzsches Begriff der Philosophie*, Würzburg 1990a, 100-130

Abel, G., »Kohärenztheorie der Wahrheit und kausale Theorie der Bedeutung: Auseinandersetzung mit Donald Davidson« (unveröffentlichtes Manuskript)

Abel, G., »Zum Wahrheitsverständnis jenseits von Naturalismus und Essentialismus«, in: Gerhardt, V./Herold, D. (Hg.), *Perspektiven des Perspektivismus*, Festschrift/Gedenkband für Friedrich Kaulbach, Würzburg i. Dr.

Anscombe, G. E. M., *Intention*, Oxford 1957[1]

Anz, H., »Hermeneutik der Individualität. Wilhelm Diltheys hermeneutische Position und ihre Aporien«, in: Birus, H. (Hg.), *Hermeneutische Positionen*, 59-88

Babich, B. E., »Nietzsche and the Philosophy of Scientific Power: Will to Power as Constructive Interpretation«, in: *International Studies in Philosophy*, XXII/2, 79-92

Barnes, A., *On Interpretation*. Oxford 1988

Bannister, D. (Hg.), *Perspektives in Personal Construct Theory*, London–New York 1970

Bannister, D. (Hg.), *New Perspectives in Personal Construct Theory*, London–New York 1977

Bannister, D./Fransella, F., *Der Mensch als Forscher. Die Psychologie der persönlichen Konstrukte*, Münster 1981 (engl. Orig. 1971)

Basson, A.-H./O'Connor, D. J., »Language and Philosophy«, in: *Philosophy* 1947, 49-65

Beckermann, A. (Hg.), *Analytische Handlungstheorie*, Band 2: *Handlungserklärung*, Frankfurt a. M. 1977
Betti, E., *Allgemeine Auslegungslehre als Methodik der Geisteswissenschaften*, Tübingen 1967
Birus, H. (Hg.), *Hermeneutische Positionen. Schleiermacher-Dilthey-Heidegger-Gadamer*, Göttingen 1982
Birus, H., »Zwischen den Zeiten. Friedrich Schleiermacher als Klassiker der neuzeitlichen Hermeneutik«, in: ders. (Hg.), *Hermeneutische Positionen*, 15-58
Blackburn, S., *Spreading the Word*, Oxford 1984
Bloom, A., *The Linguistic Shaping of Thought*, Hillsdale/NJ 1981
Blumenberg, H., *Die Lesbarkeit der Welt*, Frankfurt a. M. 1981
Bobrow, D. G./Norman, D. A., »Some principles of memory schemata«, in: Bobrow, D. G./Collins, A. M. (Hg.), *Representation and understanding: Studies in cognitive science*. New York 1975
Bransford, J. D./Barclay, J. R./Franks, J. J., »Sentence memory: A constructive versus interpretive approach«, in: *Cognitive Psychology* 3 (1972), 193-209
Chladenius, J. M., *Einleitung zur richtigen Auslegung vernünftiger Reden und Schriften*. Mit einer Einleitung von Lutz Geldsetzer, Düsseldorf 1969 (Nachdr. d. Ausg. Leipzig 1742)
Churchland, P. M., »The Logical Character of Action-Explanation«, in: *The Philosophical Review* 79 (1970), 214-236, (dt. in: Beckermann (Hg.) 1977, 304-331)
Churchland, P. S., *Neurophilosophy: Toward a Unified Science of the Mind/Brain*, Cambridge/MA 1986, 1989²
Collin, F., *Theory and Understanding: A Critique of Interpretive Social Science*, Oxford 1985
Collin, F., »Language and Thought«, in: *Danish Yearbook of Philosophy* 22 (1985a), 31 ff.
Collin, F., »Meta-Constraints upon Interpretation«, in: *American Philosophical Quarterly* 24 (1987), 137-148
Danto, A. C., »Basic Actions«, in: *American Philosophical Quarterly* 2 (1965), 141-148 (dt. in: Meggle, G. (Hg.), *Analytische Handlungstheorie*, Band 1: *Handlungsbeschreibung*, Frankfurt a. M. 1977, 89 ff.)
Danto, A. C., *Analytical Philosophy of Action*, Cambridge 1973
Danto, A. C., »Basishandlungen und Basisbegriffe«, in: Lenk, H. (Hg.), *Handlungstheorien – interdisziplinär*, Bd. II.1, München 1978, 373-389
Davidson, D., »Agency«, in: Binkley, R./Bronaugh, R./Marras, A. (Hg.), *Agent, Action and Reason*, Oxford 1971, 3-25 (mit »Comments« von J. Cornman, ebd., 26-37)
Davidson, D., *Wahrheit und Interpretation*, Frankfurt a. M. 1986
Davidson, D., »Was ist eigentlich ein Begriffsschema?«, in: ders., *Wahrheit und Interpretation*, Frankfurt a. M. 1986, 261-282 (engl. Orig. 1974)

Davidson, D., »Eine Kohärenztheorie der Wahrheit und der Erkenntnis«, in: Bieri, P. (Hg.), *Analytische Philosophie der Erkenntnis*, Frankfurt a. M. 1987, 271-290 (engl. 1981^{1})
de Boer, Th., »Ricœurs Hermeneutik«, in: *Allgemeine Zeitschrift für Philosophie* 16 (1991), 1-24
Dennett, D. C., *The Intentional Stance*, Cambridge/MA 1989
Dennett, D. C., »The Interpretation of Texts, People and Other Artifacts«, in: *Mind and Brain* 15 (1990), (= Reports d. Universität Bielefeld; Zentrum für interdisziplinäre Forschung)
Dilthey, W., *Gesammelte Schriften*, Band 1 ff., Stuttgart 1914 ff.
Ebeling, G., »Hermeneutik«, in: *Religion in Geschichte und Gegenwart*, Bd. III, Tübingen 1959^{3}, 242-262
Figal, G., *Martin Heidegger. Phänomenologie der Freiheit*, Frankfurt a. M. 1988
Figal, G., »Selbstverstehen in instabiler Freiheit. Die hermeneutische Position Martin Heideggers«, in: Birus, H. (Hg.), *Hermeneutische Positionen*, 89-119
Figl, J., *Interpretation als philosophisches Prinzip*, Berlin–New York 1982
Flacius Illyricus, M., *De ratione cognoscendi sacras literas. Über den Erkenntnisgrund der Heiligen Schrift*, lat.-dt. Ausgabe, übersetzt und eingel. von L. Geldsetzer, Düsseldorf 1968 (Nachdr. d. lat. Textes nach: J. Musaens, *Calvis Scripturae sacral*, Frankfurt a. M.–Leipzig 1719)
Frank, M., *Das individuelle Allgemeine. Textstrukturierung und Textinterpretation nach Schleiermacher*, Frankfurt a. M. 1985
Franke, A. H., *Praelectiones Hermeneuticae, ad viam ...*, Halle 1723
Franke, A. H., *Werke in Auswahl*, hg. von E. Peschke, Wittenberg 1969
Gadamer, H.-G., *Gesammelte Werke*, Band 1 ff., Tübingen 1986 ff.
Gadamer, H.-G./Boehm, G. (Hg.), *Seminar: Philosophische Hermeneutik*, Frankfurt a. M. 1976
Gadamer, H.-G./Boehm, G. (Hg.), *Seminar: Die Hermeneutik und die Wissenschaften*, Frankfurt a. M. 1978
Gebauer, G., »Kritik der Interpretation: Über die Grenzen der Literaturwissenschaft«, in: Schmidt, S. J. (Hg.), *Zur Grundlegung der Literaturwissenschaft*, München 1972, 114-123
Gebauer, G., »Überlegungen zu einer perspektivischen Handlungstheorie«, in: Lenk, H. (Hg.), *Handlungstheorien – interdisziplinär*, Bd. II.1, München 1978, 351-371
Gebauer, G., *Der Einzelne und sein gesellschaftliches Wissen*, Berlin–New York 1981
Gebauer, G., »Festordnung und Geschmacksdistinktionen«, in: Hortleder, G./Gebauer, G. (Hg.), *Sport – Eros – Tod*, Frankfurt a. M. 1986, 113-143
Geertz, C., *Dichte Beschreibung: Beiträge zum Verstehen kultureller Sy-*

steme, Frankfurt a. M. 1983 (engl. Orig.: Interpretation of Cultures 1973)
Geldsetzer, L., »Einleitung«, in: G. F. Meier, *Versuch einer allgemeinen Auslegungskunst* (1965), V-XXVIII
Geldsetzer, L., »Einleitung«, in: Flacius Illyricus, M., *De ratione cognoscendi sacras literas* (1969), 1-19
Geldsetzer, L., »Einleitung«, in: Chladenius, J. M., *Einleitung zur richtigen Auslegung vernünftiger Reden und Schriften* (1969), IX-XXIX
Geldsetzer, L., »Hermeneutik«, in: Seiffert, H./Radnitzky, G. (Hg.), *Handlexikon zur Wissenschaftstheorie*, München 1989
Gerhardt, V., »Die Perspektive des Perspektivismus«, in: *Nietzsche-Studien* 18 (1989), 260-281
Gibson, J. J., *Die Sinne und der Prozeß der Wahrnehmung*, Bern–Stuttgart–Wien 1973 (Orig. 1966)
Gibson, J. J., *Wahrnehmung und Umwelt. Der ökologische Ansatz in der visuellen Wahrnehmung*, München–Wien–Baltimore 1982 (Orig. 1979)
Girard, R., *La violence et le sacré*, Paris 1972
Girard, R., *Le bouc émissaire*, Paris 1982
Girard, R., *Das Ende der Gewalt*, Freiburg 1983 (Orig. 1978)
Goldman, A. I., *A Theory of Human Action*, Englewood Cliffs 1970
Goldman, A. I., »The Individuation of Action«, in: *The Journal of Philosophy* 68 (1971), 761-774
Goleman, D., *Lebenslügen und einfache Wahrheiten*, Weinheim–Basel 1987
Goodman, N., *Weisen der Welterzeugung*, Frankfurt a. M. 1984 (Orig. 1978)
Goodman, N./Elgin, C. Z., *Revisionen*, Frankfurt a. M. 1990 (Orig. 1988)
Groeben, N., *Handeln, Tun, Verhalten als Einheiten einer verstehend-erklärenden Psychologie*, Tübingen 1986
Groeben, N./Scheele, B., *Argumente für eine Psychologie des reflexiven Subjekts*, Darmstadt 1971
Groeben, N./Wahl, D./Schlee, Z./Scheele, B., *Das Forschungsprogramm subjektiver Theorien*, Tübingen 1988
Grondin, J., *Hermeneutische Wahrheit? Zum Wahrheitsbegriff Hans-Georg Gadamers*, Königstein/Ts. 1982
Grondin, J., *Einführung in die philosophische Hermeneutik*, Darmstadt 1991
Hacking, J., *Representing and Intervening*, Cambridge/Engl. 1983
Hacking, J., *Die Bedeutung der Sprache für die Philosophie*, Königstein/Ts. 1984
Hirsch, E. D., *Prinzipien der Interpretation*, München 1972 (Orig. 1967)
Heidegger, M., *Unterwegs zur Sprache*, Pfullingen 1959
Heidegger, M., *Nietzsche*, Band I u. II, Pfullingen 1961
Heidegger, M., *Gesamtausgabe*, Bd. 1 ff., Frankfurt a. M. 1975 ff.

Heidegger, M., »Phänomenologische Interpretation zu Aristoteles (Anzeige der hermeneutischen Situation)«, hg. von H.-U. Lessing in: *Dilthey-Jahrbuch 6* (1989), 235-276
Horton, R., »Tradition and Modernity Revisited«, in: Hollis, M./Lukes, St. (Hg.), *Rationality and Relationism*, Cambridge/MA 1982, 201-260
Ineichen, H., *Philosophische Hermeneutik*, Freiburg–München 1991
Kaleri, E., »Zum methodologischen Streit zwischen Natur- und Geisteswissenschaften. Versuch einer aktuellen Problembestimmung«, erscheint in: *Journal for General Philosophy of Science*, 1992
Kaleri, E., »Zur Strukturgleichheit zwischen hermeneutischem Interpretieren und wissenschaftlichem Theoretisieren«, i. Dr.
Kaulbach, F., *Philosophie des Perspektivismus*, 1. Teil, Tübingen 1990
Kearney, R., »Paul Ricœur and the hermeneutic Imagination«, in: *Philosophy and Social Criticism* 14, 1988 (Special Issue: *The Narrative Past. The later works of Paul Ricœur.*), 115-145
Kelly, G. A., *The Psychology of Personal Constructs*, 2 Bde., New York 1955
Kelly, G. A., »A Brief Introduction to Personal Construct Theory«, in: Bannister, D. (Hg.), *Perspectives in Personal Construct Theory*, London–New York 1970
Kelly, G. A., »The Psychology of the Unknown«, in: Bannister, D. (Hg.), *New Perspectives in Personal Construct Theory*, New York 1977
Lenk, H., *Pragmatische Philosophie*, Hamburg 1975
Lenk, H., »Interdisziplinäre Aspekte von Handlungstheorien«, in: ders., *Pragmatische Philosophie*, 87-144
Lenk, H., »Werte und Handlungsanalysen«, in: ders., *Pragmatische Philosophie*, 145-167
Lenk, H., »Handlung als Interpretationskonstrukt«, in: ders. (Hg.), *Handlungstheorien – Interdisziplinär* II.1, München 1978, 279-350
Lenk, H., *Zwischen Sozialpsychologie und Sozialphilosophie*, Frankfurt a. M. 1987
Lenk, H., »Vom kognitiven Subjektivitätskonstrukt zum pragmatischen Handlungszusammenhang«, in: Radermacher, H. (Hg.), *Aktuelle Probleme der Subjektivität*, Bern–Frankfurt a. M. 1983, 9-38
Lenk, H., *Handlungstheorien – interdisziplinär*, Bd. III, 2, München 1984
Lenk, H., »Motive als Interpretationskonstrukte: Zur Anwendung eines interpretationstheoretischen Handlungsmodells in der Sozialwissenschaft«, in: ders., *Zwischen Sozialpsychologie und Sozialphilosophie*, 183-206
Lenk, H., »Handlungsinterpretationskonstrukte: Zum Stand der philosophischen Handlungstheorie als eines Grundbausteins der Sozialwissenschaften«, in: ders., *Zwischen Sozialpsychologie und Sozialphilosophie*, 207-226
Lenk, H., »Werte als Interpretationskonstrukte«, in: ders., *Zwischen Sozialpsychologie und Sozialphilosophie*, 227-237

Lenk, H., »Welterfassung als Interpretationskonstrukt: Bemerkungen zum methodologischen und transzendentalen Interpretationismus«, in: *Allgemeine Zeitschrift für Philosophie* 13.3 (1988), 69-78
Lenk, H., »Transzendentaler Interpretationismus – ein philosophischer Entwurf«, in: Holz, H. (Hg.): *Die goldene Regel der Kritik*, Bern–Frankfurt a. M.–New York u. a. 1990, 121-135
Lenk, H., »Zu einem methodologischen Interpretationskonstruktionismus«, in: *Zeitschrift für Allgemeine Wissenschaftstheorie* 22 (1991), 283-301
Lewis, D. L., »Radical Interpretation«, in: *Synthese* 23 (1974), 331-344
Lichtenberg, G. Chr., *Aphoristisches zwischen Physik und Dichtung*, Braunschweig–Wiesbaden 1983
Lorenz, K., »Der Kumpan in der Umwelt des Vogels«, in: *Journal für Ornithologie* 83 (1935), 137-213, 389-413 (wiederabgedruckt in: ders., *Über tierisches und menschliches Verhalten*, Band 1, München 1965, 115-282)
Lorenz, K., »Kants Lehre vom Apriorischen im Lichte gegenwärtiger Biologie«, in: *Blätter für Deutsche Philosophie* 15 (1941), 94-125
Lorenz, K., »Die angeborenen Formen möglicher Erfahrung«, in: *Zeitschrift für Tierpsychologie* 5 (1943), 235-409
Lorenz, K./Leyhausen, P., *Antriebe tierischen und menschlichen Verhaltens*, München 1968
Margolis, J., *Art and Philosophy*, Atlantic Highlands 1980
McCloskey, M. E./Glucksberg, S., »Natural Categories: Well defindes or fuzzy sets?«, in: *Memory and Cognition* 6 (1978), 462-472
Meier, G. F., *Versuch einer allgemeinen Auslegungskunst*. Mit einer Einleitung von Lutz Geldsetzer, Düsseldorf 1965 (Nachdr. d. Ausg. Halle 1757)
Minsky, M. J., »A Framework for Representing Knowledge«, in: Winston, P. H. (Hg.), *The Psychology of Computer Vision*, New York 1975
Nassen, U. (Hg.), *Klassiker der Hermeneutik*, Paderborn–München–Wien u. a. 1982
Nehamas, A., »Immanent and Transcendent Perspectivism in Nietzsche«, in: *Nietzsche Studien* 12 (1983), 473-490 (mit »Comment« von T. B. Strong, 491-494)
Nietzsche, Fr., *Werke. Kritische Gesamtausgabe*, hg. von G. Colli und M. Montinari, Berlin 1970 ff.
Osherson, D. N./Smith, E. E., »On the adequacy of prototype theory as a theory of concepts«, in: *Cognition* 9 (1981), 35-58
Palmer, S. E., »Visuelle Wahrnehmung und Wissen: Notizen zu einem Modell der sensorisch-kognitiven Interaktion«, in: Norman, D. A./Rumelhart, D. E. (Hg.): *Strukturen des Wissens. Wege der Kognitionsforschung*, Stuttgart 1978, 281-307

Paul, G., »Equivalent Axioms of Aristotelian or Traditional European and Later Mohist Logic«, in: H. Lenk/G. Paul (Hg.): *Epistemological Issues in Classical Chinese Philosophy*, i. Dr. (The State University of New York Press)

Picardi, E./Schulte, J. (Hg.), *Die Wahrheit der Interpretation. Beiträge zur Philosophie Donald Davidsons*, Frankfurt a. M. 1990

Piepmeier, R., »Baruch de Spinoza: Vernunftanspruch und Hermeneutik«, in: U.Nassen (Hg.), *Klassiker der Hermeneutik*, 9-42

Pöggeler, O., *Der Denkweg Martin Heideggers*, Pfullingen 1963

Proffit, D. R./Halwes, T., »Categorical perception: A contractual approach«, in: Weimer, W. B./Palermo, D. S. (Hg.): *Cognition and the Symbolic Processes*, Band 2, Hillsdale/NJ 1982, 295-320

Putnam, H., *Philosophical Papers* I-III. Cambridge: UP 1975, 1983

Putnam, H., *Vernunft, Wahrheit und Geschichte*, Frankfurt a. M. 1982

Putnam, H., *The Many Faces of Realism*, LaSalle/Ill. 1987

Putnam, H., *Repräsentation und Realität*, Frankfurt a. M. 1991 (Orig. 1988)

Quine, W. V. O., *Von einem logischen Standpunkt*, Frankfurt a. M.–Berlin–Wien 1979 (Orig. 1953)

Quine, W. V. O., *Wort und Gegenstand*, Stuttgart 1980 (Orig. 1960)

Quine, W. V. O., *Die Wurzeln der Referenz*, Frankfurt a. M. 1989 (Orig. 1974)

Rambach, J. J., *Institutio Hermeneuticae Sacrae*, Jena 1723

Rambach, J. J., *Erläuterungen über seine eigene Institutiones hermeneuticae sacrae, aus der eigenen Handschrift des seligen Verfassers*, hg. von E. F. Neubauer, Gießen 1738

Ricœur, P., *Die Interpretation. Ein Versuch über Freud*, Frankfurt a. M. 1969 (Orig. Paris 1965)

Ricœur, P., *Interpretation Theory: Discourse and the Surplus of Meaning*, Forth Worth, TX: Texas Christian UP 1976

Ricœur, P., »Der Text als Modell: Hermeneutisches Verstehen«, in: Gadamer, H.-G./Boehm, G. (Hg.) 1978, 83-117

Ricœur, P., *Du texte á l'action. Essais d'hermeneutique* II, Paris 1986

Ricœur, P., *Die lebendige Metapher*, München 1986 (Orig. 1975)

Ricœur, P., *Zeit und Erzählung*. Bd. I, II und III, München 1988, 1989, 1991 (Orig. 1983-85)

Riedel, M., *Verstehen oder Erklären? Zur Theorie und Geschichte der hermeneutischen Wissenschaften*, Stuttgart 1978

Rodi, F., »Die Bedeutung Diltheys für die Konzeption von Sein und Zeit. Zum Umfeld von Heideggers Kasseler Vorträgen«, in: *Dilthey-Jahrbuch* 4 (1986-87), 161-176

Rosch, E. H., »Human Categorization«, in: Warren, N. (Hg.): *Studies in Cross-cultural Psychology*. Band 1, London–New York–San Francisco 1977, 3-49

Rosch, E. H./Mervis, C. B./Gray, W. D./Johnson, D. M./Boyes/Braem, P., »Basic Objects in Natural Categories«, in: *Cognitive Psychology* 8 (1976), 382-439

Rumelhart, D. E./Ortony, A.: »The Representation of Knowledge in Memory«, in: Anderson, R. C./Spiro, R. J./Montague, W. E. (Hg.), *Schooling and the Aquisition of Knowledge*, Hillsdale/N.J. 1977

Rumelhart, D. E., *Schemata: the Building Blocks of Cognition*: (Center for Human Information Processing. Report No. 79. Univ. of La Jolla/Kalifornien 1978 (auch in: Spiro, R./Bruce, B./Brewer, W. (Hg.), *Theoretical Issues in Reading Comprehension*, Hillsdale/N.J. 1980)

Rumelhart, D. E./Norman, D. A.: »Das aktive strukturelle Netz«, in: Norman, D. A./Rumelhart, D. E. (Hg.): *Strukturen des Wissens. Wege der Kognitionsforschung*. Stuttgart 1978a, 51-77

Schank, R./Abelson, R., *Scripts, Plans, Goals and Understanding. An Inquiry into Human Knowledge Structures*, Hillsdale/N.J. 1977

Scheler, M., *Erkenntnis und Arbeit*, Frankfurt a. M. 1977

Schleiermacher, Fr. D. E., *Hermeneutik*, hg. und eingel. von H. Kimmerle, 2. verb. Auflage, Heidelberg 1974

Schleiermacher, Fr. D. E., *Hermeneutik und Kritik*, hg. und eingel. von M. Frank, Frankfurt a. M. 1977

Searle, J. R., *Intentionalität*, Frankfurt a. M. 1987 (Orig. 1983)

Simon, J. (Hg.), *Nietzsche und die philosophische Tradition*, Würzburg 1985

Simon, J., »Der gewollte Schein: Zu Nietzsches Begriff der Interpretation«, in: Djuric, M./Simon, J. (Hg.), *Kunst und Wissenschaft bei Nietzsche*, Würzburg 1986, 62-74

Spinoza, B. de, *Tractatus theologico-politicus. Theologisch-politischer Traktat*, hg. von G. Gawlick und F. Niewöhner, Darmstadt 1979

Stegmüller, W., *Probleme und Resultate der Wissenschaftstheorie und Analytischen Philosophie*, Band II, *Theorie und Erfahrung*, 1. Halbband, Berlin–Heidelberg–New York 1970

Szondi, P., *Einführung in die literarische Hermeneutik*, Frankfurt a. M. 1975

Thalberg, I., *Perception, Emotion and Action*, Oxford 1976

Thibaut, A. F. J., *Theorie der logischen Auslegung des römischen Rechts. Mit einer Einleitung von L. Geldsetzer*, Düsseldorf 1966

Tuck, H., »Wahrheit oder Methode?« H.-G. Gadamers Grundzüge einer philosophischen Hermeneutik«, in: Birus, H. (Hg.), *Hermeneutische Positionen*, 120-150

Walzer, M., *Interpretation and Social Criticism*, Cambridge/MA 1987

Wilson, N. L., »Substances without Substrata«, in: *Review of Metaphysics*, 12 (1959), 521-539

Wright, G. H. von, *Erklären und Verstehen*, Frankfurt a. M. 1984[2] (Orig. 1971)

Namenregister

Hegel / Habermas
kommen nicht vor (?)

suhrkamp taschenbücher wissenschaft
Wissenschaftsforschung

Bachelard: Die Bildung des wissenschaftlichen Geistes. stw 668
– Die Philosophie des Nein. stw 325
Becker: Grundlagen der Mathematik. stw 114
Böhme, G.: Alternativen der Wissenschaft. stw 334
Böhme, G./Daele/Krohn: Experimentelle Philosophie. stw 205
Böhme, G./Engelhardt (Hg.): Entfremdete Wissenschaft. stw 278
Canguilhem: Wissenschaftsgeschichte und Epistemologie. stw 286
Cicourel: Methode und Messung in der Soziologie. stw 99
Dahms: Positivismusstreit. stw 1058
Daele/Krohn/Weingart (Hg.): Geplante Forschung. stw 229
Dubiel: Wissenschaftsorganisation und politische Erfahrung. stw 258
Fleck: Entstehung und Entwicklung einer wissenschaftlichen Tatsache. stw 312
– Erfahrung und Tatsache. stw 404
Frühwald/Jauß/Koselleck u.a.: Geisteswissenschaften heute. stw 973
Galilei: Sidereus Nuncius (Nachricht von neuen Sternen). stw 337
Gould: Der Daumen des Panda. stw 789
– Der falsch vermessene Mensch. stw 583
– Wie das Zebra zu seinen Streifen kommt. stw 919
Hausen/Nowotny (Hg.): Wie männlich ist die Wissenschaft? stw 590
Helms: Die Militarisierung der Gesellschaft. stw 988
Holton: Thematische Analyse der Wissenschaft. stw 293
Jokisch (Hg.): Techniksoziologie. stw 379
Knorr-Cetina: Die Fabrikation von Erkenntnis. stw 959
Kocka (Hg.): Interdisziplinarität. stw 671
Koyré: Von der geschlossenen Welt zum unendlichen Universum. stw 320
Krohn/Küppers: Die Selbstorganisation der Wissenschaft. stw 776
Krohn/Küppers (Hg.): Emergenz. stw 984
Küppers/Lundgreen/Weingart: Umweltforschung – die gesteuerte Wissenschaft? stw 215
Kuhn: Die Entstehung des Neuen. stw 236
– Die Struktur wissenschaftlicher Revolutionen. stw 25
Maturana: *siehe Riegas/Vetter*
Mehrtens/Richter (Hg.): Naturwissenschaft, Technik und NS-Ideologie. stw 303
Mittelstraß: Die Möglichkeit von Wissenschaft. stw 62
– Wissenschaft als Lebensform. stw 376

202/1/8.92

202/2/8.92

suhrkamp taschenbücher wissenschaft
Sprachphilosophie, Linguistik, Soziolinguistik, Semiotik

Barthes: S/Z. stw 687
– Sade – Fourier – Loyola. stw 585
Bühler: *siehe Eschbach*
Chomsky: Reflexionen über die Sprache. stw 185
– Regeln und Repräsentationen. stw 351
– Sprache und Geist. stw 19
Chvatík: Mensch und Struktur. stw 681
Coulmas: Über Schrift. stw 378
– Die Wirtschaft mit der Sprache. stw 977
Derrida: Grammatologie. stw 417
– Die Schrift und die Differenz. stw 177
Ehlich (Hg.): Sprache im Faschismus. stw 760
Eschbach (Hg.): Bühler-Studien. Bd. 1. stw 481
– Bühler- Studien. Bd. 2. stw 482
Flader/Grodzicki/Schröter (Hg.): Psychoanalyse als Gespräch. stw 377
Giesecke: Sinnenwandel, Sprachwandel, Kulturwandel. stw 997
Goody/Watt/Gough: Entstehung und Folgen der Schriftkultur. stw 600
Grewendorf (Hg.): Rechtskultur als Sprachkultur. stw 1030
– Sprechakttheorie und Semantik. stw 276
Grewendorf/Hamm/Sternefeld: Sprachliches Wissen. stw 695
Grewendorf/Meggle (Hg.): Sprache und Ethik. stw 91
Hörmann: Meinen und Verstehen. stw 230
Holenstein: Von der Hintergehbarkeit der Sprache. stw 316
Hymes: Soziolinguistik. stw 299
Jakobson: Hölderlin – Klee – Brecht. stw 162
– Poetik. stw 262
– Semiotik. stw 1007
Jakobson/Gadamer/Holenstein: Das Erbe Hegels II. stw 440
Jakobson/Pomorska: Poesie und Grammatik. Dialoge. stw 386
– *siehe auch Schnelle*
Lenneberg: Biologische Grundlagen der Sprache. stw 217
Leroi-Gourhan: Hand und Wort. stw 700
Maas: Sprachpolitik und politische Sprachwissenschaft. stw 799
Martens (Hg.): Kindliche Kommunikation. stw 272
Morris: Pragmatische Semiotik und Handlungstheorie. stw 179
– Symbolik und Realität. stw 342
Peirce: Naturordnung und Zeichenprozeß. stw 912
– Phänomen und Logik der Zeichen. stw 425
Schnelle (Hg.): Sprache und Gehirn. stw 343
Searle: Ausdruck und Bedeutung. stw 349
– Geist, Hirn und Wissenschaft. stw 591

203/1/8.92

203/2/8.92